ITALIA SACRA
STUDI E DOCUMENTI DI STORIA ECCLESIASTICA
60

GIOVANNI MICCOLI

CHIESA GREGORIANA

Ricerche sulla Riforma del secolo XI

Nuova edizione a cura di Andrea Tilatti

ROMA

HERDER EDITRICE E LIBRERIA

1999

ITALIA SACRA

STUDI E DOCUMENTI DI STORIA ECCLESIASTICA

A CURA DI

G. Gualdo - G. Miccoli - A. Monticone
A. Paravicini Bagliani - G. Picasso - A. Rigon
M. Rosa - P. Sambin - F. Traniello

Redattore: D. Gallo

60

GIOVANNI MICCOLI

CHIESA GREGORIANA

Ricerche sulla Riforma del secolo XI

Nuova edizione a cura di Andrea Tilatti

ROMA

HERDER EDITRICE E LIBRERIA

1999

1ª edizione: Firenze, La Nuova Italia, 1966

nuova edizione: gennaio 1999

ISBN 88-85876-34-X

SOMMARIO

TRENTATRÉ ANNI DOPO

« Adoro le date. Le date: incanto che non so dire, / ma pur che da molto passate o molto di là da venire » ... Guido Gozzano (*L'ipotesi*, 21-22) aveva tutti i motivi per allontanarsi dal suo presente e per cercare asilo nel trascorso o nel futuro, soprattutto se lontani e perciò dai contorni sfocati e percepiti come idilliaci e felici; ma il presente lo inseguiva e si imprimeva sulle sue scelte e sulle direzioni di pensiero e di poesia. Qualcosa di simile, con le debite distinzioni, accade anche agli storici, il cui amore per le date, e per quanto significano o legano a un contesto umano di tempo e di spazio, non può certo essere messo in discussione e pure, salvo nostalgie o malumori, non rappresenta in genere una fuga, proprio perché le relazioni con la realtà vissuta sono forti e più o meno scopertamente intuibili e il modo di affrontare il cammino nel tempo è subordinato a criteri più scientifici che emozionali. Le date, come i numeri, questa volta c'entrano, se non altro per una combinazione tanto curiosa quanto fortuita: il 1933 (anno di nascita di Giovanni Miccoli), il 1966 (anno di edizione di *Chiesa gregoriana*), il 1999 (l'oggi), il trentatré e il sessantasei (due, anzi, tre età). Si potrebbe un poco giocare con questi anni, ma essi sono specchio e concentrato di storia e perciò richiamano di per sé le circostanze del passato e le pongono a confronto con l'attualità. C'entra poi pure la poesia: per me è un tratto simbolico per comunicare un sentimento in più, in una piccola fatica che tocca i domìni dell'affetto, oltre che quelli dell'intelletto.

Chiesa gregoriana. Ricerche sulla Riforma del secolo XI uscì, già l'ho accennato, dalla tipografia de La Nuova Italia di Firenze nel giugno del 1966. Pochi mesi dopo, i depositi dell'Editrice furono sommersi dalle acque dell'Arno, subendo il comune e drammatico destino della città alluvionata. Perirono anche i volumi di Giovanni Miccoli e ne fu così interrotta la diffusione. Il naufragio delle scorte di magazzino spiega dunque perché non sia sempre facile, neppure nelle biblioteche, trovare una copia di *Chiesa gregoriana*. Questo sarebbe già un buon motivo per la ristampa, ma la ragione, ovviamente, non è solo né tanto questa.

Al suo apparire, il libro riscosse subito un notevole interesse. Ne è testimonianza un manipolo di recensioni, apparse fra il 1967 e il 1968 su importanti riviste europee: « Revue d'histoire de l'Église de France », « Zeitschrift für Kirchengeschichte », « Journal of theological studies », « Revue des sciences religieuses de l'Université de Strasbourg », « Revue d'histoire ecclésiastique », « Aevum ». Ma che si trattasse di un contributo impossibile da ignorare per chi si occupava (e si occupa) dei temi della riforma del secolo XI, e dei suoi protagonisti, è chiaro dalla ricorrenza delle citazioni e delle discussioni (e delle polemiche, talora) che si trovano negli studi degli specialisti italiani e stranieri, prodotti da trent'anni a questa parte.

Non è qui il caso di ricalcare nelle sue diramazioni un tale itinerario scientifico e intellettuale. Sarebbe un percorso un poco greve e del resto già tracciato da altri e noto a chi si dedica a questo settore di ricerca. Credo piuttosto più opportuno tentare di esprimere alcune impressioni di un lettore odierno, magari idealmente indirizzate a un giovane, se non a un neofita, su un libro la cui interpretazione si colloca almeno su due livelli di storia e di storiografia e su molti altri di carattere tecnico-metodologico, stilistico e, perché no?, etico.

Innanzi tutto, sul piano delle acquisizioni storiche, per dir così, positive, le *Ricerche* di Giovanni Miccoli (ma occorre menzionare anche *Pietro Igneo. Studi sull'età gregoriana*, Roma 1960; e la voce *Gregorio VII*, in *Bibliotheca sanctorum*, VII, Roma 1966, col. 294-379) contribuirono in modo decisivo a innovare e a muovere il quadro delle conoscenze sull'età della riforma del secolo XI: mostrandone la pluralità dei motivi e degli indirizzi; la compresenza di diverse anime e personalità, spesso opposte o contraddittorie; il progressivo e incerto formarsi di linee di sviluppo e di soluzioni, per nulla scontate e necessarie; l'eredità e la nuova valutazione di motivi antichi ma operanti con diverso vigore in un diverso presente. Ciò appunto seguendo alcune tematiche: il monachesimo (toscano) e i fermenti di un inquieto eremitismo; la vita comune del clero nelle intenzioni di personalità come Pier Damiani e Gregorio VII; la partecipazione dei laici alla vita della chiesa (dalla pataria milanese alla crociata, intesa come *pium opus*); il costituirsi della dottrina del primato papale e il suo qualificarsi quale discriminante fra ortodossia ed eterodossia; l'ideale della chiesa primitiva nel suo cangiare da prospettive di revisione globale della condizione del clero a modello per una scelta di vita canonica ristretta e definita.

Erano tutti filoni che si inserivano in una tradizione storiografica propria e specifica della medioevistica italiana di quegli anni, ma non si traducevano nel semplice e neutro riflesso dell'adesione a tendenze correnti. Il libro si propose come una raccolta di saggi (ma è qualcosa di più e la sua ispirazione è saldamente unitaria), scritti, riveduti e limati fra il 1958 e il 1966, frutto di interessi destati sin dal 1953: inevitabile che risentisse dell'epoca in cui fu redatto, influenzato soprattutto dalla militanza cattolica di Miccoli e dalla questione dei laici e del loro ruolo nella vita della chiesa, apertasi a nuovo dibattito in quel periodo e sfociata poi nel Concilio. Ne è una spia, fra le altre, l'uso di una locuzione come « teologia del laicato », pur individuata come « lontana a venire », a proposito delle meditazioni di Pier Damiani sul concetto di *regale sacerdotium* (p. 14 e rimandi). Da questo punto di vista, *Chiesa gregoriana* assume le fattezze di una tappa di formazione nel più lungo itinerario di storico del suo autore (e la si dovrebbe leggere indipendentemente, ma pure nella consapevolezza, di opere successive; in particolare della *Storia religiosa*, nel più ampio disegno della *Storia d'Italia* dell'editore Einaudi, del 1974), e inoltre di testimonianza di un momento storico e storiografico preciso, su temi di attualità sia nel presente sia nel passato. Si tratta dunque di un libro « chiuso », un classico del suo genere e di quella stagione della cultura italiana, che rifiuta un aggiornamento o appendici bibliografiche e va letto per quello che è e rappresenta, quasi senza commento.

Vorrei tuttavia indugiare su alcuni particolari: di stile, di metodo, di visione del mestiere dello storico. Lo stile, in primo luogo: ben diverso da quello talvolta sciatto oppure accidentato e alle soglie della comprensione, altre volte monotono, se non francamente noioso, di molti libri di storia, scritti piuttosto per amor proprio che a beneficio di un eventuale lettore. Certo, la materia e alcuni caratteri di genere costituiscono obiettivamente dei limiti alla libertà d'espressione: soprattutto — è ovvio ma non scontato — alla fantasia. In *Chiesa gregoriana* la scrittura rimane esemplare per ricchezza di toni e per efficacia, benché sia condizionata dalle esigenze di una analisi serrata di dati, fatti, testimonianze, concetti, complicata dalle asperità linguistiche delle fonti e obbligata in una trama fittissima di argomentazioni. I momenti più riusciti sono quelli in cui il discorso si può liberare dalle necessità del vaglio testuale: allora si dispiega agile e scorrevole nella narrazione o nella riflessione, nella felicità degli esempi, nella chiarezza espositiva, nella franchezza dei giudizi, nella limpidezza delle linee interpretative (se ne veda un saggio a pp. 316-323). Uno stile specchio di profonda sensibilità esegetica e di partecipazione appassionata alla propria materia; talora pure modello di come sia possibile, con prudenza ed equilibrio, trarre dalle fonti stimoli non meramente razionali, ma suggestioni vibranti della vita e dei sentimenti del passato: che si avverte quasi come un'eco, uno stormire di fronde (e non si sa se dovuto al vento o a un animale ...).

Sono i tratti caratteristici di una individualità, per molti espetti inimitabili, ma che non è difficile ammirare. Discorso solo parzialmente diverso per il metodo: si può apprendere, però l'attuazione non sfugge alle personali modulazioni con cui ciascuno lo applica. Formato da una severa scuola filologica e positiva, Miccoli si rivolge direttamente e costantemente alle fonti e le letture sono sempre originali, svincolate e ciononostante ben consapevoli della precedente bibliografia, la cui conoscenza è utile, ma non tale da sostituire i documenti. Così le fonti, considerate e visitate autonomamente, comprese dal loro interno, sezionate nella loro essenza, introducono alla vita vissuta degli uomini, ricreata nel momento cruciale delle opzioni o delle azioni, ma senza l'intenzione di manipolarle, di costringerle a una razionalità e coerenza che spesso appartengono solo allo storico, alla sua ansia di trovare risposta a ogni domanda, alla sua pretesa di sistematicità, mentre la realtà è molto più imperfetta o semplicemente più complessa della sua rappresentazione.

Riflettendo sui dati dell'emergenza di una fioritura monastica e di riforma nell'XI secolo, Miccoli si preoccupa di « evitare ogni forzatura », di definirla per ciò che era stata fra tradizione e novità, e di porre dei limiti al sentimento del passato, troppo spesso inteso come per sineddoche, per estensione di un particolare al generale o viceversa:

La considerazione storiografica recente ha inteso tracciare di questo periodo un quadro mosso, vitalmente agitato da nuove forze e fermenti, e nell'anarchia del tempo si sono intravisti acutamente i segni di nuove realtà, di nuovi organismi in formazione. È stata certamente una considerazione positiva perché usciva dall'indistinta ed alquanto moralistica rilevazione di un caotico disordine per indicare le linee, che in una lunga durata, porteranno al suo superamento. Ma forse così si è finito anche coll'illuminare un po' troppo il quadro, e la lenta, grigia preparazione di un assai lontano domani è diventata un rigoglioso fiorire di primavera, mentre le limitate, chiuse, tristi prospettive di vita e di sopravvivenza degli uomini di quel secolo si trasformavano, nelle pagine degli storici, in un giovanile agitarsi di nuove, incomposte energie. In realtà, ciò che forse più impressiona l'osservatore spassionato di quella società, che sappia resistere agli imperativi della sua logica e del suo buon senso, è proprio la quasi assoluta impossibilità di individuare con sicurezza volontà disegni prospettive, che escano dall'ambito limitato del momento quotidiano, della lotta per la sopravvivenza, ed insieme la totale precarietà di ogni vicenda collettiva ed individuale. Rare sono le eccezioni e proprio perché tali, i personaggi che ne sono protagonisti assurgono al livello di uomini quasi straordinari, quando non si tratti di utopisti, perduti dietro impossibili sogni di cultura (p. 69-70).

E, ancora, accostandosi al pensiero di Pier Damiani, e misurandosi con le decodificazioni di storici che lo volevano tutto orientato in un senso piuttosto che in un altro, osserva:

Il fatto è che Pier Damiani non è trattatista sistematico, e perciò certe sue affermazioni possono essere valutate e comprese nella loro portata, pur senza tentare a tutti i costi conciliazioni di incongruenze a volte impossibili, solo nel contesto in cui si trovano inserite (p. 112-113).

Attenzione al contesto: come a quello in cui maturò l'assoluzione di Canossa (con i suoi intendimenti e le sue interpretazioni, divergenti, sia dei contemporanei sia degli storici); come a quello in cui venivano usate o riusate certe formule o parole d'ordine e alla « profonda diversità che può nascondersi in esse, dietro un'apparenza di analogia, di discorso comune (la contraddittoria fortuna di certi versetti evangelici è da questo punto di vista esemplare) » (p. 316).
Questa cura per il particolare, anche per la minuzia, dà corpo a una stretta aderenza alla realtà, che però non significa confondersi e smarrirsi nel fitto sottobosco della quotidianità, avere lo sguardo corto e incapace di visioni d'insieme e di interpretazioni generali. Al contrario; tutto il libro è volto alla decifrazione di quelle che sono le « grandi spanne » — per usare una locuzione propria dell'autore — della storia, a comprenderne i movimenti profondi, i contrasti e gli scarti, gli avanzamenti e le cadute. Qui, come sempre negli scritti di Giovanni Miccoli, si registra quale criterio di selezione, di lettura e di giudizio dei fatti che riguardano le vicende della chiesa e della vita religiosa le polarità dell'ideale, del messaggio cristiano (un messaggio non dato una volta per tutte, ma presente nelle sue dimensioni contingenti), e della sua realizzazione nella storia, nella realtà istituzionale e sociale: polarità spesso separate da incongruenze evidenti non esclusivamente agli occhi degli storici, ma pure alle coscienze degli uomini,

che tali contrasti hanno individuato, vissuto, discusso, provocato o patito.

Delineare alcuni aspetti del maturare, nel secolo XI, di questa
coscienza delle contraddizioni tra strutture, esigenze pastorali e dottrina, è quanto mi proporrei [...]. Dal confronto — sia pure parziale e incompleto — tra l'analisi della situazione, sviluppata nei
diversi ambienti riformatori, ed i rimedi proposti, tra denuncia, programma e realizzazioni, si vorrebbe scaturissero anche alcune linee
per un più complessivo giudizio sulla riforma gregoriana stessa: un
giudizio che tenesse presenti le alternative, le scelte, le occasioni
perdute e no di quella lontana vicenda, e che individuasse insieme
i condizionamenti posti con essa alla storia ulteriore della Chiesa e
del cristianesimo occidentale (p. 3).

L'osservatore smaliziato delle vicende umane, consapevole
dei limitati mezzi che gli restano per ricostruirle, non dà per
scontato lo svolgimento della storia, vi scorge le irrazionalità
e le molteplici possibilità delle strade da battere, anche se
poi ne è stata percorsa una sola, ma era appunto una delle
alternative praticabili. Ciò significa che viene eliminato qualsiasi determinismo o teleologismo e che la storia non è capace
di giustificare l'accaduto per il semplice fatto che è accaduto;
dietro ogni fatto è perciò possibile, almeno teoricamente, chiarire responsabilità, scelte, intenzioni, persino casualità. Il rapporto tra i presupposti e le realizzazioni costituisce così il
terreno su cui formulare un giudizio, tanto più rilevante
quanto più il passato resuscitato e rianimato mostri di incidere in qualche modo sul presente e le questioni dibattute
nell'attualità, e alle quali lo storico non può essere estraneo,
indichino comunanze con quelle agitate nei tempi trascorsi. Ne
sortiscono una « libertà » degli uomini nel momento delle decisioni e, per converso, una maggiore complessità per il ruolo
dello storico.
Egli è chiamato al compito di dire la verità, per quanto
le fonti gli permettano di accertarla e di decodificarla. Verità
certamente parziale, ma che implica un « impegno a capire,

capire realmente, dall'interno, le opere e le azioni degli uomini, senza sopraffazioni o deformazioni dettate dai nostri orientamenti o dalla volontà di trasmettere segnali o messaggi. Non è cosa facile ». Sono parole di Giovanni Miccoli, pronunciate in un recente incontro torinese di discussione sulla sua *Storia religiosa*, e sono applicabili a quello che è un atteggiamento attivo fin dalle sue prime ricerche, nella consapevolezza di un nesso robustissimo esistente tra le questioni dell'attualità e l'interesse per i tempi lontani: un viluppo tanto più stretto quanto più si riconoscono appunto analogie e parallelismi tra quelle questioni. « Mi riesce difficile — diceva ancora Miccoli, ripercorrendo le tappe della sua formazione di storico e dei presupposti di un mestiere così come pensato una quarantina d'anni fa, prendendo atto dei mutamenti e delle persistenze — pensare a uno studioso di storia che non si domandi quale senso abbia per noi, per il nostro tempo cercar di conoscere, di conoscere realmente, spassionatamente, il passato. Non per servire a questa o quella causa: ma per aiutare la crescita della consapevolezza collettiva, per correggere le distorsioni e le semplificazioni della memoria, per combattere le falsificazioni e le rimozioni della propaganda ». Erano riflessioni vive negli anni Cinquanta e Sessanta, vive tuttora. Se non altro, la professione dello storico, se correttamente intesa ed esercitata, può instillare un'abitudine all'onestà, a partire da quella intellettuale: non è poi poco.

« Le date: incanto che non so dire ... », e pure in qualche modo esse si spiegano da sé ed è stato sufficiente evocarne alcune, poche, per lanciare suggestioni molto più ampie, con tutto il corollario di rinvii a tempi e a contesti umani. Tuttavia, per estinguere la sete di conoscenza non bastano certamente i sogni e le visioni della poesia, esse possono costituire uno stimolo di partenza, un nutrimento dello spirito. La storia, o, meglio, la storiografia, sa che dietro alle singole date non alberga solo l'incanto, e ha bisogno di prove, di riscontri, di conferme e di verifiche. Un lettore partecipe e intelligente troverà tutto questo in *Chiesa gregoriana*: viaggio attraverso una parte del nostro passato remoto e chiave per comprendere meglio un tratto di quello prossimo.

Udine, gennaio 1999

A. T.

NOTA

Ho già spiegato perché non si trovi qui un aggiornamento bibliografico: esso avrebbe richiesto comunque molte pagine, giacché molti sono stati i progressi nell'edizione di fonti o nelle ricerche sui personaggi e sui temi di *Chiesa gregoriana*, che però rimane ineludibile punto di partenza (e talora d'arrivo). Tuttavia devo segnalare almeno il principio di una discussione, quello segnato da alcune note di Ovidio Capitani (raccolte ora in *Medioevo passato prossimo. Appunti storiografici tra due guerre e molte crisi*, Bologna 1979; *Tradizione e interpretazione: dialettiche ecclesiologiche del sec. XI*, Roma 1990). Non risulta che Miccoli abbia risposto. Una lettura fruttuosa, specialmente per le riflessioni di Giovanni Miccoli (pp. 416-433), è la rassegna comparsa sulla « Rivista di storia e letteratura religiosa », 32 (1996), pp. 333-433, con gli interventi di Franco Bolgiani, Grado Giovanni Merlo, Antonio Rigon, Massimo Firpo, Jacques Dalarun.

Nota dell'Autore alla nuova edizione

Riprendere in mano i propri scritti vecchi di tre o quattro decenni suscita reazioni e sentimenti contraddittori. Estraneità, rimpianti, nostalgie si accavallano confusamente. Sono reazioni piuttosto ovvie e scontate rispetto ai mutamenti intervenuti ma anche alle continuità e persistenze che non credo di poter misconoscere.

Dietro quelle pagine stanno molte figure care di maestri oggi scomparsi. Il loro insegnamento resta un punto di riferimento forte, un richiamo non eludibile al « mestiere » e alle sue regole, ma riporta altresì alla memoria un'università diversa, che non abbiamo saputo continuare e rinnovare.

Non sta a me dire quanto le pagine qui ripubblicate possano ancora essere utili agli studiosi di oggi. Chi scrive tuttavia difficilmente rinuncia alla speranza che le sue cose siano lette e continuino ad essere lette. E non può non essere grato a chi, con questa riedizione, ha voluto che sia così: segno in primo luogo, mi è difficile non pensarlo, di affetto. E ciò vale per me più di ogni altro apprezzamento.

Trieste, dicembre 1998

(g. *m*.)

AVVERTENZA

*Dei saggi raccolti in questo volume solo il primo, introdut-
tivo, è inedito: si tratta di una relazione, qui ampiamente
rielaborata, tenuta a Todi, nell'ottobre 1963, su « Aspetti del
rapporto tra ecclesiologia ed organizzazione ecclesiastica nel
primo periodo della riforma gregoriana ». Il secondo — relazione tenuta a Pistoia nel settembre 1964 — è stato originariamente stampato nel volume* Il Romanico pistoiese nei suoi
rapporti con l'arte romanica dell'Occidente, *Pistoia 1966,
pp. 53-80; rispetto alla primitiva stesura figurano qui alcune
aggiunte e poche modifiche marginali. Né particolarmente numerose sono le aggiunte e le precisazioni — per lo più di
aggiornamento bibliografico o di approfondimento di singoli
punti alla luce di nuove ricerche — apportate a* Pier Damiani
e la vita comune del clero *(già in* La vita comune del clero nei
secoli XI e XII, *Milano 1962, pp. 186-211),* Per la storia
della pataria milanese *(già in « Bullettino dell'Istituto Storico
italiano per il Medio Evo e Archivio Muratoriano », 70, 1958,
pp. 43-123),* Le ordinazioni simoniache nel pensiero di Gregorio VII. Un capitolo della dottrina del primato? *(già in « Studi
Medievali », 3ª Serie, IV, 1, 1963, pp. 104-135), e* Il valore
dell'assoluzione di Canossa *(già in « Annali della Scuola Normale Superiore di Pisa », Serie II, XXVII, 1958, pp. 149-
168). Molto rielaborato e ampliato risulta invece l'ultimo
saggio,* « Ecclesiae primitivae forma » *(da « Studi Medievali »,
3ª Serie, I, 2, 1960, pp. 470-498).*

*Le diverse occasioni che li hanno provocati spiegano — e
giustificano, spero — alcune discordanze di tono fra i diversi
saggi. E com'è delle raccolte di saggi, non mancano alcune ri-
petizioni, alcune insistenze, che mi è stato impossibile eliminare: nella misura in cui mi sembrano non del tutto disutili,
siano accettate come indice di un interesse, di uno sforzo di*

approfondimento, di distinzione e di collegamento, che si è esercitato particolarmente in certe direzioni.

Resta da spiegare perché, volendo raccogliere in un volume alcuni miei saggi gregoriani, ho scelto questi e non altri. Senza nessuna pretesa di organicità e di obiettiva completezza, ho voluto presentare insieme quel gruppo di ricerche che si incentravano intorno al problema del rapporto esistente, nella riforma gregoriana, tra le diverse esigenze di rinnovamento quali si presentano alle loro origini, ed il loro successivo concretarsi e affermarsi, o sviarsi, o deperire, o morire.

Poiché la riforma gregoriana fu e volle essere una riforma religiosa ed ecclesiastica, di storia religiosa ed ecclesiastica qui soprattutto si discorre: e gli aspetti sociali, politici, economici — e psicologici, e di mentalità e di cultura — della storia del tempo entrano nella misura in cui appaiono condizionanti, o s'intrecciano a quell'altra storia che a noi soprattutto interessava.

Come punto di osservazione e campo di ricerca è stato scelto soprattutto il primo periodo della riforma: per evitare la facile distorsione di un'ottica che, partendo dai punti di arrivo, vuole una storia di indefinito progresso. Anche per questo ad un saggio introduttivo di carattere più generale sono state fatte seguire alcune ricerche che pur a livelli diversi si propongono di verificare nel concreto l'evoluzione di certi temi e problemi della riforma. Per questo, anche, il volume si conclude con un altro saggio più generale, sul mito della chiesa primitiva in età gregoriana, che può far quasi da cartina di tornasole delle possibilità e degli esiti della riforma.

Dietro un libro, dietro ad una raccolta di saggi che riassumono o evocano molti diversi momenti della propria vita, sta sempre una folla di persone, di maestri, di amici. Ricordarli tutti mi è impossibile, perché, per mia fortuna, furono tanti. Tanti che con la storia medievale poco o nulla avevano e hanno a fare — e penso soprattutto agli antichi amici della Normale —, che al di là dei distacchi e delle lontananze che la vita può imporre, mi restano e mi resteranno vivi e indi-

menticabili. Tuttavia con la riforma gregoriana si è aperta, sia quella che sia, la mia attività di ricerca: e nel licenziare questo libro che testimonia, almeno parzialmente, lunghi anni di lavoro, non posso esimermi dal ricordare due persone che di questo lavoro si trovano, col loro consiglio, col loro aiuto, col loro affettuoso incitamento, agli inizi: Ottorino Bertolini e Giovanni Battista Borino. Il mio lavoro deve molto al loro insegnamento. Così come molto deve a chi più di ogni altro lo ha seguito nei miei successivi anni di apprendistato, Arsenio Frugoni.

Tre altre persone desidero — e devo — ricordare qui, per ciò che da loro mi è venuto sempre di amicizia e di insegnamento, anche al di fuori da ogni cattedra: Delio Cantimori, Jean Leclercq e Gustavo Vinay. La mia speranza è che anche dalle pagine che seguono traspaia, almeno un po', che non si tratta di una menzione di circostanza.

Un grazie infine all'Editore, che ha accettato di stampare questo libro. E a Leandro Perini e a Zelina Zafarana che mi hanno validamente aiutato nella correzione delle bozze e nella compilazione dell'indice.

Pisa-Firenze, marzo 1966

G. M.

I

INTRODUZIONE

In una società particolare come la Chiesa, che vive nella storia ma che proietta insieme le sue origini ed il suo destino al di fuori di essa, dottrina ecclesiologica ed organizzazione ecclesiastica costituiscono due componenti fondamentali ed in qualche modo inscindibili, per il profondo reciproco rapporto che le unisce. L'organizzazione della Chiesa infatti, il suo modo di inserirsi cioè nella società, nella vita degli uomini, è in relazione diretta con la coscienza che essa ha di sé, della sua funzione nella storia, del deposito di dottrine che intende conservare e propagare. Questa coscienza è stata, nel corso dei secoli, più o meno esplicita, e più o meno intenso quindi il nesso tra l'organizzazione che la Chiesa si è data e la meditazione dottrinale che l'ha accompagnata e sorretta. Ma la vita delle strutture ha una sua storia anche al di là degli uomini, delle circostanze, dei principi e delle idee che le hanno generate. Esse possono, nel variare delle situazioni, non corrispondere più ai fini per i quali erano nate ed apparire, agli occhi di nuove generazioni, assolutamente contraddittorie a quei principi, nei confronti dei quali un tempo esse erano potute sembrare perfettamente adeguate e congruenti. Quando questo avviene esse entrano in crisi: vengono ricercate allora nuove forme di organizzazione e si procede nel contempo ad un approfondimento, ad un rilancio, della propria tradizione dottrinale; quel nesso che viveva stancamente, solo implicito in una situazione cristallizzata, tornerà vivo nella coscienza degli uomini, nodo centrale da cui partire per risolvere quella crisi: e nascerà una nuova riforma; tanto più viva, fertile, impegnata, quanto più drammatica sarà la coscienza di quel contrasto, tanto più efficace e duratura, quanto più profonda sarà la sua incidenza rivoluzionaria in quelle strutture delle quali aveva ravvisato l'insufficienza.

Sarebbe tuttavia del tutto schematico e semplificatorio pensare il rapporto tra meditazione ecclesiologica e organizzazione ecclesiastica come necessario e diretto: quasi che la seconda fosse espressione della prima e basta. Molteplici sono certamente i fattori che entrano in gioco nel dar vita ad un'organizzazione ecclesiastica: dalle strutture e dai costumi della società, alle abitudini mentali, alle necessità politiche ed economiche di sopravvivenza. Ma resta tuttavia l'esigenza, in chi la promuova o ponga in discussione quella avuta in eredità, di misurarne l'efficacia e la giustezza alla luce dei fini religiosi che le vengono assegnati. È un misurare, questo, esso stesso condizionato dalla visione culturale, dalle concezioni mentali del tempo: che *legge* il proprio deposito dottrinale in quella chiave che la propria formazione, la propria cultura, le antiche tradizioni esegetiche, gli permettono. Ma sempre in uno sforzo di superare le contraddizioni, di inserire i propri principi dottrinali, così come risultano attraverso i complessi tramiti della storia, nelle realtà strutturali che devono esserne portatrici. Le strutture, l'organizzazione, la consuetudine, nel momento in cui vengono ravvisate contrarie alla verità, a ciò che viene individuato come verità, dovranno mutare o perire. « Tu forse mi opporrai la consuetudine; ma va ricordato che il Signore disse: " Io sono la verità e la vita ". Non disse: " Io sono la consuetudine ", ma " la verità ". Certo, per usare le parole del beato Cipriano, qualunque consuetudine, per quanto antica, per quanto diffusa, va assolutamente posposta alla verità; e l'uso contrario alla verità, va abolito ». Così Gregorio VII [1], in un frammento che non ci permette purtroppo di stabilire a quali « consuetudini » in particolare egli si riferisse. Ma è principio che interessa richiamare qui soprattutto per la sua

---

[1] *Ep. coll.*, 50, ed. Ph. Jaffé, *Monumenta Gregoriana*, in *Bibl. rer. Germ.*, II, Berolini 1865, p. 576. Vedi al riguardo G. B. LADNER, *Two Gregorian Letters. On the Sources and Nature of Gregory VII' Reform Ideology*, in *Studi Gregoriani*, V, Roma 1956, p. 221 ss.

portata generale, per il problema comparativo: verità-consuetudine, che esso propone, sintetizzando efficacemente quella che è un po' la direzione mentale, il metodo, di tutta la riforma gregoriana (se si volesse indulgere ancora ad affermazioni di tipo sociologico si potrebbe dire forse: di ogni riforma religiosa). Delineare alcuni aspetti del maturare, nel secolo XI, di questa coscienza delle contraddizioni tra strutture, esigenze pastorali e dottrina, è quanto mi proporrei, molto sommariamente, in questa mia premessa. Dal confronto — sia pure parziale ed incompleto — tra l'analisi della situazione, sviluppata nei diversi ambienti riformatori, ed i rimedi proposti, tra denuncia, programma e realizzazioni, si vorrebbe scaturissero anche alcune linee per un più complessivo giudizio sulla riforma gregoriana stessa: un giudizio che tenesse presenti le alternative, le scelte, le occasioni perdute e no di quella lontana vicenda, e che individuasse insieme i condizionamenti posti con essa alla storia ulteriore della Chiesa e del cristianesimo occidentale.

* * *

L'organizzazione ecclesiastica che incontriamo tra lo scorcio del X e l'inizio dell'XI secolo deriva ancora sostanzialmente le sue linee da quella maturata nel periodo carolingio; ma in una fase di lenta evoluzione — volendo adottare il linguaggio dei riformatori si potrebbe dire: in graduale decomposizione —, di progressivo decentramento e dislocazione dei centri d'autorità a livelli sempre più bassi e ristretti. Il fenomeno è troppo noto per dovervi insistere. Quello che nella costruzione carolingia era, o voleva essere, un ordinato disporsi dell'autorità entro ambiti via via più limitati, ma inseriti organicamente l'uno nell'altro, dove ai legami di dipendenza corrispondevano reciproci diritti di immunità — un esatto corrispondente si ritrovava nella piramide ecclesiastica, dominata dal pontefice romano, ma nella quale il potere vescovile godeva di precisi diritti, l'uno e l'altro inseriti in un contesto di norme e tradizioni che li limitavano e condizionavano reciprocamente —, è ormai di fatto un disorganico giustapporsi di autorità sempre più limitate e ristrette, sempre più indipendenti. Tipico fenomeno di lacerazione del tessuto sociale che solo in una prospettiva più lunga si è potuto definire come sforzo di ricostruzione dell'autorità dal basso. Come ha osservato ultimamente l'amico Capitani [2] quello che nell'interpretazione del Fliche appariva troppo moralisticamente come una sorta di malvagia manomissione da parte dei laici delle prerogative del clero, si precisa così, grazie a più recenti ricerche — e ricorderò tra le tante quelle dello Schreiber, del Lemarignier, del Duby, del Violante [3] —, come un fenomeno di generale evoluzione interna di tutta una società, tanto nelle sue strutture religiose che in quelle civili, e che trova alla sua origine la crisi della costruzione carolingia — o meglio, forse, il fallimento di un modello di costruzione sociale che si era venuto gradualmente proponendo. Di essa resta saldo solo il ricordo, che si perpetua nelle meditazioni teoriche, nei testi di legge, nelle collezioni canoniche, nei formulari cancellereschi: la vi-

[2] O. CAPITANI, *La riforma gregoriana e la lotta per le investiture nella recente storiografia*, in « Cultura e scuola », n. 6, dicem. 1962,-febbr. 1963, p. 112.

[3] Per lo SCHREIBER vedi soprattutto i diversi saggi raccolti in *Gemeinschaften des Mittelalters*, Regensberg-Münster 1948; per il LEMARIGNIER una larga bibliografia delle ricerche relative a questi problemi in C. VIOLANTE, *Il monachesimo cluniacense di fronte al mondo politico ed ecclesiastico*, in *Spiritualità cluniacense*, Todi 1960, p. 164, n. 12 (si può aggiungere anche *Le sacerdoce et la société chrétienne de la fin du IXe au milieu du XIIe siècle*, in *Prêtres d'hier et d'aujourd'hui*, « Unam Sanctam » 28, Paris 1954, p. 113 s., e la prima parte del tomo III della *Histoire des Institutions françaises au Moyen Age. Institutions ecclésiastiques*, Paris 1962, dedicata appunto al periodo postcarolingio e gregoriano e dovuta anch'essa al Lemarignier); per il DUBY, *Recherches sur l'évolution des institutions judiciaires pendant le Xe et le XIe siècle dans le sud de la Bourgogne*, in «Le Moyen Age », LII (1946), pp. 149-194; LIII (1947), pp. 15-38, e *La société aux XIe et XIIe siècles dans la région mâconnaise*, Paris 1953, pp. 88 ss. e p. 155 ss.; per il VIOLANTE, oltre al saggio di sintesi cit. sopra, i due volumi: *La società milanese nell'età precomunale*, Bari 1953, e *La pataria milanese e la riforma ecclesiastica. I. Le premesse (1045-1057)*, Roma 1955. Vedi anche, pur se con un prevalente interesse per gli aspetti politico-sociali, l'ampia rassegna di G. TABACCO, *La dissoluzione medievale dello stato nella recente storiografia*, in « Studi Medievali », 3ª Serie, I, 2 (1960), p. 397 ss.

sione di un mondo disposto in ordinata piramide, che comprende tutta la società-chiesa, retta dal Cristo, e nella quale « duae principaliter extant eximiae personae, sacerdotalis videlicet et regalis »[4].

A questo spezzettamento reagisce l'organizzazione monastica di tipo cluniacense (ma puntuali si potrebbero istituire i riscontri anche con quella, derivante del resto da essa, che nasce ad opera di Guglielmo da Volpiano o intorno a Marmoutier o a San Vittore di Marsiglia)[5]. Essa porta un elemento nuovo, fortemente centralizzato, nel quadro strutturale ecclesiastico, stabilendo una rete di dipendenze e di rapporti che supera il tessuto, di fatto sempre più inconsistente, delle diocesi, e si pone nel contempo in riferimento diretto alla suprema autorità romana, fatto questo che, nella suggestiva ipotesi del Lemarignier[6], rappresenta la prima matrice di quell'esaltazione del pontificato che sarà il fondamento ed insieme il centro motore della successiva riforma. Ma a questa « novità » strutturale corrisponde solo parzialmente una peculiare « novità » ideologica, di spiritualità. L'ecclesiologia cluniacense trova infatti la sua espressione più piena in quella concezione dei tre *ordines*, monastico, chiericale, laico — « continentes contemplativi, continentes activi, coniugati » —, distinti secondo i loro stati di vita, in un decrescendo di possibilità di perfezione e di beatitudine che fa sì che solo nei monaci si possa intravvedere già formata quell'immagine di chiesa angelica, di Pentecoste, che è nei fini di tutta l'umanità. Alla quale perciò proprio la vita monastica va proposta come

---

[4] JONAS D'ORLÉANS, *De institutione regia*, 1, ed. J. Reviron, Paris 1930, p. 134.
[5] Per Guglielmo da Volpiano cfr. J.-F. LEMARIGNIER, *L'exemption monastique et les origines de la réforme grégorienne*, in *A Cluny* ..., Dijon 1950, p. 316 ss. (bibl. a n. 2 di p. 317); per Marmoutier e San Vittore di Marsiglia cfr. C. VIOLANTE, *Il monachesimo cluniacense* cit., p. 182 s. (bibl. a n. 32, 33, 34).
[6] J.-F. LEMARIGNIER, *L'exemption monastique* cit., p. 333 s. e passim; su questo punto vedi anche TH. SCHIEFFER, *Cluny et la querelle des Investitures*, in « Revue historique », 225 (1961), p. 58 ss.

modello [7]. Ed è concezione, questa, che affonda largamente le sue radici nella tradizione alto-medievale, nettamente impostata ad una progressiva identificazione della vita cristiana nella vita monastica. In questo quadro i temi del distacco dal mondo, della rinuncia ad esso, più che tensione morale di personale conquista e perfezione vengono a rappresentare il presupposto per l'esaltazione di un'organizzazione, di uno stato di vita, che garantisce nelle sue strutture una pratica cristiana altrimenti impossibile. Perciò la stessa polemica contro il *saeculum*, contro le degenerazioni chiericale e laica, serve fondamentalmente a dare, in controluce, nuova dignità e rilievo, nuova necessità, alla solitudine del chiostro. Ma sfugge ancora, per così dire, al problema di una radicale « cristianizzazione », di una « redenzione » di quel *saeculum*, se non nella misura in cui la risolva in un invito al chiostro [8]. C'è una sorta di predestinazione *ab aeterno* nelle situazioni religiose che vengono individuate come possibili nel mondo: predestinazione *ab aeterno* che trova una delle espressioni più tipiche nell'esegesi della parabola del seminatore e nell'interpretazione data al triplice frutto che egli ricava dal suo raccolto (Matth. XIII, 8) [9]. Agli *ordines* che vivono nel mondo resta una limitata possibilità di merito, una più faticosa e perigliosa e difficile possibilità di salvazione: che in qualche modo passa comunque

[7] Cfr. tra l'altro J. LECLERCQ, *L'idéal monastique de Saint Odon d'après ses oeuvres*, in *A Cluny...*, Dijon 1950, p. 227 ss.; O. CAPITANI, *Motivi di spiritualità cluniacense e realismo eucaristico in Odone di Cluny*, in BISIME, 71 (1959), ss. Vedi anche, per questo problema del rapporto tra i vari *ordines*, nel suo realizzarsi concreto, le acute osservazioni di P. LAMMA, *Momenti di storiografia cluniacense*, « Studi Storici » 42-44, Roma 1961, p. 62 ss.

[8] Cfr. al riguardo p. 159, n. 63, di questo libro. Va osservato tuttavia che già questa spinta a conquistare al chiostro il più gran numero di persone denuncia una tensione ed un'attenzione nuova verso il mondo esterno al chiostro, prelude a quell'impegno « missionario » che sarà del monachesimo gregoriano.

[9] Cfr. ad es., per una scala degli *ordines* tipicamente monastica, ABBONE di FLEURY, *Apologeticus*, PL, 139, c. 463 ss.; per la storia dell'esegesi di Matth. XIII, 8, vedi, per quanto sommario, A. QUACQUARELLI, *Il triplice frutto della vita cristiana 100, 60 e 30 (Matteo XIII, 8 nelle diverse interpretazioni)*, Roma 1953, p. 69 ss.

sempre attraverso un'imitazione delle virtù monastiche, esse sole piene ed autentiche virtù cristiane.

Si capisce come in questo quadro sostanzialmente scarso sia ogni discorso ecclesiologico che investa veramente la presenza della Chiesa nella società e nella storia; e scarso insieme sia, al di là delle iniziative locali, anche importanti, ogni discorso globale di riforma: proprio perché il contesto del mondo carolingio, pur se di fatto in disfacimento, poteva ancora garantire una situazione monastica che da un punto di vista ideologico-dottrinale voleva situarsi al di fuori e al di sopra di quella società, evitando soltanto i pericoli di frammentazione propri ad una carenza dell'autorità centrale (dov'essa, come in Germania, almeno in qualche modo, era più presente, la fioritura monastica non prenderà affatto, almeno tendenzialmente, l'andamento congregazionistico di Cluny, pur restando più esposta ad alterne vicissitudini) [10]. Ed insieme perché, partendo dalla concezione di una scala di perfezione fondata sugli stati di vita, e quindi tipicamente conservatrice ed aristocratica, per dir così, rispetto alle situazioni esistenti, il discorso verso gli altri *ordines* non poteva andare al di là di interventi parziali, entro i limiti invalicabili imposti dalla loro stessa natura ed intima imperfezione. Verità, vangelo, chiesa primitiva passano attraverso il monachesimo, arrivando solo in un tenue riflesso agli altri.

Non vi è dubbio che il contributo cluniacense per fissare nelle sue linee giurisdizionali il primato romano sia stato di

---

[10] Sul monachesimo tedesco del periodo è sempre da vedere A. HAUCK, *Kirchengeschichte Deutschlands*, III, Berlin 1958 (IX Aufl.), p. 343 ss., 443 ss., 864 ss. Ma dopo K. HALLINGER, *Gorze-Kluny. Studien zu den monastischen Lebensformen und Gegensätzen im Hochmittelalter*, 2 voll., « Studia Anselmiana » 22-23, 24-25, Romae 1950 (un classico ormai, nonostante tutti i pesanti schematismi che ne infirmano in parte i risultati), sono numerosi gli studi recenti che approfondiscono le caratteristiche delle singole correnti monastiche, che con la riforma gregoriana introducono uno sviluppo congregazionistico, di gruppi contrapposti, anche in Germania: cfr. ad esempio, J. SEMMLER, *Die Klosterreform von Siegburg. Ihre Ausbreitung und ihr Reformprogramm im 11. und 12. Jahrhundert*, Bonn 1959, soprattutto p. 322 ss.; H. JAKOBS, *Die Hirsauer. Ihre Ausbreitung und Rechtsstellung im Zeitalter des Investiturstreites*, Köln- Graz 1961, p. 104 ss., 35 ss.

grande importanza. Basti ricordare il rilievo del dibattito che si sviluppa durante e dopo la sinodo di Saint-Basle di Verzy [11]. E da questo punto di vista, quindi, ha ragione il Lemarignier ad insistere in una rivalutazione del contributo cluniacense alla successiva riforma. Ma se l'impostazione cluniacense può costituire un valido precedente per l'esaltazione romana del primato, esistono troppi limiti ideologici e pratici, nell'azione monastica, per farne veramente un precedente gregoriano. È un'opera volta a garantire delle isole di perfezione e di preghiera, non un rinnovamento più o meno radicale della società. O quanto meno ogni eventuale rinnovamento passa, utopisticamente, per queste isole monastiche.

È pur sempre da monaci tuttavia che prende le mosse un allargamento del discorso riformatore e della stessa meditazione ecclesiologica. Da monaci peraltro inseriti in contesti strutturali diversi da quello strettamente cenobitico. Umberto di Silva Candida, Pier Damiani, Ildebrando, la gran maggioranza del collegio dei cardinali dal pontificato di Leone IX in poi [12] sono tutti monaci situati a vivere in una condizione umana diversa dalla loro originaria, che portano il loro rigorismo morale nell'ambiente stesso, Roma, da dove potrà operare con più larghezza ed efficacia, al di fuori della catena relativamente ristretta delle fondazioni monastiche. Al di là della loro formazione, delle inclinazioni personali, è la stessa nuova situazione di responsabilità di governo che implica per questi uomini la necessità di un allargamento del discorso. Il fatto che sia di monaci spiega in parte la direzione in cui esso tende a muoversi: contro il matrimonio del clero in primo luogo, che diventa così concubinato. E se la descrizione troppo

---

[11] Cfr. su questo F. Lot, *Études sur le règne de Hugues Capet et la fin du X* siècle*, Paris 1903, p. 31 ss.; C. J. Hefele - H. Leclercq, *Histoire des conciles*, IV, 2, Paris 1911, p. 844 ss.; Lemarignier, *L'exemption monastique* cit., p. 307 ss.

[12] Cfr. H.-W. Klewitz, *Die Entstehung des Kardinalkollegiums*, in « Zeitschrift der Savigny-Stiftung für Rechtsgeschichte », LVI, Kan. Abt. XXV (1936), p. 135 ss. (ristampato in *Reformpapsttum und Kardinalkolleg*, Darmstadt 1957, p. 33 ss.).

idillica di Landolfo Seniore [13] sul felice stato del clero di Milano, ricco di dottrina come di figli, peccava certo di ottimismo, è difficile non dubitare che le apocalittiche denunce di un Pier Damiani rispecchiassero fedelmente la realtà. Ma anche la stessa pressione delle situazioni locali, del desiderio di rinnovamento e di riforma che serpeggia confuso e diverso negli ambienti laici, chiericali, eremitici, spesso indipendente per non dire in contrasto con l'impostazione che schematicamente si è individuata come cluniacense, stimola la ricostruita autorità romana a nuovi interventi e decisioni. La simonia, la corruzione del clero, la sua ignoranza e mondanità, sono i primi temi delle grandi denunce che arrivano a Roma; e Roma è chiamata, anche suo malgrado, a pronunciarsi sulle soluzioni proposte, a prendere posizione nelle lotte che lacerano ormai le diocesi, spesso con estrema violenza. Su questo punto mi sembra importante insistere: il programma di riforma — nei limiti in cui di programma si può parlare — non nasce a Roma, ma alla periferia, dove prima esplodono le denunce, si pongono nuovi problemi. Roma queste denunce le accoglie o le respinge, cerca di disciplinarle e di indirizzarle ai suoi scopi; via via arricchisce, approfondisce, ed a volte frena e depaupera tutta una serie di temi e di istanze che le arrivano dall'intero Occidente: che sempre più insistentemente, seguendo la via già battuta dai monaci quando si trovavano in lotta con i loro vescovi, fa capo a lei e da lei attende la soluzione definitiva dei suoi problemi.

Dai cenobi cluniacensi e variamente riformati non erano certamente mancate pesanti denunce della corruzione e mondanità chiericale: ma, come si è detto, volte quasi a rafforzare ulteriormente l'autonomia della propria situazione, a corroborare l'unicità perfetta del proprio costume di vita. È dall'esperienza eremitica piuttosto che matura un più organico discorso ecclesiologico e di riforma. Da un'esperienza che si muove ancora al di fuori da schemi sicuri di tradizioni organizzative, che traduce il proprio rigoroso impegno religioso e morale in

---

[13] *Historia Mediolanensis*, 1, II, cap. 35, *MGH, SS*, VIII, p. 70 ss.

un anelito di perfezione individuale che cerca sì la solitudine, ma da essa esce sovente a riformare cenobi e canoniche, a consigliare vescovi, ad organizzare clero. In una vita come quella di Romualdo è impossibile, al di là di un certo limite, ricostruire, mediante le poche testimonianze pervenuteci, il contesto mentale ecclesiologico in cui venne a svolgersi la sua attività [14]. Ma questo è già largamente possibile con un Pier Damiani, che della rinascita eremitica è forse il teorizzatore più attento e l'organizzatore più impegnato [15]. La sua scala di perfezione è ancora certamente una scala fondata sugli stati di vita, al sommo della quale si pone la solitudine dell'eremo. Ma proprio questo fatto, che tende ad esaltare l'individualità dell'esperienza religiosa, la ricerca personale del proprio destino di salvezza, fa sì che la sua attenzione alle forme organizzate, naturalmente necessarie in una società come la Chiesa, si faccia più acuta, sensibile alle possibilità che esse offrono di raggiungere quel fine al quale tutti sono chiamati. La polemica sulle ordinazioni simoniache, da lui difese come sacramentalmente valide pur essendo illecite, costituisce un altro stimolo alla netta dissociazione tra merito, stato di vita ed ufficio di ciascuno. Certo alla base del suo discorso di riforma è sempre presente un ideale eremitico: e virtù che nell'eremitismo trovano la loro più vera esplicazione sono quelle che egli cerca di diffondere nei più diversi ambienti. Ma proprio perché fondate su meriti e qualità personali esse possono assumere un valore universale, senza quelle forzature di pressante invito al chiostro della costruzione cluniacense. Certo il chio-

---

[14] Cfr. sulla spiritualità di Romualdo e dei suoi compagni G. TABACCO, *Privilegium amoris. Aspetti della spiritualità romualdina*, in « Il Saggiatore », IV, n. 2-3 (1954), pp. 1-20 (dell'estratto). Sulle sue fondazioni e sulla sua opera di riforma vedi, dello stesso autore, *Romualdo di Ravenna e gli inizi dell'eremitismo camaldolese*, in *L'eremitismo in Occidente nei secoli XI e XII*, Milano 1965, p. 73 ss.

[15] Cfr. su questo il mio *Théologie de la vie monastique chez Saint Pierre Damien*, in *Théologie de la vie monastique. Études sur la tradition patristique*, « Théologie » 49, Lyon 1961, p. 459 ss.; sulla sua opera di legislatore monastico vedi O. CAPITANI, *San Pier Damiani e l'istituto eremitico*, in *L'eremitismo in Occidente nei secoli XI e XII* cit., p. 122 ss.

stro, o meglio l'eremo, anche qui resta il sommo: ed a Landolfo patarino che un giorno aveva fatto voto d'entrarvi, senza poi mantenere l'impegno, Pier Damiani rivolge un caldo invito a non tradire la promessa fatta a Dio, a non abbandonare l'alta strada di perfezione che gli si era aperta davanti [16]. Diversità certo di punti di vista e di situazione, ma anche di spiritualità, di ecclesiologia, Arialdo consiglierà invece il fratello di Landolfo che voleva farsi monaco a rimanere piuttosto con lui a Milano per combattere per la fede, promettendogli che così si sarebbe acquistato « potiorem apud Deum gradum » [17]. Tuttavia il discorso eremitico di Pier Damiani, se ancora mantiene rispetto a certe nuove esigenze e situazioni questi limiti, è più libero e mosso di quello tradizionalmente cenobitico, forse perché più svincolato dal peso di certe tradizioni culturali e strutture (sarebbe troppo lungo parlarne diffusamente, ma come non ricordare a questo proposito, pur se così lontano dagli ideali di Pier Damiani, il monachesimo vallombrosano, con il suo integrale e letterale ritorno alla regola benedettina, al di là delle mediazioni carolinge, che lo porta ad impegni inconsueti per dei cenobiti) [18]. Così egli, proprio perché non intende la vita comunitaria come un fatto di somma perfezione, può proporla quale strumento di riforma di tutto il clero, perché unico efficace a determinare quella vita di povertà e di distacco dai beni terreni, necessaria per risolvere radicalmente il problema della corruzione e della mondanizzazione del clero [19]. Su questo punto Pier Damiani è solo un autorevole portavoce di iniziative e richieste che maturano autonomamente nelle regioni più diverse. Anche se in grazia sua il programma si fa globale e coerente, tale da impostare una radicale riforma della situazione chiericale. Pur nella gradualità imposta dalle situazioni locali netto appare in lui il rifiuto dei chierici che non

---

[16] *Op.* 42, *De fide Deo obstricta non fallenda*, PL, 145, c. 667 ss. (vedi p. 158, n. 62 di questo libro).

[17] ANDREA STRUMENSIS, *Vita Sancti Arialdi*, c. 15, MGH, SS, XXX, p. 1059 (vedi p. 158, n. 62 di questo libro).

[18] Su questo vedi più avanti, p. 87.

[19] Vedi per questo p. 101 ss. e p. 324 ss. di questo libro.

vivono in comune, acefali, « id est sine regimine capitis, quem sequantur ignorantium » [20]. Sono quei chierici « irregulares », « irreligiosi » che anche Anselmo di Lucca fuggirà come la peste, preferendo vedere le chiese vuote piuttosto che governate da essi [21]. Siamo ben lontani, nonostante le apparenze, da una semplice restaurazione di quel regime comunitario che già la chiesa carolingia aveva cercato di instaurare tra il clero. Indubbiamente anche qui l'istituto della vita comune figura come un essenziale strumento di governo e di controllo, volto a mantenere salda l'autorità vescovile sui chierici e a garantire una prospera conservazione del patrimonio ecclesiastico. Ma nuova, rispetto alla regola di Aquisgrana, è la proibizione per i chierici di avere beni propri, e nuova inoltre è la preoccupazione pastorale — e non solo di autorità, di governo —, che di una vita comune povera rappresenta la prima giustificazione: « Illi idonei sunt ad praedicationis officium, qui nullum terrenae facultatis possident lucrum » [22]. Se naturali, nel contesto della società dell'epoca, appaiono a Pier Damiani le abbondanti offerte di cui è fatta oggetto la Chiesa — pur se in un vago rimpianto per la lontana situazione di nascondimento e di miseria —, egli supera il rischio connesso a questa situazione affermando la necessità di un'assoluta povertà personale per tutta la gerarchia, fosse essa chiericale o monastica. Su questa strada, anche se per iniziativa autonoma, si formano a Milano, intorno al movimento patarinico, isole di vita comune condotta in povertà, che raccolgono chierici e laici, ma soprattutto quel clero riformato che dia, per sicurezza di ordinazione, purezza di costumi e assenza di beni privati, piena garanzia di non essere eretico né conquistabile all'eresia, e quindi di poter amministrare carismi che siano veramente tali [23].

[20] Così nel *Sermone* edito da A. MAI, *Spicilegium Romanum*, IV, Roma 1840, p. 320 (per il problema della sua attribuzione, contestata, a mio modo di vedere a torto, da G. Lucchesi, cfr. p. 122, n. 82).

[21] *Vita Anselmi episcopi Lucensis*, c. 31, *MGH*, *SS*, XII, p. 22.

[22] *Op. 24, Contra clericos regulares proprietarios*, cap. 6, *PL*, 145, c. 490B (vedi anche p. 110 ss.).

[23] Vedi più avanti, p. 173 s. e p. 183 s.

Ma col movimento patarinico anche un altro tema di rinnovamento prende corpo e si impone come problema alla gerarchia romana: quello cioè di una più organica presenza dei laici nella vita della Chiesa, tale da renderli soggetti attivi e non solo passivi della vita religiosa. Lo schema dei tre *ordines* non si snoda più, in ambiente patarinico, secondo il criterio degli stati di vita — schema che per ciò stesso era sempre più o meno una scala di perfezione —, ma prendendo a caratterizzazione fondamentale l'ufficio specifico di ciascuno, che può suggerire al massimo delle precedenze di dignità, e non altro: per i *praedicatores* l'attività pastorale, per i *continentes* la preghiera, per i *coniugati* le opere di pietà [24]. Inoltre viene prospettata anche una possibilità di supplenza, entro certi limiti, tra l'uno e l'altro di questi ordini, a seconda delle carenze e dei bisogni. Così il silenzio chiericale di fronte a concubinato e simonia, impone ai *continentes* e ai *coniugati* di scendere in campo, per denunciare il male e prospettare i rimedi. « ... Etiam vos, qui estis idiotae ignarique scripturae, communibus verbis, quibus valetis, invicem vos cautos ab hac nequitia reddere debetis ». Questo, secondo Andrea di Strumi, un discorso di Arialdo rivolto appunto ai laici [25]. « Idiotae ignarique scripturae », così essi sono detti: ma questa definizione, che per tutta una tradizione era servita — come ancora servirà in seguito —, a ribadire la loro esclusione da ogni piano di dottrina e di giudizio, gioca qui un ruolo che direi solo constatativo, a rilevare i limiti di fatto della loro cultura, e rievocati perciò non come deterrente, ma quasi a dare nuova forza e stimolo a quei « communia verba » che essi dovranno usare contro l'eresia simoniaca. È forse il punto massimo, questo, raggiunto dalla riforma nella rottura dei rigidi privilegi di magistero e di dottrina della gerarchia sacerdotale: tale che forse solo l'infuocata situazione milanese poteva permettere. Ma non fu la sola apertura verso l'anonimo mondo lai-

---

[24] ANDREA, *op. cit.*, c. 10, p. 1056 (vedi per un più approfondito esame del passo p. 156 ss.).
[25] ANDREA, *loc. cit.*

cale. Lo stesso Pier Damiani, pur preoccupato della manomissione da parte dei laici di prerogative e competenze della gerarchia ecclesiastica — si ricordi la sua polemica antivallombrosana [26] —, offrirà, con la sua meditazione sul concetto di *regale sacerdotium*, numerosi spunti per un'organica, anche se lontana a venire, teologia del laicato, che uscendo dall'equivoca sacralizzazione di certi uffici di governo ricuperasse a nuova dignità il popolo fedele [27]; indice anche questo di nuovi problemi ed interessi in via di maturazione, pur se in un'assenza, ancora, di ogni accenno a risolverli su di un piano anche istituzionale. Così Umberto di Silva Candida, che come pochi offrirà all'azione dei laici contro i simoniaci ampio campo di espletarsi — prevedendo anche di fatto un'iniziativa autonoma di giudizio, perché la loro azione era legittima anche al di fuori da preventive sanzioni ed autorizzazioni ecclesiastiche, in quanto era il simoniaco stesso a porsi « ipso facto » fuori dalla Chiesa, ed il suo ripudio anche visibile non rappresentava perciò che la necessaria conseguenza per chi era divenuto ormai solo elemento di corruzione [28] —, affermerà d'altro canto

---

[26] *Op. 30, De sacramentis per improbos administratis, PL*, 145, c. 523 ss. (e per lo scontro fra Pier Damiani e la delegazione vallombrosana alla sinodo Romana dell'aprile 1067, cfr. *Vita Iohannis Gualberti auctore anonymo*, c. 5, *MGH, SS*, XXX, p. 1106 s.).

[27] Vedi più avanti, p. 160, n. 64.

[28] Sono considerazioni assai frequentemente ripetute nei tre libri dell'*Adversus Simoniacos* (ed. F. Thaner, *MGH, Libelli*, I, pp. 100-253). L'esposizione più completa e rigorosa si trova forse nel cap. 43 del lib. III (p. 251 s.), dove Umberto tratta « de differentia mercennariorum et furum, et quod heretici non sint a catholicis tolerandi sicut male viventes catholici ». I *mercennarii* infatti sono ministri colpevoli, ma che non peccano contro la fede (vedi per la caratterizzazione dei *mercenarii* anche lib. III, capp. 35-36, p. 243 ss.): per questo restano, per dir così, nel *sistema*, e quel *sistema* va pienamente rispettato nei loro confronti; non così per i simoniaci, ossia per gli eretici, che per il fatto stesso di essere tali si pongono al di fuori della Chiesa: « Unde super male viventibus Christi ministris catholica plebs debet catholicorum expectare synodum nec abicere, donec eos abiciat comministrorum vel magistrorum suorum arbitrium ... Solet nempe evenire, ut, quod imperfectis videtur intolerabile, perfectis videatur tolerabile, et e contrario perfectis habeatur intolerabile, quod imperfectis tolerabile. Quo ambiguo ne forte fallatur aut scandalizetur ecclesia, patienter expectandum est et sapienter, donec synodalis illud discernat et determinet sententia. Quam qui censet expectandam et in hereticis post concilia

molto recisamente: « laici sua tantum, id est saecularia, ... disponant et provideant » [29], insistendo sulla necessaria, radicale distinzione tra chierici e laici (tipico in questo senso che la sua descrizione dei fasti e delle prerogative della gerarchia sia tutta intessuta di citazioni vetero-testamentarie che si riferiscono al sacerdozio levitico) [30]. Ed è significativo che l'antica distinzione paolina tra *spirituales* e *carnales*, che già nelle Pseudo-Isidoriane tendeva ad esprimere la diversità tra gerarchia e laicato, ritorni in lui con straordinaria pesantezza a confinare, almeno potenzialmente, i laici in una vita grigia, lontana ed opposta a quella dei *sacerdotes*, degli *spirituales*, dei *perfecti* [31].

semel habita de illis, nescio an catholicus vere dici posset; nam cuicumque quaelibet heresis in ecclesia videtur tolerabilis, haud dubie a catholica fide naufragavit aut excidit »; e poche righe sopra si era chiesto: « Quapropter cur putantur simoniani multotiens et pene quotidie synodaliter deponendi, qui ab initio semel, simul et inretractabiliter ab apostolorum principibus fuere depositi ...? ». Questo testo risulterebbe così in certo modo un'applicazione particolare — particolare perché si tratta di eretici — del principio della « notorietà del delitto »; vedi numerosi testi al riguardo in A. CARBONI, *La notorietà del delitto nelle riforme ecclesiastiche medievali*, in « Studi Sassaresi », XXVII (1957), p. 28 ss. (dall'estratto), che non prende in esame però questo passo di Umberto. Su di esso ha richiamato invece di recente l'attenzione anche O. CAPITANI, *Immunità vescovili ed ecclesiologia in età pregregoriana e gregoriana*, in « Studi Medievali », 3ª Serie, III (1962), p. 567, n. 84. Per la distinzione *perfecti - imperfecti*, corrispondente a quella *spirituales - carnales*, vedi più avanti, e i riferimenti di n. 31.

[29] *Adv. Sim.*, III, 9, p. 208.

[30] Cfr. soprattutto *Adv. Sim.*, III, 12-14, p. 212 ss.

[31] Cfr. *Adv. Sim.*, II, 15, p. 156 (dopo aver elencato quattro categorie di precetti destinati « spiritualibus et vere catholicis »): « Restat quinta, quae fideles quidem, sed tamen carnales et rudes informat et a flagitiis atque facinoribus refrenat, ut est decalogus et huiusmodi cetera, sicut: " Diliges Dominum Deum tuum ex toto corde tuo " (*Deut.* 6, 5); et " Honora patrem et matrem, non occides, non moechaberis " (*ibid.*, 5, 16 ss.) ». Su di un piano più fortemente allegorizzato la distinzione ritorna in *Adv. Sim.*, lib. II, cap. 18, p. 159 ss. (« Quod qui per fidem et opera est Dominus spiritualium, ipse sit per fidem etiam Deus carnalium »). Per questa distinzione nelle Pseudo-Isidoriane cfr. PH. FUNK, *Pseudo-Isidor gegen Heinrichs III. Kirchenhoheit*, in *HJ*, 56 (1936), p. 324 s., che osserva appunto il progressivo determinarsi della contrapposizione in un senso sempre più giuridico, obiettivo, valido a designare i due diversi stati di vita del clero e del laicato. Vedi su questo anche più avanti, p. 142, n. 33.

Roma, con qualche cedimento alla pressione periferica (l'accettazione della prova del fuoco di Settimo, ad esempio) [32], si mantenne sostanzialmente assai circospetta, preoccupata di usare il laicato come massa di manovra anticoncubinaria ed antisimoniaca senza che ciò recasse detrimento alle prerogative sacerdotali o si risolvesse in iniziative autonome del laicato stesso. Si arrivò così, già con Leone IX, a quelle disposizioni che vietavano ai laici di entrare in comunione e di ascoltare la messa dei preti concubinari. Allargate ai simoniaci saranno disposizioni puntualmente ripetute sino a Gregorio VII [33]; ma con una sollecitazione più pressante a realizzarle concretamente, e con una perentorietà di argomentazioni che suonava esplicito invito alla ribellione, che non escludeva la violenza. Nelle sue lettere sinodali ad alcuni vescovi tedeschi emerge tuttavia chiaramente lo scopo di pressione che esse si proponevano [34]: « ... populus nullo modo eorum (ossia di simoniaci e concubinari) officia recipiat; ut, qui pro amore Dei et officii dignitate non corriguntur, verecundia seculi et obiurgatione populi resipiscant ». Si muove in questo contesto la lettera del 25 marzo 1077 con la quale egli invitava il vescovo di Parigi a promuovere un'inchiesta onde colpire eventualmente di censura canonica l'uccisione del laico Ramirdo ad opera del clero di Cambrai, se fosse risultato vero che la sua colpa era consistita solo nel dichiarare « quod symoniacos et presbyteros fornicatores missas non debere celebrare et quod illorum officium minime suscipiendum foret ... » [35]. Per il laicato ancora

[32] Vedi il mio *Pietro Igneo. Studi sull'età gregoriana*, « Studi Storici » 40-41, Roma 1960, p. 42 s.
[33] Vedi più avanti, p. 145, n. 37.
[34] *Ep. coll.*, 3, 4, 5, ed. cit., p. 523 ss. (per il significato ed i limiti di questi decreti vedi più avanti, p. 245 s.).
[35] *Reg.* IV, 20, p. 328. A torto H. PIRENNE, *Histoire de Belgique*, I, IIIe éd., Bruxelles 1909, p. 193, A. BORST, *Die Katharer*, « Schriften der M.G.H. » 12, Stuttgart 1953, p. 82, N. COHN, *I fanatici dell'Apocalisse*, trad. dall'ingl., 1965, p. 58, ed altri, presentano Ramirdo come prete. Gregorio VII lo definisce semplicemente « hominem quendam », ed il *Chronicon Sancti Andreae castri Cameracensis*, lib. III, c. 3, *MGH, SS*, VII, p. 540 lo dice « hominem quendam ... apud proximam villam quae est Scherem manentem »:

un ruolo fondamentalmente negativo, quindi, e possibile solo grazie all'autorizzazione della sede Romana. L'aggressione dei laici contro la gerarchia nicolaita e simoniaca poté apparire agli antigregoriani come una grave manomissione delle prerogative e della dignità vescovile (fedeli in questo alle tradizioni della chiesa carolingia che vietava anche l'accusa degli *inferiores* contro i *superiores*), ed il *plebeius furor* che Gregorio VII avrebbe eccitato come un fatto di completo sovvertimento dell'ordine e della pace ecclesiastica, di quella « pulcherrima membrorum Christi distributio » che si fondava su scale e gradazioni precise di autorità e gerarchia[36]. Ma questo attentato

certo di condizione laicale, Ramirdo era probabilmente un contadino (« manentem »).

[36] *Episcoporum epistola Gregorio VII. missa*, ed. L. Weiland, nr. 58, MGH, *Const.*, I, p. 107 (e MGH, *Briefsammlungen der Zeit Heinrichs IV.*, nr. 20, ed. Erdmann-N. Fickermann, Weimar 1950, p. 48). Vedi, per le accuse ai riformatori ed a Gregorio VII in particolare, di aver introdotto i laici in ambiti di fede, dottrina e giurisdizione ad essi proibiti o, più genericamente, di averne stimolato lo spirito di rivolta e di polemica anticlericale (superfluo osservare che si allude soprattutto a *laici idiotae*, popolino, *milites*): *Heinrici IV. epistola Gregorio VII. missa ibid.*, nr. 62, p. 110, r. 29 ss.; SIGEBERTO DI GEMBLOUX, *Chronica*, A. 1074, MGH, SS, VI, p. 362 s., e *Apologia contra eos qui calumniantur missas coniugatorum sacerdotum*, MGH, *Libelli*, II, capp. 2-3, p. 438, s., cap. 6, p. 443, capp. 7-8, p. 444 ss.; [ALBOINO], *De incontinentia sacerdotum, ibid.*, p. 17, r. 5 s.; *Annales Augustani*, A. 1075, MGH, SS, III, p. 128; *Cameracensium clericorum epistola*, MGH, *Libelli*, III, p. 575, r. 25 ss., p. 576, r. 9 ss.; *Tractatus pro clericorum conubio, ibid.*, p. 593 s.; GUIDO DI FERRARA, *De scismate Hildebrandi*, lib. I, c. 10, MGH, *Libelli*, I, p. 543 s.; etc. Per le fonti antipatariniche, ed Arnolfo in particolare, vedi più avanti, p. 168, n. 75. Non mancano tra queste denunce quelle di sostenitori di una *via media*, come Arnolfo, preoccupato di trovare un compromesso che non incidesse però nell'ordinamento ecclesiastico (cfr. *Gesta archiepp. Mediol.*, IV 12, MGH, SS, VIII, p. 29: « In sancta ... ecclesia ... necesse est ut iusto pensentur omnia moderamine. Clerus atque populus suo quisque fungatur officio, praefixo sibi contentus limite ... »), o Sigeberto di Gembloux, sincero sostenitore della necessità di una riforma, ma tenace difensore di un ordine che le iniziative gregoriane potevano minacciare; ed è interessante osservare che certe sue preoccupazioni — rispetto all'astensione dei laici dai sacramenti, da tutti i sacramenti, ed in qualsiasi circostanza — muovono da considerazioni del tutto analoghe a quelle che Pier Damiani prospettava nella sua polemica antivallombrosana. Su questa linea finiranno col muoversi successivamente anche i riformatori romani: evitando, in un primo tempo, con Urbano II di rinnovare esplicitamente la proibizione ai laici di assistere alle messe e di ricevere i sacramenti di simo-

alle prerogative gerarchiche non era, per Gregorio VII, in relazione ad un maggior peso che il laicato dovesse assumere nella vita religiosa ed ecclesiastica, ma bensì possibile solo perché in stretto rapporto di dipendenza con l'unica vera essenziale autorità, Roma. Al veto episcopalista di portare accusa contro i propri superiori risponde la XXIV proposizione del *Dictatus pape* [37]: « Quod illius (scil. Romani pontificis) precepto et licentia subiectis liceat accusare ». Ed era manomissione possibile anche perché quella gerarchia refrattaria ai decreti romani non era più in realtà gerarchia: « Plurimi ... eorum, qui vocantur episcopi, non solum iustitiam non defendunt, sed etiam, ne clarescat, multis modis occultare nituntur. Tales vero non episcopos, sed Christi habeto inimicos. Et sicut illi non curant apostolicae sedi oboedire, ita vos nullam eis oboedientiam exhibete. Nam prepositis non oboedire scelus est incurrere idolatriae iuxta verba prophetae Samuhelis, quae beatus Gregorius in ultimo libro Moralium, ubi de oboedientia loquitur, procuravit explanare ». Così Gregorio VII a Roberto conte di Fiandra [38]. L'obbedienza che conta non è quella verso i vescovi ma quella verso il papa. Ogni scala gerarchica cede il passo, impallidisce, di fronte a questo rapporto di dipendenza primario ed essenziale al quale sono sottoposti tutti gli uomini [39]. Per cui senza sforzo, senza impegnarsi in ulte-

---

niaci e concubinari (egli ricorderà semplicemente che quelle disposizioni erano state emanate, precisando però la liceità di accettare i sacramenti « criminosorum » in punto di morte: in *PL*, 151, c. 534B), mentre Pasquale II, ripetendo la liceità di prendere i sacramenti da un prete concubinario in punto di morte, rincalzerà precisando che, se costui, per vergogna del suo passato, vi si fosse rifiutato, « tanquam animarum homicida districtius puniatur » (in *PL*, 163, c. 92C-D).

[37] *Reg.* II, 55a, ed. E. Caspar, *MGH, Ep. sel.*, ed. II, Berolini 1955, p. 207.

[38] *Reg.* IV, 11, p. 311; cfr. anche *Reg.* IV, 10, p. 309, alla madre di Roberto. La disposizione è ripetuta in termini generali in *Ep. coll.*, 10, ed. cit., p. 532 (lettera indirizzata « omnibus clericis et laicis in regno Teutonicorum constitutis »). Per la citazione da Gregorio Magno, vedi più avanti p. 240 s.

[39] Vedi più avanti, p. 228 ss., e la letteratura ivi citata.

riori spiegazioni, Gregorio VII può incitare a non prestare più obbedienza ai propri vescovi aggiungendo subito dopo che la disobbedienza verso i propri superiori implica il peccato di idolatria.

Se si tiene presente questo fatto fondamentale dell'assoluta puntuale soggezione di tutta la Chiesa, quasi come un'unica diocesi, a Roma, non apparirà contraddittorio che da una parte Gregorio VII inviti Rodolfo di Svevia, Bertoldo di Carinzia e Guelfo di Baviera ad allontanare « anche con la forza, se sarà necessario », preti concubinari e simoniaci dall'altare [40], mentre dall'altra rimproveri aspramente alcuni *milites* di Térouanne per avere di propria iniziativa usato violenza contro il proprio vescovo accusato di gravi colpe e che Gregorio VII stesso già aveva qualificato come *invasore*, invitando il conte Roberto a cacciarlo dalla sua sede [41]; « Qua in re nullam excu-

---

[40] *Reg.* II, 45, p. 184.

[41] *Reg.* IX, 31, p. 617 (è chiaro dal discorso che il rimprovero ai *milites* di Térouanne è prima di tutto per aver fatto violenza — evidentemente di loro iniziativa —, in secondo luogo per averla fatta in modo particolarmente crudele). Sull'affare di Térouanne abbiamo un cospicuo gruppo di lettere di Gregorio VII, alcune raccolte nel libro IX del *Registro*, mentre altre figurano solo tra le *Ep. coll.* Gli unici dati cronologici più precisi sono offerti dal fatto che Lamberto, vescovo di T., risulta condannato, ad un certo momento della vicenda, « in concilio Meldensi » (*Reg.* IX, 35, p. 623); per Meaux sembrano attestati due concili (le osservazioni in contrario di MANSI, XX, c. 583 ss., accettate da HEFELE-LECLERCQ, *Histoire des conciles* cit., V, 1, p. 283, non appaiono in realtà affatto probanti): l'uno del 1080 o 1081 (MANSI, XX, c. 573), l'altro del 26 ottobre 1082 (MANSI, XX, c. 583 s.). È in questo secondo evidentemente che Lamberto deve essere stato condannato. Senonché, mentre Gregorio VII dice « a legatis nostris Hugone Lugdunensi archiepiscopo ... », il *Chronicon S. Petri Vivi Senonensis* (BOUQUET, XII, p. 279), che ci dà per il concilio l'indicazione cronologica precisa, chiama ancora Ugo vescovo di Die: la discrepanza è spiegabile col fatto che proprio in quei mesi Ugo deve essere stato eletto alla sede primaziale di Lione; in una lettera di poco precedente Gregorio lo qualifica ancora « Diensis immo Lugdunensis archiepiscopus » (*Ep. coll.* 41, ed cit., p. 569). Le lettere sono state ordinate secondo la loro presumibile successione cronologica da A. GIRY, *Grégoire VII et les évêques de Térouanne*, in « Revue historique », I (1876), p. 399 ss., che ha dato una buona ricostruzione complessiva della vicenda. La sua sistemazione è accettabile, salvo che per *Reg.* IX, 36 (il Giry la vorrebbe precedente ai fatti narrati da *Reg.* IX, 31), che va collocata invece alla fine della serie, e quindi dopo *Reg.* IX, 13, per-

sationem temptetis obtendere quasi de ipsius vel vita reproba
vel ordinatione iniusta seu depositione irrogata. Sicut enim

ché vi si parla già della nuova elezione a vescovo di Térouanne di Gerardo,
e senza più discuterla, mentre prima, durante i vari esami che erano stati
proposti a Lamberto, mai si era parlato di una già avvenuta nuova elezione
(cfr. anche l'ed. Caspar, p. 628, n. 6). L'ordine delle lettere è perciò presumibilmente il seguente: le *Ep. coll.* 40 e 41 sono le prime, certo precedenti al concilio di Meaux (Roberto conte di Fiandra viene invitato a far
sì che Lamberto si presenti ad Ugo); successive sono invece *Ep. coll.* 42
(dove Lamberto è già definito membro dell'anticristo, mentre Roberto è invitato a liberare la chiesa dalle sue mani) e *Reg.* IX, 35. Subentrate le violenze dei *milites*, Roberto e Lamberto ricorsero a Roma: e Gregorio VII as-
solse il vescovo dalla scomunica e incaricò Ugo di Lione di esaminare nuovamente, insieme però ad Ugo di Cluny, tutta la questione (*Reg.* IX, 31,
33, 34). Di questo esame nulla si sa, ma *Reg.* IX, 13 (dove Lamberto è
detto nuovamente invasore) e IX, 36 (ancora a Roberto, di pressante invito
a togliere ogni appoggio a Lamberto e di allontanarlo — «evellere» —
«de medio vestrum ut putridum et inutile membrum») ci dicono chiaramente che esso fu negativo.

   Questa complessa vicenda dà ottimamente la misura del rigido controllo
al quale Gregorio VII avrebbe desiderato poter sottoporre l'azione dei laici.
Pensare che egli volesse escludere la violenza è assurdo: troppi sono gli indizi in contrario (dai suoi legami con la pataria alle altre testimonianze già
in precedenza citate); così com'è chiaro che le sue disposizioni ed i suoi
ordini di resistenza, di rifiuto all'obbedienza, non potevano non compor-
tarla, se solo appena fossero stati applicati; né è da credere che una certa
lotta egli la pensasse ridotta ai *milites*. Desiderava bensì che essa fosse sempre precisata e controllata, affidata possibilmente ad una direzione responsabile (qui Roberto, come a Milano era stato Erlembaldo, e via dicendo),
limitata evidentemente nei suoi effetti e nelle sue crudeltà. Una iniziativa
autonoma egli l'avvertiva pericolosa, ed in qualche modo cercò di evitarla:
non però oltre un certo limite, direi, perché era troppo evidente che finché
la legislazione e l'ecclesiologia romana fosse stata impostata nei termini in
cui era impostata, sarebbe pur sempre risultato per i laici un sia pur limitato margine di iniziativa autonoma nella lotta contro la gerarchia *eretica*:
eliminare anche questo margine, per evitare certi eccessi, avrebbe implicato
un rallentamento se non un arresto di quella lotta: ed era ciò che certamente Gregorio non voleva. Si spiega così il discorso giustificativo dei suoi
apologeti, riportato da Guido di Ferrara (*De scismate Hildebrandi* cit., lib.
I, c. 10, p. 544; Guido aveva descritto le violenze dei laici contro il clero):
«Sed sicut a viris fidelibus didici, qui multa cum illo de talibus contulerunt,
referre solitus erat, quod tam crudelia et gravia numquam in presbiteros
fieri mandavisset; plurimum etiam se dolere solitum, quotiens imperitum vulgus huiusmodi novis iniuriis moveretur; displicuisse semper verbera sacerdotum, caedes et vincula, cippos et carceres, si forte talia a laicis paterentur.
Quamquam non multum haec a christianis doctoribus dissonent, si etiam eius
consensu fiebant, ut aliqui putaverunt» (seguono alcune autorità patristiche

supra notavimus, nemo adhuc tale aliquid presumpsisse dinoscitur, nisi forte qui Deum non timens et christianam reverentiam abiciens pro nihilo duxit manum in sacros ordines mittere ».

Non mancano altri esempi nell'uno e nell'altro senso [42]: testimoni entrambi della posizione subalterna che il laicato continua a mantenere rispetto alle iniziative gerarchiche, che si riassumono qui nella volontà del pontefice Romano. Le difficoltà incontrate dalla riforma, la rottura con Enrico, lo scisma di Guiberto, preciseranno comunque sempre più, in ambito riformatore, quale compito precipuo del laicato — dei *milites* evidentemente in primo luogo, ma all'inizio manca ogni precisazione al riguardo —, la lotta contro eretici ed infedeli, in difesa della fede e a sostegno della gerarchia, secondo un indirizzo che troverà la sua espressione più compiuta nella crociata [43]. Predisposta dalla tradizione del pensiero altomedie-

---

sulla punizione dei malvagi). Ed è in fondo ancora condizionato da questa linea Urbano II quando, scrivendo a Goffredo vescovo di Lucca, gli precisa di imporre agli uccisori di scomunicati « modum congruae satisfactionis ... secundum ipsorum intentionem », chiarendo subito dopo: « Non enim eos homicidas arbitramur, quod adversus excommunicatos zelo catholicae matris ardentes, eorum quoslibet trucidasse contigerit ». Una moderata penitenza va tuttavia loro imposta, aggiunge subito dopo Urbano II, « perché essi possano riuscire in tal modo graditi agli occhi di Dio, « si forte quid duplicitatis pro humana fragilitate eodem flagitio contraxerunt » (in PL, 151, c. 394A): era come dire che la penitenza andava indetta non perché quegli scomunicati non andavano in sé uccisi, ma perché in quell'uccisione potevano essersi inseriti motivi e considerazioni di ordine *umano*, che nulla avevano a che fare con la natura di scomunicati di quegli. Ed è interessante notare che questo testo si ritrova (ridotto alla frase « Non enim ... contigerit ») nella *Panormia* di Ivo di Chartres (lib. VIII, c. 11, PL, 161, c. 1308), in un gruppo di canoni che trattano « De eo qui clerum interficit », con la seguente rubrica: « Non sunt homicidae, qui adversus excommunicatos, zelo matris ecclesiae armantur ».

[42] Cfr., ad es., *Reg.* IX, 5, p. 580 (a Ugo di Die, per invitarlo a ritirare la scomunica da lui scagliata contro alcuni *milites*, rei di non volere pagare le decime, in considerazione dell'aiuto che già gli avevano prestato « ad presbyteros fornicarios et symoniacos coercendos »); *Reg.* IX, 23, p. 604, r. 17 s. (ad un vescovo si deve ubbidire anche se ha formulato una sentenza ingiusta).

[43] Fondamentale resta su questo problema C. ERDMANN, *Die Entstehung des Kreuzzgs-gedankens*, Stuttgart 1935 (ristampa 1955); vedi anche A. FRU-

vale, che vedeva nel *regnum*, nei *milites*, i naturali difensori del clero e dei deboli, l'azione armata del laicato diventa progressivamente, con la riforma, una sorta di atto cultuale, un *opus sanctum*, specifico e consacrato. Il *vexillum sancti Petri* che sventola davanti agli eserciti schierati in campo attesta che quella guerra è combattuta per Dio, per realizzare la sua volontà e la sua giustizia [44]. E vengono riscattate, circonfuse di un'aura sacrale di martirio, iniziative come quella di Leone IX, che non aveva mancato un tempo di suscitare critiche anche violente [45]. La canonizzazione più o meno esplicita di uomini come Erlembaldo e Cencio indica al popolo fedele un nuovo, inusitato modello di santità [46]. E il destino del ricordo della pataria sarà di restare in ambito ortodosso quasi unicamente per questo aspetto della sua storia soltanto, mentre il suo intervento in un campo più specificatamente dottrinale ed il superamento di certe barriere di *ordines* la coprirà della macchia di eresia [47]. La purificazione dei costumi della Chiesa si configura così anche — e soprattutto per ciò che spetta ai laici — come espulsione violenta dal suo seno dei portatori di errore, gli eretici, gli infedeli, gli ebrei (i massacri di questi ultimi, alla fine dell'XI secolo, andrebbero riesaminati anche

GONI, *Momenti del problema dell'ordo laicorum nei secoli X-XII*, in «Nova Historia», XIII (1961), p. 19 ss.

[44] Vedi anche J. VAN LAARHOVEN, *« Christianitas » et réforme grégorienne*, in *Studi Gregoriani*, VI, Roma 1959-1961, p. 62 ss.

[45] Vedi più avanti, p. 317, n. 59. Ma, segno forse di incertezze e del bisogno di sanzioni soprannaturali, questo recupero dell'azione armata anche da parte della gerarchia avviene attraverso il racconto di visioni certificatrici della dignità di martiri per i caduti di quelle battaglie: è così per i monaci e chierici morti combattendo contro i Saraceni (RODOLFO GLABRO, *Historiarum libri quinque*, II, cap. IX, 19, ed. M. Prou, Paris 1886, p. 45 s.), è così per i morti della battaglia di Civitate, che rassicurano Leone IX del loro destino ultraterreno (BRUNO DI SEGNI, *Libellus de symoniacis*, ed. E. Sackur, MGH, *Libelli*, II, c. 6, p. 551 - vedi anche c. 7, p. 552); cfr. anche ERDMANN, *op. cit.*, p. 62 e 111 s.

[46] Cfr. BERTHOLDUS (Annalista Svevo), *Annales*, A. 1077, MGH, SS, V, p. 305; BONIZONE DI SUTRI, *Liber ad amicum*, VII, VIII e IX, ed. E. Dümmler, MGH, *Libelli*, 1, p. 604 s., 611, 620; vedi per questo ERDMANN, *op. cit.*, p. 197.

[47] Vedi più avanti, p. 178, n. 94.

da questo punto di vista: se infatti il loro immediato determinarsi muove essenzialmente da ben concrete e precise ragioni di rivalità sociale ed economica, per la cronistica del
tempo, per il giudizio e le scelte di una parte almeno della
gerarchia, essi sembrano trovare, se non la loro spiegazione
e giustificazione, certo un tratto di comprensione, una ragione
di minor resistenza, anche in questo sviarsi e materializzarsi e
corrompersi di una forte esigenza di rinnovamento) [48].

[48] Non si tratta cioè di individuare le ragioni più o meno profonde di
quei massacri, ma sì il contesto mentale entro cui avvennero, le motivazioni,
diciamo così ideologiche, che li accettarono e li giustificarono: più in generale, l'atteggiamento di una parte almeno dell'opinione colta del tempo verso
di essi. Svolto da questo punto di vista l'esame dell'imponente numero di
attestazioni cronistiche che riferiscono dei massacri permette queste osservazioni: sono pressoché assenti le condanne senza attenuazioni, distinzioni,
sfumature, anche se pressoché costante è la testimonianza di un tentativo dei
vescovi di opporsi ai massacri (cfr. BERNOLDO (annotatore), *Chronicon*, A.
1096, *MGH, SS*, V, p. 464 s.; UGO DI FLAVIGNY, *Chronicon*, lib. II, *MGH,
SS*, VIII, p. 474; COSMA DI PRAGA, *Chronica Boemorum*, l. III, c. 4;
MGH, Script. rer. Germ., p. 164; ANNALISTA SAXO, *Annales*, A. 1096, *MGH,
SS*, VI, p. 729; ALBERTO DI ACQUI, *Historia Hierosolymitana*, RHC, HO,
IV, lib. I, c. 27, p. 292; *Gesta Treverorum*, c. 17, *MGH, SS*, VIII, p. 190 s.;
etc.; lo confermano le fonti ebraiche: cfr., ad es., M. MANNHEIMER, *Die Iu-
denverfolgungen in Speyer, Worms und Mainz im Jahre 1096 während des
ersten Kreuzzuges*, Darmstadt 1877, p. 14 s.). Solo l'annotatore di Bernoldo
attesta di una punizione inferta a qualcuno dei colpevoli (è il vescovo di
Spira « qui etiam postea ob hoc ira commotus, et pecunia Iudeorum conductus,
quosdam fecit obtruncari christianos »). L'opposizione sembra essere stata
comunque relativamente moderata (« quia fortasse christiani contra christianos
pugnare nolebant pro Iudeis ... », osserva l'ANNALISTA SASSONE); e in alcuni
casi i vescovi tentarono di spingere gli ebrei al battesimo (l'alternativa del
resto viene posta comunemente dagli stessi crociati), sotto la minaccia dell'im-
minente massacro. È interessante, da questo punto di vista, il discorso che i
Gesta Treverorum attribuiscono all'arcivescovo: « Miseri, nunc venerunt super vos peccata vestra quae operati estis, filium Dei blasphemando et sanctis-
simae genitrici eius detrahendo, ipsum quidem in carne venisse negando, et
matri eius superfluitatibus verborum vestrorum derogando. Ecce iam huius
rei causa ad summam vitae vestrae desperationem devenistis, et vobis ego dico,
si in hac infidelitate vestra perseveraveritis, corpore simul et anima peribitis ...
Nunc itaque acquiescite peticionibus meis et consiliis, et convertimini et
baptizemini, et ego restituam vos cum pace et salute possessionibus vestris,
et deinceps ab adversantibus tuebor vos » (questa interpretazione dei massacri
come castigo voluto da Dio è più o meno esplicitamente prospettata anche
da Alberto d'Acqui e Ugo di Flavigny). Le punte di più esplicita condanna
sono dell'Annalista Sassone (« ... cum illi minime debeant ad fidem inviti

Il punto culminante di questo processo, si è detto, è la
crociata: e sono tipiche, a questo riguardo, le considerazioni

cogi»), di Alberto di Acqui, dell'annotatore di Bernoldo (che rileva tuttavia
la loro «duricia»), di Guglielmo di Tiro (*Historia rerum in partibus transma-
rinis gestarum ...*, l. I, c. 29, *RHC, HO*, t. I, p. 66 s.), scandalizzato soprattutto dell'indisciplina e della confusione delle torme che formavano la crociata
popolare. Dall'altra parte, altrettante, se non più numerose, le presentazioni
senza ombra di condanna, generalmente in contesti francamente positivi (SIGE-
BERTO DI GEMBLOUX, *Chronica*, A. 1096, *MGH, SS*, VI, p. 367; EKKEHARDO,
Chronicon universale, A. 1096, *ibid.*, p. 208 e 215 e *Hierosolymita, RHC, HO*,
t. V, c, 12, p. 20; *Annales Virziburgenses*, A. 1096, *MGH, SS*, II, p. 246;
Annales Hildesheimenses, A. 1096, *MGH, SS*, III, p. 106; RICCARDO DI POI-
TIERS, *Chronicon*, in BOUQUET, XII, p. 411 s.; BALDRICO DI DOL, *Historia
Jerosolimitana, RCH, Ho*, t. IV, c. 17, p. 12; etc.). Le motivazioni più consuete, sia presentate come dato oggettivo, sia come discorso attribuito ai crociati, si riferiscono all'opportunità di sterminare i nemici della Chiesa, acco-
munando quindi più o meno esplicitamente gli ebrei agli eretici e agli infedeli
[cfr. BALDRICO: «Omnes siquidem illi viatores, Iudaeos, hareticos, Sarracenos
aequaliter habent exosos, quos omnes appellant inimicos Dei»; *Gesta Treverorum*: «... totis desideriis anhelabant pro Dei et fidei amore aut ipsi mortem suscipere aut incredulorum colla fidei subiugare, et hac mentis intentione
incitati decreverunt primum Iudaeos in civitatibus et castellis ubicumque habi-
tarent persequi, et cogere illos, aut dominum Ihesum Christum Deum credere,
aut sub ipsa hora vitae periculis subiacere»; ANNALISTA SASSONE: «Hi siquidem habebant in professione, ut vellent ulcisci Christum in gentibus vel
Iudeis»; SIGEBERTO: «... quanto quisque hactenus ad exercendam mundi militiam erat pronior, tanto nunc ad exercendam ultro Dei militiam fit promptior.
Firmissima pace interim ubique composita, et primo Iudeos in urbibus ... ag-
gressi, eos ad credendum Christo compellunt; credere nolentes bonis privant,
trucidant, aut urbibus eliminant»; EKKEHARDO: «nefandissimas Iudaeorum
reliquias, ut vere intestinos hostes aecclesiae ... aut omnino delebant, aut ad
baptismatis refugium compellebant, quorum tamen plurimi, sicut canes ad vomitum, postea retro rediebant»; e altrove: «... zelo chistianitatis ...»; RIC-
CARDO DI POITIERS: «Antequam ... illuc pergerent, Iudaeos per omnem fere
Galliam, praeter eos qui baptizari voluerunt, multa strage peremerunt. Dicebant
enim iniustum fore ut nimicos Christi in terra sua vivere permitterent, qui
contra rebelles Christi persequendos arma sumpserunt»; GUIBERTO DI NOGENT,
De vita sua, lib. II, cap. 5, *PL*, 156, c. 903B: «Rothomagi quadam die hi qui
illam ituri expeditionem sub eadem crucis professione susceperant, inter se
coeperunt queri: "Nos Dei hostes orientem versus longis terrarum tractibus
transmissis desideramus aggredi. Cum ante oculos nostros sint Iudaei, quibus
inimicitior existat gens nulla Dei; praeposterus, inquiunt, labor est"»; etc.].
Si tratta di una motivazione cioè che rappresenta un'applicazione particolare
di quel tema della lotta contro gli infedeli come *defensio, dilatatio ecclesiae,
christianitatis*, che figura ampiamente nelle ricostruzioni del discorso di Cler-
mont, e che appare anche nelle lettere dei crociati: vedi ad es., la lettera in-

che aprono il racconto di Guiberto di Nogent. La grandezza
dei Gerosolimitani sta per lui nell'aver rinverdito ed arric-
chito, in un mondo « prolabente in senium », l'antica tradizione di un laicato fedele pronto a battersi in difesa della
fede; aprendo così, ad opera dei *rudes*, una nuova via di salvezza che evitava le scelte monastica o chiericale, prima altrimenti consuete: « ... instituit nostro tempore praelia sancta
Deus, ut ordo equestris et vulgus oberrans, qui vetustae paganitatis exemplo in mutuas versabantur caedes, novum rep-
perirent salutis promerendae genus; ut nec funditus electa,
ut fieri assolet, monastica conversatione, seu religiosa qualibet
professione, saeculum relinquere cogerentur, sed sub consueta
licentia et habitu, ex suo ipsorum officio, Dei aliquatenus gratiam consequerentur » [49]. La *militia Christi,* si configura così
come un impegno di guerra e di battaglia, con un'equivocità
di terminologia e di vocabolario che raggiunge forse il suo
culmine nella confusa ideologia che accompagna e sostiene la
prima crociata; dove antichi e nobili temi di spiritualità — di
dedizione e di rinuncia — appaiono degradati ad esprimere
una realtà sanguinosa e feroce: « Venite ergo, oramus », scri-
vono nel gennaio 1098 il patriarca di Gerusalemme e con lui
gli altri vescovi ai fedeli di Occidente, « militatum in militia
Domini ad eundem locum, in quo Dominus militavit, in quo

---

dirizzata ad Urbano II nel sett. 1098 dai capi della spedizione (in H. HAGEN-
MEYER, *Die Kreuzzugsbriefe aus den Jahren 1088-1100. Eine Quellensammlung
zur Geschichte des ersten Kreuzzuges,* Innsbruck 1901, XVI, p. 164): « ... nos
enim Turcos et paganos expugnavimus, haeriticos autem, Graecos et Armenos,
Syros Iacobitasque expugnare nequivimus. Mandamus igitur et remandamus
tibi, carissimo patri nostro, ut tu pater et caput ad tuae paternitatis locum
venias, et qui beati Petri es vicarius, in cathedra eius ut nos filios tuos
in omnibus recte agendis oboedientes habeas, et omnes haereses cuiuscumque
generis sint, tua auctoritate et nostra virtute eradices et destruas ». Vedi comunque per questi massacri R. RÖHRICHT, *Beiträge zur Geschichte der
Kreuzzüge,* II, Berlin 1878, p. 48 s.; H. HAGENMEYER, *Peter der Eremite. Ein
kritischer Beitrag zur Geschichte des ersten Kreuzzuges,* Leipzig 1879, p. 139 s.;
per una ricostruzione moderna, con riferimento anche alle fonti ebraiche, cfr.
N. COHN, *I fanatici dell'Apocalisse* cit., p. 72 ss.
    [49] GUIBERTO DI NOGENT, *Historia quae dicitur Gesta Dei per Francos,*
in *RHC, HO,* t. IV, lib. I, 1, p. 124 (l'accenno ai *rudes* a p. 123).

4

Christus passus est pro nobis, relinquens vobis exemplum, ut sequamini vestigia eius. Numquid non Deus innocens pro nobis mortuus est? Moriamur ergo et nos, si opus sit, non pro eo sed pro nobis, ut moriendo mundo vivamus Deo » [50].

Il discorso su questo punto andrebbe certamente approfondito ed allargato: qui si è voluto indicare semplicemente il tipo di soluzione che è fin dal principio di disciplinamento, in parte di svuotamento, che la gerarchia riformatrice dà a certe iniziative che dirò tipiche dell'ambiente patarinico milanese, ma delle quali non è difficile segnalare la presenza anche altrove. Esse sono accettate solo nella misura in cui si dispongano sotto l'autorità ed al servizio della sede Romana, nel cui ambito la gerarchia ritrova quell'intangibilità e quel monopolio di magistero che sembravano compromessi (è tipica al riguardo la legazione che il cardinale Mainardo guiderà nel 1067 a Milano) [51]. L'ingiudicabilità, che nella chiesa carolingia tendeva ad essere del vescovo, si polarizza su Roma, limitandosi esclusivamente ad essa [52]. Paradossalmente si potrebbe dire che l'azione dei laici piuttosto che ad uno sviluppo della teologia del laicato portò ad un'accentuazione ed allargamento ed approfondimento della teologia e della pratica del primato Romano.

Ma se a livello della gerarchia riformatrice questo appare l'indirizzo dominante e la linea di sviluppo del problema dei laici, la situazione nel suo insieme è tuttavia meno rettilinea, più ricca di scarti, più esplosiva e gravida di conseguenze. E conviene forse tornare per un momento all'episodio di Ramirdo, cui poco fa si è accennato: il *Chronicon Sancti Andreae castri Cameracensis*, l'altra fonte che direttamente ci tramanda il ricordo di questa vicenda, presenta infatti un racconto assai

---

[50] HAGENMEYER, *Die Kreuzzugsbriefe* cit., IX, p. 148.
[51] Vedi più avanti p. 205 ss.
[52] Vedi ora su questo O. CAPITANI, *La figura del vescovo in alcune collezioni canoniche della seconda metà del secolo XI*, in *Vescovi e diocesi in Italia nel Medioevo* (sec. IX-XIII), Padova 1964, p. 161 ss., e *Immunità vescovili ed ecclesiologia in età pregregoriana e gregoriana*, in « Studi Medievali », 3ª Serie, III (1962), e VI (1965), p. 525 ss., e 196 ss. (è di prossima pubblicazione la terza parte).

istruttivo anche per un'altra ragione, ed invita perciò ad una breve parentesi. Esso attesta chiaramente come Ramirdo, all'inizio, non fosse altro che l'iniziatore e il capo o il principale esponente di un movimento religioso sviluppatosi soprattutto fra i contadini ed i servi della zona: un movimento pacifico, perché nulla ci è detto di atti di forza o di violenza [53]; a Ramirdo si contesta soltanto — e la precisa notazione denuncia chiaramente quanto di voluto ed insieme di opinabile ci fosse nell'accusa — di « dogmatizare multa praeter fidem ». Questo fatto comunque, prospettato al vescovo, insieme al grande successo che Ramirdo era riuscito ad ottenere tra il popolo, provocò l'immediata apertura di un'inchiesta (la rivolta dei cittadini di Cambrai, riferita dal cronista subito prima di questi fatti [54], non mancò probabilmente di stimolare la vigilanza

---

[53] Sbaglia perciò N. Cohn, *I fanatici dell'Apocalisse* cit. p. 58 (ma v. con lui H. Pirenne, *Histoire de Belgique* cit., p. 193; A. Borst, *Die Katharer* cit., p. 82), a presentare Ramirdo, in collegamento con la rivoluzione mercantile e artigiana, svolgere una violenta predicazione sobillatrice. Tant'è vero anche il suo rifiuto dei sacramenti emerge solo alla fine dell'inchiesta (il che significa quanto meno che fino ad allora non era risultato apertamente). Com'è pure una forzatura presentare questa vicenda di Cambrai come di « tipo patarinico » (soprattutto quando, con questa espressione, s'intenda rilevare principalmente quegli aspetti di lotta armata, che in realtà nemmeno della pataria sono i soli né forse i fondamentali, almeno nel suo periodo iniziale). Così com'è arbitrario presentare come particolari seguaci di Ramirdo i tessitori: la fonte ci dice solo, parlando del perpetuarsi della sua *secta* « usque adhuc », che col suo nome vengono chiamati i tessitori (« ... eius nomine censentur textrini operis lucrum exercentes ... »): saranno stati chiamati cioè *ramirdiani* o qualcosa di simile. Ma l'autore del *Chronicon* scrive intorno al quarto decennio del XII sec. (cfr. lib. III, c. 42, p. 550), ed a quel momento questa attestazione vuole chiaramente riferirsi. Mentre parlando del successo personale di Ramirdo, ed in zona, parrebbe, non cittadina, il cronista aveva detto solo: « sub doctrina sua multos discipulos maximamque utriusque sexus plebem sibi consentaneam adquisivisse ».

[54] *Chronicon* cit., lib. III, c. 2, p. 540. Una narrazione più dettagliata di questa rivolta e della violenta reazione scatenata dal vescovo e dai suoi fedeli in *Gesta episcoporum Cameracensium. Continuatio. Gesta Gerardi II. episcopi*, in *MGH, SS*, VII, c. 2-3, p. 498: così il cronista conclude il racconto delle torture e dell'uccisione di un mercante, protagonista della *coniuratio* comunale: « In homicidio itaque, quod fit pro virtute tenenda iusticiae, testatur Augustinus episcopum non peccasse; ait enim: ' occidere hominum non semper est criminosum, sed malitia et non legibus occidere est criminosum ' ». Sulla

28 CHIESA GREGORIANA

del presule, rendendolo sospettoso verso attività che come
questa dovevano dar luogo a riunioni assai frequenti). Rimasto
senza esito questo primo interrogatorio, il vescovo Gerardo
pensò opportuno di continuarlo in città, e ordinò perciò
di portare Ramirdo a Cambrai. Ma di nuovo nessun elemento
risultò ad infirmare la sua ortodossia. Non ancora soddisfatto
— ed è difficile sottrarsi all'impressione di una tenace insistenza a cercar di colpire Ramirdo quale eretico — il vescovo
lo invitò ad accostarsi all'eucaristia. La controprova finale
dette l'esito verosimilmente sperato: Ramirdo vi si rifiutò
categoricamente, perché riteneva tutto il clero macchiato di
simonia « aut alicuius avaritiae noxa ». Riconosciuto perciò
come *eresiarca* dal vescovo e dagli altri prelati che lo avevano
interrogato, Ramirdo fu preso dai *ministri* del vescovo e da
una folla di altre persone: condotto in un tugurio venne bru-
ciato — « et non reluctantem, sed intrepidum et ut aiunt
in oratione prostratum » —. Le sue ossa furono pietosamente
raccolte dai suoi seguaci, e la sua *secta* continuò a perpetuarsi
soprattutto fra i tessitori.
È un caso, direi, che la circospetta testimonianza del cronista e la lettera di Gregorio VII impediscano di allineare
con la consueta facilità la vicenda di Ramirdo tra gli altri
episodi ereticali che punteggiano i primi decenni del secolo XI [55]: ma istruttivo perciò, per il suo svolgimento, per la
sua tragica « sproporzionata » conclusione, ad invitarci a so-
spettare dietro a molti di quegli episodi assai più la puntigliosa
perseveranza della gerarchia a colpire come eretiche le manifestazioni imprecise e confuse di una religione popolare — e
l'ansia dei ceti dominanti di tutelarsi contro i pericoli di ever-
sione e di rivolta sociale — che una già consapevole volontà
di rottura e di distacco dal corpo ecclesiastico. Si compren-

rivolta di Cambrai vedi anche N. OTTOKAR, *Le città francesi nel Medio evo*,
Firenze 1927, p. 11 ss.
[55] Vedi, per un dettagliato esame delle fonti che ne hanno tramandato il
ricordo: ILARINO DA MILANO, *Le eresie popolari del secolo XI nell'Europa occidentale*, in *Studi Gregoriani*, II, Roma 1947, p. 43 ss., e E. DUPRÉ THESEIDER,
Introduzione alle eresie medievali, Bologna 1953, p. 59 ss.

dono meglio così — segno di alto sentire ma anche di una precisa intuizione dei tesori di religiosità, dei benefici per la Chiesa, che quei movimenti potevano portare in sé — le parole che Wasone di Liegi scriveva al suo confratello di Châlons-sur-Saône, invitandolo a sospendere le esecuzioni contro gli eretici [56]: « Sic, sic nimirum tales ultimae illius patris familias messi a nobis convenit reservari, quidque messores suos de his facere iubeat, sicut et de nobismet ipsis cum timore et tremore oportet expectari, quia horum quoslibet, quos mundi huius ager zizania habet, messis illa forsitan triticum inveniet, et quos in via Domini adversarios nunc habemus, possibile omnipotenti Deo est in illa caelesti patria nobis facere etiam superiores ». Così come un nuovo spiraglio su questa realtà facilmente e programmaticamente persecutoria ci è offerto dal suo biografo, quando osserva che questi consigli di Wasone miravano « ut praecipitem Francigenarum rabiem cedes anhelare solitam a crudelitate quodammodo refrenaret: audierat enim, eos solo pallore notare hereticos, quasi quos pallere constaret, hereticos esse certum esset » [57].

È a questa realtà religiosa e sociale in ascesa (« monachi vero Deo miserante sacerdotes et milites et *non pauci pauperes* per diversa loca qui Deum timeant, repperiuntur ... ») [58], che Gregorio VII invece seppe rivolgersi. E chiamandola a

---

[56] La lettera è riportata da Anselmo, *Gesta episcoporum Leodiensium*, c. 63, MGH, SS, VII, p. 227 s.

[57] Anselmus, *Gesta* cit., c. 63, p. 228. Nel capitolo successivo Anselmo, venendo a parlare degli eretici scoperti a Goslar nel 1052 — « manichei », secondo Ermanno di Reichenau, perché esecravano « omnis esum animalis » (*Chronicon*, A. 1052, MGH, SS, V, p. 130) — ci dà un'altra interessante precisazione: dopo aver esaminato diligentemente gli atti degli interrogatori, egli dice, « non aliam condempnationis eorum causam cognoscere potuimus, quam quia cuilibet episcoporum iubenti, ut pullum occiderent, inoboedientes extiterant ». È un quadro volutamente paradossale, ed insieme prudentemente critico, di uomo di Chiesa (« Videant quibus vacat, quomodo inreprehensibiliter actum sit ... »): un garbato invito ai moderni eresiologi a prendere meno seriamente certe precisazioni dottrinali, certi forzati e ottusi inquadramenti nella tradizione, di realtà assai più umili e modeste, e forse talvolta, perché no, incomprensibilmente insensate.

[58] Cfr. *Reg.*, VI, 17, p. 424.

collaborare alla riforma ne esaltò la coscienza, le diede nuova e più forte consapevolezza dei suoi compiti e delle sue funzioni. « Nunc vero prepostero ordine in qualibet parochia super unum infelicem presbyterum quot sunt rustici, tot sunt archidiaconi, quem enim nec tangere nec ledere, immo cui parere et honorem deferre debuerant. Contumeliosi, superbi, elati, insidiari, detrahere, dehonestare atque abicere non cessant»: questi lamenti dell'anonimo autore del *Tractatus pro clericorum conubio* [59] non sono solo amare notazioni polemiche ma simboleggiano assai efficacemente — nei suoi eccessi, nella sua stessa ingenua presunzione — l'irrompente avanzare dei ceti popolari verso una forma più alta, più consapevolmente vissuta, più responsabile di religione e di moralità [60].

Il Volpe, ed altri con lui, hanno supposto un abile mascherarsi degli eretici dietro ai movimenti popolari di riforma [61]: ma ipostatizzando così una situazione, e dandole « una sostanza ed una logica che di fatto non sappiamo se avesse » [62]; e senza avvertire anche che l'eresia, assai prima forse che dalla volontà di poveri contadini ed artigiani ignoranti, come non di rado si presentano gli stessi autori di quei primi gruppi ereticali — si pensi a Liutardo, ai seguaci di Gandolfo, e forse a Gandolfo stesso, ai « neomanichei » di Châlons-sur-Marne —,

[59] Ed. cit., p. 594. Il trattatello fu scritto probabilmente tra il 1075 e il 1080 nella Francia settentrionale (ed. cit., p. 588).

[60] Ha fortemente rilevato gli aspetti comuni di rigorismo morale di « tipo patarinico » presenti nelle manifestazioni religiose popolari tra la seconda metà del secolo XI e i primi decenni del XII — uno dei due grandi filoni « ereticali » accanto a quello dualistico — R. MORGHEN, *L'eresia nel Medioevo*, in *Medioevo cristiano*, II ed., Bari 1962, p. 226 ss. (vedi anche *Movimenti religiosi popolari nel periodo della riforma della Chiesa*, in *X Congresso internazionale di Scienze storiche, Relazioni*, III, *Storia del Medioevo*, Firenze 1955, p. 348 ss.): richiamo per molti aspetti valido, anche se di *pataria* in senso stretto sarà opportuno parlare solo per Milano, o al più anche per le vicine città della Lombardia, Brescia, Cremona, Piacenza (vedi per un'esame delle poche testimonianze su queste E. DUPRÉ THESEIDER, *Introduzione* cit., p. 85 ss).

[61] G. VOLPE, *Movimenti religiosi e sette ereticali nella società medievale italiana (secoli XI-XIV)*, Firenze 1922 (rist. 1961), p. 18.

[62] Così D. CANTIMORI, *Appunti sulle eresie dei secoli XI-XIII* (lezioni raccolte da I. Cardelli e G. F. Merli), Pisa-Roma 1945, p. 108.

dipendeva dall'atteggiamento della gerarchia che poteva voler colpire, o al contrario accettare e far propri quei movimenti, magari disciplinandoli e incanalandoli. Gregorio VII in gran parte li accettò — e sarebbe grottesco pensare a sottili machiavellismi — perché disposto a riconoscere una vita religiosa autentica anche al di fuori delle forme e degli *ordini* consueti (già i suoi antichi legami con la pataria e la sua difesa dei vallombrosani nella sinodo Romana del 1067 ne costituiscono un chiaro segno), perché fiducioso nella forza e nella capacità della Sede apostolica di riscattare quanto di fragile, debole, rischioso poteva sussistere in quelle manifestazioni: ma vincolandole a Roma egli si garantiva anche — quanto consapevolmente è difficile dirlo — contro i pericoli di sovversione che queste potevano rappresentare.

Forse anche per questo, ma certo per le resistenze della gerarchia e del clero minore, e soprattutto dopo la sua rottura con Enrico IV, Gregorio VII si trovò tuttavia costretto sempre di più, nel momento stesso in cui cercava di rinvigorirle e di dar loro nuovo impulso, a strumentalizzare tutte le forze disponibili al servizio di Roma e della sua lotta: indicando cioè solo nella fedeltà a Roma, nell'autorizzazione di Roma, la facoltà di scegliere vie, di impegnarsi in compiti fino ad allora proibiti e preclusi. Di fatto egli venne a tradurre ad un altro livello di condizionamento giuridico quelle spinte di rinnovamento religioso e sociale, che avevano rotto e spazzato via una serie di norme, di privilegi, di immunità. Senza per questo ancora arginarle o contenerle — né questo, certo, era il suo desiderio, né la sua intenzione —, egli finì tuttavia col predisporre quelle norme ed interpretazioni che privandole o quasi di ogni validità oggettiva, di ogni titolo di rivendicazione ecclesiale, sarebbero servite nel futuro come validi strumenti per troncarne ed interromperne il cammino.

Sarebbe indubbiamente un grossolano errore risolvere tutto il problema della riforma — del suo svolgimento, del suo progressivo disporsi su certi piani, di rafforzamento cioè di una chiesa chiericale, dell'esplicito e consapevole determinarsi della Chiesa come chiesa chiericale — in alcune scelte,

in alcuni indirizzi di Gregorio VII e della sua cerchia. I condizionamenti, le resistenze, i tentativi di mantenere o di ristabilire certi equilibri, vanno ben al di là della sua volontà e
del suo pontificato (ed è senz'altro da battere una via come
quella della riscoperta del pontificato di Urbano II quale momento assai importante di adattamento e di sistemazione sul
piano delle istituzioni). Sembra tuttavia evidente, e va perciò
rilevato, che in una fase particolarmente delicata della riforma,
quando Roma ne assunse con nuovo vigore e ne rivendicò sino
in fondo la direzione, mancò la possibilità, la forza, forse la
capacità e la cultura, per tradurne le profonde spinte di rinnovamento in una completa sintesi teologica e dottrinale;
mentre le esigenze immediate, di vera e propria sopravvivenza,
le orientarono sempre di più a scopi temporanei e pratici.
E se rispetto al primato romano le posizioni degli antigregoriani e le preoccupazioni e gli indirizzi presenti nello stesso
campo dei riformatori fecero sì che successivamente si rista-
bilisse una più equilibrata teologia che rivendicava il valore
obiettivo dei sacramenti e la funzione non puramente vicariale dei vescovi, restarono del tutto o quasi soffocate, espunte
dalla cittadella dell'ortodossia, o quanto meno ridotte perennemente ai suoi margini, le rivendicazioni che timidamente avevano cominciato ad avanzarsi per il laicato.

Si è detto della soluzione del problema della presenza ecclesiale dei laici in termini di crociata. Ma la stessa predicazione più largamente di riforma ricevette da Gregorio VII un
inquadramento nella pratica del primato romano che, dandole
una notevole spinta, già predisponeva tuttavia le possibilità
e le ragioni di un suo successivo condizionamento. Quello che
era stato efflorescenza più o meno sporadica, comunque spon-
tanea, al più solo successivamente fatta propria e accettata e
stimolata da Roma — si pensi alla predicazione monastica in
Toscana, alla pataria milanese —, si traduce in qualcosa di
più coerente e disciplinato con l'istituzione di quei predicatori
apostolici, che operano al di là e al disopra del quadro di una
singola diocesi, e con un impegno che sempre più, durante

il pontificato di Gregorio VII, sembra polarizzarsi intorno al contrasto che oppone il *regnum* al *sacerdotium* [63].

È ovvio il fattore di *choc*, di violenta rottura con la tradizione — tradizione di vita monastica, perché monaci assai spesso erano questi predicatori, tradizione di vita canonica, perché dal vescovo, consuetudinariamente, derivavano i poteri di predicazione e di *cura animarum* nell'ambito di una diocesi — costituito da tali iniziative: tipica e significativa è la polemica di ambito imperiale contro questi « girovagi, sub specie religionis discurrentes » [64]. Così come sono facilmente ipotizzabili gli sconvolgimenti, le lacerazioni, le rotture, che tale predicazione venne a stimolare, con quella nuova assunzione di impegno e di responsabilità — e sia pure pensata come temporanea —, che essa veniva a proporre al popolo fedele. Che questa convogliasse con sé anche profonde tensioni sociali e di classe, minacciando anche da questo punto di vista l'ordine costituito, è detto chiaramente da un uomo come Sigeberto di Gembloux, per altri aspetti acutamente sensibile ad una riforma del costume chiericale (« ... quid pulchrius, quid christianitati conducibilius, quam sacros ordines castitatis legibus subicere, promotiones ecclesiasticas, non pecuniae pacto, sed vitae merito aestimare, iuvenis regis vitam et mores ad suam et subditorum utilitatem corrigere, episcopalem dignitatem ab omni saecularis servitii necessitate absolvere? ») [65], ma legato anche ad un ordine sociale e religioso che le iniziative gregoriane mettevano più o meno direttamente in discussione, ma disorientato e sconvolto di fronte a metodi che sembravano quasi voler proporre e realizzare un'altra Chie-

---

[63] Sull'istituzione dei « predicatori apostolici » da parte di Gregorio VII ha richiamato l'attenzione G. G. MEERSSEMAN, *Eremitismo e predicazione itinerante dei secoli XI e XII*, in *L'eremitismo in Occidente* cit., p. 171 ss. Per il contenuto della predicazione dei monaci di Hirsau cfr. anche A. HAUCK, *Kirchengeschichte Deutschlands*, III, IX Aufl., Berlin 1958, p. 872 ss.

[64] *Annales Augustani* cit., A. 1075, p. 128; su questa polemica di parte imperiale vedi anche le ottime pagine di Z. ZAFARANA, *Ricerche per il « Liber de unitate ecclesiae conservanda »*, parte II, di prossima pubblicazione negli « Studi Medievali ».

[65] *Apologia* cit., c. 2, p. 438.

sa, un'altra società [66]: « Quid enim aliud etiam muliercularum textrina et opificum officinae iam ubique personant, quam totius humane societatis iura confusa, christianae sanctitatis statuta convulsa, popularis status subitam immutationem, ecclesiastici decoris impiam delirationem, novas in dominos perfidias servorum, omnimodas in servos suspiciones dominorum, infidissimas sodalium proditiones, dolosas in ordinatam a Deo potestatem machinationes, amicitiam ledi, fidem neglegi, et impudentiori malitiae licentia inperia, et christianae religioni contraria dogmata induci, et quod miserrimum est, omnia haec portenta eorum, qui christianitatis duces vocantur, vel permissione concedi, vel consensu fulciri, vel auctoritate roborari ». Eppure di questi sconvolgimenti le poche tracce più consistenti, in ambito ecclesiastico, restano qui, negli scritti polemici, e nella letteratura agiografica, d'occasione. Perché mancò, lo si è già osservato, una precisa traduzione di tutto questo su di un piano teologico ed istituzionale, o meglio perché la sua unica provvisoria traduzione fu in termini di primato romano, mentre nel più acuto momento della lotta gli stessi problemi della riforma del clero e della vita cristiana sembrarono risolversi in una scelta di fedeltà al papa. Gli eredi di queste spinte, di queste attese, di questi tentativi — quelle spinte, quelle attese, quei tentativi, che per essere rozzi, magmatici e confusi, già precedentemente erano stati, per tanta parte della gerarchia ecclesiastica, eresia —, si ritrovano in gran parte in quei movimenti evangelici e pauperistici del XII secolo, sempre prossimi all'eresia — o all'accusa di essa —, quando non prontamente riassorbiti nei canali degli ordini clericali e monastici. E scompare anche, almeno per molti decenni, l'istituto del predicatore apostolico: quell'istituto che, in qualche caso almeno tra gli ultimi attestatici, aveva svolto anche l'evidente funzione di valvola di sfogo per superare contrasti e tensioni di rinnovamento all'interno degli ordini costituiti, per dirottare verso altre strade energie che altri-

---

[66] *Ibid.* Assai efficaci, per questa connessione tra polemica religiosa e polemica sociale, le pagine di G. VOLPE, *Movimenti religiosi* cit., p. 6 ss.

menti avrebbero messo a troppo dura prova le capacità di adattamento delle strutture esistenti [67].

* * *

Una parabola diversa ma che presenta alcune analogie di attenuazione e di svuotamento rispetto a certi impulsi periferici si potrebbe indicare per il tema della vita comune, proposta — lo si è già visto — in alcuni ambienti come atta a promuovere una generale riforma del clero in una direzione più corrispondente alla sua natura ed ai suoi compiti pastorali. Ma la prima soluzione conciliare, del Lateranense del 1059, si limitò ad un generico invito ai chierici di rimanere possibilmente a vivere intorno alla chiesa per la quale avevano ricevuto l'ordinazione, dormendo e mangiando insieme e possedendo in comune tutto ciò che veniva loro dalla chiesa [68]. L'intervento di Ildebrando, insistendo sulla scelta di particolare perfezione rappresentata dalla vita canonica regolare per la rinuncia a beni propri che comportava (e da ciò la sua dura polemica contro la regola di Aquisgrana, difettosa del resto anche per essere nata su sollecitazione laicale), non fece che ribadire il carattere limitato di una tale esperienza. Anche il richiamo alla chiesa primitiva che nel discorso di Pier Damiani doveva sollecitare soltanto ad un giusto ripristino della tradizione apostolica, serve qui ad indicare piuttosto l'altissimo livello di perfezione che la vita regolare rappresenta.

Questa impostazione, pur se con varie accentuazioni, resterà sostanzialmente quella di tutta la riforma: promovimento della vita comune regolare con la rinuncia ai beni propri,

---

[67] Questo, ad es., sembra il caso della « missione » affidata da Pasquale II a Bernardo di Tiron, ancora abbate di San Cipriano di Poitiers, ma in contrasto coi suoi monaci e con Cluny (cfr. GAUFRIDUS GROSSUS, *Vita B. Bernardi Tironiensis*, PL, 172, cap. 7, c. 1399 ss.). Per le relazioni tra predicatori itineranti e Sede apostolica vedi MEERSSEMAN, *Eremitismo e predicazione* cit., p. 170 ss., e J. BECQUET, *L'érémitisme clérical et laïc dans l'ouest de la France*, in *L'eremitismo in Occidente* cit., p. 197 ss.
[68] Vedi per tutto questo, e per ciò che segue, p. 98 ss. di questo libro.

ma accettazione anche di forme più mitigate di essa; mentre
per il problema dei « clerici absoluti et populares » si pun-
terà ad una graduale ricostruzione del tessuto connettivo delle
diocesi ed in esse dell'autorità vescovile, una volta affermato
pienamente il primato romano e senza infirmare la realtà dei
nuovi ordini (il Violante lo ha mostrato chiaramente a proposito della politica monastica di Urbano II) [69].

Ma in quel canone del concilio del 1059 emerge anche
un'altra preoccupazione: quella cioè di preservare dalle appro-
priazioni private, dalle spogliazioni, dalle alienazioni, il patrimonio ecclesiastico: da ciò evidentemente la prescrizione di
possedere in comune tutte le rendite ecclesiastiche. Canone
che è subito seguito da un altro che ricorda ai laici l'obbligo
di pagare regolarmente decime ed offerte, che vanno messe
tutte sotto il controllo e l'autorità del vescovo [70]. In realtà
il problema della preservazione o del ristabilimento del patrimonio ecclesiastico rappresentò uno dei nodi centrali della
riforma, sia per i suoi ovvii riflessi pratici, sia perché spunto
per dispute teoriche di non piccola portata. A questo problema e ai suoi diversi e complessi addentellati, vorrei riser-
vare la parte finale di questa premessa.

* * *

Il moltiplicarsi di chiese private sottratte all'autorità vescovile, il frazionamento delle rendite ecclesiastiche che ciò
comportava, il continuo mercato che veniva istituito intorno
a questi beni fruttiferi e che finiva necessariamente coll'inve-
stire e riguardare gli stessi uffici ecclesiastici, poneva con
estrema urgenza, sia per necessità economiche di sopravvivenza sia per porre un freno a quelli che sempre più venivano
identificati come gravi abusi (simonia, nicolaismo), il problema
di ristabilire una disciplina anche su quel piano patrimoniale
che, almeno in linea di diritto, era andato notevolmente accre-

[69] In *Il monachesimo cluniacense* cit., p. 197 ss.
[70] *PL*, 143 c. 1316A-B.

scendosi attraverso le donazioni accumulatesi nel corso dei secoli. Il sovrapporsi dei diritti più diversi sui beni delle diocesi — diritti sovrani, di proprietari laici, personali di ufficio ma in fase di trasformazione in diritti reali —, insieme al frequente venir meno di fatto di un centro unico di autorità all'interno di esse, portava a sua volta ad una serie di distinzioni teoriche atte a giustificare transazioni e mercati e interventi di vario genere: si distingueva così, fra l'altro, tra altare che sarebbe stato del vescovo e chiesa che sarebbe stata di un qualunque proprietario, tra ordinazione ecclesiastica e beni e rendite e diritti ad essa connessi, tra investitura, che sarebbe stato lecito pagare al sovrano, e consacrazione, *gratis data et gratis accepta*. Si trattava di idee largamente operanti, com'è attestato dalle violente confutazioni di esse. La generica formulazione di alcuni concilii, come quello di Seligenstadt (1022), che proibiva, sotto pena di scomunica, di comprare o vendere l'altare (usando cioè un termine suscettibile di una varietà di sfumature e di significati tale da permettere, eventualmente, l'introduzione di queste distinzioni) costituisce un ulteriore indice, forse, del largo numero di consensi raccolto dai sostenitori di questo indirizzo [71].

Bramosia, ambizione, sete di potere e di ricchezza furono le molle segrete che i riformatori additarono per spiegare questa situazione. Il problema in realtà era molto più complesso, molto più intimamente legato a condizioni e necessità politiche e strutturali. Proprietà e signoria terriera, in un momento in cui l'autorità cercava sempre più di fondarsi su elementi reali, volevano dire governo di uomini, potenza anche politica. Soprattutto in Germania e nell'Italia settentrionale i vescovi,

---

[71] MANSI, XIX, c. 399 (cap. 20 e 22). Secondo HEFELE-LECLERCQ, *Histoire des conciles* cit., IV, 2, p. 924, il canone non è autentico perché risulta attestato insieme ad altri solo in un manoscritto, accanto ai 20 che anche secondo Burcardo sono certamente della sinodo. L'argomentazione non sembra affatto decisiva, anche per l'oscurità, l'imprecisione, la parzialità che caratterizza generalmente la tradizione manoscritta dei concili. Resterebbe in ogni caso il fatto che quanto meno deve trattarsi del canone di un concilio di quei decenni. Per i molteplici significati di *altare* cfr. le numerose attestazioni del Du Cange (da altare in senso proprio, a chiesa, a rendita ecclesiastica, a decima in generale).

parte per il favore ed il calcolo dei sovrani, parte, nella crisi del comitato, per il loro impadronirsi dei poteri comitali con gli elementi reali che sempre più vi si connettevano, erano venuti così, di fatto e di diritto, a costituire uno strumento sempre più essenziale nel governo dello stato [72]. E lo riconosceva e sanzionava del resto la stessa tradizione ecclesiastica. La prassi carolingia aveva decisamente imposto l'idea che spettasse al re di designare o approvare o confermare i vescovi; e papi ed alti prelati ne avevano tranquillamente riconosciuta la legittimità: senza risalire fino a Giovanni X o a Raterio di Verona [73], ancora nel 1073 i cardinali romani, consultati da Gregorio VII riguardo all'investitura, confermavano che « usum aecclesiae hunc esse, hunc haberi pro lege » [74].

E in quelle distinzioni dette sopra, al di là del probabile distorcimento polemico che subivano in bocca ai riformatori, si potrebbe forse vedere anche — salvo a non voler prendere il punto di vista della riforma come unico valido e metro di giudizio indiscusso — un tentativo di prendere in qualche modo coscienza e di adattarsi ad una situazione che faceva di molte chiese, in quel momento, vere potenze economiche e politiche: un adattarsi che cercava di scindere dall'economia e dalla politica gli aspetti più propriamente carismatici, proprio trattando il resto per quello che era, mura, campi, boschi, coloni, servi. Ma se anche ragioni del genere, e non quali le denunciavano gli accusatori, fossero state alla base di quelle distinzioni, esse erano troppo polari alle concezioni della chiesa carolingia — ed a tutta una tradizione vetero-testamentaria, particolarmente rivalutata da essa —, che considerava tutte le *res ecclesiae* sacre ed inviolabili, e che pretendeva inoltre di

---

[72] Vedi per l'Italia, ma con riferimenti anche alla situazione generale, l'ottima sintesi di E. DUPRÉ THESEIDER, *Vescovi e città nell'Italia precomunale*, in *Vescovi e diocesi* cit., pp. 55-109.

[73] Cfr. la lettera di Giovanni X a Carlo il Semplice: « ... prisca consuetudo et regni nobilitas censuit, ut nullus episcopum ordinare debuisset absque regis iussione » (in *PL*, 132, c. 808B), e RATERIO, *Praeloquiorum libri sex*, IV, 2, *PL*, 136, c. 249 B-C.

[74] Cfr. UGO DI FLAVIGNY, *Chronicon* cit., lib. II, p. 411 s.

restar coerente a quel proprio passato per il quale il *saeculum* ed i suoi metodi erano estranei alla Chiesa ed alla sua vita, per poter sperare di affermarsi anche nella teoria [75].

La situazione comunque era quella che era: un diffuso smembramento del patrimonio ecclesiastico fatto oggetto del più vario mercato, un continuo intervento dei laici a tutti i livelli nella nomina del clero, con l'accompagnamento frequente di versamento di denaro, alienazione di beni e di rendite, e nomine che sottostavano perciò assai sovente a criteri assai lontani da quelli più propriamente di valutazione religiosa e pastorale. La prima risposta riformatrice fu di identificare nel modo più stretto ufficio ecclesiastico e diritti reali ad esso connessi, chiesa e proprietà, e di individuare perciò come simonia ogni mercato o transazione in qualche modo connesso con i beni e le rendite ecclesiastiche. Si ottenne così lo scopo di isolare in una sfera colpita dalla maledizione apostolica e condannata da tutta la tradizione quanto altrimenti, per l'essenza stessa dell'oggetto in discussione — diritti reali, beni mobili ed immobili —, difficilmente avrebbe potuto essere sottratto ad una prassi necessariamente simile a quella in uso nella società laica, perché simile era l'intreccio dei rapporti personali e reali presenti in ambedue. Già Abbone nel suo *Apologeticus* aveva osservato, a proposito della distinzione tra *benedictio*, mediante la quale si riceve la grazia dello Spirito Santo, e le *res ecclesiarum vel possessiones episcopi*, che in realtà si trattava di una distinzione assurda, perché « in catholica ecclesia alterum altero carere non possit » [76]. E Pier

---

[75] I concili carolingi (in *MGH, Conc.*, II) e le Pseudo-Isidoriane (in HINSCHIUS) offrono ad ogni passo questa duplice enunciazione: vedi più avanti qualche riferimento preciso a p. 305 ss. Per il formarsi dell'idea della società cristiana come *corpus*, in qualche modo materialmente inteso, cfr. W. ULLMANN, *Die Machtstellung des Papsttums im Mittelalter* (trad. dall'ingl.), Graz-Wien-Köln 1960, p. 195 ss., 210 ss. (ma soprattutto nei riguardi della concezione e dell'esercizio del potere). Un rapido profilo della storia dei beni ecclesiastici nella riflessione teologica e nelle disposizioni canonistiche (per l'alto medioevo, è noto, la distinzione è di puro comodo) in Y. M.-J. CONGAR, *Les biens temporels de l'Église d'après sa tradition théologique et canonique*, in *Église et pauvreté*, « Unam Sanctam » 57, Paris 1965, p. 233 ss.

[76] In *PL*, 139, c. 466 B.

Damiani, in una lettera ad Alessandro II [77], aveva denunciato come nuova e pericolosa eresia la pretesa di poter comprare il vescovado senza che ciò implicasse simonia, quasi che il possesso di una chiesa non comportasse quello dei suoi beni, che il « sacerdotium » non volesse anche una « possessio praediorum ». Egli non contestava affatto l'investitura da parte del re: contestava però che potesse essere oggetto di mercato, perché quell'investitura, fatta con il pastorale — si trattasse almeno di un ramoscello, di un bastone qualsiasi, osserva Pier Damiani: ma era proprio il *pastoralis baculus* che veniva consegnato in quella cerimonia [78] —, comportava di necessità la successiva consacrazione. « Sic enim unum pendet ex altero, ut qui terrena ecclesiae bona suscipit, ad gratiam consecrationis aspiret; et qui consecratione perficitur, bona ecclesiae in usus egentium et caetera pietatis opera dispensanda conservet. Hoc itaque modo licet ecclesiasticae facultatis mentio in ipsa manus impositione non fiat, is tamen qui consecratur, bonorum ecclesiae dispensator efficitur; et cum ecclesiam suscipit, quamvis nil tunc de consecratione dicatur, ad hoc tamen ut consecretur eligitur » [79]. Di questa situazione, per cui chiesa implica anche possessi terrieri, Pier Damiani dà una rapida giustificazione fondata sulla storia ecclesiastica (e che deriva fondamentalmente dalla prima lettera di Urbano e dalla seconda lettera di Melchiade « De primitiva ecclesia et sinodo Nicena » dello Pseudo-Isidoro, conosciute attraverso il *Decretum* di Burcardo) [80]. Al tempo della chiesa primitiva infatti era consuetudine dei fedeli di vendere i propri beni e di porre ai piedi degli apostoli il denaro così ricavato perché lo distribuissero ai poveri. « Post autem visum est sanctis patribus, ut ii qui converterentur ad Dominum, nequaquam distraherent

---

[77] *Ep.* I, 13, *PL*, 144, c. 219 ss.; cfr. anche *Ep.* V, 13, *ibid.*, c. 359 C-D, 364 ss.

[78] *Ep.* I, 13 cit., c. 220 B.

[79] *Ep.* I, 13, 13 c. 221 B.

[80] Cfr. J. J. RYAN, *Saint Peter Damiani and his canonical Sources*, Toronto 1956, p. 113 s., e 73. Sulla tradizione di questi testi pseudo-isidoriani nelle collezioni canoniche vedi più avanti p. 352, n. 125.

praedia, sed ea sanctis ecclesiis traderent, non iam transitorie, sed iure perpetuo necessitatibus indigentium profutura »[81]. In seguito a ciò questi beni, consacrati al Signore, non possono essere più né venduti né riscattati, ma diventano santi, proprietà del Signore — e Pier Damiani cita a riprova le parole di Mosè di *Lev.* XXVII, 28[82]. È una storia tutta constatativa perciò, cui segue una serie di canoni, ancora derivati da Burcardo, che proibiscono l'alienazione dei beni ecclesiastici e lanciano la scomunica contro i loro predatori. Vi manca ogni cenno al problema ricchezza-povertà, potenza-nascondimento, che pur non era mancato di affacciarsi in altre allusioni di Pier Damiani alla vita della chiesa primitiva in rapporto al suo secolo[83]. Si potrà notare forse, rispetto alle sue fonti, un'insistenza tutta particolare, più esclusiva e calorosa del consueto, sulla destinazione di quei beni, che sono per i poveri, così come per i poveri erano le offerte dei fedeli alla chiesa di Gerusalemme. Ma niente di più, ché altro e più direttamente urgente era per lui in quel momento il problema: convincere il papa cioè a condannare quella pericolosa ed illecita distinzione che facilitava il commercio degli uffici ecclesiastici.

* * *

Quando Pier Damiani indirizzava questa lettera ad Alessandro II, Umberto di Silva Candida aveva già scritto il suo *Adversus Simoniacos*[84]. In esso è contenuta la confutazione forse più ampia e ricca, clamorosa per certi aspetti, di questa pretesa distinzione. Mentre Pier Damiani si muove ancora su

---

[81] *Ep.* I, 13 cit., c. 221 C.

[82] *Ibid.* Vedi anche le righe seguenti dove Pier Damiani ribadisce il carattere sacro, e quindi inalienabile, dei beni ecclesiastici, servendosi di alcuni testi pseudo-isidoriani (cfr. RYAN, *Saint Peter Damiani* cit., p. 114).

[83] Vedi più avanti, p. 324 ss., 350, e, per il « pauperismo » di Pier Damiani, p. 119 e n. 73.

[84] Per un riepilogo della questione della data dell'*Adv. Sim.* (tra il 1054 e il 1058-59), cfr. F. DRESSLER, *Petrus Damiani Leben und Werk*, « Studia Anselmiana » 34, Romae 1954, p. 107, n. 123.

di un piano che direi di buon senso, tenendo conto della tradizione e di quanto avveniva di fatto, Umberto, senza rinunciare ad argomentazioni del genere, inserisce il problema anche in un più ampio contesto teologico, prendendo in esame i termini in cui si manifesta la presenza della Chiesa nel mondo e nella storia. La prima parte della sua confutazione, che si snoda lungo tutta una serie di capitoli del III libro, analizza lo scopo che si propongono i compratori dei beni ecclesiastici [85]: esso è indubbiamente quello di esercitare i poteri episcopali. « Verbi gratia comparat quis numerosas urbes, provincias, regna. Quid in his comparavit nisi licentiam habendi et dominandi? Ad minora veniatur: comparat quis equum; quid in eo comparat nisi licentiam habendi, equitandi et faciendi inde quicquid vult? ... Quam ob rem ... symoniani ... tandem vel sero discant se non possessiones ecclesiasticas, sed solam licentiam possidendi comparasse. Quae licentia benedictio est episcopalis tanquam privilegium possessionis » [86]. È infatti la dignità episcopale che reclama per sé i possessi, piuttosto che i possessi l'episcopale dignità. L'ufficio del vescovo è tale da non essere più ufficio senza ciò su cui deve governare o esercitarsi. Umberto, soffermandosi sulla parola « episcopus » — seguendo Isidoro egli lo traduce con « superintendens » [87] —, opera una forzatura della tradizione che è tipica della sua mentalità e del suo modo di procedere. L'ufficio di vescovo infatti ha sempre implicato una comunità di fedeli, espressa generalmente con il termine *ecclesia*. E la simbologia ha parlato, per esprimere l'indissolubilità e l'unicità del rapporto, di un vero matrimonio tra il vescovo e la sua *ecclesia*. Ma Umberto allarga il significato di *ecclesia* anche a tutti gli elementi materiali della diocesi, concludendo quindi che non ci può essere un vescovo senza la terra su cui governare e grazie alla quale esercitare la sua opera. La dignità

---

[85] *Adv. Sim.* cit., III, capp. 1 ss., p. 198 ss.
[86] *Adv. Sim.* cit., III, 2, p. 199 s.
[87] *Adv. Sim.* cit., III, 2 p. 200; cfr. Isidoro, *Etymol.*, VII, 12, 11, *PL*, 82, c. 291 B.

vescovile insomma contiene tutti i beni consacrati a Dio, ed insieme è contenuta da essi, anzi in essi, così come un soggetto i suoi accidenti [88]. La spiegazione profonda di ciò è data dal particolare rapporto che unisce lo Spirito di Dio, che è la grazia, la santificazione di Dio, alla sua Chiesa. Il Cristo infatti ha rappresentato l'anello di congiunzione tra Dio e gli uomini, perché, Dio e uomo, ha redento e santificato, egli santo per natura, quella natura che per colpa del primo uomo era caduta nel peccato [89]. Lo Spirito Santo rappresenta la continuità dell'opera di Cristo. Egli lo ha lasciato alla sua Chiesa come pegno della sua presenza in essa lungo tutto il cammino della sua storia. Questa presenza si manifesta in una profonda, inscindibile unità tra lo Spirito e la Chiesa, perché Chiesa di Cristo può essere solo là dove questa unità esiste, dove cioè lo Spirito è presente perché vera è la fede degli uomini che lo invocano [90]. Ma la grazia e la santificazione dello Spirito non

---

[88] *Adv. Sim.*, loc. cit.: « ... episcopus, qui superintendens dicitur, nullus erit si ei defuerit, quibus superintendat ... Continet autem episcopalis dignitas res Deo sacratas, continetur quoque ab eis, immo in eis, utputa et ipsa a Deo consecrata, ac si quodlibet subiectum sic sua accidentia contineat, ut id quoque ab ipsis principalius contineatur ». Per un opportuno collegamento di questa concezione del rapporto: ufficio episcopale - *res ecclesiae*, con la dottrina eucaristica enunciata da Umberto nella polemica contro Berengario di Tours, cfr. G. LADNER, *Theologie und Politik vor dem Investiturstreit*, Baden bei Wien 1936, p. 57 s.

[89] *Adv. Sim.*, III, 23, p. 228: « Individui quippe sunt Christus et eius ministri. Et quod magis stupeas, individui sunt puri homines a Deo patre, qui tantum Deus est, mediante Christo, qui Deus et homo est, sicut ipse ait ... Quae tamen mirabilis et desiderabilis unitas illi tamquam unigenito natura debetur, homini tanquam adoptivo solo gratia praebetur. Denique ut Christus Iesus Deo et homini uniendis sicut singulariter fidelis mediator ambobus apparet, suae naturae divinae et sanctitati, quibus Deo congruebat, humanam naturam et sanctificationem, qua sanctus et sine peccato natus est, univit, ut ex una homini in peccatis concepto sic congrueret, ut consuleret, atque ex altera sic subveniret, ut sanctificationem quoque perditam restitueret. Quae sanctificatio terrae filio divinitus collata et diabolice adempta redditur virginis Mariae filio ... ».

[90] Il tema dello Spirito Santo, del suo rapporto con la Chiesa, della sua funzione in essa di testimone di vera fede e di libertà (libertà dalle pretese del maligno e dei suoi seguaci in primo luogo), è più volte trattato e ripreso e approfondito nell'*Adv. Sim.*, rivelandosi tema assolutamente centrale dell'opera: cfr. praefatio, p. 102; lib. II, cap. 9 ss., p. 149 ss.; lib. III, cap. 26 ss.,

investono soltanto i servi di Cristo, i suoi sacerdoti, ma anche tutto ciò che a loro in qualche modo si connette in quanto servi di Cristo. « Itaque si unum fiunt cum Christo in Deo ministri et famuli Christi, quia sanctificati sunt in ipso, manifestum est quicquid ministrorum Christi est unum esse cum illis in Christo, quia sanctificatum est in ipsis Christo ... praesertim quibus possessio nulla est, nisi quae ipsi de donis suis redonata illis redonatur, quorum pars hereditatis insuper est ipse Dominus, cui et ipsi sunt hereditas » [91]. La perfetta unità teologica di fede implica perciò necessariamente una altrettanto salda unità materiale di organizzazione, ed in essa si manifesta, perché una è la santificazione di Dio che anima ed ingloba in sé tutta la Chiesa, in tutti i suoi aspetti. Cercar di spezzare quest'unità è attentare all'opera e alla volontà di Dio, è far sì che lo Spirito di Dio — pegno di libertà e di salvezza — si ritragga per far posto alla schiavitù del demonio [92]. Si delinea così ancora una volta quell'immagine dei due mondi o delle due città che Umberto aveva già avuto modo di illustrare ampiamente parlando dei sacramenti dei simoniaci [93].

Con questa totale sacralizzazione dei vari modi di essere della Chiesa nella società (ma i due termini per lui sono in realtà equivalenti, così come la « facies terrae » in realtà è, o meglio deve essere la Chiesa) [94], Umberto avrebbe risolto il suo problema delle proprietà ecclesiastiche. Non è da dire tuttavia che in lui manchi la coscienza che non sempre è stato così, che è esistita una chiesa primitiva, senza terre, senza

---

p. 231 ss. Cfr. anche la breve ma precisa esposizione di J. VAN LAARHOVEN, « Christianitas » et réforme grégorienne cit., p. 24 s. Sulla teologia dello Spirito santo in questo periodo vedi anche più avanti, p. 347 e 374 ss.

[91] Adv. Sim. cit., III, 23, p. 228.

[92] Oltre ai passi citati a n. 90 cfr. anche Adv. Sim., I, capp. 19-21, pp. 131-136.

[93] Cfr. soprattutto Adv. Sim., II, capp. 40 ss., pp. 189 ss. (ma si tratta di un altro tema centrale di Umberto, soggiacente a tutta la sua opera; ne ha giustamente rilevata l'importanza O. CAPITANI, Studi per Berengario di Tours, in BISIME, 69 (1957), p. 96 ss.).

[94] Cfr. J. VAN LAARHOVEN, « Christianitas » et réforme grégorienne cit., p. 25 (e n. 74 per i passi dell'Adv. Sim. in questo senso).

beni, povera e perseguitata (anche lui tra l'altro cita ampiamente, pur se in diverso contesto, la II lettera di Melchiade)[95]. Ma la sua opinione al riguardo egli la dice in altra parte dell'opera, esaminando l'allargarsi dell'eresia simoniaca dopo i tempi apostolici[96]. Durante il periodo delle persecuzioni essa era scomparsa, atterrita dall'immanità di esse. Riapparve con la pace, quando Costantino e gli altri imperatori cristiani trasferirono i templi e le proprietà dei sacerdoti pagani alla Chiesa, quando umiliarono di fronte ad essa le loro stesse insegne imperiali. La gloria e la potenza della Chiesa stimolò la cupidigia dei simoniaci, li portò ad aspirare alle cariche ecclesiastiche, ad umiliarsi di fronte a re ed a potenti per ottenere nuovi doni e favori. Quello che la Chiesa cattolica aveva meritato « Dei gratia », i simoniaci cercarono di ottenerlo con il denaro. E quando gli imperatori ed i grandi della terra dimenticarono qual era il loro compito principale, i simoniaci ebbero mano libera di dominare, dilapidare, distruggere[97].

---

[95] In *Adv. Sim.*, III, 8, p. 207 s., richiamando la tradizione di Costantino, viva tuttora nell'impero orientale, dove « nec ipse imperator nec laicorum quilibet ullam dispositionem ecclesiarum aut ecclesiasticarum ordinationum seu facultatum aliquando sibi praesumit, sed cuncta simul, postquam semel relicta sunt, relinquuntur disponenda metropolitanis et ecclesiasticis personis ... ».

[96] *Adv. Sim.* cit., II, 35-36, p. 183 ss.

[97] *Adv. Sim.*, II, 35, p. 183 s.: « ... quod catholica ecclesia promeruerat Dei gratia, ambitio symoniana optinere quaesivit pecunia; non ut in catholica velut adoptionis filius subesset gratiae Dei ac deserviret, sed ut praesumptionis tyrannus praeesset ac imperaret. Et hoc prius suo vel suorum tantum pretio, sicut praediximus, consequi moliebantur, ut vel minimae parti ecclesiae principarentur; interdum et ingentes possessiones suas hac de causa possessionibus ecclesiasticis adiungebant atque sub talis commodi optentu negotium suae ambitionis exercebant, ut putaretur ab indoctis principatus talium non solum nil officere, sed et plurimum ecclesiae Dei proficere, quam, ut vel sic impetrarent ei praeesse, ditabant sua peculiaritate ...At ubi peccatis praevalentibus ignorantiam Dei prorsus incurrerunt, omnem colorem excusationis vel qualiscumque honestatis abiecerunt nec iam palliare suam avaritiam curarunt ... quae pessimam libertatem tandem adepta ad hoc cupidos ecclesiasticarum dignitatum impulit ut iam crumenis suis vel suorum seu facultatibus nil prorsus demant aut subtrahant, sed totum pretium datum vel promissum ex reditibus vel possessionibus ecclesiarum, quibus praeponuntur, corradant. Inde passim et maxime per totam Italiam videntur ecclesiae Dei et monasteria seu reliqua religiosa loca, quaedam a fundamentis destructa et eversa, quaedam etiam effossa ... »:

Ma da quest'analisi così precisa del formarsi, nell'età costantiniana, dei motivi che hanno determinato nella Chiesa una corruzione temporalistica e simoniaca, Umberto non ricava affatto conseguenze pauperistiche di riforma. La sua denuncia della sete di potenza dei simoniaci e dell'errore dei molti « indocti » che pensarono fosse un bene per la Chiesa arricchirsi facendosi governare da costoro — mentre in realtà, osserva Umberto, essi portarono a lungo andare alla rovina del culto, della cultura, di ogni patrimonio ecclesiastico —, non lo induce affatto ad una scelta radicale di antiricchezza, ma a porre il problema del ristabilimento di quella ricchezza, di un maggior potere della Chiesa sul mondo. Ed è da qui che parte, in concreto, la sua polemica contro il potere temporale, colpevole di non aver difeso la Chiesa, colpevole di aiutare, difendere, incrementare, i simoniaci. Il suo ideale dell'imperatore cristiano è Costantino, ed egli non manca di riportare quelle che sarebbero state le sue parole alla sinodo Nicena, come esemipo, per le potestà temporali, di un atteggiamento giusto e da imitare[98]: « Vos a nemine iudicari potestis, quia solius Dei iudicio reservamini; dii etenim vocati estis, iccirco non potestis ab hominibus diiudicari. Ite et inter vos causas vestras disponite, quia dignum non est ut nos iudicemus deos ». Mentre i suoi idoli polemici sono soprattutto gli Ottoni ed i re francesi, colpevoli di aver praticato la simonia, arrogandosi insieme diritti che non erano i loro[99]. In questo quadro s'inserisce la sua polemica contro l'investitura laica,

è il famoso quadro di desolazione e di rovina che riflette chiaramente un'angosciosa concreta esperienza personale del presente; non andrà dimenticato per misurare sino in fondo il cammino che i riformatori sapevano di dover percorrere.

[98] *Adv. Sim.*, III, 8, p. 207. Su Costantino vedi anche lib. II, c. 37, p. 185 s., dove, con singolare comprensione storica, egli viene indicato quale continuatore degli imperatori pagani nell'impegno ad incremento e a difesa della religione: col merito esemplare però di aver indirizzato quell'impegno verso la vera religione (« ... quorum industriam a superstitione ad religionem maximus Constantinus retorquens privilegia, quae illi suis sacerdotibus et delubris, Christi ecclesiis concessit ... »).

[99] *Adv. Sim.*, III, 7, p. 206; 11, p. 211 s.; cfr. su questo ULLMANN, *Die Machtstellung* cit., p. 393.

che non è certo quel fatto rivoluzionario che troppi ancora, sulle orme del Fliche, vogliono vedere. Essa non è tanto polemica *tout court* contro di essa o contro l'intervento regio nelle nomine vescovili — Umberto riconosce infatti ai re un diritto a *confirmare* la scelta fatta canonicamente da clero e popolo —, quanto piuttosto una polemica contro il posto indebito di preminenza che essa ha assunto rispetto all'elezione e alla consacrazione ad opera del metropolita, e perché avviene mediante strumenti — l'anello ed il pastorale — che non spetta ad un laico di maneggiare. Perciò non è tanto un'eliminazione dell'investitura che egli propone, quanto un ritorno all'ordine stabilito dalle norme canoniche [100].

Queste osservazioni permettono di chiarire, mi sembra, i limiti di quello che chiamerei il riformismo restauratore di Umberto e la posizione che egli assume di fronte ai problemi del suo tempo e alla storia della Chiesa. Per Pier Damiani il passaggio dalla chiesa primitiva alla situazione postcostantiniana non rappresentava affatto un salto qualitativo, ma solo un allargamento dell'influenza della parola di Dio, ed un aumento quindi di responsabilità, come per chi viva in tempi dove attingere alla fede è più facile [101]. Con la coscienza tuttavia del rischio che tanta potenza e ricchezza comportavano: « Nos autem, qui ubique terrarum tam largissima ecclesiarum patrimonia cernimus, ut quotidie, dum mundus imminuta possessione contrahitur, ecclesia copiosissime dilatetur; si tanquam de futuris alimentis lucrum carnale reponimus, dum nobis in posterum providendo ditescimus, thesauro fidei nos vacuos esse monstramus » [102]. È una realtà che Pier Damiani non rifiuta ma alla quale reagisce cercando di imporre dovunque nella Chiesa, a eremiti, monaci, clero, una dura ascesi e povertà personale. Ed elevando l'esperienza della chiesa primi-

---

[100] Così giustamente G. B. BORINO, *L'investitura laica dal decreto di Nicolò II al decreto di Gregorio VII*, in *Studi Gregoriani*, V, Roma 1956, p. 354 ss.

[101] Vedi più avanti, p. 326.

[102] *Op.* 12, *Apologeticum de contemptu saeculi*, 3, PL, 145, c. 254 A.

tiva a paradigma da imitare in tutta la vita e l'organizzazione e gli ordinamenti ecclesiastici [103]. Umberto va invece al di là di una constatazione di mutamento, perché ritrova in esso la presenza di quello Spirito che fa manifestare la Chiesa in modi diversi, sempre più vicini al suo definitivo trionfo. Il vero paradigma che Umberto propone agli uomini del suo tempo non è l'esperienza della chiesa primitiva — anch'egli, come Ildebrando, la ritrova modello della vita canonica regolare, oltre che della vita monastica, ma solo come scelta di particolare perfezione [104] — ma è tutta l'opera e la storia della Chiesa perché opera e storia dello Spirito Santo (inutile precisare che la Chiesa di cui parla Umberto è quella della vera fede, estranea al mondo corrotto dei simoniaci e in cui gli eretici non hanno né possono avere alcun posto). È lo Spirito Santo che ha indirizzato e condotto l'opera degli apostoli, che ha distinto i sacramenti, che ha disposto il clero nei suoi vari ordini, che ha dato ai laici le attività che a loro competono. Egli, spirito di vita, si ritrova nelle scritture canoniche, nei decreti dei pontefici, nei canoni dei concilii, in tutto l'ordinamento ecclesiastico; che da tutti perciò va fedelmente osservato e rispettato, restaurato quando occorre [105].

Questa realtà Umberto cerca di chiarirla ulteriormente applicando al rapporto Spirito-Chiesa la descrizione che sant'Agostino fa delle relazioni tra anima e corpo in una lettera indirizzata a san Gerolamo [106]: l'anima vivifica tutto il corpo e si espande per esso « non locali diffusione, sed quadam vitali intentione ». Essa è presente tutta in ogni sua singola particella, « nec minor in minoribus, nec in maioribus maior, sed alicubi intentius, alicubi remissius, et in omnibus tota et in singulis tota est ». Così lo Spirito è l'anima di quel corpo di Cristo che è la Chiesa: in essa il *clericalis ordo* figura come gli occhi del capo, la *laicalis potestas* come il petto e le brac-

---

[103] Vedi più avanti p. 103 ss. e p. 329 ss.
[104] *Adv. Sim.*, II, 7, p. 147 s.
[105] *Adv. Sim.*, III, 28, p. 234.
[106] AUGUSTINUS, *Ep.* 166, c. 4, CSEL, 44, p. 551 (*Adv. Sim.*, III, 29, p 235).

cia, « ad obediendum et defendendum ecclesiam valida et exerta », il volgo infine come le membra inferiori, sottomesso ed insieme necessario alle potestà ecclesiastica e secolare. Ma ancora, nei capelli del capo si possono raffigurare le possessioni della Chiesa, nelle unghie e negli altri peli del corpo le « facultates saeculi ». Ancora una volta il mondo, la società, la *christianitas* tendono a configurarsi in Chiesa e a risolversi in essa, disponendosi così come sotto la volontà e l'ispirazione dello Spirito di Dio. Ma egli santifica queste parti e le riempie di sé solo finché sono *chiesa*, finché vivono cioè in quella fede, che è anche rispetto di quell'unità di ordine e di gerarchia in cui lo Spirito le ha disposte. La stretta osservanza dell'ordinamento canonico è quindi un elemento essenziale, *sine qua non*, della vita di fede [107]. L'esatta determinazione ed il successivo integrale ripristino di questo ordinamento costituiscono perciò la strada che va seguita per eliminare ogni abuso, ciò è a dire per togliere di mezzo anche visibilmente dalla Chiesa tutti coloro che spiritualmente sono già « foras eiecti », perché infedeli e eretici, membri del mondo retto da Satana e propagatori della sua perdizione: il più criminale dei cattolici è più accetto a Dio, e più tollerabile per gli uomini, di un eretico per quanto giusto — se mai giusto potrà dirsi [108] —. Quest'affermazione, tipica tra le tante della feroce intolleranza umbertina, dà la misura della netta separazione che egli propone di instaurare tra la Chiesa, ma intesa in tutta la sua materialità di organizzazione visibile, e quanto è estraneo alla sua fede. Solo così inoltre la Chiesa potrà riprendere quella funzione sociale che è essenziale al buon vivere degli uomini, scomparso appunto perché la Chiesa si trova lacerata e manomessa [109]. Ma questa funzione sociale e questo ordinamento si riassumono ancora fondamentalmente, per Um-

[107] *Adv. Sim.*, III, 28, p. 234 (con citazione dello Pseudo-Damaso: HINSCHIUS, p. 21). Buone osservazioni sul particolare rilievo di questa tendenza nella riforma, che pur ricalcando in parte il Sohm, evita tuttavia le sue schematiche forzature, in G. LADNER, *Theologie und Politik* cit., p. 43 ss.

[108] *Adv. Sim.*, III, 32, p. 239; vedi anche il passo cit. a n. 99 di p. 182.

[109] Cfr. *Adv. Sim.*, III, 15-16, p. 216 ss.; 21, p. 225 s.

berto, nei lineamenti della chiesa carolingia. Prolungamento delle strutture carolingie o frutto della loro crisi, i mali del suo tempo che Umberto denuncia impongono per lui non brusche scelte alternative ma solo una restaurazione. Lo si è già accennato a proposito dell'investitura; un altro esempio del genere, anche se di portata in apparenza minore, sta nella sua violentissima polemica contro i chierici che affollano le corti principesche, dilapidando le sostanze ecclesiastiche; ma anche qui, non è il fatto, ma il suo modo di essere, la degenerazione di esso, che egli colpisce. La sua invettiva contro i « clerici curiales » si conclude infatti con un caldo elogio di quelli che frequentano invece le corti regie « suae egregiae indolis publicaeque utilitatis causa » [110].

Ma non è solo questo suo atteggiamento riformistico che fa sì che la Chiesa che egli configura sia di tipo carolingio: perché è carolingia, direi, la sua concezione del rapporto di intima collaborazione che dovrebbe sussistere tra potestà ecclesiastica e potestà secolare, anche se, nella violenta denuncia del venir meno di questa ai suoi compiti, si può avvertire una vibrazione di tempi nuovi [111], ed è carolingia soprattutto la sua concezione dei canoni come sistema all'interno del quale deve muoversi tutta la gerarchia ecclesiastica, dal pontefice, ai vescovi, al clero [112]. Dove Umberto rompe o sopravanza la tradizione del passato è nel suo drastico materializzare in termini di società visibili contrapposte l'opposizione tra Cristo e il peccato, Dio e Satana nella storia del mondo. La Chiesa che egli propone è un esercito a ranghi serrati, saldo e incontaminato nella sua fede, che organizza se stesso in termini di società globale, espellendo dal suo seno chiunque possa conta-

---

[110] *Adv. Sim.*, III, 20, p. 224.
[111] Cfr., ad es., *Adv. Sim.*, III, 5-7, p. 203 ss.; 10-12, p. 210 ss.; 15, p. 216 s., 21, p. 225 s.; cfr. su questo anche ULLMANN, *Die Machtstellung* cit., p. 390 ss.
[112] Ciò risulta particolarmente evidente direi nelle sue esplicitazioni sulla presenza dello Spirito Santo nella vita della Chiesa, cit. a n. 90 e n. 107. Ma è il suo stesso metodo di discussione e di analisi che si fonda su questo presupposto: cfr. più avanti, p. 335 ss. e n. 97.

minarlo. La concezione umbertina dei sacramenti — veicolo di salvezza, quando, se amministrati da eretici, non lo siano di perdizione: ma immancabilmente orientati comunque ad alimentare l'una o l'altra delle due città — è l'espressione più tipica di questa costruzione[113]. Che a ben guardare però non differirebbe, nei suoi lineamenti interni, dal sapiente ed equilibrato sistema di immunità, collaborazioni e competenze, che possono essere individuate quali direttrici fondamentali della chiesa carolingia; se non fosse per quella drammatica lacerante tensione che contrappone continuamente questa Chiesa all'antichiesa, mettendo in discussione, per poter restare Chiesa, tutto il sistema (di fronte agli eretici saltano i canoni, saltano i privilegi di immunità, di ordine, di giurisdizione), e scatenando quelle lotte e quelle violenze che fanno sì che per certi aspetti Umberto possa essere visto anche come teorico della pataria e degli altri movimenti popolari contemporanei.

È di qualche decennio fa, ed ebbe come alfiere Anton Michel, quella tendenza a dir poco curiosa, di attribuire ad Umberto tutti gli scritti anonimi della riforma, servendosi prevalentemente, per non dire esclusivamente, di quella *stilkritische Methode* che fece furori tra gli storici tedeschi del periodo. E divennero così di Umberto la lettera di Guido d'Arezzo contro i simoniaci, gli scritti di Leone IX a Michele Cerulario, il *De ordinando pontifice*, la *Vita Brunonis*, la *Collezione in 74 titoli*, etc. Un gusto non di rado sterile, com'è stato anche recentemente messo in luce. Sono attribuzioni comunque che ormai sovente cominciano ad essere riviste e discusse e talvolta respinte con successo (ed un caso a sé dovrebbe essere rappresentato da scritti in certo modo ufficiali come le lettere sulla controversia costantinopolitana, dove, anche ammesso e

---

[113] Sulla concezione sacramentaria di Umberto ottime le pagine di O. CAPITANI, *Studi per Berengario di Tours* cit., p. 96 ss. (ma non direi invece con lui, in una valutazione complessiva dell'opera del cardinale bibliotecario, che « il concetto veramente innovatore che è alla base del pensiero e dell'azione di Umberto » è l'equazione « cristianità = Chiesa di Roma », p. 101, n. 1; vedi per questo anche le pagine che seguono e soprattutto p. 333 ss.).

non concesso che si possa individuare il loro redattore materiale, si sarebbe ancora al punto di partenza, perché ciò non implicherebbe affatto che in costui debba essere visto anche il padre delle idee e delle teorie che vi sono sostenute: che salvo incontrovertibile dimostrazione in contrario sarà più saggio ritenere, per l'ambiente ed il momento da cui nascono, riflesso di discussioni e di elaborazioni collettive assai più che opera individuale) [114].

Ma tralasciando questa questione, che sarebbe troppo lungo trattare qui, e limitandomi ai pochi scritti sicuramente suoi (dai quali del resto bisogna ovviamente partire per discutere eventuali altre attribuzioni), mi sembra assolutamente incontestabile il fatto che manca in realtà in lui una concezione del primato romano di tipo gregoriano, o se si preferisce leonino, per riferirsi al suo primo completo teorizzatore. Il suo stesso metodo di discussione e di analisi intorno ai criteri di determinazione della vera Chiesa, rispettivamente dell'eresia, presuppone un deposito di dottrine del tutto obiettivo, superiore ed esterno ad ogni autorità personale, ed esclude una concezione del pontefice romano come « norma della fede » quale sarà in Gregorio VII [115]. Questo spiega tra l'altro come in quel frammento *De sancta Romana ecclesia*, opera questa probabilmente di Umberto [116], venga introdotta la clausola

---

[114] Sulla completa fallacia dei metodi attributivi basati su di un puro confronto cosiddetto stilistico, ed in realtà poco più che verbale, ha richiamato giustamente l'attenzione H.-G. KRAUSE, *Das Papstwahldekret von 1059 und seine Rolle im Investiturstreit*, in *Studi Gregoriani*, VII, Roma 1960, p. 257 ss. In particolare per precisi rilievi su alcune singole attribuzioni cfr. J. AUTENRIETH, *Die Domschule von Konstanz zur Zeit des Investiturstreites*, Stuttgart 1956, p. 138 ss., e n. 140 (per la lettera di Guido di Arezzo); O. CAPITANI, *Immunità vescovili ed ecclesiologia in età pregregoriana e gregoriana*, in « Studi Medievali », 3ª Serie, III (1962), p. 567, n. 84 e *passim* (a proposito del *De ordinando pontifice*, attribuito ad Umberto dal Pelster, contestato in questo caso dal Michel; ma vedi anche le osservazioni del Capitani sulla scarsa utilità di un certo tipo di problemi di attribuzione). Per le lettere di Leone IX a Michele Cerulario cfr. anche più avanti, p. 227, n. 37.

[115] Vedi più avanti, p. 335 ss. E per Gregorio VII, p. 241, 252 ss.

[116] Cfr. P. E. SCHRAMM, *Kaiser, Rom und Renovatio*, II, Leipzig 1929, p. 120 ss. (ma v. anche J. J. RYAN, *Cardinal Humbert De s. Romana ecclesia*:

« nisi deprehendatur a fide devius » subito dopo l'affermazione dell'ingiudicabilità del pontefice. Clausola che è assente invece, con un valore di implicita negazione, nelle lettere di Leone IX sulla controversia greca, e tale continua ad essere in Gregorio VII, per venir poi esplicitamente respinta nelle *Auctoritates apostolice sedis* di Avranches [117].

Certo il frammento *De sancta Romana ecclesia* contiene affermazioni molto recise sul primato del pontefice romano e sulla chiesa di Roma, « caput omnium ecclesiarum ». Né mancano nell'*Adversus Simoniacos* accenni che sembrerebbero alludere ad una funzione puramente vicariale dei vescovi (I, 5, p. 108, r. 25, ma il problema non è affatto chiarito). Se fosse concesso prendere certi testi a simbolo di una situazione direi, schematizzando, che in questo suo apparente squilibrio interno il *De sancta Romana ecclesia* riflette molto bene il momento di passaggio da una chiesa di tipo episcopale ad una chiesa centralizzata romana, quando i sentimenti, le attese, i fatti conducono ormai in questa direzione mentre l'ideologia è ancora in parte bloccata nei termini antichi. Ma tralasciando questi giochi anche troppo facili dirò solo più piattamente che il frammento risente della controversia greca che aveva portato ad un'esaltazione tutta particolare del primato e della sua funzione, ma rispecchia ancora quella che è la dottrina dominante negli ambienti ecclesiastici riguardo al rapporto papa-vescovi. Se illustri tuttavia sono i suoi lontani precedenti, ben povera di argomentazioni e di temi essa appare in questo periodo. Ed è un fatto, questo, che contribuisce anch'esso a spiegare la debole resistenza che sul piano dottrinale i vescovi tedeschi (per non parlare dell'episcopato francese)

Relics of Roman-Byzantine Relations 1053-1054, in « Mediaeval Studies », XX (1958), p. 206 ss., e più avanti, p. 335, n. 97).
[117] Vedi più avanti p. 227 e n. 37; per le *Auctoritates apostolice sedis* di Avranches, cfr. B. JACQUELINE, *A propos des « Dictatus papae »: les « Auctoritates apostolice sedis » d'Avranches*, in « Revue historique de droit français et étranger », S. IV, 34 (1956), p. 569 ss., ed. a p. 573 s.), R. MORGHEN, *Ricerche sulla formazione del registro di Gregorio VII*, in BISIME, 73 (1962), p. 26 ss.

opporranno alle più recise affermazioni gregoriane [118]. Nei primi decenni della riforma siamo però, all'interno dello stesso ambiente romano, ben lontani, in teoria e in pratica, dalla rigidezza di enunciazioni che aveva animato Leone IX nella controversia greca. Lo stesso costituirsi con un peso tutto nuovo del collegio cardinalizio ed il prestigio personale dei suoi membri — quale certo con Gregorio VII non avrà più —, incoraggia forse ad una sorta di governo collegiale nella Chiesa (il papa ed i cardinali in solido appartengono alla chiesa di Roma e governano la Chiesa) l'enunciazione del quale traspare ad esempio in certe lettere di Pier Damiani [119]: è una fase questa che andrebbe forse più attentamente studiata, anche come tramite ad una piena affermazione del concetto leonino del primato.

* * *

Se una conclusione si può trarre da queste mie certo troppo sommarie ed incomplete anche se già troppo lunghe considerazioni, siamo ancora, intorno alla metà del secolo XI, in una grande varietà di indirizzi e di posizioni, di programmi e di prospettive — pur nella comune individuazione dei mali —, tra gli stessi promotori di una riforma o rinnovamento o restaurazione che dir si voglia. Questo, mi sembra, è un fatto che va tenuto attentamente presente per comprendere il pontificato di Gregorio VII, lo scoppio della lotta delle investiture, con il polarizzarsi della discussione intorno al problema dei rapporti tra *regnum* e *sacerdotium*, e la sua stessa prepotente affermazione della dottrina del primato. Perché tra l'altro furono le stesse divergenze e controversie all'interno del campo dei riformatori, la mancanza di sbocco delle loro

[118] Su questo vedi più avanti, p. 229 ss., e O. CAPITANI, *La figura del vescovo* cit., p. 184 s.
[119] Cfr., ad es., *Ep.* II, 1, *PL*, 144, c. 253 ss.; I, 20, *ibid.*, c. 238 s.; vedi ora per questi passi la precisa illustrazione di G. ALBERIGO, *Le origini della dottrina sullo Ius divinum del cardinalato (1053-1087)*, in *Reformata reformanda. Festgabe für Hubert Jedin ...*, Münster Westf. 1965, p. 51 ss.

discussioni e polemiche (si ricordi ad esempio il problema delle ordinazioni simoniache) a favorire l'affermarsi indiscusso di un'autorità che rappresentasse essa il fondamento di ogni soluzione. Il troppo tiepido appoggio vescovile alle iniziative di riforma che più sconvolgevano il consueto contesto sociale del clero minore (il decreto antinicolaita, soprattutto), accentuò ancora di più l'esigenza di un potere che fosse al di sopra del sapiente sistema di immunità e garanzie e procedure, che rappresentava la base dell'autonomia dei vescovi. Nel momento in cui la Chiesa diveniva un'unica grande diocesi di Roma cadeva ogni limite di consuetudine che potesse ostacolare l'iniziativa del papa, che poteva impegnarsi a fondo per far applicare veramente e dovunque i suoi decreti. Ma, va aggiunto, Gregorio VII non è affatto, rispetto ai decenni che lo precedono, l'erede di uno o più programmi riformatori già bell'e formati — tesi del Fliche —, nemmeno di una dottrina, quella del primato romano, già risolta e chiarita [120]. Egli eredita, per dir così, dei giudizi e delle analisi — il tessuto comune che faceva della riforma un movimento in certo modo unitario —, alcuni decreti, che delle divergenze e delle discussioni erano il frutto ed il compromesso. Ma quello che Gregorio aveva dietro le spalle e che i suoi predecessori non avevano, erano alcuni decenni in cui l'autorità romana si era lentamente ricostituita, più che come dottrina, come prestigio e larghezza di relazioni, come organismo di potere da cui nessuno più poteva prescindere. Quando nella sinodo di Saint-Basle de Verzy, Arnolfo di Orléans, campione della causa vescovile, contestava che il papa romano potesse « praeiudicare » in qualche modo gli antichi canoni, oltre che sulla dignità dei vescovi e sull'intangibilità dell'ordinamento canonico egli fondava le

---

[120] Questo, di presentare in termini già gregoriani la posizione di Umberto ed il cosiddetto periodo della preriforma (nonostante l'indubbio rilievo della polemica con la chiesa greca), è forse il limite del peraltro ottimo saggio di Y. M.-J. CONGAR, *Der Platz des Papsttums in der Kirchenfrömmigkeit der Reformer des 11. Jahrhunderts*, in *Sentire Ecclesiam. Das Bewusstsein von der Kirche als gestaldende Kraft der Frömmigkeit. Festschrift für Hugo Rahner J.S. ...*, Freiburg-Basel-Wien 1961, p. 196 ss.

sue argomentazioni su ciò che allora era Roma, centro di corruzione e di tirannide, dove « nullus pene sit, ut fama est, qui litteras didicerit » [121]; e concludeva la rassegna dei pontefici contemporanei, dopo un caldo elogio degli antichi, così [122]: « Num talibus monstris hominum ignominia plenis, scientia divinarum et humanarum rerum vacuis, innumeros sacerdotes Dei per orbem terrarum, scientia et vitae merito conspicuos, subiici decretum est? ... Quod si quispiam dixerit secundum Gelasium, Romanam ecclesiam de tota ecclesia iudicare, ipsam ad nullius commeare iudicium, nec de eius unquam iudicio iudicari; is, inquam, qui hoc dixerit, eum nobis in ecclesia Romana constituat, de cuius iudicio iudicari non possit ... ». Ma queste considerazioni Gregorio VII potrà ormai rovesciarle sui vescovi, nel momento in cui si mostreranno riottosi all'opera di riforma, e sostenere il suo buon diritto di innovare in materia di canoni, proprio per far fronte all'urgenza che la degenerazione chiericale e vescovile imponevano [123]. Il fatto caratteristico dei primi anni del pontificato di Gregorio VII sta nella sua decisa azione nei confronti delle gerarchie vescovili per spingerle ad una piena applicazione dei decreti di riforma [124] (solo col fallimento di essa, dopo l'assemblea di Worms e la rottura con Enrico e l'episcopato tedesco, sembra riprendere da parte di Roma una vigorosa politica monastica, che moltiplica i privilegi di esenzione più o meno completa, soprattutto se in caso di scisma) [125].

[121] In MANSI, XIX, c. 132. Si veda anche la lettera di Gerberto all'arcivescovo di Sens (*ibid.*, c. 167): « Sit lex communis ecclesiae catholicae evangelium, Apostoli, prophetae, canones spiritu Dei constituti, et totius mundi reverentia consecrati, decreta sedis apostolicae ab his non discordantia; et qui per contemptum ab his deviaverit, per haec iudicetur, per haec abiciatur ».
[122] *Ibid.*
[123] Vedi più avanti, n. 31 a p. 224, e p. 309, 339 ss.
[124] Vedi più avanti, p. 224 ss., 246 s.
[125] A queste conclusioni sembra portare l'esame dei privilegi di Gregorio VII raccolti da L. SANTIFALLER, *Quellen und Forschungen zum Urkunden-und Kanzleiwesen Papst Gregors VII.*, I, « Studi e Testi » 190, Città del Vaticano 1957; per un più preciso rinvio cfr. il mio *Gregorio VII.*, in *Bibliotheca Sanctorum*, VII, Roma 1966, c. 358. Sulla politica monastica di Gregorio VII, per la quale, nel suo complesso bisogna ricorrere ancora a B. MESSING, *Papst*

In questo quadro, come risposta alle resistenze incontrate, va vista la nuova portata operativa che assume con lui la dottrina del primato, e va visto anche quel decreto di proibizione dell'investitura laica, che darà un volto in parte nuovo a tutta la vicenda [126]. Con esso Gregorio VII cercò di colpire alla radice quell'ambizione temporalistica e mondana che, sulle orme dei suoi predecessori, si trova aspramente denunciata in tutta la sua corrispondenza dei primi anni di pontificato [127]. Ma in realtà egli colpiva soprattutto il nesso autorità temporale — vescovi, togliendo così al potere politico uno dei suoi essenziali strumenti di governo, senza però mettere in discussione il controllo politico ed economico che di fatto e di diritto i vescovi si trovavano ormai ad esercitare. Lo scontro con il *regnum* diventava perciò inevitabile. Esso segna il grande momento di trapasso di tutto il periodo, perché polarizzando intorno a sé l'impegno e l'attenzione di quelle forze di rinnovamento che si erano manifestate nei decenni precedenti finisce col condizionarle e sviarle in una battaglia che coinvolgeva ormai anche altri interessi, e problemi squisitamente politici. Si pongono così le premesse per nuove intese e nuove alleanze: e mentre intorno al primato romano si prepara gradualmente una nuova sintesi teologica e canonistica che ingloba temi ed istanze apparsi pochi decenni prima come inconciliabili, la distinzione tra due sfere di competenze — spirituale e temporale — nell'esercizio del potere dei vescovi, sancita dall'accordo di Worms, garantirà il ripristino di una situazione ecclesiastica che il primo periodo della riforma aveva cercato di mettere in crisi.

Gregors VII. Verhältnis zu den Klöstern, Diss. Greifswald 1907, vedi anche buone osservazioni in H. Jakobs, *Die Hirsauer* cit., p. 108 ss.

[126] Ha rilevato con ragione la *novità* del decreto sull'investitura di Gregorio VII rispetto alle precedenti formulazioni G. B. Borino, *L'investitura laica* cit., p. 345 ss. (vedi anche del Borino, *Il decreto di Gregorio VII contro le investiture fu « promulgato » nel 1075*, in *Studi Gregoriani*, VI, p. 329 ss.).

[127] Per le denunce di Gregorio VII dell'ambizione e corruzione vescovile vedi più avanti, p. 224, n. 31. Per questa interpretazione del decreto contro le investiture vedi il mio *Gregorio VII* cit., c. 336 s. Cfr. anche più avanti, p. 356, n. 135.

Se di fronte al decreto di Gregorio VII un richiamo ad Umberto è ancora lecito — ma si è visto come fosse diversa per lui la soluzione al problema dell'investitura —, un'analogia sta forse nell'ispirazione comune, nel metodo, che si ritrova dietro a certe scelte fondamentali: il superamento di certi nodi e contraddizioni stridenti avviene sacralizzando l'intera società e contestando così solo parzialmente le profonde intrusioni mondane e temporalistiche che si erano verificate nella Chiesa.

II

ASPETTI DEL MONACHESIMO TOSCANO
NEL SECOLO XI

Il titolo di queste pagine è volutamente ampio e generico. Non si pretende cioè di dare con esse un quadro completo ed esauriente, tanto meno di tracciare la storia, del monachesimo in Toscana lungo tutto il secolo XI; ma solo appunto fermarsi su qualche aspetto di esso, e su qualche figura e monastero, e in qualche zona soltanto, per delineare quelli che sembrano i suoi tratti caratteristici, o alcuni dei suoi tratti caratteristici almeno, che lo inseriscono con una fisionomia in certo modo propria e con un suo contributo peculiare in quella grande vicenda che fu la storia del monachesimo occidentale nel Medioevo, così diversa per uomini, centri ed indirizzi, ed insieme così unitaria nella coscienza di una comune ispirazione che l'animò.

Se operiamo un rapido, sommario confronto tra il tipo di monachesimo che riscontriamo in Toscana all'aprirsi del secolo XI e quello che ci appare alla fine dello stesso secolo, si nota di primo acchito una fondamentale differenza istituzionale. Agli inizi del secolo XI il monachesimo è ancora tutto frammentato in singoli monasteri privi di un organico rapporto reciproco, incardinati nelle rispettive diocesi, ma non di rado sottoposti ad una tutela dei proprietari laici che significava, in realtà, poteri di pieno governo su di essi. Fare storia monastica di questo periodo implica perciò tracciare la storia dei singoli monasteri, e il dato comune delle loro vicende interne è rappresentato solo dal loro indifferenziato richiamarsi alla regola di san Benedetto. Cent'anni dopo il quadro appare profondamente diverso e la storia del monachesimo toscano viene a riassumersi per buona parte nella storia di due grandi cogregazioni monastiche, la vallombrosana e la camaldolese. I monasteri che ne restano al margine — e ce ne sono, naturalmente, e spesso anche grandi monasteri — quando non confluiranno più tardi in questi o altri raggruppamenti o ordini o congregazioni, restano documento di un passato ormai al tramonto, condannati ad un più o meno rapido, ma inesorabile declino.

Quali sono le forze, le circostanze, i motivi, che forniscono due modi istituzionali così diversi, come e perché si determina questa nuova situazione, quali ne sono i principali aspetti e vicende, vorrei appunto cercar di chiarire nelle pagine che seguono.

La storia politica della Tuscia nella seconda metà del X secolo — quando inizia appunto una nuova grande fioritura di monasteri dopo quella del periodo longobardo e carolingio — è dominata, nelle poche testimonianze cronistiche, dalla figura del marchese Ugo [1]. Potente e ragguardevole signore dell'impero, investito per un certo periodo anche della marca di Camerino e del ducato di Spoleto, ricco di beni che arrivavano fino ai comitati di Bologna, Ferrara, Modena, e al Polesine, egli appare grande nel ricordo dei posteri per il suo ordinato governo, la giustizia verso gli umili, la pietà verso chiese e monasteri. Così egli campeggia nella rievocazione di Pier Damiani quale esempio di ottimo principe, proposto all'imitazione di Goffredo di Lorena, reggente allora la marca di Tuscia [2].

Il racconto di Pier Damiani però, non è né vuol essere un racconto storico, ma esemplare ed edificante: resta tuttavia a testimoniare degli stretti legami che unirono Ugo e certi ambienti monastici, dell'interpretazione che della sua attività e della sua figura veniva data in questi stessi ambienti; e vedremo tra poco di quale peso fu la sua opera per lo sviluppo

---

[1] Per Ugo e il suo governo cfr. soprattutto A. FALCE, *Ugo di Tuscia*, Firenze 1921. Vedi anche R. DAVIDSOHN, *Storia di Firenze*, I, trad. dal ted., Firenze 1956, p. 181 ss., e *passim; Forschungen zur älteren Geschichte von Florenz*, I, Berlin 1896, p. 31 s.

[2] *Op.* 57/2, cap. 3 ss., PL, 145, c. 827 ss.

del monachesimo toscano. Ma nello struggente ricordo di un principe forte e giusto emerge anche il bisogno di un nuovo ordine sociale che subentri all'antico ancora profondamente lacerato e scosso dal dirompere delle forze locali, quei conti, gastaldi e *milites* che nell'impotenza dell'autorità centrale venivano a rappresentare l'unico governo reale, l'unica forza effettivamente dominatrice ed operante, priva di ogni efficace contestazione superiore. In questo senso il ritratto che Pier Damiani fa del governo di Ugo rappresenta molto di più un auspicio per il futuro che una fedele immagine del passato. Ché se il ricordo dei posteri e la pietà dei monaci e dei monasteri da lui beneficiati ne han fatto il dominatore giusto ed incontrastato della Tuscia, non è difficile scorgere, al di là di questo quadro di maniera, l'emergere, proprio nella seconda metà del X secolo, di nuove forze e di nuovi poteri politici: quelli vescovili in primo luogo, che da una posizione che potremmo dire di semplice prestigio civile passano gradualmente anche in Toscana — pur se più lentamente che altrove — ad un esercizio giurisdizionale che si allarga nel comitato circostante le loro città[3]; ma anche, e soprattutto, quelli di famiglie, e consorterie comitali, spesso violentemente concorrenziali ai primi — quando non sia qualche loro parente che riesca ad occupare un seggio episcopale — e che, arroccati nei loro territori, costituiscono già, più per la forza reale di cui dispongono che per le competenze giuridiche loro riconosciute, una componente politica decisiva dell'epoca. Aldobrandeschi, Guidi, Gherardeschi, Cadolingi, Berardenghi, Panocchieschi, sono solo alcuni nomi di quelle famiglie e gruppi che in seguito avranno maggiore risonanza, ma che già ora si presentano, quasi improvvisamente, di cospicua ricchezza, forza e potere. Ed anche la loro storia si intreccia indissolubilmente

---

[3] Vedi, ad es., per alcune indicazioni, G. VOLPE, *Vescovi e comune di Volterra*, Firenze 1923, ora in *Toscana medievale*, Firenze 1964, p. 149 s.; *Lunigiana medievale*, ibid., p. 331 ss.; cfr. anche G. TABACCO, *La dissoluzione medievale dello stato nella recente storiografia*, in «Studi Medievali», 3ª Serie, I (1960), p. 444.

con quella delle grandi fondazioni monastiche, assai spesso da loro promosse, dotate, difese.

Secondo la testimonianza di Pier Damiani, che attesta anche di sovvenzioni in denaro a Romualdo, il marchese Ugo avrebbe costruito « in sui iuris possessione » (ma non è necessario si trattasse di beni allodiali) sei nuovi monasteri [4]. Leone d'Ostia, nel *Chronicon Casinense*, parla invece delle sue fondazioni monastiche a proposito della fuga di una parte dei monaci di Monte Cassino, quando i principi di Capua avevano imposto loro quale abbate Mansone, dopo la morte di Aligerno, nel 986. I monaci si sarebbero rivolti ad Ugo, che con le sue elargizioni avrebbe permesso loro di costruire cinque nuovi monasteri [5]. Ma dalle fonti diplomatiche abbiamo sicura notizia solo delle fondazioni di San Michele di Marturi, nella diocesi di Firenze, tra il 970 e il 998, e di San Gennaro in Capolona, nella diocesi di Arezzo, nel 972 [6]. A lui tuttavia risale probabilmente anche il monastero della Vangadizza, a Badia Polesine, che quanto meno fu da Ugo ampliato o restaurato, e ricevette da lui ricche donazioni [7]. E ebbe parte anche nella

---

[4] *Op.* 57 cit., c. 830 A. Per le sovvenzioni in denaro a Romualdo cfr. *Vita beati Romualdi*, cap. 18, « Fonti per la storia d'Italia », 94, Roma 1957, p. 42.

[5] MGH, SS, VII, p. 637.

[6] Cfr. F. KEHR, *Italia pontificia*, III, Berolini 1908, p. 61 s., rispettivamente p. 166; FALCE, *op. cit.*, p. 134 ss., e *passim* (per Marturi), p. 133 s., 151 ss. (per Capolona).

[7] Cfr. FALCE, *op. cit.*, p. 106 ss., 130 s., etc. F. SCHNEIDER, *Die Reichsverwaltung in Toscana von der Gründung des Langobardenreiches bis zum Ausgang der Staufer (568-1268)*, Rom 1914, p. 247, n. 1, 323, n. 2, e FALCE, *op. cit.*, p. 118 s., hanno sostenuto, sulla base della tarda attestazione di un privilegio di Innocenzo III, la fondazione, da parte di Ugo, anche di San Michele sulla Verruca. Essa mi sembra in realtà esclusa dal fatto che il 4 maggio 996 la chiesa e il monastero di San Michele Arcangelo « in loco ... u.d. Verruca », vengono donati dal vescovo di Lucca, sotto la cui potestà si trovavano, al monastero di San Salvatore a Sesto (*Mem. e doc. per servire all'ist. ... di Lucca*, t. V, p. III, Lucca 1841, p. 582, nr. 1708); mentre il 21 luglio 996 Ottone III, confermando i beni di questo stesso monastero, menziona tra questi anche la rocca della Verruca, « quam marchio Hugo eidem monasterio ... concessit » (in MGH, *Dipl.*, II, *Ottonis III Dipl.*, nr. 219, p. 631; vedi comunque su questo problema la tesi dattiloscritta, depositata presso l'Istituto di Storia medievale e moderna della facoltà di lettere dell'Università di Pisa, di

dotazione di un gruppo di monasteri fondati o restaurati dalla madre Willa: la Badia fiorentina, dentro la cinta delle mura, che più degli altri custodirà, con la sua tomba, il suo ricordo, celebrato durante la festa di San Tommaso, San Ponziano, subito fuori le mura di Lucca, San Salvatore e San Salviano a Sesto, sempre nella diocesi lucchese [8].

Com'era ormai pressoché consueto, veniva prescritta per questi monasteri l'osservanza della regola di San Benedetto — si tratta, per tutti, di monasteri cenobitici —, i loro beni venivano dichiarati inalienabili, mentre il fondatore si limitava a mantenere nei loro confronti un diritto di patronato, assai più sfumato e generico tuttavia rispetto a quanto non si noti in altre contemporanee fondazioni laicali. L'unico atto tuttavia, in cui sembra emergere una più precisa consapevolezza di riforma, un'eco almeno dei problemi dibattuti allora nella parte più avanzata e sensibile del clero secolare e del monachesimo, è quello del 26 luglio 998 a favore di San Michele di Marturi, soprattutto nella parte, ampia e dettagliata, che regola l'elezione dell'abbate [9]: « Nell'ordinazione dell'abbate ciò innanzitutto stabilisco e voglio venga osservato che nessuno venga ordinato abbate, se non nell'osservanza dei canoni e della regola. Ma se costui fosse indegno, o fosse stato promosso per intervento di denaro macchiandosi di eresia simoniaca, sia tosto cacciato senza indugio e sostituito con un altro che ne sia degno ... E in qualunque momento l'abbate abbia a morire, nessun uomo, né maschio né femmina, né vescovo né re, né marchese né conte, nessuna persona insomma, abbia potestà di eleggere nel monastero un nuovo abbate, ma questa potestà l'abbia solo la comunità dei monaci; e all'interno della

M. L. MAGNANI, *I monasteri pisani dalle origini al 1076*, Anno Acc. 1964-65, p. 34 ss.).

[8] Cfr. FALCE, *op. cit.*, p. 113 ss., 131 (per la Badia), p. 123 (per il mon. di Sesto); KEHR, III, p. 26, 444, 457. Per le donazioni di Ugo alla Badia vedi anche *Le carte del monastero di S. Maria in Firenze*, I, ed. L. Schiaparelli, Roma 1913, 8, p. 24 ss.; 11, p. 36 ss.

[9] I. MITTARELLI - A. COSTADONI, *Annales Camaldulenses*, I, Venetiis 1755, App. 60, c. 137 ss. (il passo in questione a c. 145).

comunità, se potranno trovare una persona adatta, si eleggano l'abbate secondo le disposizioni della regola di San Benedetto. Ma se, ciò che ci auguriamo non avvenga, una persona adatta non potrà essere trovata all'interno della stessa comunità, i monaci provvedano con timore di Dio e nell'osservanza della regola ad eleggersi l'abbate chiamandolo da un altro monastero ».

Il progresso, come coscienza dei problemi e consapevolezza dei fini da raggiungere, rispetto all'atto di fondazione della Badia o di Santa Maria di Vangadizza, è certamente notevole: ché mentre in questi ci si limitava, per l'elezione abbaziale, ad un generico richiamo alla regola, qui si ha vivo il senso del rischio e dell'esistenza di abusi, e del pericolo di influenze estranee, e si ha cura perciò di legare strettamente ed unicamente alla comunità monastica il diritto di elezione, concludendo infine il solenne documento con un'appassionata supplica alla Sede apostolica di accogliere sotto la propria *tuitio* il nuovo monastero, e all'autorità imperiale di confermare e proteggere la donazione. L'apparire di una formula che diverrà il più esecrabile dei distintivi — *simoniaca heresis* — è la spia che un nuovo tipo di idee sta penetrando anche in Toscana, comincia a lasciare i primi segni [10]. Facile supporre, anche se non è nulla di più che un'ipotesi, che l'incontro di uomini come Gerberto, Maiolo, l'allora abbate di Cluny, Romualdo, al quale Ugo del resto aveva inviato una sovvenzione in denaro, tutti, anche se in modo diverso, orientati ad un rinnovamento monastico e a combattere gli abusi e le dispersioni del patrimonio, abbia lasciato traccia nell'animo del mar-

---

[10] Nei documenti privati, anche quando si tratta di atti di fondazione che contengono prescrizioni sull'elezione dell'abbate, la formula si ritrova in questo periodo attestata assai raramente: l'altro caso che io conosco è nella donazione di quell'Ava di Staggia, figlia del conte Zenobio, del 4 febbr. 1001, che istituisce e dota il monastero di San Salvatore *in Insula*, nella diocesi di Volterra: cfr. *Regestum Senense*, I, ed. F. Schneider, « Reg. Chart. It. » 8, Roma 1911, nr. 24, p. 9 s. (ma il testo esatto, come mi comunica Paolo Cammarosano, è il seguente: « Quod si forte interventu pecunie aut per symoniacam heresim promotus fuerit sine mora deiciatur et alter qui dignus est ordinetur » - Arch. di St. di Siena, Dipl., Sant'Eugenio, 1001 Febbr. 4).

chese. Quegli stessi uomini che si ritrovano dietro a numerosi diplomi imperiali, che dagli Ottoni in poi largheggiano in privilegi ai monasteri. Anche se, va aggiunto, nessuna delle fondazioni monastiche di Ugo si colloca in modo esplicito e diretto in qualcuna delle più vigorose correnti di rinnovamento spirituale e monastico che agitano in quei decenni l'Occidente e che sono presenti in forze anche in Italia: come non v'è traccia di influsso cluniacense — in Toscana, del resto, come vedremo, assai scarso —, così anche i legami che si erano voluti stabilire tra San Michele di Marturi e Romualdo scompaiono, dopo che il Tabacco ha definitivamente dimostrato l'abile falso del Grandi [11]. I rapporti, se ci sono, sono assai più personali e privati, giocano su di un orientamento generale, piuttosto che nel dar vita a forme istituzionali precise. E resta il fatto ovvio — ma che è opportuno richiamare dopo le troppo affrettate deduzioni del Falce [12] —, che le prescrizioni per Marturi valgono per Marturi soltanto, e per il 998 e non prima, e non sono, fino a prova contraria, estendibili ad altri monasteri e situazioni. Si vuole dire insomma che inglobare tutta l'attività di Ugo a favore dei monasteri sotto il segno di una lotta per la riforma, consapevolmente perseguita, anche quando mancano precisi inidizi in proposito, per il solo fatto che un'attività del genere sia esistita, costituisce una forzatura illegittima, che disconosce la realtà del tempo e ciò che vi rappresentavano le fondazioni monastiche.

È indubbio infatti che fondazioni di monasteri e donazioni in loro favore non rappresentano ancora, nel X secolo e nei primi decenni dell'XI, l'indice di una consapevole attività di riforma e di rinnovamento religioso, ma nascono da altre spinte e tradizioni, che facevano da lunga data, delle donazioni ai monasteri, un classico mezzo di espiazione e di bene operare per la salvezza propria ed altrui. *Pium opus* per eccellenza, la

---

[11] Cfr. G. Tabacco, *La vita di san Bononio di Roberto monaco e l'abbate Guido Grandi*, « Pubbl. della fac. di lett. dell'Univ. di Torino », V, 1, Torino 1954.

[12] Falce, *op. cit.*, p. 48 ss.

fondazione di un monastero, una donazione ad esso, diventava un facile strumento per restare in contatto con quella vita cristiana alla quale la malvagità degli uomini sembrava rendere refrattaria la società; e trovava insieme un valido stimolo in tutta una serie di precisi interessi politici e patrimoniali che, da antica tradizione, incontravano un soddisfacimento nella fondazione di chiese e monasteri privati o semi-privati. Mi sembra cioè che anche per spiegare almeno in parte l'opera monastica di Ugo giovi tener presente il sottofondo mentale della società laica del tempo, che largamente orientava in questo senso l'attività dei grandi.

Si tratta di una considerazione generale, quasi generica se si vuole, ma è proprio in quest'ambito che vanno spiegate gran parte delle numerose fondazioni monastiche di origine laicale, che incontriamo in Toscana nella seconda metà del X secolo e nei primi decenni dell'XI. Nella diocesi di Arezzo San Fedele di Strumi viene fondato alla fine del secolo X dal conte Tegrimo, dei conti Guidi, mentre Griffo, « nobilis vir », costituisce a San Salvatore di Silvamunda una comunità femminile, mettendovi come badessa la figlia. Ai Berardenghi risale probabilmente l'introduzione, nel 1003, a San Salvatore *de Fontebona*, di una congregazione di monaci, al posto delle monache che l'avevano fino allora occupato. Gerardo e Willa della Gherardesca fondano nel 1004 Santa Maria *in castro de Serena*, nella diocesi di Volterra, e nel 1022, questi ed altri membri della famiglia fondano nella diocesi di Populonia San Giustiniano di Falesia. Ancora, nei medesimi anni gli Aldobrandeschi costruiscono nella diocesi di Volterra San Salvatore di Spugna, e San Salvatore *in Insula*, presso Borgonuovo, viene fondato da una Ava di Staggia, figlia del conte Zenobio, mentre alla fine del secolo X Lotario dei conti Cadolingi dà vita a San Salvatore a Settimo, nella diocesi di Firenze. Nel 1005 la contessa Willa, figlia di un marchese Ugo, fonda nella diocesi di Pisa il monastero di San Michele di Quiesa, mentre era nella diocesi di Lucca Santa Maria di Buggiano, fondato da Sismondo e Guido, *domini* del posto [13]. E l'elenco potrebbe agevolmente continuare.

Sono monasteri che mantengono ancora uno spiccato carattere di monasteri privati, dove la famiglia si riserva generalmente il diritto di intervento e conferma nell'elezione dell'abbate, di rappresentanza del monastero nelle controversie giudiziali, di intervento a volte nella stessa osservanza della regola e della disciplina monastica, con facoltà di espellere le comunità che si rivelassero in qualche modo inadempienti. « Si ipsi monachi regulariter vivere noluerint — dice l'atto del gennaio 1003 che istituisce una comunità maschile a San Salvatore *de Fontebona* [14] — tunc habeamus licentiam nos suprascriptorum et nostris heredibus ac proheredibus, illis foris eiicere, et alteris introducere meliores, qui ipsum ordinem melius custodiant ». Sono disposizioni che nella loro apparenza rigoristica, che si direbbe così consona a certe tendenze del tempo, contengono in realtà una larga possibilità di abuso, di interventi dettati da ragioni di carattere politico ed economico, di interessi puramente familiari, nella misura in cui l'arbitrio del giudizio rimane nelle mani del fondatore o del protettore, senza istanze superiori. Ed in questo contesto, che mira ad un rigido controllo sui monasteri soggetti, va anche spiegata a volte la norma di eleggere l'abbate esclusivamente all'interno della comunità, senza rivolgersi in nessun caso all'esterno, evidentemente anche per evitare interventi che potevano essere concorrenziali al potere della famiglia (un caso lampante, ad esempio, mi sembra essere quello di San Giustiniano di Falesia, fondato dal conte Ugo e da altri figli di Teodorico della

---

[13] Vedi rispettivamente F. SOLDANI, *Historia monasterii S. Michaelis de Passiniano*, Lucae 1741, p. 110 ss.; KEHR, III, p. 168 (e MITTARELLI-COSTADONI, *Ann. Caml.*, I, p. 236): MITTARELLI-COSTADONI, *Ann. Caml.*, I, App. 71, c. 170 ss.; L. A. MURATORI, *Ant. It. M. Ae.*, XIV, Arretii 1778, Diss. 68, c. 79 ss. (e F. SCHNEIDER, *Regestum Volaterranum*, « Reg. Chart. It. » 1, Roma 1907, nr. 96, p. 36); MURATORI, *Ant. It. M. Ae.*, IX, Arretii 1776, Diss. 44 (App.: *Excerpta Archivi Pisani*), c. 357 ss.; KEHR, III, p. 308; F. SCHNEIDER, *Regestum Senense* cit., nr. 24, p. 9 s.; KEHR, III, p. 51; p. 370; F. UGHELLI, *Italia sacra*, III, Venetiis 1718, c. 787 ss.

[14] MITTARELLI-COSTADONI, *Ann. Camal.*, I, App. 71, c. 172.

Gherardesca, che accanto all'obbligo di scegliere l'abbate tra i monaci della comunità, e con la partecipazione di tutti, riserva ai fondatori ed ai loro eredi un ampio diritto di intervento nella vita del monastero soprattutto nel caso in cui tra i monaci fossero sorti contrasti per l'elezione dell'abbate) [15].

I diplomi imperiali e quelli pontifici — questi tuttavia ancora più rari — ormai già tradizionalmente orientati a favore di una certa autonomia giurisdizionale dei monasteri, chiariscono ulteriormente il margine di interesse politico che i signori laici potevano ravvisare in queste fondazioni: era un modo cioè di contrastare palmo a palmo l'insorgere e l'espandersi dei poteri vescovili nel contado, di assicurarsi nuove solidarietà, nuovi appoggi, erodendo insieme il terreno dove più naturalmente la giurisdizione vescovile avrebbe teso ad esercitarsi. Bisogna avvertire che tutto questo diventa evidente ed incontrovertibile solo quando le correnti della riforma monastica prendono piede e cominciano a farsi sentire; ed insieme quando diventa comune, divenendo uno degli strumenti essenziali per l'espansione dei monasteri riformati, il principio dell'esenzione dalla giurisdizione dell'ordinario, chiesta a Roma e da questa sempre più largamente concessa. Ma perché ciò avvenisse su larga scala anche in Toscana, bisognava che penetrassero nella regione le nuove correnti riformatrici, e che scendesse in campo, e quale consapevole protagonista, anche l'autorità pontificia. Prima è storia solo di rare eccezioni: caso più noto e famoso, che varrà la pena di vedere un po' più da vicino, quello di San Salvatore a Settimo. Ma mai come per questo periodo bisogna guardarsi da una considerazione troppo rilevante delle situazioni e dei rapporti giuridici, quando ciò che in primo luogo contava era il potere reale, di fatto, che singoli, famiglie, consorterie, gruppi, potevano esercitare nelle diverse zone, a prescindere dalla veste giuridica di esso. E da questo punto di vista, la fondazione di un monastero, con la sua fitta rete di chiese private, rappresentava indubbiamente l'acquisto di nuova influenza e di nuovo potere reale.

[15] MURATORI, *Ant. It. M. Ae.*, IX, cit., c. 360 s.

Ma anche qui, mi sembra, è opportuno evitare ogni forzatura, isolando arbitrariamente la motivazione politico-economica dalle altre che possono entrare in gioco. Il carattere stesso, così frammentario e sporadico della nostra documentazione, consiglia ancora di più alla prudenza. Mi sembra difficile perciò andare oltre ad una giustapposizione più o meno sfumata delle diverse e concorrenti giustificazioni che si intravvedono dietro a questo nuovo iniziale fiorire monastico. Dove sarebbe profondamente errato trascurare i motivi apparentemente più generici, di assai più corta veduta, per dir così, se misurati sulla base della loro rilevanza ed efficacia pratica, e frutto piuttosto di emozioni, di modi di sentire, di lenti depositi e volgarizzamenti di cultura, che spingono a promuovere nuove fondazioni monastiche, ad aiutare le antiche. Ne ho accennato già brevemente per quanto riguarda il significato religioso — genericamente religioso —, il valore espiatorio, che la fondazione o la dotazione di un monastero veniva ad assumere. Ma è opportuno non trascurare anche il contesto generale di vita della società del tempo, che viene a rappresentare anch'esso, forse, un altro considerevole impulso in questo senso.

La considerazione storiografica recente ha inteso tracciare di questo periodo un quadro mosso, vitalmente agitato da nuove forze e fermenti, e nell'anarchia del tempo si sono intravisti acutamente i segni di nuove realtà, di nuovi organismi in formazione. È stata certamente una considerazione positiva perché usciva dall'indistinta ed alquanto moralistica rilevazione di un caotico disordine per indicare le linee, che in una lunga durata, porteranno al suo superamento [16]. Ma forse così si è finito anche coll'illuminare un po' troppo il quadro, e la lenta, grigia preparazione di un assai lontano domani è diventata un rigoglioso fiorire di primavera, mentre le limitate, chiuse, tristi prospettive di vita e di sopravvivenza degli uomini di quel secolo, si trasformavano, nelle pagine degli storici, in un

---

[16] Vedi per questi indirizzi l'ampia rassegna di G. TABACCO, *La dissoluzione medievale dello stato* cit., p. 398 ss.

giovanile agitarsi di nuove, incomposte energie. In realtà, ciò che forse più impressiona l'osservatore spassionato di quella società, che sappia resistere agli imperativi della sua logica e del suo buon senso, è proprio la quasi assoluta impossibilità di individuare con sicurezza volontà disegni prospettive, che escano dall'ambito limitato del momento quotidiano, della lotta per la sopravvivenza, ed insieme la totale precarietà di ogni vicenda collettiva ed individuale. Rare sono le eccezioni e proprio perché tali, i personaggi che ne sono protagonisti assurgono al livello di uomini quasi straordinari, quando non si tratti di utopisti, perduti dietro ad impossibili sogni di cultura.

Ma proprio da questo quadro scaturisce un nuovo motivo che spiega il largo fiorire di fondazioni monastiche, come reazione appunto a questa situazione della società civile. E non tanto nel senso che il monastero rappresentava una fuga dal mondo — allora, poi, in molti casi non lo era affatto —, ma piuttosto perché la fondazione di un monastero, una donazione ad esso, venivano a configurarsi, da parte di chi le operava, come il tentativo di recuperare un'altra prospettiva, un'altra durata alla propria esistenza: consapevoli dell'impossibilità di realizzarlo direttamente, si affidava ad un coro di uomini « angelicati » il compito di riscattare se stessi e gli altri, la debolezza e precarietà proprie ed altrui, per una migliore vita su questa terra e per un altro destino ultraterreno. Al di là della formulazione diplomatica, del rozzo dipanarsi di concetti, è questa volontà ed aspirazione che ricorre costante nelle lunghe complesse arenghe dei documenti. Si tratta di indicazioni troppo frequenti, ed in formulazioni assai svariate, per poterle pensare prive di ogni legame reale col sentire del tempo: o meglio con quella società di signori laici, ai quali si riconosce rilevanza politica. « La vita e la morte è nelle mani di Dio. Ma è meglio per un uomo vivere nel timore della morte, che, nella speranza di vivere, pervenire a morte improvvisa. Ma noi ricordiamo anche che larga è la misericordia del Signore e che per questo colui che avrà offerto qualcosa del suo ai luoghi santi e venerabili, ... riceverà il centuplo in questa vita, e inoltre, ciò che è meglio, possiederà la vita eterna». Così, tra i tanti esempi possibili, più o meno simili, l'atto che istituisce una comunità maschile a San Salvatore *de Fontebona* [17]. Il *centuplum*, che una lunga tradizione esegetica, fondata sui versetti della vocazione apostolica e sulla parabola del seminatore, assegnava generalmente quale premio in paradiso per chi avesse scelto la vita monastica, diventa la ricompensa attesa già in questa vita da ogni benefattore di monasteri. Ed è significativo, ad attestare una più precisa volontà nella scelta della formula, che in qualche raro documento del tempo il *centuplum* rimanga correttamente premio per la vita ultraterrena, anche se riferito non ai monaci ma a tutti i benefattori di conventi [18]. Allo stesso modo il riscatto dalle proprie colpe, la salvezza della società, sembra venire quasi esclusivamente affidato alle preghiere dei monaci, mentre nell'atto di donazione pare riassumersi ogni forma di vita cristiana possibile al di fuori delle mura del chiostro. Nelle solenni arenghe del marchese Ugo la via per sfuggire alle fauci del demonio viene indicata nel « dimitte et dimittetur vobis, date et dabitur vobis » (Luc. VI, 37. 38), che si esplicita poi nei diversi favori concessi al monastero in questione [19].

---

[17] MITTARELLI-COSTADONI, *Ann. Camal.*, I, App. 71, c. 170. Ritrovo, ad es., questa stessa arenga in una donazione di un Guglielmo fatta nel 1009 al monastero di San Michele di Passignano (in SOLDANI, *Historia monasterii S. Michaelis de Passiniano* cit., p. 189), e in due donazioni alla canonica aretina, l'una del conte Walfredo di Siscano, del febbr. 1022, l'altra del conte Ugo, figlio del conte Ranieri, del giugno 1023 (in U. PASQUI, *Documenti per la storia della città di Arezzo*, I, Firenze 1899, nr. 114, p. 163 s.; nr. 116, p. 166). Vedi anche, per qualche altro esempio dell'uso del *centuplum* come ricompensa terrena, SOLDANI, *Hist. mon. S. Michaelis de Passiniano* cit., p. 114; MITTARELLI-COSTADONI, *Ann. Camal.*, II, App. 17, c. 40.

[18] Così, ad es., in quella donazione del conte Gerardo e di Willa sua moglie al monastero di Santa Maria *in castro de Serena*: «Nobis tractantibus et cogitantibus scilicet fragilitatis, quod bona praesentis vitae non essent perpetua, sed temporanea et fugitiva, idcirco de bonis non perituris in caelo thesaurum facere cupimus, ut centuplum efficiatur et aeternaliter possideatur» (in MURATORI, *Ant. It. M. Ae.*, XIV, cit., Diss. 68, c. 79).

[19] Si tratta dell'arenga «Divinae gratiae munere», assai frequente negli atti di donazione del marachese Ugo, ma già in uso con sua madre Willa (cfr., ad es., MITTARELLI-COSTADONI, *Ann. Camal.*, I, App. 53, c. 120 s.; 57, c. 128;

Quanto più sembrava mancare ogni speranza, venir meno ogni possibilità di costruire una vita di dimensioni umane, mentre la precarietà dell'esistenza svalutava ogni impegno diretto a fare da sé, tanto più forte nasceva la spinta a riporre in altre mani il proprio destino; e il bisogno di tramiti concreti, visibili, trovava soddisfazione nel sapere vivi e presenti coloro che di questo destino erano in qualche modo i depositari. Un analogo cupo pessimismo sulla naturale condizione dell'uomo anima la cultura monastica: che dall'altissima coscienza di sé ricava anche un giudizio sostanzialmente negativo su tutti gli altri modi di vivere, manifestando insieme una totale incapacità a considerarli validi in sé, e non in posizione nettamente subalterna — e di puro tramite, in qualche raro fortunato caso —, rispetto al chiostro.

Lo schema dei tre ordini, che riassume tutta la società, al vertice della quale sta il monachesimo, rappresenta la sintesi culturale, l'unica sintesi culturale in cui sembra allora capace di esprimersi la classe dominante, che cerca di mantenere così un senso cristiano alla vita, isolando in una sfera di pena, debolezza, peccato, quanto non fa parte, non vive in qualche modo della vita del chiostro, restando perciò come estraneo alla storia della salvezza. Da questa rozza ideologia, che irrigidisce in poveri schemi tradizioni e realtà assai più ricche, vive e complesse, il ceto dei *potenti* si riscatta in qualche modo, imponendo con la sua forza, con i suoi soprassalti, con la sua stessa violenza predatrice, il problema della sua presenza, e riacquistando così, per l'orrore stesso dei tempi, un

---

60, c. 137; FALCE, *op. cit.*, p. 174, 178; SCHIAPARELLI, *Le carte del monastero di S. Maria* cit., nr. 5, p. 11 s.; nr. 8, p. 26; nr. 10, p. 31 s.), e presente, del resto, anche successivamente in altri atti di donazione di laici a fondazioni pie (cfr., ad es., la donazione di un Guglielmo, forse imparentato coi *lambardi de Staggia*, a San Salvatore in Insula, in F. SCHNEIDER, *Toscanische Studien*, in « Quellen und Forschungen aus italienischen Archiven und Bibilotheken », 11 (1908), p. 32 e 36; il documento di fondazione di San Giustiniano di Falesia, in MURATORI, *Ant. It. M. Ae.*, IX, cit., Diss. 44 (App.: *Excerpta Archivi Pisani*), c. 357 s.; la donazione di un Taiberto, figlio di Teuperto, al monastero di S. Maria e S. Quirico *de Moxi*, nella diocesi di Pisa, in MITTARELLI-COSTADONI, *Ann. Camal.*, II, App. 26, c. 55 s.).

suo significato ed una sua autonomia. Ma al di sotto resta una vita umana che non ha ancora voce e non sembra aver valore, la vita degli umili mercanti, degli artigiani, dei contadini, che nel loro silenzioso, faticoso operare, rappresentano il grande dramma, quasi senza storia, della società del tempo.

Ma anche rispetto ai monasteri — conferma di un'instabilità che è difficile comprendere con i nostri schemi consueti ma forse anche oscura ribellione verso una dittatura culturale incapace di appagare e comprendere le diverse condizioni di vita — i signori laici, così come potevano esserne promotori e difensori, risultano talvolta nemici acerrimi ed implacabili.

Un caso clamoroso è quello di Bonifacio, successore di Ugo nella marca di Tuscia, che distrugge e preda il monastero di San Michele di Marturi, mentre negli stessi anni dota riccamente il monastero di San Salvatore di Fontana Taona [20]. Ma anche per gli altri, Aldobrandeschi, Cadolingi, Guidi (e cito alcuni nomi che risultano in una serie di casi documentari) [21], è un continuo alternarsi di ruberie e saccheggi, pentimenti e donazioni: e le prime non colpiscono solo preti e chiese vescovili, ma anche monasteri e monaci; così come le seconde non riguardano solo i monasteri privati o chiaramente controllabili dalla famiglia, ma si estendono anche altrove. Segno d'instabilità ho detto, ma anche di come i terrori e pentimenti che sottostavano alle donazioni monastiche s'appagassero in fondo in esse, e senza trovare severi contrasti nella pratica pastorale del tempo. Puntualmente questa situazione aberrante viene denunciata pochi decenni più tardi da Pier Damiani, in una lettera che egli indirizza ad un vescovo proprio per esortarlo

---

[20] Cfr. DAVIDSOHN, *Storia di Firenze*, I, cit., p. 190 (ma vedi anche n. 11), e KEHR, III, p. 133.

[21] Vedi, ad es., DAVIDSOHN, *Storia di Firenze* cit., I, p. 188 s., 230 s., 366, n. 1; D. MASSARA, *Storia istituzionale della Maremma senese*, Siena 1961, p. 50 ss. Vedi per qualche altro caso PASQUI, *Documenti* cit., nr. 80, p. 113; nr. 103, p. 143 s.; nr. 104, p. 144 ss.; nr. 108 e 109, p. 151 ss. (una serie di placiti a favore del monastero di Santa Flora e Lucilla contro le usurpazioni di diversi conti e *potentes*); SCHNEIDER, *Toscanische Studien* cit., p. 48 ss. (i quattro figli di Ugo dei conti Cadolingi s'impegnano a non molestare più per il futuro i beni del monastero di San Salvatore *de Fontebona* e a proteggerlo)

a non accettare i « munera reorum quorumlibet hominum »: indice chiaro di una coscienza religiosa che andava mutando, di un rinnovato impegno cristiano verso la società, che se non distingue ancora con chiarezza la via da seguire, gli strumenti da mettere in opera, individua tuttavia esattamente i mali più gravi da colpire. Per appoggiare con esempi la sua esortazione Pier Damiani racconta la visione di un prete fiorentino che si raccontava in quei tempi in Tuscia: a costui era apparso san Benedetto che accompagnava su di un monte altissimo un prete. Questi era stato il confessore del conte Ildebrando della Gherardesca, colui che si gloriava di possedere più corti e castelli di quanti fossero i giorni dell'anno. Il prete appariva tutto coperto di lebbra, e san Benedetto gli spiegava che essa era il frutto delle elemosine del conte Ildebrando, da lui accettate e consigliate, elemosine maledette, perché fatte di ruberie e predazioni. Il prete veniva poi condotto in una valle profonda, dove scorreva un fiume di pece bollente. Là espiava la propria colpa, piangeva i propri inutili atti di penitenza, il fior fiore della nobiltà toscana, Ildebrando della Gherardesca e poco lontano Lotario dei conti Cadolingi, mentre uomini dall'aspetto terribile stavano aspettando Guido dei conti Guidi [22].

Da quanto finora si è detto risulta evidente, mi sembra, come gran parte dell'opera di fondazioni monastiche che ho esaminato restasse al di qua di ogni problema di riforma, estranea ad ogni impulso di rigenerazione cristiana della società, e via dicendo. Il problema cioè non era che i monaci costituissero un esempio, un fattore di rinnovamento o simili: il problema era che il monaco facesse quello che si pensava che un monaco dovesse fare, pregare, e riscattare così in qualche modo la vita sua e degli altri. Si tratta di alcuni grossi

---

[22] *Ep.* IV, 7, *PL*, 144, c. 306 ss. Cfr. anche *Ep.* VI, 32, *ibid.*, c. 424 s Il tema del rifiuto delle offerte degli indegni è già nei padri (cfr. Congar, *Les biens temporels de l'Église d'après sa tradition théologique et canonique*, in *Église et pauvreté*, « Unam sanctam » 57, Paris 1965, p. 249 s.), ma l'interesse sta nel vederlo ripreso con così vivo senso dell'attualità da Pier Damiani.

concetti teologici, di antica, nobile tradizione, filtrati in termini di propaganda e rozzamente tradotti e rivissuti a livello delle operazioni pratiche. Non per nulla anche le chiese che vengono donate ai monasteri, lo sono in quanto beni economici, fonti di rendita che permettono ai monaci di provvedere al proprio sostentamento, mentre manca ogni discorso, che diverrà così comune in seguito, sull'esercizio della predicazione e del culto che i monaci, proprio in quanto tali, meglio di ogni altro potevano esercitare.

Molto più sporadica e rara appare nello stesso periodo l'attività dei vescovi a favore delle fondazioni monastiche: quasi inesistente nella seconda metà del X secolo, essa diviene gradualmente più frequente nella prima metà dell'XI. In qualche caso anche queste fondazioni sembrano rientrare sotto assai generiche motivazioni, di una tradizionale forma di espiazione personale, che non sembra lasciare altre tracce: è il caso direi di San Miniato, fondato con molte espressioni di pietà dal vescovo Ildebrando, che da altre fonti conosciamo quale vescovo ammogliato e simoniaco, dilapidatore dei beni della sua diocesi tra i numerosi figli [23]. E un altro vescovo fiorentino, Pietro Mezzabarba, l'acerrimo avversario dei vallombrosani, fonderà nel 1067, sul luogo di un'antica chiesa in rovina, il monastero femminile di San Pietro Maggiore, procedendo insieme alla ricostruzione dell'ospedale della Badia [24]. Chiari indizi questi, che anche quando sorgono ad opera di vescovi, non sempre le fondazioni monastiche rappresentano il segno di una volontà di riforma. Ed è da credere che assai scarse fossero anche le attenzioni e le cure per il tipo di vita che questi monasteri avrebbero condotto: proprio come reazione alla simonia dell'abbate e alla « multa populositas » del cenobio di San Miniato, San Giovanni Gualberto preciserà in termini di rinnovata, integrale applicazione della regola benedet-

---

[23] Cfr. DAVIDSOHN, *Storia di Firenze* cit., I, p. 197 s.; B. QUILICI, *Giovanni Gualberto e la sua riforma monastica*, Firenze 1943, p. 32 s.
[24] Cfr. il mio *Pietro Igneo. Studi sull'età gregoriana*, « Studi Storici » 40-41, Roma 1960, p. 22, n. 1.

tina il suo ancora confuso desiderio di una battaglia riformatrice [25].

Ma in altri casi queste fondazioni vescovili rappresentano il primo apparire anche in Toscana delle idee di riforma. La sua storia è storia prima di tutto del lento stabilirsi di una rete di relazioni e legami personali, tra poche figure e pochi centri, il muoversi come di una parola d'ordine e di battaglia, che faticosamente si diffonde, prima ad opera di pochi, ma conquistando poi sempre nuovi aderenti. Sono soprattutto eremiti e monaci itineranti ad agire in Toscana ed a premere sui vescovi in questa direzione. Il filone cluniacense è pressoché assente, se si eccettuano due monasteri della diocesi di Pistoia, San Bartolomeo e San Salvatore di Fontana Taona, che diplomi di Enrico II e Corrado II collegano a San Salvatore di Pavia, il celebre monastero fondato dalla regina Adelaide e riformato da Maiolo, l'abbate di Cluny [26]; ma è assai labile legame di dipendenza, sembrerebbe, senza altri riscontri sicuri nella vita dei due monasteri, e che non comportava nessuna esenzione dalla giurisdizione dell'ordinario diocesano.

Tra gli eremiti spicca anche in Toscana, non foss'altro per quella che sarà la storia futura della sua opera, la figura di Romualdo. Non è certo il caso in questa sede di soffermarsi ad illustrare i caratteri della sua ispirazione riformatrice. Ciò che di essa vorrei sottolineare soltanto è il nuovo senso della religione e della vita che vi traspare: un impegno di coerenza verso se stesso e gli altri, quotidianamente ricercata e perseguita, un vivo senso di ciò che rappresenta un autentico rapporto tra uomini, fatto di forza e sofferenza, di pietà e di verità. È singolare che proprio questa sua virile concezione dei rapporti umani sia stata assai poco rilevata dagli storici, se

---

[25] Cfr. QUILICI, op. cit., p. 39 ss.; Pietro Igneo cit., p. 8, n. 2.

[26] Cfr. KEHR, III, p. 129 (per San Bartolomeo); il diploma di Corrado II, del 24 maggio 1037, menziona esplicitamente questa dipendenza per San Salvatore di Fontana Taona, riferendosi a precedenti decisioni di Enrico II: in MGH, Dipl. IV, Conradi II Diplomata, nr. 243, p. 334 s. Vedi anche per entrambi i monasteri SCHNEIDER, Die Reichsverwaltung in Toscana cit., p. 318 e n. 2; p. 320, n. 2.

si eccettua il bellissimo saggio di Giovanni Tabacco [27]. Mentre è proprio essa che spiega soprattutto il fascino ed il successo dell'attività di Romualdo. Un'attività instancabile, che lo porta dovunque, dalle più orride solitudini alla predicazione in mezzo alle folle, a fondare eremi e cenobi, a istituire canoniche, ad esortare vescovi. Se tradizioni e leggende più o meno fondate hanno collegato il nome di Romualdo a numerosi eremi e monasteri toscani (da San Salvatore del monte Amiata a San Pietro del Vivo a San Michele in Marturi), solo per San Benedetto in Biforco, al confine tra l'Appennino toscano e romagnolo, e per Camaldoli, nella diocesi di Arezzo, è sicuramente documentata una sua attiva presenza. A Biforco, secondo Pier Damiani, egli soggiornò più volte, per riorganizzare e disciplinare, e non senza difficoltà, la vita degli eremiti che vi dimoravano [28]. E il 31 dicembre 1021 ottenne da Enrico II un importante diploma in suo favore, che lo esentava da ogni giurisdizione secolare, ma anche, caso assai più singolare per un diploma imperiale, dalla giurisdizione dell'ordinario. «Volumus atque disponimus — dice infatti il diploma [29] — ut liceat domno Romualdo suisque successoribus, et abbati ipsius monasterii suisque successoribus advocare quencunque episcopum ad ecclesias consecrandas et ad omnem consecrationem faciendam». Tra i numerosi diplomi imperiali del periodo a favore di fondazioni monastiche si tratta di uno dei più notevoli ed importanti, che va ben al di là della consueta conferma delle proprietà del monastero e della concessione di alcune immunità giurisdizionali. Di questo tenore più ovvio un certo numero è attestato anche per le fondazioni monastiche toscane, rientrando in quell'indirizzo piuttosto generale

---

[27] *Privilegium amoris. Aspetti della spiritualità romualdina*, in « Il Saggiatore », IV (1954), pp. 1-20 (dell'estratto). Ma vedi ora anche, dello stesso autore, *Romualdo di Ravenna e gli inizi dell'eremitismo camaldolese*, in *L'eremitismo in Occidente nei secoli XI e XII*, Milano 1965, p. 73 ss.

[28] *Vita beati Romualdi* cit., capp. 32, 33, 64, p. 69, 73, 106. Vedi anche TABACCO, *Romualdo di Ravenna* cit.

[29] *MGH, Dipl.*, III, *Dipl. Heinrici II*, nr. 463, p. 589. Vedi anche, per la situazione composita, di una coesistenza tra eremo e cenobio, che il diploma rivela, TABACCO, *Romualdo di Ravenna* cit., p. 99 ss.

dei re tedeschi di larga concessione di privilegi a chiese vescovili e monasteri. Non sembra tuttavia che essi riuscissero
a creare veramente nuove situazioni, ad incidere a fondo nel
contesto religioso e giuridico esistente. E nella Tuscia in particolare, i re tedeschi, almeno fino ad Enrico II, sembrano
fondarsi, per l'attuazione dei loro disegni politici, alternativa-
mente sul marchese, o sugli altri *potentes* laici, o sui vescovi,
senza che la loro politica monastica assumesse una propria autonoma rilevanza. La presenza imperiale, del resto, è ancora
troppo una presenza saltuaria, condizionata dai rapporti di
forza preesistenti, per rappresentare veramente uno strumento
di rinnovamento. Salvo forse quando s'incontrava, come in
questo caso di Biforco, con precise volontà emergenti dal basso,
che del privilegio imperiale potevano in qualche modo servirsi
per proseguire la propria strada già iniziata.

Camaldoli sorge invece tra il 1023 ed il 1027 grazie all'incontro di Romualdo con l'allora vescovo di Arezzo Teodaldo.
Si tratta di una notevole figura di vescovo, fratello di Bonifacio di Canossa il futuro marchese di Toscana (e va sottolineato forse il fatto che proprio un vescovo uscito da una
grande casata feudale sia tra i più attivi del periodo nel favorire i monasteri, ed in un momento in cui la sua famiglia stava
gradualmente prendendo piede nella regione). Guido d'Arezzo
dedicandogli il suo *Micrologus* ricorda le sue cure nei confronti del clero e della musica sacra [30]. Tra i suoi diplomi, oltre
a quello per Camaldoli, spiccano le numerose donazioni a favore di Santa Flora e Lucilla e quelle per Santa Maria di Prataglia, un altro grande monastero destinato ad unirsi più tardi
alla congregazione camaldolese. Ma con Teodaldo già si avvertono uno slancio ed un'ispirazione nuova; dietro alle sue donazioni ai monasteri sta un preciso impegno pastorale che lo
indirizza verso i monaci proprio per le possibilità e garanzie
che possono offrire in questo senso. Sono caratteristiche, ad
esempio, le disposizioni che accompagnano la donazione al
monastero di Prataglia della chiesa di San Clemente, prossima

---

[30] In *PL*, 141, c. 379 ss.

alla città di Arezzo: l'abbate, con le rendite delle terre che le sono annesse, deve impegnarsi a riedificare la chiesa, nominandovi poi dei rettori che provvedano all'officiatura. « Ci siamo affrettati a fare ciò, perché coloro che avrebbero dovuto curare che in quella chiesa si tributasse a Dio il debito ossequio, erano caduti in tale colpevole trascuranza da provvedere appena all'officiatura nei giorni festivi. Abbiamo perciò provveduto ad eliminare un tale scandalo, concedendo questa chiesa ad un monastero »[31].

Camaldoli nasce invece come oasi eremitica, destinata alla preghiera ed alla contemplazione, conforme alla volontà di Romualdo che lo aveva affidato alla giurisdizione del vescovo prima di partire per il suo ultimo soggiorno in Val di Castro[32]. E tale verrà sempre mantenuto, anche dai successori di Teodaldo, e godrà dei privilegi papali che gradualmente porranno sotto la sua autorità altri eremi e cenobi. Ma la grande espansione della congregazione camaldolese è un fatto che risale agli ultimi decenni del secolo XI e soprattutto al XII secolo, conforme ad un indirizzo molto più generale, mentre la prima espressione diretta dell'eremo sono le costituzioni dell'abbate Rodolfo, scritte tra il 1080 ed il 1085[33]. Nel culmine della

---

[31] In PASQUI, Documenti cit., I, nr. 148, p. 211. Lo Scriptum de ecclesia Sancti Stephani et de ecclesia Sancti Donati, risalente alla fine del secolo XI o agli inizi del XII (in PASQUI, Documenti cit., IV, Arezzo 1904, p. 19 ss.) attesta un altro caso di ricorso ad un monaco per l'officiatura, questa volta però ad opera dei chierici della canonica, desiderosi di liberarsi dagli impegni pastorali: « Tunc illi pro pavore eius ecclesie tunc episcopi atque populi, inito consilio, quendam monachum adquisiverunt, ut eorum vice ecclesie deserviret, et omnia, quae necessaria ibi erant, studeret ». Iniziatore di un'attività di riforma ad Arezzo è il vescovo Elemperto nei primi anni del secolo XI, ma questi fatti sembrerebbero dal racconto successivi (cfr. per questo PASQUI, p. 29, n. 7; per la vita canonica ad Arezzo vedi G. TABACCO, Canoniche aretine, in La vita comune del clero nei secoli XI e XII, Milano 1962, p. 245 ss.).

[32] Per le origini di Camaldoli ed il problema cronologico cfr. TABACCO, La data di fondazione di Camaldoli, in « Vita monastica », XVI (1962), p. 147 ss., e Romualdo di Ravenna cit., p. 74 ss., e n. 13.

[33] Vedi A. DES MAZIS, Camaldules, in Dict. d'hist. et de géogr. eccl., XI, c. 512 ss.; TABACCO, Romualdo di Ravenna cit., p. 116 s., e p. 77, n. 14 (per la questione delle due redazioni delle Constitutiones, la più lunga delle quali risalirebbe ad un periodo successivo a Rodolfo).

lotta per la riforma Camaldoli sembra restare assente, quasi a mantenere fede all'antica prescrizione di Teodaldo, nel documento di fondazione dell'eremo [34]: « Precipimus, ut ipsi fratres heremitae, qui ibidem pro tempore Deo servierint, nullo umquam in tempore sese suosque actus ad aliam praeter heremiticam et solitariam atque contemplativam vitam transferant ».

Romualdo però non è il solo ad agitare in quegli anni in Toscana la necessità di una riforma. Degli altri eremiti più o meno itineranti poco o nulla si sa: ma è forse uno di questi, Azzo, probabilmente un suo discepolo, che esorta il vescovo di Fiesole Iacopo il Bavaro a costruire quella che sarà la Badia Fiesolana, dove verrà posto quale abbate un altro che si è voluto discepolo di Romualdo, il monaco Leone [35]. Singolare figura è quella dell'eremita cittadino Teuzone, autorevole presso Corrado II ed Enrico III, che Pier Damiani ci presenta riottoso e bisbetico, pronto a mettere in discussione persino la santità di Leone Magno e di Gregorio I, ma che tanta parte avrà nella vocazione antisimoniaca di Giovanni Gualberto. E nel suo essere eremita cittadino traspare forse un segno della nuova esigenza di portare tra le folle il proprio cristianesimo, di attuare in mezzo al popolo la propria vocazione di santità [36].

Ma anche alcuni centri monastici cominciano ad agire verso l'esterno, a polemizzare contro il costume del clero: è il caso di San Salvatore a Settimo, il grande monastero di fondazione cadolingia, e del suo abbate Guarino, che predica contro Ilde-

---

[34] In Pasqui, *Documenti* cit., I, p. 181.
[35] Cfr. A. Fortunius, *Historiarum Camaldulensium pars posterior*, Venetiis 1579, p. 46 s., che si fonda su di un antico diploma fattogli conoscere dall'allora vescovo di Fiesole. Mittarelli-Costadoni, *Ann. Camal.*, II, p. 16 ss., gli danno un prudente credito, ipotizzando si fosse trattato di un racconto un po' più tardo. Nel diploma di fondazione (*ibid.*, App. 6, c. 13 ss.) non si fa in realtà parola né di Romualdo né di Azzo: si accenna tuttavia, da parte del vescovo, al « consilium » ricevuto « a prudentibus viris », e al fatto che egli era stato ammonito, « multis vicibus per revelationem, ... ut in eodem loco monasterium facerem ».
[36] *Pietro Igneo* cit., p. 17 ss.; S. Boesch Gajano, *Storia e tradizione vallombrosane*, in BISIME, 76 (1964), p. 148 ss.

brando, il vescovo di Firenze ammogliato e simoniaco, e ottiene dal pontefice Benedetto VIII un ampio privilegio di esenzione [37]. San Salvatore era sorto con caratteristiche per nulla dissimili dalle altre grosse fondazioni laicali che abbiamo rapidamente preso in esame. Il suo impegno nella lotta per la riforma del clero non si lega certamente ad una particolare volontà dei suoi fondatori, ma alla decisione di Guarino, che si ribellò allo scandalo del suo vescovo e della moglie che sedeva con lui in giudizio. Anche qui la scarsità delle attestazioni non ci permette di andare oltre ad una rete di rapporti e di circostanze apparentemente casuali, dove la presenza di qualche personaggio di eccezione provoca, quasi improvvisamente, un primo movimento di riforma. Ma nel costante appoggio che i Cadolingi continuarono a tributare a Settimo (tutto il secolo è punteggiato di loro donazioni in suo favore — « monasterium nostrum », come lo chiamano ancora nel 1090 —, e numerose sembrano quelle andate perdute), traspaiono chiaramente i profondi interessi politici che si nascondono dietro a questo apparente impegno dei signori laici per la riforma. Base della potenza cadolingia infatti, e dello spregiudicato gioco politico tra imperatori, papi, principi e vescovi, di cui furono protagonisti nell'XI secolo, erano i loro possessi nel contado fiorentino. Venivano perciò a scontrarsi del tutto naturalmente con la città e col suo vescovo, soprattutto dal momento in cui, con Bonifacio e soprattutto con Goffredo, Firenze cominciò a divenire la sede preferita del marchese, centro di una fitta attività giurisdizionale e politica. Ogni avversario del vescovo era perciò loro alleato; e potente alleato, e con buoni appoggi, poteva essere un grande monastero esente, piazzato a pochi chilometri dalla città, col fascino del rigorismo e della santità del suo abbate (« celebre nomen religionis et sapientiae habebat in Tuscia domnus Guarinus, Septimensis cenobii abbas primus », così la testimonianza di

---

[37] DAVIDSOHN, *Storia di Firenze* cit., I, p. 220 ss.; BOESCH GAJANO, *op. cit.*, p. 183 s.

un anonimo) [38]. Sulla base di queste stesse motivazioni, pochi decenni più tardi, quando scoppierà la lotta tra i vallombrosani e Pietro Mezzabarba, Guglielmo Bulgaro, il figlio di Lotario, si affretterà ad offrire Settimo a Giovanni Gualberto, proprio perché ne facesse una testa di ponte avanzata contro il vescovo.

Le componenti principali individuabili dietro la fortuna di Settimo — una famiglia di *potentes* ambiziosa di successi, un abbate rigoroso e animato da aspirazioni di riforma, l'intervento papale — offrono un'indicazione in certo modo tipica delle forze, che incontrandosi con ispirazioni e motivazioni certamente diverse, sostengono, sia pure con peso diseguale, lo sviluppo della riforma anche in Toscana, imprimendo gradualmente al monachesimo un'impronta diversa dal passato. In questo caso di Settimo la lacunosità delle fonti dà all'intervento di Roma un'apparenza di mera casualità. Ed anche in seguito le sue scelte, le sue preferenze, sembrano mantenere a lungo questo carattere, ridotte come sono a pochi diplomi irrigiditi nel loro formulario, senza spiragli o quasi, sulle relazioni, sui legami personali, sulle circostanze che stanno dietro ad essi. L'importanza dell'appoggio papale, peraltro, non va certamente sottovalutata, anche se, all'inizio almeno, esso non sembra assumere un peso decisivo. Ma i segni di un nuovo indirizzo, sostenuto o quanto meno corroborato da una presenza romana più attiva e frequente (i papi, da Leone IX in poi, soggiornano assai spesso anche in Toscana [39], e Nicolò II e Alessandro II

---

[38] *Vita Iohannis Gualberti auctore anonymo*, c. 2, ed. F. Baethgen, *MGH, SS*, XXX, p. 1105.

[39] Leone IX passò probabilmente per la Toscana già nell'aprile-maggio 1049, diretto in Germania e Francia, per il suo primo lungo viaggio oltr'Alpe; e ciò poté avvenire anche in occasione di qualche altro dei suoi numerosi viaggi successivi; vi soggiornò comunque di certo nel luglio del 1050 (J.-L., 4228-4231). Vittore II fu in Toscana nel maggio-giugno 1055, riunendo anche un concilio a Firenze (J.-L., p. 549), nel marzo 1057, e ancora tra il maggio e il luglio (morì presso Arezzo il 28 luglio: J.-L., p. 552 s.). Anche Stefano IX vi morì alla fine del marzo 1058: doveva sistemare tra l'altro i problemi della diocesi di Fiesole, e incontrarsi col fratello Goffredo (J.-L., p. 556). Nicolò II, dopo l'elezione del dicembre 1058, ritornò in Toscana dal novembre 1059 al gennaio 1060 (J.-L., p. 561 s.) e ancora nel luglio 1061, quando morì il 27 a

furono in precedenza vescovi toscani), si notano tuttavia in alcune disposizioni che accompagnano la fondazione o il disciplinamento di certi monasteri. Com'è per quelle che si trovano
in calce ad una donazione del 27 febbraio 1051 alla chiesa di
San Lorenzo di Coltibuono nella diocesi di Fiesole. Sul luogo
gli antenati di quelli che saranno i Firidolfi avevano eretto
originariamente una piccola chiesa: « set peccatis eminentibus
predictum sanctum locum inordinatum remansit », e perciò
nel marzo 1037 Ugo e Guido, figli di Rodolfo, ed altri membri della famiglia, l'avevano riedificata stabilendo « ut deinceps in antea in eadem sancta ecclesia sacerdotes et levitas et
ordine clericorum secundo regula canonica vivat » [40]. Queste
disposizioni vennero ripetute appunto con un'ulteriore donazione del 27 febbraio 1051 [41]; ma in una sorta di appendice,
aggiunta probabilmente qualche anno dopo, i fondatori, in
previsione della trasformazione della chiesa in monastero, le
confermavano la proprietà di tutti i beni già in suo possesso,
garantivano protezione e sicurezza di transito per i trasporti
funebri di coloro che avessero voluto farsi seppellire nel monastero, e soprattutto stabilivano l'ammenda di cento libbre
di argento per chiunque di essi avesse preteso di *ordinare*
l'abbate o il preposto della congregazione [42]: contraddicendo
così a quelle che erano le disposizioni più frequenti al riguardo
nei documenti dei precedenti decenni [43]. La sottoscrizione che

Firenze (J.-L., p. 566). Per Alessandro II i soggiorni in Toscana, soprattutto
a Lucca, si ripetono quasi ogni anno.
   [40] In L. PAGLIAI, *Regesto di Coltibuono*, in « Reg. Chart. It.» 4, Roma
1909, nr. 27, p. 15.
   [41] PAGLIAI, *op. cit.*, nr. 42, p. 23.
   [42] PAGLIAI, *op. cit.*, nr. 43, p. 24: «... et si alcuno de nos ordinaverit
abas aut prepositus de congregatione de ipsis confratribus ... tunc conpona-
mus ... penas numerum de bonos arigentum libres centum ...».
   [43] Cfr., ad es.: il documento di fondazione di San Salvatore *in Insula*, di
Ava, figlia del conte Zenobio (1001): « Potestatem in ordinando abbate, qui
a fratribus fuerit electus, numquam nisi in masculinis de nobis legitime natis
venire decernimus » (in SCHNEIDER, *Regestum Senense* cit., nr. 24, p. 9); il
documento di fondazione del monastero femminile di San Matteo, presso Pisa
(1027): la fondatrice prescrive per sé ed i suoi eredi « ut ... usque in perpetuum simus vocati in suprascripta ecclesia et monasterio ad abbatissam mitten-

conclude e sancisce questa parte del documento sembra denunciare chiaramente l'ispiratore di queste disposizioni: « Ego Humbertus cardinalis episcopus Sancte Romane et apostolice sedis atque prefati monasterii consecrator hoc statui cognovi et presenti cartule confirmationis relecte manu propria post omnes cum anathemate subscripsi ». Umberto di Silva Candida, insieme a Pietro, cardinale-vescovo di Tusculo, aveva consacrato la chiesa di Coltibuono probabilmente negli ultimi giorni di dicembre del 1058 o all'inizio del gennaio 1059 [44]: ed allora probabilmente aveva revisionato i documenti di fondazione e la dotazione della chiesa — la sua sottoscrizione di conferma, ma senza aggiunte, si trova anche sotto la carta del marzo 1037 —; ed è a quella data, probabilmente, che risale anche quell'aggiunta, ed il proposito di trasformare la canonica in un monastero: perché quella che Umberto e Pietro consacrarono sembra essere ancora e semplicemente una chiesa, e perché è difficile pensare disposizioni come quella sull'ordinazione dell'abbate senza la presenza di una volontà precisa ed estranea a quella dei fondatori laici. Umberto del resto figura più volte in quegli anni in Toscana a consacrare chiese ricostruite o di nuova fondazione [45] — viene in mente, per con-

---

dam, qualem congregatio meliorem elexerit ... et si de ipsa congregatione talis non inventa fuerit, tunc qualem meliorem aliunde invenire poterit, ipsa congregatio ibi eam abbatissam mecum vel cum heredibus meis eligat et constituat » (in MITTARELLI-COSTADONI, Ann. Camal., II, App. 5, c. 11); il documento di fondazione di Santa Maria di Buggiano (1038): i fondatori stabiliscono che l'oratorium rimanga sempre « sub regimine et potestate nostra, quod filii heredibus nostris ad defensandum, et regendum, gubernandum, et abbatem ibidem mittendi et ordinandi et confirmandi una cum consilio fratrum ... » (in UGHELLI, Italia sacra cit., III, c. 789).

[44] La notizia della consacrazione della « ecclesiam in culto bono » si trova infatti riportata di seguito a quella che informa della consacrazione ad opera di Gerardo, « electus papa », di Iulitta, figlia di un marchese Ugo, a badessa del monastero di Sant'Ellero, nella diocesi di Fiesole (in F. THANER, Papstbriefe, in NA, IV (1878), p. 402; vedi anche KEHR, III, p. 82, 102, 103).

[45] Alla fine del 1058, o nei primi giorni del gennaio 1059, egli consacra la chiesa di Monte Muro (KEHR, III, p. 103), il 3 gennaio 1060 la pieve dell'Impruneta (KEHR, III, p. 47), il 18 gennaio 1060 due altari della canonica di Sant'Andrea di Mosciano (UGHELLI, Italia sacra, I, Venetiis 1715, c. 1628). La sua sottoscrizione figura anche in un documento rogato a Siena, il 10 aprile

trasto, quel quadro di desolazione, di chiese e monasteri italiani abbandonati e distrutti, che egli aveva disegnato in alcuni
capitoli del suo *Adversus Simoniacos* [46] —, e il 9 luglio 1058
era salito a Vallombrosa, per consacrare la nuova chiesa dedicata alla Vergine [47]. È un incontro che si vorrebbe quasi simbolico tra il grande teorico della invalidità delle ordinazioni
simoniache e quelli che saranno gli ardenti e violenti cam-
pioni della lotta antisimoniaca in Toscana. Ma scarsa per il
resto, e poco significativa, quando successivamente non addirittura ostile, sembra la presenza romana a Vallombrosa almeno fino agli ultimi anni di Alessandro II [48]. Sono piuttosto
forze ed ispirazioni locali infatti che indirizzano e sorreggono
la prima esperienza religiosa di Giovanni Gualberto.

Se del tutto oscura resta la sua vita nel secolo, riassunta
in alcuni consueti schemi agiografici [49], ancora imprecisa e generica appare all'inizio la sua vocazione monastica che si indirizza ad una scelta in certo modo facile ed ovvia, qual era
l'entrata in un grande monastero, come San Miniato. Solo le
vicende successive sembrano precisarla ed arricchirla di quelli

---

1056, che attesta una donazione ad un gruppo di presbiteri che vivevano secondo la regola canonica (SCHNEIDER, *Regestum Senense* cit., nr. 53, p. 19).
Vedi anche la n. 47.

[46] *Adv. Sim.*, lib. II, c. 35, ed. F. Thaner, *MGH, Libelli*, I, p. 184; lib.
III, c. 21, p. 225.

[47] Cfr. ATTO DI VALLOMBROSA, *Vita Iohannis Gualberti*, c. 22, in *MGH,
SS*, XXX, p. 1086.

[48] Vedi le precise osservazioni, fondate su di un'attenta lettura delle biografie di Giovanni Gualberto, di S. BOESCH GAJANO, *op. cit.*, p. 170 ss.,
176 ss. (e per le relazioni con Pier Damiani, p. 150 ss.). Ed anche per quanto
riguarda i privilegi, se si eccettua quello fantomatico di Vittore II, menzionato
solo da Innocenzo II, e del quale comunque è impossibile conoscere la natura
(KEHR, III, p. 87, e nr. 12, p. 90), essi cominciano — e numerosi ed importanti — solo con Gregorio VII, che già da arcidiacono aveva sostenuto e
protetto i monaci (su quest'ultimo punto vedi BOESCH GAJANO, *op. cit.*,
p. 99 ss.; 177, n. 3, 192 s.).

[49] Com'è soprattutto per quello che dovrebbe essere il fatto centrale della
sua conversione iniziale, ossia il miracolo del crocifisso, attestato da ATTO,
op. cit., c. 3, p. 1080 (l'opera di Andrea di Strumi è in questa parte mutila),
che trova esatta corrispondenza in un episodio narrato da Pier Damiani come
avvenuto in terra tedesca (*Op.* 40, *De frenanda ira*, cap. 5, *PL*, 145, c. 655 s.;
cfr. DAVIDSOHN, *Forschungen* cit., p. 52; BOESCH GAJANO, p. 144 e n. 2).

che saranno i suoi contenuti peculiari: Teuzone, Camaldoli, Guarino, sono le tre tappe diverse della via di Giovanni verso Vallombrosa, quelli che si sarebbe tentati di chiamare i tre momenti diversi della sua formazione religiosa. È Teuzone ad incitarlo a denunciare pubblicamente la simonia dell'abbate di San Miniato e del vescovo Attone, e a cercare altrove la realizzazione di una vita autenticamente monastica. È a Camaldoli che egli trova asilo per qualche tempo peregrinando alla ricerca della sua vocazione. È Guariano che lo aiuta e conforta nei primi tempi del suo eremitaggio a Vallombrosa, tra il 1035 e il 1036 circa, quando egli convive con due eremiti di Settimo [50]. Tre incontri diversamente documentati — per Camaldoli e Guarino poco più di una registrazione del fatto — che suggeriscono pur sempre tuttavia, per la forte rilevanza e caratterizzazione delle persone e degli ambienti che ne furono protagonisti, una traccia per comprendere alle loro origini il rigorismo ascetico e l'impegno riformatore che doveva animare la futura attività di Giovanni Gualberto.

Con lui e la rete di monasteri alle sue dipendenze che si costituirà in un paio di decenni, la lotta per la riforma divampa apertamente e su larga scala anche in Toscana. La sua storia è nota: attorno a Giovanni ed ai suoi monasteri, con le loro chiese ed i loro conversi, sono piccoli e medi signori locali, ed il popolo minuto, che sotto l'infiammata predicazione dei monaci s'affaccia finalmente alla storia; nel campo avverso, numerosi vescovi, con Pietro Mezzabarba in testa, e il duca di Lorena, Goffredo, reggente allora la Tuscia. È un fronte composito, in cui varie sono le ispirazioni e gli interessi. I signori sono in concorrenza con il potere vescovile, e si difendono dalla opprimente presenza di Goffredo. I vescovi si battono per la loro giurisdizione, per difendere la tradizione di una gerarchia feudalizzata, aristocratica, che non ammette su di sé il giudizio degli inferiori, che mantiene una consuetudine di vita messa in discussione dal rigorismo dei riformatori. Il pic-

---

[50] Vedi per questo, e per ciò che segue, il mio *Pietro Igneo* cit., p. 3 ss., e 133 ss.; BOESCH GAJANO, *op. cit.*, p. 148 ss., 155 ss., 184 s., e *passim*.

colo laicato trova una nuova ragione di esistere, di impegno
personale e diretto, nella lotta contro una gerarchia che gli
viene additata come indegna. I monaci, animati da un altissimo concetto della dignità e della funzione del sacerdozio,
affermano la loro rigida coerenza morale e teologica, che nasce
da una reinterpretazione diretta della regola e del messaggio
cristiano, libera da pesanti ipoteche culturali (del tutto mitica,
tra l'altro, ed assolutamente indimostrabile, è la pretesa influenza cluniacense nel periodo iniziale di Vallombrosa). È
quello vallombrosano un monachesimo giovane per dir così,
che non vede il monastero come un'isola di pace e di preghiera,
lontana dai tumulti della società civile, ma fa di esso una base
di partenza per un'attività continuamente proiettata all'esterno,
in un impegno urgente ed impetuoso, che non conosce remore
di autorità costituite, ma si fonda saldamente sulla consapevolezza quasi fanatica di quale sia la verità e la giustizia da realizzare. È un monachesimo che mantiene ancora un atteggiamento
egemonico nei confronti degli altri stati di vita, ma attraverso
uno sforzo di coerenza così teso e costante, che continuamente
cerca di misurarsi con gli altri, da distruggere quanto di statico
e precostituito implicava una posizione del genere. Giovanni
Gualberto, il suo capo, ricorda per tanti aspetti colui che era
stato il suo antico consigliere e maestro, l'eremita Teuzone:
severo, quasi feroce verso se stesso, terribile nelle sue ire e
nei suoi castighi — « ... cui irascebatur, sibi irasci terra et
celum, immo ipse Deus (videbatur) » [51] —, sdegnoso di ogni
astuzia ed adulazione, sprezzante verso chiunque, fosse stato
papa, re o vescovo, gli sembrasse contrastare in qualche modo
a quella che egli ravvisava essere la volontà del cielo.

Sarebbe un aspetto, questo, da studiare molto più a fondo:
questa sorta di anticonformismo critico che accetta solo principi certi, originari, che mette in discussione ogni altra tradizione ed autorità umana, un atteggiamento che traspare da numerosi segni: così Pier Damiani, e con aspro rimprovero, ci

---

[51] ANDREA DI STRUMI, *Vita S. Iohannis Gualberti*, c. 22, ed. F. Baethgen,
MGH, SS, XXX, p. 1086.

presenta l'eremita Teuzone; così, demagogicamente rivolta al popolo minuto, appare nella sua critica la predicazione dei monaci vallombrosani. Erano lacerazioni e contrasti che dividevano profondamente il campo stesso dei riformatori, troppo diversi per origini, formazione, indirizzo. Ma in Toscana è lo slancio dei vallombrosani che sembra trionfare, sulle stesse perplessità ed incertezze di Roma, ancora bisognosa dell'appoggio di Goffredo e timorosa anche delle troppe violenze antigerarchiche: i monasteri ad essi affidati aumentano rapidamente, formando una vera cintura d'assedio intorno a Firenze, dove le punte avanzate sono rappresentate da San Salvi e San Salvatore a Settimo; le ordinazioni di preti simoniaci e concubinari continuano a venir rifiutate come assolutamente invalide, nonostante le decisioni interlocutorie prese dai concili Lateranensi; malgrado l'evidente ostilità del pontefice, viene indetto un giudizio di Dio — la prova del fuoco — per dimostrare il reato di simonia di Pietro Mezzabarba, che viene poi cacciato e deposto; cominciano infine ad apparire nella regione i primi vescovi legati ai vallombrosani o che addirittura escono dai loro monasteri: Ermanno di Volterra, Ranieri di Firenze, Guglielmo di Fiesole, Leone e poi Pietro di Pistoia. Pietro Igneo, l'umile monaco che aveva sostenuto la prova del fuoco contro Pietro Mezzabarba, diventa cardinale-vescovo di Albano. Nel 1073 sale sul soglio pontificio Ildebrando, che nella sinodo Lateranense del 1067 era stata l'unica voce a levarsi in difesa dei monaci, posti sotto accusa per il radicalismo della loro dottrina sacramentaria e le loro violenze contro i seguaci del vescovo fiorentino: è il momento della grande espansione della congregazione. I monasteri che erano uniti sotto l'autorità di Giovanni Gualberto da un legame quasi personale, grazie alla sua fama ed al suo prestigio, si disciplinano anche giuridicamente in una congregazione, in cui l'abbate generale gode di un'autorità assoluta. In effetti per il periodo dell'abbaziato di Giovanni Gualberto a Vallombrosa, è ancora assai improprio parlare di una congregazione monastica abbracciante diversi cenobi. Si tratta piuttosto di una serie di monasteri, già esistenti o di nuova costruzione, che la pietà e gli interessi dei donatori aveva voluto affidare a lui, perché vi stabilisse la giusta regola monastica e perché se ne servisse nella sua lotta antisimoniaca, ma fuori da ogni intento di creare una congregazione con norme e costituzione particolari. E il legame tra essi era dato dall'autorità di fatto che Giovanni vi esercitava, nel nominare gli abbati, nel trasferire i monaci da un posto all'altro, nel visitarli frequentemente con evidenti scopi di controllo e di ammaestramento [52].

A conferma del resto di questa situazione particolare vale la lettera che Giovanni morente indirizzò da Passignano « omnibus fratribus in amorem fraternitatis secum iunctis », tutta incentrata sulla spiegazione in chiave biblica del valore e del significato del *vinculum caritatis* — formula di antica tradizione monastica —, che tutti li deve indissolubilmente unire. Nonostante recenti osservazioni in contrario [53], mi sembra chiaro che in questo caso il *vinculum caritatis* non riveste ancora nessun preciso valore giuridico, non implica nessuna norma o consuetudine particolare. Tant'è vero che Giovanni si vede costretto, per mantenere tra i diversi monasteri quell'unità, che della reciproca carità è il presupposto essenziale, a designare egli il suo successore, nei confronti del quale tutti i monaci dovranno condursi come con lui si erano condotti. Solo con il privilegio di Urbano II, del 1090, viene definitivamente sancita la norma che l'abbate di Vallombrosa — l'ab-

---

[52] Confermano questa interpretazione il fatto che nei privilegi di Gregorio VII a favore di monasteri *vallombrosani* mai si accenni ad essi come vallombrosani, e che in tutte le donazioni fatte a monasteri — che pur da altre fonti si conoscono come vallombrosani — manchi il nome di Giovanni Gualberto, mentre di volta in volta figura il nome dell'abbate — l'autorità legittima costituita — del monastero cui l'atto si riferisce: appunto perché la natura stessa del legame vallombrosano non rientrava nelle normali forme giuridiche del tempo (cfr. su questo *Pietro Igneo*, p. 133 ss.: la prima attestazione a me nota di un legame figura in un privilegio del 1084 di Leone vescovo di Pistoia a favore di San Michele di Forcole).

[53] Di N. VASATURO, *L'espansione della Congregazione Vallombrosana fino alla metà del secolo XII*, in « Rivista di Storia della Chiesa in Italia », XVI (1962), p. 458 s.

bate maggiore della congregazione — deve essere eletto con la partecipazione di tutti gli abbati dei monasteri soggetti. Si tratta evidentemente della sanzione ufficiale di una pratica che doveva essere già entrata in uso coi primi successori di Giovanni, quando, essendo scomparso l'uomo che con il suo prestigio teneva uniti i diversi monasteri, si era sentito il bisogno di creare una discipilna giuridica ancora consuetudinaria che facesse sì che uno strumento così prezioso per il papato e per la riforma — sono gli anni del conflitto aperto con Enrico IV —, non andasse rapidamente disperso. Si afferma così con Vallombrosa, com'è stato giustamente osservato, un nuovo concetto di « congregazione » monastica, che non indica più la comunità di un singolo monastero ma un'unica grande famiglia di monaci, articolata in più luoghi, autonoma, e fruente in solido di una serie di privilegi, saldamente unitaria sotto un unico abbate, espressione, perché eletto da tutti gli abbati, dell'intera comunità [54].

In tal modo, in una regione chiave per la sua libertà dalla tutela imperiale, il papato poteva disporre di una schiera di monaci fedeli, saldamente disciplinata sotto un solo comando, e pronta a mobilitare tutti gli appoggi e le influenze che sul piano locale continuava largamente a godere. Erano certamente monasteri in cui vivido rimaneva il ricordo delle antiche lotte, del rigorismo quasi fanatico del fondatore: e le biografie di Andrea di Strumi e dell'anonimo costituiscono per noi una testimonianza preziosa in questo senso [55]. La loro grande stagione fu quella del pontificato di Gregorio VII, fortemente impegnato, almeno dal 1076 in poi, a potenziare, nelle fondazioni monastiche, i suoi naturali strumenti di lotta contro un episcopato sordo e refrattario alla sua impostazione di centralizzazione riformatrice. Da questo punto di vista la parte finale della *dispositio* del suo diploma di esenzione a favore di San Salvatore di Fucecchio — il monastero di Pietro Igneo —, va ben al di là del consueto formulario di cancel-

---

[54] Vedi VASATURO, *op. cit.*, p. 459.
[55] Vedi BOESCH GAJANO, *op. cit.*, p. 142 ss., 181 ss.

leria [56]: « Sit monasterium vestrum sanctum ac liberum et tutum piorum omnium confluentium ibi refugium, sit ab omni humana diabolica insultatione defensum, sitque pacis ac tranquillitatis domicilium copiosa temporali semper ac spirituali iocunditate repletum, sit omnium virtutum plantarium, ita benedictionis apostolicae ubertate fecundum et rore gratiae specialis infusum, ut multiplicem prolem religionis monasticae ad sanctae ecclesiae solatium semper gignere simulque ad eternam gloriam valeat enutrire ». È l'ultimo diploma di Gregorio VII, e sembra quasi suonare come un riconoscimento da parte sua, nell'amarezza del suo esilio di Salerno, che dai monasteri, da un certo tipo di monasteri, doveva partire la riscossa per costituire quella gerarchia e quella chiesa che egli aveva vanamente sognato.

Il privilegio di Urbano II, emanato il 6 aprile 1090, ossia nei primi anni del suo pontificato, rappresenta anche un primo bilancio ufficiale della consistenza della congregazione [57]: i monasteri che ne fanno parte ammontano a 15, dei quali quattro si trovano nella diocesi di Firenze, quattro in quella di Fiesole, tre in quella di Pistoia, e uno rispettivamente nelle diocesi di Arezzo, Lucca, Bologna e Faenza. Ma tuttavia, proprio in quegli stessi anni, quando la politica romana assumerà un atteggiamento più moderato e di compromesso verso situazioni che dei precedenti riformatori erano state violento bersaglio, la congregazione vallombrosana attraverserà un momento di difficoltà e di sbandamento, di tensione perfino nei confronti della Sede apostolica [58]. E quando verrà indetta la crociata molti monaci cercheranno di dar sfogo al loro desiderio di battaglia e di martirio, fuggendo dai conventi per seguire la spedizione [59]. Sarà solo l'abilità del nuovo abbate generale, Bernardo degli Uberti, che riuscirà gradualmente a superare la difficile situazione: si apre così una nuova stagione monastica,

---

[56] In L. Santifaller, *Quellen und Forschungen zum Urkunden- und Kanzleiwesen Papst Gregors VII.*, I, Città del Vaticano 1957, p. 267.

[57] In *PL*, 151, nr. 40, c. 322 ss. (vedi anche Kehr, III, p. 85).

[58] Vedi Boesch Gajano, *op. cit.*, p. 118 ss.

[59] Kehr, III, nr. 8, p. 89.

che fortemente risente degli esiti compromissori ed incompleti della riforma gregoriana: nelle pagine dell'anonimo di Settimo, che scrive nei primi decenni del XII secolo, non è difficile cogliere un amaro rimpianto per quello straordinario passato di lotta e di speranza. E la storia di Vallombrosa si confonde ormai con quella più generale della lenta crisi del monachesimo. Ma di questa crisi presupposto non trascurabile era stato proprio lo slancio di apertura verso la società che aveva animato i suoi primi monaci, l'audace affermazione di nuovi ideali religiosi e morali, che se solo in parte avevano trovato realizzazione, costituivano tuttavia un punto di riferimento non eliminabile per quanti ancora sognavano una profonda rigenerazione cristiana della società.

III

PIER DAMIANI E LA VITA COMUNE DEL CLERO

Nella *Vita* di Pier Damiani, scritta dal suo discepolo Giovanni da Lodi [1], per due volte viene esplicitamente menzionata la sua attività volta a promuovere la vita in comune tra il clero, o meglio, come chiariremo in seguito, la vita canonica regolare. Una prima volta in termini molti generici, ricordando la sua opera di assidua presenza ed insegnamento, non solo tra le comunità monastico-eremitiche da lui fondate o riformate, ma anche, « quale comune padre di tutti », nei confronti di molte altre, « sia di cenobi che di canoniche » [2]. In modo più preciso una seconda volta, e presentando il suo vivo impegno di riforma come necessaria conseguenza — per poter continuare a meritarsi l'eterna salvezza — del nuovo stato di vita in cui egli si trovò in certo modo inserito dopo aver ricevuto il cardinalato (dalla bellezza di Rachele alla fecondità di Lia, ossia dalla vita contemplativa alla vita attiva): ed enumerando i vari aspetti della rinascita religiosa e liturgica dovuta alla sua larga attività di predicazione, Giovanni da Lodi le fa merito anche del rifiorire della vita comune nella « provincia Romana » ed in quelle vicine, attraverso l'imitazione di « nonnulla canonici ritus vestigia », dopo quel lungo periodo di abbandono che aveva portato il clero a « (saeculariter degere) ... in singulis laribus una cum mulierculis » [3]. Le due testimonianze del biografo non si discosterebbero dai numerosi accenni di questo tipo consueti nelle vite di santi, soprat-

---

[1] Essa è pubblicata nel MIGNE, *PL*, 144, 113-146. Per la sua data di composizione (intorno al 1076) ed il suo autore cfr. F. NEUKIRCH, *Das Leben des Petrus Damiani*, Göttingen 1875, p. 6 ss.

[2] *Vita* cit., cap. 7, c. 125.

[3] *Vita* cit., cap. 15, c. 132 s.

tutto eremiti, del periodo [4], se non fosse per la giustificazione
che introduce la seconda, e che si collega, mi pare, alla particolare spiritualità eremitica sviluppata da Pier Damiani nelle
comunità monastiche da lui fondate e dirette, svincolate da
ogni diretto impegno di predicazione e di apostolato, strettamente legate alla *stabilitas loci*; per cui il discepolo sentì il
bisogno di chiarire l'atteggiamento del suo maestro, la sua
opera pastorale, alla luce della nuova situazione, del nuovo
ministerium, in cui egli si trovò, e suo malgrado, inserito;
eco forse anche di quell'acuta coscienza dei diversi compiti
spettanti ai vari stati di vita all'interno della Chiesa, che aveva
caratterizzato tutta l'opera e l'insegnamento di Pier Damiani.

Se da questo punto di vista sono chiare le ragioni che possono aver spinto Giovanni da Lodi a precisare su di un piano
di stati di vita e di *officia* ad essi collegati quella particolare
attività di predicazione di Pier Damiani, per l'influenza di
quello che era certo ancor vivo ricordo del suo ultimo insegnamento accentuatamente monastico-eremitico [5], sarà d'altro
canto importante riscontrare concretamente se su queste stesse
motivazioni si costruì anche per Pier Damiani la sua opera di
apostolato, e, all'interno di essa, quella di promovimento di
nuove comunità di canonici regolari. Se cioè egli stesso sentì
come estranea al suo stato più proprio, alla sua professione
eremitica, e da essa in certo qual modo svincolata, quella che
fu la sua opera attiva e pressante a favore di una radicale
riforma del clero.

Gli scritti di Pier Damiani che più direttamente trattano
della vita in comune tra il clero si trovano tutti raggruppati
negli anni del pontificato di Alessandro II, e particolarmente

---

[4] Per esempi precedenti a questo, vedi, oltre alla *Vita beati Romualdi*,
cit. alla n. 8, la *Vita S. Aderaldi,* auctore anonymo, AA.SS., 20 Oct., t. VIII,
992 (Aderaldo vi è detto « vir anachoreticus »). Cfr. anche CH. DEREINE, *Vie
commune, règle de Saint Augustin et chanoines réguliers au XIe siècle*, in
« Revue d'histoire ecclésiastique », 41 (1946), p. 389.

[5] Basti ricordare le pagine del suo *Apologeticum de contemptu saeculi*,
che sconsiglia ai monaci-eremiti ogni *cura animarum* e financo la partecipazione a riunioni sinodali (*PL*, 145, 283 ss. e 286 ss.).

nei primi di esso, tolto quello indirizzato ai chierici della chiesa di Fano (Op. 27), che probabilmente è precedente al 1059. Del resto proprio in quegli anni più larga si fece l'iniziativa ecclesiastica nella riforma delle antiche comunità di canonici e nel promovimento di nuove, parallelamente all'intensificarsi della lotta contro simonia e concubinato, per i quali proprio la vita in comune sarà sentita come uno dei mezzi più efficaci di superamento. Ma va detto fin d'ora che manca in questi scritti di Pier Damiani ogni accenno alla sua *dignitas* di cardinale-vescovo, alla quale si debba in qualche modo collegare il suo interessamento verso il clero secolare. Anzi, come vedremo, essi scaturiscono proprio dalla sua esperienza eremitica, in essa trovano la loro giustificazione e la loro forza, per cui se esatto, e non solo frutto di preoccupazioni di tardi discepoli, di nuovo clima spirituale e morale, è da ritenersi l'accenno di Giovanni da Lodi, esso andrà riferito più propriamente ad una vera e propria attività pastorale di predicazione nella « provincia Romana » ed in quelle vicine, di cui ben pochi altri ricordi diretti ci rimangono. Ché altra, e più generale rispetto ad una semplice attività di consiglio e di riforma, era l'insofferenza di Pier Damiani verso ogni tipo di impegno secolare, verso cariche ecclesiastiche ed uffici pastorali. Ma in una tensione continua che passava dalla contemplazione alla sollecitazione riformatrice o ad un impegno anche diretto, pur nel desiderio di rimanere fuori sempre da ogni vincolo gerarchico, perché libero gli restasse il ritorno alla solitaria ricerca dell'ispirazione divina nella preghiera e nella lettura dei testi biblici e patristici, uniche garanti di una possibilità umana di salvezza, e tanto più necessarie per chi le avesse elette a caratteristiche fondamentali del proprio stato di vita. Ma origine esse stesse d'altro canto di una profonda spinta di apostolato, di conversione degli altri, che egli ritrovava in uno dei suoi modelli più alti, Romualdo, che gli fu costante per tutta la vita. Ed infatti quanto di Pier Damiani ci resta sui canonici regolari è in gran parte da riferirsi a quella attività scritta di consiglio e di incitamento, alla quale egli mai venne meno, e che (pur con qualche oscillazione) riconosceva propria del resto, almeno ad un certo livello, dell'esperienza monastico-eremitica, quale componente che derivava direttamente dalla costante, attenta lettura dei testi sacri [6].

Da questo punto di vista, per meglio chiarire la sua azione di riforma, sarebbe necessario risalire alle origini della sua conversione eremitica, studiare i testi della sua formazione e la sua lettura di essi, seguire precisamente il maturarsi in lui di questa duplice ma solo astrattamente contraddittoria vocazione, che fa della sua esperienza religiosa un fatto esemplare per tutto un periodo. Accenni se ne daranno, brevissimi, per quello che interessa più direttamente al nostro problema [7]. Punto di partenza obbligato anche qui è il suo incontro spirituale con Romualdo, che anche cronologicamente si pone, in modo si-

---

[6] Se apparentemente negativo anche su questo piano e sconfortante nelle sue conclusioni è l'opuscolo citato alla nota precedente (ma proprio perché la polemica è contro ogni preoccupazione di *cura animarum*, si comprende come essa sia così radicale — e vedi tuttavia in questo stesso opuscolo il tipo di incontro che la stessa lettura dei testi scritturali e patristici finisce col postulare: « Illic perfruemur fidelium amicorum dulci colloquio ... » c. 290 C, e anche cap. 30, c. 286), assai più equilibrato è generalmente l'atteggiamento di Pier Damiani rispetto a questo tipo di attività scritta, a quest'opera di consilio e di istruzione: ovvia nei confronti dei suoi eremiti (cfr. ad es. Op. 14, *De ordine eremitarum et facultatibus eremi fontis Avellani*, PL, 145, c. 329: « ... immensas Creatori meo gratias refero, qui me indignum ministerii locum habere voluit in conventu non multorum sed bonorum, quos mihi necesse sit ad patriam redeundo praecedere; etc. », essa è sostenuta anche nei confronti degli altri ordini, coll'affermazione esplicita dell'alta funzione del contemplante nell'interpretazione e nel farsi in certo qual modo rappresentante della legge di Dio; cfr. ad es. *Ep.* I, 15, *PL*, 144, c. 226: « Illa denique mens, quae per amorem spiritus a terrenis in alta sustollitur, mons est, in quo lex Domini irreprehensibilis, quae procul dubio charitas est, divinitus promulgatur ». Per analoga problematica nella spiritualità di Romualdo e dei suoi primi seguaci, e in riferimento anche a Pier Damiani, cfr. G. TABACCO, *Privilegium amoris. Aspetti della spiritualità romualdina*, in « Il Saggiatore », IV, n. 2-3 (1954), p. 18 ss. (dell'estratto).

[7] Una ricca messe di materiale, essenziale per questo problema, è raccolta in J. J. RYAN, *Saint Peter Damiani and His Canonical Sources*, Toronto 1956; tra le ormai numerose « biografie » vedi soprattutto J. LECLERCQ, *S. Pierre Damien ermite et homme d'Église*, Roma 1960; per gli ultimi più recenti contributi vedi O. CAPITANI, *San Pier Damiani e l'istituto eremitico*, in *L'eremitismo in Occidente nei secoli XI e XII*, Milano 1964, p. 122, n. 2.

gnificativo, all'inizio della sua attività di scrittore[8]. Ed è il suo Romualdo quello che risulta dalle pagine della *Vita*, desideroso di solitudine e di contemplazione, macerato dai digiuni e dalle penitenze, che vive a lungo con un compagno « ex manuum suarum labore »[9], ma insieme « sterilitatis impatiens », circondato da discepoli, visitato da uomini di ogni condizione, teso a ricercare « ubi terram potuisset ad proferendos animarum fructus idoneam invenire »[10]. Ed è significativo che dell'opera di riforma di Romualdo Pier Damiani metta in risalto precisamente quella a favore della vita in comune del clero. Dopo aver parlato della sua polemica antisimoniaca, egli infatti soggiunge: « Perciò il santo uomo fondò numerose canoniche ed insegnò ai chierici che vivevano secolarmente, secondo il costume dei laici, ad obbedire ai propri superiori e a vivere insieme in una comunità »[11]. Non aggiunge altro, ma già le espressioni usate indicano puntualmente le motivazioni che per Pier Damiani stavano alla base del promovimento da parte di Romualdo della vita in comune tra il clero: il bisogno di strapparlo dal *saeculum*, che era concubinato, proprietà privata dei beni e quindi *avaritia* e *cupiditas munerum* e simonia, per riportarlo alla purezza della sua vocazione originaria. Da questa tematica appunto Pier Damiani prenderà le mosse per ulteriormente approfondirla e motivarla.

Ma proprio per meglio caratterizzare il suo impegno particolare a favore della vita in comune, sarà necessario, anche se brevemente, esaminare almeno alcune delle prese di posizione contemporanee intorno alla vita canonica, coglierne i termini giustificativi, valutare i compiti ed il significato che essa vi veniva ad assumere.

---

[8] Per la datazione della *Vita beati Romualdi* (non più tardi del 1042) cfr. la *Prefazione* di G. Tabacco alla sua edizione critica della stessa (Fonti per la storia d'Italia, 94, Roma 1957, p. LIII ss.).

[9] *Vita beati Romualdi* cit., c. 6, p. 26.

[10] *Vita beati Romualdi* cit., c. 35, p. 74.

[11] *Vita beati Romualdi* cit., c. 35, p. 75 s.

La prima puntualizzazione ufficiale in ambiente riformatore del problema della vita in comune tra il clero che ci sia pervenuta è quella del concilio di quaresima del 1059, grazie a quel frammento edito per la prima volta dal Mabillon, che sembrerebbe una sorta di processo verbale contemporaneo delle discussioni e deliberazioni di quella sinodo [12]. Delle disposizioni propriamente dette del concilio intorno alla vita comune ci è rimasto invece solo un canone, poi ripubblicato nel 1063 [13].

Sarebbe troppo lungo svolgere in questa sede un esame dettagliato del contenuto di questo frammento. La prima parte, che è forse la più significativa, è occupata da un lungo intervento di Ildebrando che sostenne, fondandosi su di un generico richiamo alla tradizione della chiesa primitiva e dei Padri, la necessità di una completa rinuncia a beni propri per i chierici che abbracciassero la vita comune, e patrocinò perciò la condanna di quella parte della regola di Aquisgrana dell'816 che concedeva il contrario. E ad una confutazione di alcuni punti di essa è appunto dedicata la parte del frammento che segue. Ma l'unico canone rimastoci delle decisioni di quella sinodo si limita a prescrivere genericamente ai chierici di rimanere a vivere intorno alla chiesa per la quale ave-

---

[12] Cfr. J. MABILLON, *Annales Ordinis S. Benedicti*, IV, Paris 1707, pp. 686-687; A. WERMINGHOFF, *Die Beschlüsse des Aachener Concils im Jahre 816*, in *NA*, XXVII (1902), pp. 669-675 (cito da questa edizione). Per un esame del suo contenuto cfr. C. EGGER, *De antiquis regulis canonicorum regularium*, in « Ordo canonicus », I (1946), pp. 39-43; G. BARDY, *Saint Grégoire VII et la réforme canoniale au XIᵉ siècle*, in *Studi Gregoriani*, t. I, Roma 1947, pp. 48-51.

[13] Esso appare in una lettera enciclica di Nicolò II a tutti i vescovi della cristianità (*PL*, 143, c. 1316, e *MGH, Const.* I, p. 547). Con un'aggiunta, che afferma il valore di perfezione della *vita communis*, figura anche nella *Synodica ad Gallos, Aquitanos, Vascones* (*MGH, Const.* I, p. 549). Lo stesso canone fu ripubblicato da Alessandro II nel concilio del 1063 (*PL*, 146, c. 1290). Ingiustificate le modifiche al testo proposte da O. HANNEMANN, *Die Kanonikerregeln Chrodegangs von Metz und der Aachener Synode von 816 und das Verhältnis Gregors VII.*, Diss. Greifswald 1914, p. 66, recentemente accettate da M.-H. VICAIRE, *L'imitation des apôtres. Moines, chanoines, mendiants (IVᵉ-XIIIᵉ siècles)*, Paris 1963, p. 54, n. 2.

vano ricevuto l'ordinazione, dormendo e mangiando insieme e possedendo in comune tutto ciò che veniva loro dalla chiesa. Aggiungendo un semplice invito « ut ad apostolicam, communem scilicet vitam summopere pervenire studeant » (la *Synodica ad Gallos* aggiunge significativamente: « quatenus perfectionem consecuti, cum his qui centesimo fructu ditantes in caelesti patria mereantur adscribi »). Ed è interessante osservare, per valutare la grande moderazione del concilio e la resistenza che l'impostazione apparentemente più rigorista di Ildebrando può aver incontrato, che la prescrizione della comunanza di beni è in riferimento alle rendite ecclesiastiche, senza alcun accenno ad eventuali beni privati di altra origine.

Comunque, da un'attenta lettura del frammento mi sembra risulti chiaramente che il problema discusso in quella sinodo non fu tanto la riforma del clero attraverso la vita canonica, quanto più semplicemente la riforma della vita canonica, ossia dei chierici raccolti intorno alle chiese cattedrali o comunque in una qualche comunità, con l'esplicito riconoscimento peraltro dei chierici « absoluti et populares »; anche se la vita canonica è chiaramente individuata come uno strumento adatto a combattere la dispersione e l'alienazione dei beni ecclesiastici, il concubinato e la corruzione morale del clero. Ma restando essa pur sempre, e come tale venne esplicitamente presentata, uno stato di vita simile per molti aspetti alla vita monastica (ed è significativo il richiamo alla regola di san Benedetto, anche se a proposito delle « sanctimoniales »), rappresentando cioè la scelta di una via di particolare perfezione non proponibile certo alla totalità dei chierici. Anche il richiamo alla chiesa primitiva suona più come proposizione di un altissimo ideale, che può servire come modello ad un particolare tipo di vita senza dover acquistare per questo un'universale validità, che quale metro di concreta restaurazione di tutto un ordine; ed il richiamo all'insegnamento degli antichi Padri è sempre in riferimento alla vita in comune, non ad una disciplina più ampia o diversa, per la quale esistono altri insegnamenti, altre norme. Col concilio del 1059 è perciò soprattutto un istituto che si vuole difendere e ripristinare

nelle sue presunte forme originarie, non è tanto un problema
di radicale rigenerazione del clero attraverso questo istituto
che ci si propone; anche se nelle intenzioni e negli auspici dei
riformatori esso sembrerebbe doversi diffondere, ma in forma
a quanto pare più blanda di quella prospettata da Ildebrando,
a tutte le principali chiese, evidentemente prima di tutto a
quelle cattedrali, più direttamente legate al vescovo, e più ricche di beni e di proprietà. Ma la rinuncia a beni propri o meglio a dividere le rendite della chiesa (questo soltanto infatti
proibisce l'unico canone che ci sia pervenuto), non implica ancora evidentemente un obbligo di povertà, la norma del mangiare e del bere in comune non stabilisce ancora nessuna particolare disciplina ascetica: e del resto gli estensori del canone
sembrano averne chiara coscienza, coll'aggiunta di quell'invito
a sforzarsi di « pervenire ad apostolicam, communem scilicet
vitam », che implica appunto una distinzione tra questa e la
disciplina che viene invece imposta al clero. Su questa linea
di sostanziale moderazione la questione verrà portata avanti
dalla gerarchia romana durante tutto il pontificato di Alessandro II e per certi aspetti anche in seguito [14].

---

[14] Infatti pur essendo numerose le bolle di Alessandro II che prendono
le comunità di canonici sotto la protezione della Sede apostolica, o confermano
i loro beni, e le lettere sue genericamente scritte a loro tutela, mai si nota in
esse un'accentuazione pauperistica della vita comune, né essa viene prospettata
come lo strumento per eccellenza della riforma del clero; anche nel privilegio
di conferma dei canonici regolari di Passau, che pure, a differenza di molti
altri, tocca il problema dei beni della Chiesa, l'unica proibizione data è che
« communem et regularem vitam ducentes, nihil de bonis ecclesiae praeposito
et singulari usui vindicent » (PL, 146, c. 1418), che non dice niente di più
del canone approvato nelle sinodi del 1059 e del 1063. [Cfr. anche CH. DE-
REINE, L'élaboration du statut canonique des chanoines réguliers spécialement
sous Urbain II, in « Revue d'histoire ecclésiastique », 46 (1951), p. 540, n. 1,
che osserva, soprattutto alla luce della bolla di Alessandro II ai chierici di
Santa Radegonda di Poitiers del 1072 (J.-L., 4705), che la formula « canonice et regulariter vivere » non implica ancora per lui « le renoncement à
toute propriété privée »]. Nella lettera al clero cremonese (PL, 146, c. 1315 s.),
di lode per la sua attiva opera di riforma e di incitamento a continuare sulla
strada intrapresa, non si accenna affatto alla vita in comune, ma solo alla lotta
contro simonia e concubinato, e alle disposizioni sinodali al riguardo: ed
anche questo è un silenzio significativo (lo stesso nella lettera al clero di

Su di una linea diversa da questa veniamo a trovarci con Pier Damiani; comune è forse il concreto punto di partenza (necessità di riformare le comunità di canonici), ma condotto su di una tematica tipicamente eremitica è lo sviluppo del problema, che si colloca rapidamente su di un piano più vasto, in quanto diviene il problema della condizione di vita dei chierici nel mondo, ma ferma restando la necessità per essi di mantenersene staccati, perché il mondo, il *saeculum*, è perdita del Cristo e della grazia, contraddittorio a chi, come un prete, solo il Cristo ha deciso di seguire. Lo sviluppo di questa tematica, questo allargamento del problema, converrà ora seguire negli scritti di Pier Damiani dedicati alla vita comune.

Il più antico di essi sembra il trattatello indirizzato ai chierici della chiesa di Fano, che si è voluto supporre anteriore al 1059, perché manca di qualsiasi riferimento alle decisioni prese da quel concilio sulla vita comune, che, si è detto, non sarebbe mancato, vertendo esplicitamente il discorso su questo tema, se esso fosse stato scritto posteriormente a questa data [15]. L'argomentazione non è del tutto persuasiva, in quanto anche negli altri scritti di Pier Damiani sulla vita canonica, che pur sono certamente posteriori al concilio del 1059, manca ogni cenno a recenti decisioni sinodali, il che farebbe pensare che Pier Damiani le considerasse ancora troppo interlocutorie, insufficientemente categoriche nel prescrivere le norme della vita in comune e soprattutto la necessità della sua diffusione, e perciò scarsamente utili come punto di riferimento. Che egli del resto sentisse ancora in anni successivi la necessità di una chiara presa di posizione di Roma al riguardo, ed in generale per tutto il problema della riforma morale del clero, lo vedremo esaminando i suoi scritti indirizzati ad Alessandro II ed ai cardinali vescovi. Ma che questo ai chierici di Fano sia comunque con ogni probabilità ante-

---

Lucca, nr. 105, ed. cit., c. 1388 ss., dove il discorso è contro la vendita o l'alienazione delle « res Ecclesiae » e non altro).

[15] Il NEUKIRCH, *op. cit.*, p. 117, considera l'Op. 27 come non databile, mentre lo data prima del 1059 F. DRESSLER, *Petrus Damiani. Leben und Werk*, in « Studia Anselmiana », 34, Roma 1954, p. 126, n. 199, e p. 240.

riore al 1059 risulta dal fatto che a Fano la vita comune del
clero risaliva al 1051, anno in cui il vescovo Arduino ne pre-
scrisse le modalità in una carta, di cui rimane solo una cattiva,
ma tuttavia ancora utile trascrizione settecentesca [16]; ed è ragionevole pensare che quelle discussioni sui limiti della sua
applicazione, cui accenna lo scritto di Pier Damiani in questione, siano sorte assai presto, certo anche prima della carta
stessa, che è pur sempre un atto di fondazione, e che proprio
a queste Pier Damiani abbia voluto rispondere. Ed è significativo che egli non si rivolge « ai canonici della chiesa di
Fano », come necessariamente sarebbe stato se la situazione
si fosse già chiarita e stabilizzata, ma « ai fratelli chierici della
chiesa di Fano », il che lascia supporre una fase della vita comune ancora in piena formazione. Riterrei perciò che lo scritto

[16] La trascrizione si trova tra le carte dell'abbate G. B. Tondini, conser-
vate nel fondo Amiani 8-11, custodito nell'Archivio comunale di Fano (ma
provvisoriamente depositato presso la Biblioteca Federiciana): le carte sono
divise in quattro custodie, più un fascicolo staccato. Nella seconda custodia
(sul dorso T. I, N. 123 4) sono contenute appunto « Copie d'Istromenti antichi in N. 43 tratti da Pergamene riguardanti Fano di mano dell'ab. G. Batt.
Tondini vertono sopra il capitolo ed il vescovado di Fano »; nel f. *3r-v* (non
numerato) si trova la donazione del vescovo Arduino, del 1051, alquanto scor-
retta, come avverte anche il trascrittore: « Il barbaro carattere con cui è stato
trascritto questo istrumento dal suo originale, il quale è perito, non mi ha
permesso di produrlo in miglior forma di questa ». Precisa risulta comunque
nel documento la prescrizione dell'assoluta comunanza di beni che deve esserci
tra i canonici (per notizie sulle carte Amiani-Tondini cfr. anche A. ZONGHI,
Repertorio dell'antico archivio comunale di Fano, Fano 1888, p. 504). È a
favore di essi che Alessandro II concesse un privilegio, oggi perduto (cfr.
F. KEHR, *I.P.*, IV, p. 186). Poche, e non certo di particolare livello, sono le
ricerche sulla chiesa di Fano ed i suoi canonici nel secolo XI: dopo il vecchio P. M. AMIANI, *Memorie istoriche della città di Fano*, I, Fano 1751, p. 51
e p. 126 (e per la bibliografia successiva vedi F. KEHR, *I.P.*, IV, p. 184),
cfr. R. P., *Elenco delle prime dignità del capitolo cattedrale di Fano*, in
« Studia Picena », VIII (1932), p. 102, V. BARTOCCETTI, *La lettera di S. Pier
Damiani ai canonici di Fano*, in « Studia Picena », XV (1940), pp. 89-96.
S. PRETE, *San Pier Damiani, la Chiesa Marchigiana e la Riforma nel secolo XI*,
in « Studia Picena », XIX (1949), pp. 119-128. [Mons. E. Cattaneo mi segnala
gentilmente una carta del 1054, conservata nell'Archivio di Stato di Milano,
relativa alla vita comune dei chierici di Fano. Pur non recando mutamenti
sostanziali a quanto si è detto, ritengo sarà ugualmente utile portarla a conoscenza degli studiosi. Ed è quanto spero di fare in un prossimo futuro].

di Pier Damiani sia da datarsi intorno al 1051, in ogni caso
di poco posteriormente.

Esso prende in esame un problema analogo a quello che
sorgerà nel concilio di quaresima del 1059 (di fronte a chierici
che perseguono la vita comune in piena comunanza di beni ce
ne sono altri che vogliono soltanto « vivere per proprio conto,
nelle loro proprietà ») [17], ma sostanzialmente diverse ne sono
le argomentazioni. La rinuncia a beni propri, l'abitazione in
comune, sono infatti sostenute e difese alla luce dell'essenza
stessa del chiericato [18], prescindendo perciò da ogni considerazione che faccia della vita canonica un istituto particolare, la
scelta da parte di pochi eletti di una speciale via di perfezione.
Il chierico infatti è per divina elezione e per l'essenza del suo
stato stesso « sors Dei » e « portio Dei », alieno da ogni soggezione a negozi e bramosie secolari [19]. Perciò è assurdo che
qualcuno pretenda di mantenere « clerici ... in ordine speciem »
e tenga nel contempo vivendo « saecularium ... conversationem ». Ed è turpe che colui che la « conditio professionis »
separa dalle file dei laici, appaia essere laico per la sua « do-
mestica conversatio », o per la « peculii abominanda proprietas » [20]. Queste argomentazioni di fondo, enunciate già nel-
l'introduzione, non lasciano dubbi sull'ampiezza di ambiti che
il problema riveste per Pier Damiani. È tutta la condizione di
vita del clero che egli mette in discussione, alla luce di una
considerazione della natura della Chiesa e del posto che occupa
in essa il sacerdozio. Su questi aspetti di dottrina ecclesiologica presenti nello scritto di Pier Damiani converrà ora brevemente soffermarsi, per cogliere meglio le motivazioni ideolo-

---

[17] *Op.* 27, *PL*, 145, c. 503.

[18] Il successivo richiamo alla professione regolare (cfr. cap. 2, c. 506), si
chiarisce perciò come un'aggiunta ulteriore a riprova della sua dimostrazione,
come un di più, non come motivo fondante di essa.

[19] L'argomentazione è tratta da un passo della lettera a Nepoziano di
san Gerolamo, presente già tra le *auctoritates* patristiche del concilio di Aquisgrana dell'816 (c. 94, *MGH*, *Concilia* II, p. 370); cfr. anche CH. DEREINE,
Chanoines, in *Dict. d'hist. et de géogr. eccl.*, XII, Paris 1953, c. 377 s.

[20] *Op.* 27 cit., c. 503 s.

giche che giustificano e sorreggono la sua proposta riformatrice al clero secolare.

La chiesa di Cristo, secondo le parole del profeta, è il campo armato di Dio; contro di esso s'infrange l'impeto nemico « finché, cinti dalle armi delle virtù, i soldati di Cristo rimangono stretti in legame di carità ed in unità di spirito »[21]. Dio stesso infatti è perfetta carità, e chi rimane in essa rimane in Dio. Ma la carità è rapporto d'amore con i fratelli, comunione continua che non ammette rotture e divisioni; di carità vissero i fedeli della chiesa primitiva « quibus nimirum erat cor unum et anima una, et vendebant agros ponebantque pretia ad pedes apostolorum, et dividebant singulis prout cuique opus erat; nec quisquam eorum, quae possidebat, aliquid suum esse dicebat, sed erant illis omnia communia »[22]. Ed è proprio questa *ecclesiae primitivae forma* che va seguita dai chierici, da tutti i chierici, come rileverà esplicitamente Pier Damiani[23], tutti insieme riuniti in un cenacolo con gli apostoli, raccolti in comune i propri beni con Barnaba e Stefano, « veri abrenuntiatores », affinché vivendo in questa fraterna unità, lo Spirito Santo si degni di scendere su di essi »[24]. Questa comunione continua con i fratelli, che diventa comunione con Dio, illuminata dallo Spirito Santo, è tanto più urgente se si consideri la funzione di insegnamento e di predicazione alla moltitudine dei fedeli che è stata riservata al sacerdozio. Come infatti i vescovi sono i successori dei dodici apostoli, così i sacerdoti lo sono dei settanta discepoli[25]. Essi sono il vero sale

---

[21] *Op.* 27 cit., cap. 3, c. 508 B.

[22] *Op.* 27 cit., cap. 2, c. 506; cfr. *Act. Ap.*, II, 44-45 e IV, 32-35.

[23] *Op.* 27 cit., cap. 4, c. 510; vedi citato questo passo a p. 112.

[24] *Op.* 27 cit., cap. 3, c. 508 C.

[25] A loro volta questi si trovano prefigurati nei settanta uomini del libro dei Giudici (*Iud.*, IX, 5), o nei settanta raccolti da Mosè in *Num.*, XI, 16 ss., o nelle settanta palme dell'*Es.*, XV, 27. Questa assimilazione, piuttosto tradizionale (cfr. P. MANDONNET, *Saint Dominique. L'idée, l'homme et l'oeuvre*, augmenté de notes et d'études critiques par M. H. Vicaire et R. Ladner, t. II, Paris 1937, p. 170, n. 1), la si ritrova anche nell'*Op.* 18/1, *Contra intemperantes clericos* (cap. 1, *PL*, 145, c. 389), indirizzato a Pietro, arcipresbitero dei canonici lateranensi (in questo caso il discorso è in primo luogo contro

della terra: ma « si sal evanuerit, in quo condietur? » [26]. Perciò quando il Signore li inviò per il mondo a predicare agli altri, il suo primo ammonimento fu di disprezzare i « pecuniarum lucra », di rifuggire le « avaritiae sordes », di non possedere alcun « peculium proprietatis »: « Nolite, inquit, portare sacculum, neque peram, neque calceamenta » (*Luc.* X, 4). Ma il valore di questa affermazione non è limitato nel tempo o ristretto a poche persone: « Quaecunque enim scripta sunt, ad nostram doctrinam scripta sunt » (*Rom.* XV, 4), e Pier Damiani sottolinea decisamente il valore paradigmatico di ogni lettura biblica, la necessità di attuare nelle opere il suo insegnamento. E la proibizione divina di possedere « terrenum aliquid » è prima di tutto rivolta ai predicatori, « affinché coloro che sono stati incaricati di spegnere ogni passione di concupiscenza nel cuore degli ascoltatori, evitino di allentare a se stessi i freni dell'avarizia e dell'ambizione, con propria ed altrui rovina » [27]. È il grande tema dell'esempio personale come prima e più efficace forma di predicazione, comune a tanti ambienti riformatori, ma soprattutto eremitici, del periodo, che qui ritorna [28]; e connesso con un acuto sforzo di imitazione evangelica, di piena realizzazione nel corpo chiericale dell'antica *forma primitivae ecclesiae*, che diventa però qui metro generale di restaurazione di tutto un ordine, non più solo individuale scelta di più accentuata perfezione. Ma siamo ben oltre anche ad un semplice precetto di vita comune,

---

il concubinato del clero, l'impegno del distacco dal mondo per esercitare una conveniente predicazione ha soprattutto un valore polemico nei suoi confronti; ulteriore spia indiretta del resto del valore di strumento di radicale riforma su piani diversi che la vita comune veniva ad assumere per Pier Damiani). Esatto il rilievo del Mandonnet, che alla luce di questi testi osserva come per Pier Damiani « ordo clericorum », « ordo canonicorum » e « ordo praedicantium » siano la stessa cosa.

[26] *Op.* 27 cit., cap. 3, c. 508; cfr. *Matth.* V, 13.

[27] *Op.* 27 cit., cap. 3, c. 509.

[28] Per alcuni aspetti della diffusione di questo tema vedi il mio saggio *Per la storia della pataria milanese*, in « Bullettino dell'Istituto Storico Italiano per il Medio Evo e Archivio Muratoriano », 70 (1958), p. 52 e n. 2, ora in questo vol., p. 137, n. 28.

9

di comunanza di beni: la via che si apre è duramente pauperistica, fondata su motivazioni di origine eremitica accentuatamente ascetiche. Così i testi che giustificano la condizione
chiericale vagheggiata da Pier Damiani sono gli stessi che ritornano in suoi scritti tipicamente eremitici [29], le argomentazioni che la fondano, spiccatamente ascetiche, sono improntate
ad un preciso rigorismo morale. Sullo sfondo il grosso problema dei condizionamenti umani alla vita di grazia, delle
realtà umane accettabili dalla Chiesa nella sua vita storica
senza venir meno alla sua essenza ed alla sua missione, che
è motivo costante della meditazione religiosa di Pier Damiani.
Presente nella sua discussione sacramentale intorno alle ordinazioni simoniache o comunque conferite da ministri indegni,
dove è proprio in primo luogo la considerazione teologica del-
l'impossibilità di porre un limite umano alla libera trasmissione della grazia divina ed insieme la coscienza del compromesso storico che la Chiesa rappresenta, a convincerlo della
loro validità, questo problema ritorna d'altra parte in tanti
aspetti della sua tematica riformatrice, impegnata a porre salde
barriere alla pericolosa confusione dei diversi stati di vita
all'interno della Chiesa (e sarà la polemica, comune del resto
a molti ambienti monastico-eremitici, contro il *more laicorum
vivere*, il *saeculariter vivere*, e più specificamente il concubinato, di molti chierici) [30], ed insieme a lottare contro l'uso
indiscriminato di mezzi tipicamente mondani da parte del clero
(il duro giudizio su Leone IX per essersi implicato in azioni
guerresche) [31]. Perciò se come corpo sociale è destino della
Chiesa di vivere nel mondo, è compito della sua gerarchia di
rigenerarlo e portarlo a Cristo, né vale l'indegnità dei suoi

[29] Si cfr. ad es. l'*Op.* 12, *Apologeticum de contemptu saeculi*, PL, 145,
c. 251 ss. (soprattutto la prima parte di esso).

[30] Cfr. CH. DEREINE, *Vie commune, règle de Saint Augustin et chanoines
réguliers au XIe siècle*, in «Revue d'histoire ecclésiastique», XLI (1946),
p. 387, n. 4; vedi anche il mio saggio già citato *Per la storia della pataria
milanese*, p. 55, n. 2, ora in questo vol., p. 141, n. 32.

[31] *Ep.* IV, 9, PL, 144, 313 ss. (l'attacco a Leone IX in particolare, a
c. 316). Vedi anche contro l'uso delle armi da parte dei chierici, *Ep.* I, 15,
PL, 144, 227 ss.

membri ad interrompere la sua continuità nella storia, in conseguenza della sua divina origine e dell'azione della grazia che
non può conoscere questi umani condizionamenti, è d'altra
parte solo nel distacco dal mondo che si può compiere ogni
rigenerazione personale, che si realizza un individuale fine di
salvezza: ciò che non è limite od ostacolo all'espansione ed
alla crescita del corpo mistico, diventa irrevocabile condanna
per il singolo, che dal corpo mistico irrimediabilmente si stacca. Il *contemptus saeculi* diviene così il mezzo necessario per
la fondazione di una vita autenticamente cristiana, per poter
aspirare veramente alla propria salvezza; ed insieme la condizione prima di ogni efficace magistero gerarchico.

Questo lo schema di fondo dell'impegno riformatore di
Pier Damiani, che chiarisce la sua illuminata concezione ecclesiologica di fronte al rigorismo di certe enunciazioni contemporanee (penso ad Umberto di Silva Candida, ma anche ai
patarini milanesi, al monachesimo vallombrosano), ma che
giustifica anche il suo sforzo, che forse solo impropriamente
si potrebbe definire di accentuata monachizzazione di ogni
forma di vita ecclesiale. Impropriamente dico, perché non si
tratta tanto di chiamare alla salvezza attraverso il chiostro il
più gran numero di persone, o di proporre almeno ai fedeli
una certa qual forma di imitazione monastica, quanto piuttosto del fatto che ai diversi stati di vita presenti nella vita
della Chiesa Pier Damiani, come primo punto da osservare,
non può che proporre, per raggiungere la salvezza, una rinuncia al mondo sempre più accentuata e radicale. E questo soprattutto ai due grandi ordini su cui si fonda la gerarchia dei
pastori: il monachesimo ed il chiericato. Distaccato dal mondo per sua stessa essenza il monachesimo, che trova la sua
forma più alta e perfetta nell'eremitismo, sommo di ogni scala
di perfezione perché totale rinuncia, e ricerca di un assoluto
contatto con Dio (perciò la cella può essere definita « via
aurea », « conciliabulum Dei et hominum ») [32]. Più diretta-

---

[32] *Op.* 11, *Liber qui appellatur Dominus vobiscum*, PL, 145, cap. 19,
c. 248. Per l'eremitismo come perfezionamento della professione monastica

mente impegnato nel *saeculum* il chiericato (e perciò, come stato di vita di perfezione individuale, stato inferiore), ma con la precisa esigenza di mantenersene staccato radicalmente in ispirito (si ricordino le precise considerazioni del *De dignitate sacerdotii*) [33], e, per quanto è possibile, anche nelle manifestazioni esteriori della vita organizzata. Proprio perché ad esse Pier Damiani è sempre particolarmente attento, sensibile al loro valore sostanziale e pedagogico, egli individua nella vita comune, intesa con il rigorismo che si è detto e che meglio si vedrà, l'unica forma veramente adatta alla vita del clero. Anzi anche da un punto di vista psicologico, per dir così, Pier Damiani ravvisa nella vita comune il solo concreto punto di partenza possibile per una vera riforma del clero, che rinnovi cioè capillarmente, fin nelle cose quotidiane, la sua mentalità e il suo costume: solo una vita di comunità con tutti gli obblighi ed adattamenti che comporta è in grado di poter restaurare in esso uno spirito unitario contro le beghe che nascono da interessi contrastanti («ubi possessionum diversa proprietas, ibi mens possidentium non est una», avvertirà acutamente Pier Damiani nell'opuscolo indirizzato ad Alessandro II) [34], di suscitare insieme una più precisa coscienza dei propri doveri pastorali contro ogni distrazione connessa con beni privati (il rimando è a *Matth.*, VI, 21: «ubi enim thesaurus tuus, ibi est procul dubio et cor tuum») [35], di rinsaldare i vincoli di obbedienza verso i propri pastori, di facilitare infine la formazione culturale dei sacerdoti sui testi scritturali ed esegetici, assolutamente necessaria per una conveniente amministrazione del proprio ufficio, e che richiede d'altro canto per essere raggiunta libertà da impegni distraenti e tranquillità di spirito [36]. Sarà questo soprattutto il tema del *Contra*

cfr. *Ep.* VI, 12, c. 392 ss. Vedi anche l'*Op.* 14, *De ordine eremitarum et facultatibus eremi fontis Avellani*, PL, 145, c. 334 B.

[33] *Op.* 25, *De dignitate sacerdotii*, PL, 145, soprattutto c. 492 ss.

[34] *Op.* 24, *Contra clericos regulares proprietarios*, PL, 145, cap. 486 A.

[35] *Op.* 24 cit., cap. 4, c. 487.

[36] *Op.* 27 cit., cap. 1, c. 506: «Cur nunc clerici iuxta divinae constitutionis edictum abhorreant apud ecclesiam degere, ut tanto liberius, quanto quietius, in sacri eloquii valeant meditatione vacare?».

inscitiam et incuriam clericorum (Op. 26), volto a denunciare la spaventosa ignoranza e noncuranza di tanto clero, e che ravvisa proprio nel costante implicarsi di esso in interessi mondani la causa prima di ciò [37].

L'esame degli altri scritti di Pier Damiani direttamente dedicati a canonici e alla vita comune, o più generalmente rivolti allo stato sacerdotale, alla sua *dignitas* ed alle sue virtù, ai vizi ed agli errori da cui esso deve più particolarmente rifuggire, confermano pienamente questi rilievi — pur con qualche oscillazione di posizioni su punti particolari — ed insieme aiutano a meglio valutare il posto da lui occupato nel promovimento della riforma ecclesiastica e della vita canonica, nello sforzo di una più precisa determinazione delle sue caratteristiche che sta all'origine di quella discussione anche violenta che proseguirà, si può dire, lungo tutto il corso del XII secolo. Significativo è il fatto che buona parte di questi scritti siano indirizzati al pontefice o a cardinali: indice ancora una volta della consapevolezza di Pier Damiani che alla Sede romana, suprema autorità della Chiesa, spettava l'attuazione di una riforma, ma anche, e più individualmente, della sua particolare posizione rispetto a Roma, o meglio, perché questa espressione non suggerisca una posizione di distacco, di estraneità, in Pier Damiani del tutto assente, del suo modo di sentirsi nella Chiesa, in posizione attiva e corresponsabile, pur nella solitudine della sua esperienza ascetica. La sua posizione è di colui che « vigilat in custodia pontificis » [38], ossia di chi, pur riconoscendo la dignità (che è privilegio di primato) del successore di Pietro, avverte anche — nella sua agostiniana concezione del corpo della Chiesa e della funzione strettamente mediatrice di fronte a Dio dei suoi ministri —, il dovere di intervenire serrato e mordente, « uomo che ad altro uomo parla » [39], in

---

[37] *Op.* 26, *PL*, 145, soprattutto cap. 1, c. 499 ss. Esso si ritrova nel Cas. 359, pp. 67-77 e nel Vat. Chis. A V 145 f. 2r-4r, inserito in entrambi i codici in un gruppo di testi databili intorno al 1067. A questo periodo sarà perciò da attribuire anche questo opuscolo. (Di queste notizie sono debitore a Kurt Reindel, che qui desidero ringraziare).

[38] *Ep.* I, 7, *PL*, 144, c. 211.

[39] *Ep.* I, 5, *PL*, 144, c. 210.

ogni problema che contraddica a quella Chiesa, alla dottrina che scaturisce dall'insegnamento di Cristo, dalla tradizione dei padri.

Per buona parte su alcuni estratti di sant'Agostino e di san Gerolamo, oltre che sulla testimonianza degli *Atti degli apostoli*, è fondato il secondo più importante scritto di Pier Damiani sulla vita canonica, dedicato soprattutto a negare il diritto dei canonici ad avere proprietà e indirizzato ad Alessandro II, probabilmente nei primi anni del suo pontificato, per stimolarlo ad intervenire decisamente nella questione [40]. La sua polemica si indirizza in questo caso contro quei canonici che non solo rivendicano a se stessi il diritto di avere del denaro, ma sostengono anche che ciò loro compete « ex regulari auctoritate » [41]. La discussione verte chiaramente su alcuni canoni del concilio di Aquisgrana dell'anno 816, che Pier Damiani respinge senza remissione, e servendosi proprio di alcuni passi di due *Sermones de moribus clericorum* di sant'Agostino e delle lettere *ad Heliodorum* e *ad Nepotianum* di san Gerolamo, oltre che dello Ps.-Prospero, che si ritrovano tutti (con due piccole eccezioni) [42] nella prima parte della regola di Aquisgrana e che egli ricava con ogni probabilità da essa [43].

---

[40] *Op.* 24 cit., cap. 6, c. 490: « Sed iam, venerabilis pater, incultae disputationis protraxisse sermonem hucusque sufficiat: verumtamen ut haec apud inobedientium clericorum, immo nummicolarum rebellionem efficaciter valeant, sanctus apostolatus vestri vigor impellat ». Le varie datazioni proposte si basano tutte su elementi molto opinabili, soprattutto su di un arbitrario collegamento dell'opuscolo alle decisioni sinodali di Alessandro II sulla vita canonica (cfr. NEUKIRCH, *op. cit.,* p. 106, che lo daterebbe al 1065-66 in., prima cioè della sinodo nella quale secondo lui fu pubblicato il canone IV, già di Nicolò II, in relazione con gli avvenimenti milanesi di quegli anni; CH. DEREINE, *Le problème de la vie commune chez les canonistes d'Anselme de Lucques à Gratien*, in *Studi Gregoriani*, III, Roma 1948, p. 292, n. 39, lo ritiene probabilmente composto in occasione della sinodo romana del 1063; sembra accettare questa seconda datazione J. J. RYAN, *Saint Peter Damiani and His Canonical Sources* cit., p. 109 ss.). Resta comunque probabile che esso risalga, proprio per il suo carattere programmatico, ai primi anni del pontificato di Alessandro II.

[41] *Op.* 24 cit., cap. 1, c. 481.

[42] Cfr. RYAN, *op. cit.*, p. 110 s.

[43] È molto probabile che un esemplare di essa (la sua tradizione manoscritta è, com'è noto, molto diffusa) si trovasse nella biblioteca di Fonte

E sono questi i testi che com'è noto costituiranno il fondamento della vita canonica regolare prima della ben più tarda
introduzione della cosiddetta *Regula* di sant'Agostino vera e
propria, che Pier Damiani non pare conoscere. Ed è da credere che a questi testi patristici, oltre che all'esempio evangelico, puntualizzato soprattutto nel noto passo degli *Atti degli
apostoli* sulla comunità cristiana di Gerusalemme, egli intenda
riferirsi quando parla genericamente di una *regula* che va seguita dai chierici (ma il fatto stesso che egli usi praticamente
come suoi sinonimi anche « trames », « conversatio », « ordo
vivendi », indica chiaramente che parlando di *regula*, prima
che una precisa codificazione scritta Pier Damiani ha in mente,
assai più genericamente, un tipo di vita costruito su alcune
autorità patristiche che derivano direttamente dall'esempio
evangelico).

Il passo di sant'Agostino, imperioso nell'ordinare ai propri chierici assoluta povertà (« facciano dunque ciò che vogliono, purché tuttavia siano poveri con me ») [44], ma tolle-
rante tuttavia nell'ammettere l'esistenza di chierici con proprietà privata, purché rimanessero lontani dalla sua chiesa,
suggerisce a Pier Damiani un commento che è stato generalmente inteso come una restrizione [45], rispetto al rigorismo
ascetico esteso a tutto l'ordine chiericale che si era notato
nel suo scritto precedente. Così infatti egli postilla il passo
di sant'Agostino: « In queste parole del santo uomo chiaramente si mostra che un chierico, che possiede denaro, non
può essere possesso ed eredità di Cristo, né possedere Dio per
eredità. *Quod tamen non de clericis omnibus dicimus, sed de
his specialiter, qui canonico censentur nomine et vivunt in*

Avellana: lo si può forse individuare nel *Liber regul. sanctorum patrum*
segnalato nel catalogo di quella biblioteca che risale al XII secolo (cfr. O. J.
BLUM, *St. Peter Damian: His Teaching on the Spiritual Life*, Washington
1947, p. 205).

[44] *Op.* 24, cap. 1, c. 482 A (AUGUSTINI, *Sermo 355*, c. 4, 6, *PL*, 39,
c. 1572 s.; cfr. RYAN, *op. cit.*, p. 110).

[45] P. MANDONNET, *op. cit.*, t. II, p. 168, n. 3; cfr. anche G. BARDY,
Saint Grégoire VII cit., p. 50, n. 8.

congregatione » [46]. Non mi pare tuttavia che questa affermazione apparentemente restrittiva, legata com'è all'esegesi del brano agostiniano, possa essere messa sullo stesso piano di altre, altrettanto esplicite, ma ben più generali e fondanti, di principio per dir così, che affermano invece la necessaria rinuncia ad ogni forma di proprietà per tutti i chierici. Nella lettera ai chierici di Fano, dopo aver sostenuto, fondandosi sui precetti pauperistici del vangelo, la necessità per i sacerdoti della vita comune lontano dal *saeculum*, e della rinuncia a beni propri, Pier Damiani aveva soggiunto esplicitamente: « E noi non diciamo questo dei soli sacerdoti, ma di tutti i chierici, che in qualsiasi grado tributano ai sacri altari l'ufficio del proprio ministero » [47]. Così nel *De dignitate sacerdotii*, che è un'esaltazione dell'altissima missione del sacerdote, viene esplicitamente rilevato il suo dovere di distinguersi dal popolo « per clarioris vitae meritum », di abbandonare ogni « latam et spatiosam viam mundanae conversationis », per separarsi nettamente, « per morum spiritualium honestatem, a turbis vulgaribus » [48]. Basta avere solo una sommaria dimestichezza con gli scritti di Pier Damiani, per poter misurare il valore di rinuncia che queste espressioni comportano. E del resto proprio in questo stesso scritto sui canonici regolari indirizzato ad Alessandro II, dove pur si trova l'apparente restrizione che si è detto, sono contenute alcune affermazioni del tutto diverse, che al Chenu sono apparse tra le sue più rivoluzionarie e gravide di conseguenze [49], sull'esercizio della predicazione da riservarsi solo a chi abbia fatto completa rinuncia di ogni bene terreno: « illi ... idonei sunt ad praedicationis officium, qui nullum terrenae facultatis possident lucrum » [50]. Il fatto è che Pier Damiani non è trattatista sistematico, e perciò certe sue affermazioni possono essere valutate e comprese nella loro

[46] *Op.* 24 cit., cap. 1, c. 482 D.
[47] *Op.* 27 cit., cap. 4, c. 510.
[48] *Op.* 25 cit., cap. 1, c. 494 B.
[49] M. D. CHENU, *Moines, clercs, laïcs au carrefour de la vie évangélique (XIIᵉ siècle)*, in « Revue d'histoire ecclésiastique », XLIX (1954), p. 70.
[50] *Op.* 24 cit., cap. 6, c. 490 B.

portata, pur senza tentare a tutti i costi conciliazioni di incongruenze a volte possibili, solo nel contesto in cui si trovano inserite. Ma del resto anche in questo commento del passo agostiniano Pier Damiani si guarda bene dell'affermare, e non credo sia eccessiva sottigliezza il rilevarlo, che il discorso sulla povertà è fatto « de (clericis) tantum, qui canonico censentur nomine », ma bensì « de (clericis) specialiter ... »; e ciò non comporta tanto una esclusione degli altri, quanto indica una più precisa puntualizzazione; ed anche questo è un ulteriore rilievo che meglio colloca nella sua assai limitata portata la frase in questione. E infatti tutto il resto dell'opuscolo è sempre molto generale nelle sue enunciazioni — anche se la polemica è prima di tutto contro la regola del concilio di Aquisgrana — e nessun altro accenno permette di rilevare, come ha già osservato il Mandonnet, che Pier Damiani « en envisageant l'idéal canonial, il n'envisage pas l'idéal même que tous les clercs doivent se proposer »[51].

Intessuto di motivi pauperistici è il passo tratto dalla lettera di san Gerolamo ad Eliodoro[52], fondato com'è su versetti evangelici tipici in questo senso (e si è già visto nella lettera ai chierici di Fano il letteralismo con cui Pier Damiani li interpretava): « Omnis qui non renuntiaverit omnibus quae possidet, non potest meus esse discipulus » (*Luc.* XIV, 33); « Filius hominis non habet ubi caput reclinet » (*Matth.* VIII, 20); « Si vis perfectus esse, vade, et vende omnia tua, et da pauperibus, et veni, sequere me » (*Matth.* XIX, 21) — e sulla perfezione necessaria ad un chierico, nella concezione di Pier Damiani, per amministrare l'ufficio divino e per esercitare la predicazione, si veda ancora una volta il già citato *De dignitate sacerdotii* —; e ancora, contro la contraddizione in cui cadrebbe chi, pur avendo promesso di seguire e possedere solo il Cristo, aspirasse ad altri beni: « Omnis autem qui mentitur, occidit animam » (*Sap.* I, 11), e « Non potestis duobus domi-

---

[51] P. MANDONNET, *op. cit.*, p. 169.
[52] *Op.* 24 cit., cap. 2, c. 483 (HIERONYMUS, *Ep.* 14, 5-6, 6, *CSEL*, 54, pp. 51 e 53 s.; cfr. RYAN, *op. cit.*, p. 110).

nis servire » (*Matth*. VI, 24); a suggello finale *Matth*. XVI, 24, « Si quis vult post me venire, abneget semetipsum sibi, et tollat crucem suam et sequatur me ».

Dalla lettera a Nepoziano [53] Pier Damiani ricava invece quell'argomentazione contro il possesso di beni terreni da parte di chierici, fondata sul significato del termine stesso *clericus* (= *sors*), che già aveva usato scrivendo ai chierici di Fano, e che molta fortuna avrà anche nel corso della discussione successiva [54]; e dallo Ps.-Prospero la recisa affermazione contro ogni forma di proprietà privata dei canonici: « non può esserci unità delle volontà là dove ci sia divisione dei beni » [55].

L'esame e la confutazione di alcuni canoni della regola di Aquisgrana, che segue il commento dei passi di sant'Agostino e di san Gerolamo, è condotto con lo stesso metodo che Ildebrando aveva proposto nel concilio Lateranense del 1059: accettazione di quanto concorda con l'insegnamento dei Padri, rifiuto di ciò che vi contraddice [56]. Perciò recisa è la sua negazione della legittimità di ogni spartizione delle elemosine, contemplata nella regola di Aquisgrana, dal momento che il chierico deve ricevere solo quanto è necessario al suo sostentamento (vitto e vestito); sarcastico e condotto attraverso una confutazione per assurdo il suo commento alle esagerate razioni di cibo concesse quotidianamente in quella regola. E per confermare ulteriormente la condanna di ogni « clericale peculium », Pier Damiani risale ancora una volta a quella

---

[53] *Op*. 24 cit., cap. 2, c. 483 s. (HIERONYMUS, *Ep*. 52, 5, CSEL, 54, p. 421 s.; cfr. J. J. RYAN, p. 110).

[54] Vedi n. 19 a p. 103.

[55] *Op*. 24, cap. 2, c. 484 (IULIANUS POMERIUS, *De vita contemplativa*, lib. II, cap. 17, 2, PL, 59, c. 462; cfr. RYAN, *op. cit.*, p. 111). Per questa confusione tra Giuliano Pomerio e Prospero d'Aquitania cfr. CH. DEREINE, *L'élaboration du statut canonique* cit., p. 558 e n. 1.

[56] *Op*. 24 cit., cap. 3, c. 484: « Quam nimirum regulam nos nec funditus improbamus, nec auctoritatem illi omnino tribuimus. Probamus enim in quantum sanctis Ecclesiae doctoribus consonat; abiicimus autem, atque conspuimus, in quantum authenticis eorum institutionibus non concordat ». Per il concilio Lateranense del 1059 cfr. A. WERMINGHOFF, ed. cit., p. 671.

che è la fonte dell'insegnamento stesso dei Padri, ossia l'esempio evangelico: « Constat itaque, et perspicuum est, quod canonicorum regula ab apostolicae vitae norma prodierit; et *dum spiritualis quisque conventus rectam sui tenet ordinis disciplinam, teneram quodammodo lactantis Ecclesiae imitatur infantiam* »[57]. I passi citati sono ancora una volta quelli notissimi tratti dagli *Atti degli apostoli*: « Mulitudinis credentium erat cor unum, et anima una, nec quisquam eorum, quae possidebat, aliquid suum esse dicebat: sed erant illis omnia communia » (*Act*. IV, 32); e si sono già rilevate le ragioni di reciproca carità e di unità, che è anche autonomia contro l'influenza di forze laicali[58], che rendono per Pier Damiani necessaria questa organizzazione; coerente perciò è il suo commento: « Quisquis ergo clericus proprietatis conatur habere peculium, non valet apostolorum tenere vestigia: quia non erit illi cum fratribus cor unum et anima una »[59]. Assurdo è inoltre pensare che possa essere concesso ai chierici ciò che fu negato agli apostoli; e Cristo, quando li inviò a predicare, ordinò loro, secondo la testimonianza di Marco (*Marc*. VI, 8), « ne quid tollerent in via, nisi virgam tantum, non peram, non panem, neque in zonis aes »; ed ora, postilla amaramente Pier Damiani, per accontentare le pretese dei chierici « ad aeris, hoc est pecuniae receptaculum », non basterebbe certo una bisaccia, e forse nemmeno un'« arca »[60].

Superfluo è soffermarsi su tutte le argomentazioni, ricavate da una ricca scelta di versetti biblici spesso interpretati

---

[57] *Op*. 24 cit., cap. 4, c. 485.

[58] L'argomento, appena implicito in questo testo nel breve cenno sull'unità dei beni ecclesiastici (cap. 4, c. 486 C) e solo sfiorato nel capitolo successivo (vedi n. 61), appare più chiaramente nella sua lettera ad Alessandro II contro la tesi che voleva staccare il beneficio ecclesiastico dall'ordinazione sacerdotale (*Ep*. I, 13, *PL*, 144, c. 219 ss.; contro la alienazione dei beni ecclesiastici cfr. anche *Ep*. IV, 8, c. 309 ss., e *Ep*. IV, 12, c. 321 ss.), e si manifesta in modo esplicito nell'*Op*. 22, *Contra clericos aulicos ut ad dignitates provehantur*, *PL*, 145, c. 463 ss., pur rimanendo sempre il discorso su di un piano di considerazioni morali, violentemente antisimoniache, che non impugnano peraltro direttamente l'investitura laica.

[59] *Op*. 24 cit., cap. 4, c. 486 B.

[60] *Op*. 24 cit., cap. 4, c. 487.

allegoricamente, che corroborano la vigorosa dimostrazione di
Pier Damiani. Basti rilevare ancora il pericolo di disobbedienza nei confronti del vescovo, che egli individua incom-
bente in ogni forma di proprietà da parte di chierici [61]; preoccupazione del resto che ritorna in altri scritti suoi, come, sotto
forma di calda raccomandazione, in quel lungo carme sui diversi *ordines* presenti nella Chiesa; dove parlando a tutti i
chierici avverte: « Qui vult esse canonicus (intenderei qui
" nel solco della legge "), / sit bonus et idoneus / obediat
episcopo, / ut seniori inclyto » [62]. Ma soprattutto converrà
insistere ancora un momento sull'estremo rilievo che acquista
in lui uno stato di totale povertà per poter esercitare una
conveniente predicazione. E se non siamo ancora in modo
chiaro su di un piano normativo, l'indirizzo è certo in questo
senso. La rinuncia infatti ad ogni bene terreno per poter esercitare la predicazione non è legata soltanto al fatto che dal-
l'esempio e dalla santità della propria vita deriva la prima
e più efficace forma di predicazione, perché si attua così nelle
opere ciò che si insegna con la parola, ma anche dall'esplicita
constatazione che è quella rinuncia a costituire la prima forma
di imitazione apostolica, ed insieme che fu essa a rendere
valida la predicazione degli apostoli [63]. Lo stato di povertà
diviene così un elemento essenziale della condizione ecclesiastica, della validità ed autenticità del suo magistero.

Ma vedere in ciò solo il frutto di una solitaria meditazione
culturale sviserebbe la concretezza dell'esperienza religiosa di
Pier Damiani. Infatti la sua esigenza pauperistica deriva da
un'attenta osservazione della Chiesa del suo tempo, non meno
che da un'accurata esegesi scritturale, ma resa tanto più sensibile dallo spettacolo quotidiano di corruzione mondana offerta da vescovi e sacerdoti. Basti riandare alle pagine del

---

[61] *Op.* 24 cit., cap. 5, c. 487: « Peculii denique proprietas facit ut clerici sui pontificis dedignentur imperium; ut disciplinae, vel obedientiae veram
libertatem deserant, et turpi foedissimae deditionis opprobrio saecularibus colla
submittant ».

[62] *Carmina et preces* 222, *PL*, 145, c. 974.

[63] *Op.* 24 cit., cap. 6, c. 489 s.

Contra philargyriam et munerum cupiditatem [64], dove egli consegna in un certo modo la sua passata esperienza di cardinale vescovo [65], o a quelle del *Contra clericos aulicos ut ad dignitates provehantur* [66], o del *Contra inscitiam et incuriam clericorum* [67], per misurare l'aggancio reale di certe sue polemiche contro l'avarizia ed il lusso di certo clero, la sua ignoranza delle più elementari nozioni scritturali e liturgiche, contro l'ossequio di esso ai potenti nell'aspirazione di ottenere più alte cariche ecclesiastiche. I vescovi che egli colpisce, coperti di vesti multicolori, desiderosi delle « transmarinorum pelles, quia magno pretio coemuntur » [68], sono vescovi veri, che egli individua nelle persone di suoi contemporanei; e così i tanti chierici ignoranti e crapuloni, avidi ed avari, che s'incontrano così spesso nei suoi scritti, non sono altro che la tipizzazione di figure reali che chiaramente s'intravvedono dietro la sapiente retorica dello scrittore. Nasce in lui, da questo spettacolo, l'accorato pensiero dell'irrimediabile decadenza, dell'oramai incipiente vecchiezza del mondo [69]; ma insieme esso è molla per la propaganda di un ideale accentuatamente pauperistico, che prelude a quello che su più vasta scala s'affermerà nei secoli successivi. Nel possesso di beni propri infatti, nell'avidità di accrescerli, Pier Damiani avverte la radice della

---

[64] *Op.* 31, PL, 145, cc. 529-542. Nel Vat. lat. 3797, f. 98*r*, porta la rubrica « Ut avaricie resistatur, et dum cuique succurritur, munerum retributio non queratur » (cfr. BLUM, *op. cit.*, p. 208).

[65] *Op.* 31 cit., c. 531: « In conflictu sedis apostolicae, in quo vos adhuc unanimiter desudatis, concertator et ipse pugnavi. Sed ecce cum militari cingulo sim solutus, et in municipii pace compositus, libet iam docere quod didici ».

[66] *Op.* 22, PL, 145, cc. 463-472. Nel Vat. lat. 3797, f. 190*v*, porta la rubrica « Quod curiales episcopi qui per obsequia principum sedes acquirant, symoniace hereseos laqueis deterius innectuntur » (cfr. BLUM, *op. cit.*, p. 209 s.).

[67] *Op.* 26, PL, 145, cc. 497-504. Vedi p. 109 e n. 37.

[68] *Op.* 31 cit., cap. 6, c. 538 B.

[69] *Op.* 12 cit., cap. 1, c. 251 ss.; cap. 33, c. 289: « Mundus ... quasi longo lassatus iam senio, per cuncta sua membra probabiliter indicat quia cursus sui terminos diutius non elongat ». Vedi su questo anche più avanti, p. 385 ss.

corruzione morale, della decadenza culturale dell'ordine ecclesiastico, la causa del suo continuo distrarsi dalle cure pastorali in contese estranee al suo stato, dello spegnersi in tanta
parte di esso di ogni slancio di carità e di apostolato. Si comprende così la sua insistenza nel sostenere il rifiuto anche di
doni e di offerte, la malcelata diffidenza con cui egli a volte
non può fare a meno di guardare alla ricchezza di certi monasteri, la gioiosa meraviglia con cui saluta chi da essi ha
saputo distaccarsi per accedere « ad heremitice districtionis
inopiam » [70]. E si chiarisce meglio il significato storico del
suo insegnamento, il valore anche pedagogico della sua esperienza religiosa per la ricerca di una concretizzazione sempre
più adeguata ed aderente della *vita vere apostolica*. Tra Rodolfo Glabro, monaco di Cluny, che saluta con ingenua am-
mirazione il largo sorgere di bianche opulente chiese in terra
di Francia [71], e la sofferta meditazione dell'anonimo chierico

---

[70] Cfr. la lettera di Pier Damiani ai due eremiti Ambrogio e Liupardo
pubblicata da J. LECLERCQ, *Une lettre inédite de saint Pierre Damien*, in
« Studia Anselmiana », t. 18-19, Romae 1947, p. 286; cfr. anche *Ep.* III, 7,
PL, 144, c. 295 s.; *Ep.* VI, 32, c. 424; *Ep.* VI, 36, c. 434. Per altri riferimenti alla sua polemica contro l'*avaritia*, vedi più avanti, n. 61 a p. 318.
    [71] RODULFUS GLABER, *Historiarum libri quinque*, lib. III, cap. 4, ed.
M. Prou, Paris 1886, p. 62. Per la posizione di Rodolfo Glabro, ed in genere
del monachesimo cluniacense, rispetto ai beni temporali, cfr. H. GRUNDMANN,
Religiöse Bewegungen im Mittelalter, Berlin 1935, p. 15, n. 3. La costruzione
di ampie, solide chiese in muratura e di monasteri figura come tema pressoché costante nella letteratura agiografica tra la fine del X e gli inizi dell'XI
secolo: cfr., ad es., *Vita S. Guidonis abbatis Pomposiani*, in D'ACHERY-
MABILLON, VI, 1, c. 5, p. 449 s.; *Vita B. Richardi abbatis S. Vitoni Virdunensis, ibid.*, c. 7, p. 459; *Vita S. Godehardi episcopi Hildesheimensis ...
auctore Wolfero, ibid.*, c. 9, p. 355; e tale continuerà del resto a figurare
anche in seguito, nonostante le contestazioni di cui, nei successivi decenni,
tale attività venne fatta oggetto, e gli indirizzi e prospettive diverse aperte dai
movimenti evangelici e pauperistici: cfr., ad es., *Vita Altmanni episcopi Pata-
viensis* (III-IV decennio del XII secolo), *MGH*, *SS*, XII, c. 17, p. 234. Per
le ricostruzioni, nella seconda metà del X secolo e oltre, come manifestazione
della *renovatio*, cfr. F. HEER, *Die " Renaissance " - Ideologie im frühen
Mittelalter*, in « Mitt. des Inst. für österreich. Geschichtsforsch. », LVII
(1949), p. 72 ss. Vedi anche, come esempio delle profonde e varie implicazioni connesse alle dispute su questa attività, il suggestivo saggio di E. PA-
NOFSKY, *Abbot Suger on the Abbey Church of St.-Denis and Its Art Treasures*,

della chiesa di Eichstaedt, che individua nei pesanti contributi richiesti ai propri fedeli dai vescovi per l'edificazione di nuovi templi la ragione dei moti che provocavano in quegli anni la cacciata di molti pur degni pastori dalle proprie sedi [72], o la precisa insistenza di tanti cronisti nell'indicare in un *tugurium*, in una povera dimora, posta in luoghi deserti, l'abitazione scelta dalle nuove comunità che sorgono sullo scorcio del secolo nel desiderio di una più coerente imitazione apostolica [73],

Princeton 1946, pp. 1-37 (ora in trad. it., in *Il significato delle arti visive*, Torino 1962, pp. 109-145).

[72] ANONYMUS HASERENSIS, *De episcopis Eichstetensibus*, cap. 29, ed. L. C. BETHMANN, *MGH, SS*, VII, p. 261.

[73] Cfr. ad es. CH. DEREINE, *Les coutumiers de Saint-Quentin de Beauvais et de Springiersbach*, in « Revue d'hist. eccl. », 43 (1948), p. 422; *Les origines de Premontré, ibid.*, 42 (1947), p. 368 e n. 2, e p. 374 s.; *La spiritualité « apostolique » des premiers fondateurs d'Afflighem (1083-1100), ibid.*, 54 (1959), p. 49, n. 3, e p. 52 s. Il tema diventa così frequente nel periodo da toccare anche ambienti più legati ad un'organizzazione tradizionalmente cenobitica, come i vallombrosani: cfr. ANDREA STRUMENSIS, *Vita S. Iohannis Gualberti*, cap. 43, ed. F. Baethgen, *MGH, SS*, t. XXX, p. II, p. 1089: « Quodam itaque tempore, cum monasteria, quae sub suo erant regimine, solito more inviseret (scil. Iohannes), venit ad cenobium, cui vocabulum est Muscetum, ubi, cum casas cerneret grandiores pulcrioresque quam vellet, accersito venerabili viro domno Rodulfo, qui eas construxerat, et ab illo ibi ordinatus fuerat abbas, severissimo vultu dixit: " Tu in isto loco haec tibi fabricasti palatia? " ». (E fa quindi il miracolo di abbattere quelle case con un rigagnolo che scorreva appresso). Non è questo ancora tema di Pier Damiani: anche se non è senza significato forse che nell'*Ep.* VIII, 2, *PL*, 144, c. 465 C, l'abbate Riccardo di Verdun, uno dei grandi costruttori dei primi decenni dell'XI secolo (vedi n. 71) sia collocato « ad infernum »: « Hoc enim morbo laboraverat abbas ille, dum viveret, ut in extruendis inaniter aedificiis, omnes fere diligentiae suae curas expenderet, et plurimas facultates ecclesiae in frivolis huiusmodi naeniis profligaret. Quod ergo fecit in vita, hoc perferebat in poena »; e segno ulteriore della sensibilità con cui avverte il problema è anche il modo cauto ed esplicito di trattarlo. In quello che è una sorta di testamento spirituale ai fratelli (*Op.* 14 cit., c. 334), dopo aver enumerato le pratiche ascetiche e liturgiche che devono essere loro proprie, avverte: « Ut autem ad haec observanda nullus excusationi pateat locus, iuxta id, quod exiguitate loci humilis competebat, studuimus eotenus possessiones acquirere: ut praedictum fratrum numerum possis (si sta rivolgendo al suo successore), nisi exercendi cura defuerit, sustentare ». Il problema primario della vita eremitica resta per Pier Damiani la pratica ascetica, contemplativa, una dura povertà personale, raggiunta attraverso un preciso sforzo di volontà individuale. Questo giustifica ai suoi occhi che il monastero sia dotato di quei pochi mezzi utili a favorirla.

stanno certamente profondi rivolgimenti sociali e spirituali, vicende religiose e politiche, che sarebbe assurdo dimenticare o trascurare. Ma tra queste così distanti posizioni, nel maturarsi alla fine del secolo di così nuove e diverse religiosità — e la scelta pauperistica, in questo caso, è forse segno in primo luogo del rifiuto di riconoscere in case o pietre la dimora di Dio, la sede della presenza di Dio nel mondo e nella storia, per riportare il centro dell'attenzione sull'uomo, su di un impegno personale, su di una *conversio* individuale, necessari perché il miracolo della redenzione trovi la sua vera sede di testimonianza nel mondo —, si colloca anche, e con non scarso rilievo, l'invito pauperistico di Pier Damiani, che se nasce dalla sua esperienza eremitica non ad essa soltanto si limita: il suo ammonimento ai discepoli di « vivere in paupertate pro Christo », di « crucem portare post Christum » [74], prelude già chiaramente all'« esse pauper cum Christo » dei predicatori itineranti francesi, in una nuova più affinata ed individuale spiritualità impegnata in uno sforzo di perfezione che è anche di coerenza interiore, di rottura con ogni conformistico adeguamento alle forme degenerate della tradizione.

Certamente in Pier Damiani il problema della povertà è sentito ancora solo assai debolmente in riferimento ai beni delle chiese, ai loro possessi e proprietà (anche se fuggevoli accenni in questo senso trapelano qua e là nei suoi scritti): e ancora primaria rimane in lui la preoccupazione di mantenere unito il patrimonio ecclesiastico, di salvaguardarlo da ogni alienazione; ed è il pericolo di queste, frutto il più delle volte di interessi personali, che lo spinge a sottolineare tanto più efficacemente il carattere comunitario di ogni possesso ecclesiastico, legato alla chiesa e non ai suoi singoli componenti [75]. Ma tuttavia il suo proporre e risolvere in termini radicali il problema pauperistico su di un piano personale,

---

[74] Cfr. la citata lettera edita dal LECLERCQ, *Une lettre inédite* cit., p. 286 s.

[75] Cfr. gli scritti di Pier Damiani citati a n. 58.

apre chiaramente la strada, e non credo forzatura metterlo in rilievo, ad un suo allargamento ad ambiti più vasti.

Proprio infatti per tutelare povertà personale e rinuncia e distacco dal mondo, da Pier Damiani affermati come necessari, le tendenze che si sviluppano nei decenni seguenti a creare nuove forme di vita comunitaria romperanno più chiaramente con il cenobitismo tradizionale, sostenendo appunto la necessità di una rinuncia anche ai beni che caratterizzavano l'organizzazione monastica tradizionale, e non essa soltanto[76].

I numerosi altri accenni più o meno diffusi alla vita comune del clero che si incontrano in altri scritti di Pier Damiani, confermano le osservazioni fatte finora. E se nel trattatello diretto ad Ugo I di Besançon, probabilmente della fine del 1063[77], egli si limita ad un generico apprezzamento delle virtù e della sapienza di quel clero, riunito in numerose comunità, dove esso « splende come un coro di angeli »[78], nella sua lettera all'arcivescovo Alfano di Salerno la lode ai canonici di Velletri si puntualizza in una serie di osservazioni che ci danno ancora una volta la misura dell'ascetismo monastico con cui Pier Damiani concepisce la vita delle comunità chiericali. Non solo infatti loda la lettura individuale di tutto il salterio nel tempo di quaresima e il completo digiuno tre

---

[76] Vedi soprattutto G. MORIN, *Rainaud l'ermite et Ives de Chartres: un épisode de la crise du cénobitisme au XIᵉ-XIIᵉ siècle*, in « Revue Bénédictine » XL (1928), pp. 99-115, e CH. DEREINE, *Odon de Tournai et la crise du cénobitisme au XIᵉ siècle*, in « Revue du Moyen Age latin », IV (1948), p. 143 ss. (e n. 31 ss.).

[77] *Op. 39, Contra sedentes tempore divini officii*, PL, 145, cc. 641-648. Il BLUM, *op. cit.*, p. 202, lo data tra il novembre del 1063 e l'inizio del 1064. Pier Damiani ebbe infatti occasione di passare per Besançon nel corso del suo viaggio in Francia, tra il maggio e l'ottobre 1063. Non molto dopo fu scritto l'opuscolo in questione.

[78] *Op. 39 cit.*, cap. 1, c. 642. La carta di fondazione della canonica di Santo Stefano è pubblicata nel MIGNE, PL, 80, c. 421 ss. Sulla chiesa di Besançon durante il vescovado di Ugo, e le sue fondazioni canoniche, cfr. M. RICHARD, *Histoire des diocèses de Besançon et de Saint-Claude*, t. I, Besançon 1847, p. 243 ss. e p. 254; L. LOYE, *Histoire de l'Eglise de Besançon*, t. II, Besançon 1902, p. 3 ss. e p. 9 ss.; R. SURUGUE, *Les archevêques de Besançon*, Besançon 1931, p. 112 ss.

volte la settimana, ma soprattutto, segno di un particolaris-
simo fervore di più dura disciplina, il fatto che durante tutta
la quaresima che precede la Pasqua e quella che precede il
Natale, per tre volte la settimana ciascuno si spogli nel capitolo di fronte ai fratelli e dopo aver confessato i propri peccati « dura corrigiarum scutica perferat disciplinam » [79]. È
l'uso delle verghe, di una dura disciplina corporale, che Pier
Damiani già aveva difeso ed esaltato come novella forma di
martirio contro coloro che ne traevano falso motivo di scandalo [80]. Santità e perfezione di vita questa, commenta Pier
Damiani, che indica chiaramente di quale giudizio debbano
essere gratificate le altre [81].

[79] Op. 34/2, PL, 145, c. 584 (intorno al 1063; cfr. NEUKIRCH, op. cit.,
p. 114). Questo opuscolo, conservato nel codice Cas. 359, presenta a p. 169
la rubrica Ad eundem scritta di mano più tarda. L'intero indirizzo « Domno ...
affectum» (PL, 145, c. 584 B) non vi figura. Lo scritto immediatamente precedente (pp. 160-169) è l'Op. 25 ed ha come titolo De officiis pontificum e
come indirizzo «Domno A. venerabili archiepiscopo P. peccator monachus
plenissime devotionis obsequium». È probabile che l'arcivescovo sia Alfano,
l'unico arcivescovo il cui nome cominciasse per A con cui Pier Damiani
intratteneva stretti rapporti epistolari in questo periodo. A lui sarebbero
perciò indirizzati e l'Op. 25 e il 34/2. Anche di questi rilievi sono grato
debitore a Kurt Reindel. A favore dei chierici di Velletri ci è rimasto anche
un privilegio di Alessandro II, datato da Roma, 11 giugno 1065, concesso
su istanza di Pier Damiani (dice infatti rivolgendosi ai chierici di Velletri,
« fidelissimis serviitiis vestris expressis a Petro Damiano nostro coepiscopo »;
cfr. ALEXANDER II, Epistolae et diplomata, n. 29, PL, 146, c. 1310).
Vedi anche KEHR, II, p. 103.
[80] Ep. V, 8, PL, 144, c. 349 ss.; cfr. anche l'Op. 43, De laude flagello-
rum et, ut loquuntur, disciplinae, PL, 145, cc. 679-686.
[81] Op. 34/2 cit., c. 584: « In quo videlicet sanctae conversationis in-
dicio potes manifeste colligere, quid de caeteris vitae modis et observationibus debeas aestimare».
[82] È stato edito da A. MAI, Spicilegium Romanum, t. IV, Roma 1840,
pp. 316-322. Per la bibliografia relativa al cod. Sessor. 34, da cui esso è
tratto, cfr. K. REINDEL, Studien zur Ueberlieferung der Werke des Petrus
Damiani, I, in DA, 15 (1959), p. 48 e n. 111. G. LUCCHESI, Clavis S. Petri
Damiani, in Studi su San Pier Damiano in onore del cardinale A. G. Cicognani, « Biblioteca Cardinale Gaetano Cicognani » 5, Faenza 1961, p. 388 ss.,
ristampando il testo del Mai, ha avanzato una serie di dubbi sulla sua attribuzione: non è vero però, contrariamente a quanto egli afferma, che « l'A.
dichiara di essere un aliquis pauper, non qualificato per rivolgere parole di
ammonimento a sacerdoti» (p. 391); viene detto invece, dipingendo la deca-

Un rapido sommario di questi e degli altri motivi che per Pier Damiani fondano e devono caratterizzare la vita in comune del clero si ritrova in un suo Sermone, conservato soltanto in un codice Sessoriano originario dell'abbazia di Nonantola, e dedicato chiaramente alla condizione sacerdotale[82]. Anche qui, dopo un desolato quadro sulla corruzione dei pastori, sulla loro ottusa resistenza ad ogni invito di riforma, egli traccia un rapido schizzo ideale della vita del clero, partendo da un passo di Isidoro che si ritrova nella regola di Aquisgrana, e che Pier Damiani, con significativo mutamento rispetto al testo originario, riferisce alla vita comune: « Due sono i generi di chierici ecclesiastici, come dice sant'Isidoro, il primo, di coloro che stanno sotto il governo del vescovo, e vivono in comune, e rinunciano alla propria volontà, e perseverano nella castità. Acefalo il secondo, cioè senza il governo di un capo, che ignora chi segua »[83]. È la solita constatazione: secondo Pier Damiani per i chierici non ci sono alternative possibili alla vita in comune, senza cadere in un tipo di vita « turpis et vacua », simile a quella di « bruta animalia », di « ippocentauri », dirà, mezzi laici e mezzi chierici, corrotta e

denza del costume ecclesiastico, che non c'è nessuno che impedisca ai lupi di dilaniare il gregge del Signore; e per rincalzare su questa affermazione viene aggiunto che, se qualche « pauper » si azzarda ad accusare gli indegni pastori, subito gli si contesta il diritto di farlo: a torto, perché anche Paolo accusò Pietro, che era Pietro, e via dicendo. Ci si muove cioè sul piano di un'argomentazione e di una dimostrazione in gran parte analoghe alla *Ep.* I, 12, *PL*, 144, c. 214 ss. (vedi p. 330 s. di questo libro). Né sono probanti le altre ragioni avanzate dal Lucchesi (p. 392), di fronte ad un'attribuzione da parte di un manoscritto che è di Nonantola e che risale con assoluta certezza, come mi informa con grande cortesia E. Casamassima che sta studiando appunto lo *scriptorium* di questo monastero, alla metà del sec. XI (così come continuerei a considerare il testo, chiaramente incompleto, piuttosto di un sermone che di un opuscolo). Tutto il problema, peraltro, della tradizione manoscritta e del *corpus* dei sermoni di Pier Damiani attende ancora di essere compiutamente studiato, dopo che il Reindel ne ha offerto i principali elementi nelle sue fondamentali ricerche per l'edizione delle lettere (in *DA*, 15, 1959, pp. 23-102; 16, 1960, pp. 73-154; 18, 1962, pp. 317-417).

[83] MAI, *op. cit.*, p. 320. Per il passo originale di Isidoro vedi *Concilium Aquisgranense*, A. 816, c. 101, ed. A. Werminghoff, *MGH, Leg.* III, *Conc.* II, Hannoverae et Lipsiae 1906, p. 378.

contraddittoria ad ogni imitazione evangelica. E su questo tema insiste anche in questo sermone, sottolineando i motivi di rinuncia e di separazione dal mondo che stanno alla base di ogni scelta ecclesiastica [84].

Nulla di nuovo aggiunge a questo quadro uno scritto di Pier Damiani in difesa dei diritti pastorali dei monaci contro le pretese contrarie di un gruppo di canonici (ma lo scritto purtroppo non è localizzabile); esso è soprattutto un'esaltazione dell'ordine monastico e come tale solo marginalmente, e in riferimento ad una situazione assai particolare, tocca della vita comune del clero [85]. L'interesse di questo opuscolo consiste piuttosto nel fatto che esso costituisce uno dei primi esempi, se non il primo, di quella polemica tra monaci e canonici, che avrà tanta parte negli ultimi decenni del secolo XI ed in quello successivo.

Poche parole ancora a titolo di conclusione. Dall'esame condotto mi sembra emerga chiaramente il posto di notevolissimo rilievo occupato da Pier Damiani in una più precisa determinazione del problema della vita in comune tra il clero. Al di là delle sporadiche e settoriali iniziative di promovimento della vita canonica, che fin dallo scorcio del X secolo si notano in varie parti d'Europa quale reazione alla deca-

---

[84] Mai, *op. cit.*, p. 320 s.

[85] *Op.* 28, *Apologeticus monachorum adversus canonicos*, PL, 145, cc. 511-515 (scritto alla fine del 1058 o agli inizi del 1059; cfr. cap. 1, c. 513 D). Essa si ritrova nel Cod. 59 della biblioteca di Santa Caterina a Pisa (cfr. C. Vitelli, *Index codicum latinorum qui Pisis in bybliothecis conventus S. Catherinae et Universitatis adservantur*, in «Studi italiani di filologia classica», 8 (1900), p. 361 s.; cfr. anche K. Reindel, *Studien* cit., p. 45 e n. 90); lo precede il testo che va sotto il nome di *Decretum Bonifatii*, molto diffuso nel periodo: cfr. H. Frank, *Zwei Fälschungen auf den Namen Gregors d. Gr. und Bonifatius IV. Ein Beitrag zur Ehrenrettung Erzbischof Lanfranks von Canterbury*, in «St. u. Mitt. z. Gesch. des Benod.-Ordens», Bd. 55 (1937), p. 39; J. Leclercq, *Analecta monastica*, IIe série, in «Studia Anselmiana» 31, Romae 1953, p. 138 e n. 2; ai manoscritti noti si può aggiungere il Vat. lat. 1358, saec. XII, f. 106 rab. Anche per questo opuscolo il Lucchesi, *Clavis* cit., p. 313 s., ha avanzato dubbi non necessari sull'attribuzione a Pier Damiani (e che il testo si trovi ripetuto nella *Collectio canonum* di Anselmo di Lucca quale figura nel Cod. 59 non significa affatto che lo si intendesse attribuire ad Anselmo).

denza del costume, alla dispersione del patrimonio ecclesiastico, superando il pur sempre limitato intervento del concilio
Lateranense del 1059, ancora ristretto all'esame delle caratteristiche della vita canonica come istituto particolare, è Pier
Damiani il primo che esplicitamente e largamente enuncia il
principio della vita comune come presupposto essenziale per
l'attuazione di un autentico stato di vita chiericale che va appunto integralmente ricostruito nelle sue forme comunitarie
e pauperistiche. Spostando così la questione da un piano particolare di reintegrazione e riforma di un'istituzione decaduta
a quello generale del completo rinnovamento della condizione
chiericale nella Chiesa, presupposto essenziale e necessario per
una più profonda cristianizzazione della società. E per alcuni
decenni il dibattito sarà intorno a questa impostazione, la vita
comune diverrà, nella mente di non pochi riformatori, il genere di vita caratteristico dello stato sacerdotale. Penso soprattutto ad Anselmo di Lucca, che, come testimonia il suo
biografo, preferiva vedere le chiese senza pastori piuttosto
che amministrate da chierici o monaci « irregulares »[86], e che
nel VII libro della sua *Collectio canonum* chiaramente individua nella vita comune la condizione di vita del clero[87]. Ma
sembra già al di fuori di questa linea Urbano II quando, riferendosi evidentemente alla gerarchia, o alla parte migliore
di essa, parlerà delle due forme di vita adatte ai « fortiores »,
che si richiamano alla tradizione apostolica, quella monastica
e quella canonica[88]. Perché proprio il fatto di accentuare

[86] *Vita Anselmi episcopi Lucensis*, cap. 31, ed. R. Wilmans *MGH, SS,*
XII, p. 22: « Per singulas ecclesias in omni supradictae saepius dominae
(scil. Mathildae) terra regularem clericorum vel monachorum composuit vitam: qui et malle se, inquit, ut in ecclesia nullus esset vel clericus vel monachus, quam irregularis, ut ita dicam, et irreligiosus ».
[87] Vedi l'edizione di F. Thaner, Innsbruck 1906, pp. 362-367; cfr. anche
CH. DEREINE, *Le problème de la vie commune* cit., p. 292.
[88] URBANO II, *Epistolae et privilegia*, n. 58, *PL*, 151, c. 337 ss. (a Udalrico, preposito della canonica di Rottenbuch, il 28 gennaio 1092). Analogo
testo era già stato usato probabilmente a favore di San Rufo (cfr. CH. DE-
REINE, *L'élaboration du statut canonique* cit., p. 545 ss., che ripubblica il
testo). Tuttavia Urbano II sembra oscillare tra le due posizioni, l'una ispirata all'insegnamento di Pier Damiani, l'altra in linea con la tradizione della

nuovamente il carattere di particolare perfezione connesso alla vita canonica, l'originalità della sua vocazione, apriva necessariamente la strada ad intenderla come uno stato particolare della vita chiericale, non più come la forma tipica di essa: la possibilità di scegliere questa via durissima di rinuncia veniva tutelata e difesa dagli attacchi e dalle critiche che le venivano mossi, proprio togliendole ogni carattere di universale necessità per tutto il clero. E sarà questa la linea che trionferà nei primi decenni del secolo XII, facilitata insieme dalle numerose regole e consuetudini che informavano ormai, spesso in confronto e in contrasto tra loro, la vita ecclesiastica. Ma di questi sviluppi non è questo il luogo di trattare.

sinodo del 1059. Legato alla prima infatti sembrerebbe quel canone pubblicato nel concilio di Piacenza del 1º marzo 1095, dove tutto generale è il discorso: « De communi clericorum vita, novum quid nequaquam indicimus sed eos qui ecclesiae beneficiis potiuntur, propriis renuntiare, ad exemplar primitivae ecclesiae in qua nemo aliquid suum dicebat, et communione una vivere praecipimus secundum sanctorum scilicet Urbani papae decreta, Augustini et Prosperi instituta. Cui enim est vel quorum ipsi pars Deus sit, talis exhibere se debent ut possideant Dominum, ut possideantur a Domino » (DEREINE, op. cit., p. 551).

PER LA STORIA DELLA PATARIA MILANESE

Nei suoi due studi sulla società milanese del sec. XI, il Violante [1] ha messo chiaramente in luce lo stretto collegamento esistente a Milano tra lo sviluppo sociale ed economico — e quindi le lotte che in seguito ad esso si determinano — del periodo aribertiano ed i moti che scoppiano nel periodo seguente, provocati dall'azione della pataria, analizzando a lungo e con grande precisione il dodicennio 1045-1057 — così vuoto di grandi fatti e quindi così dimenticato dagli storici —, per cogliere le correnti segrete che preparano l'apparentemente improvviso manifestarsi dei moti patarinici. Egli ha posto così in evidenza, tra l'altro, i vari legami che uniscono alcuni rappresentanti del clero ambrosiano con la Francia, e particolarmente con alcune zone tipiche di riforma [2], e l'instabilità dell'accordo stretto intorno all'arcivescovo Guido fra alto clero, capitanei, valvassori e quella parte dei *cives* che per le loro larghe proprietà e per gli uffici di volta in volta ricoperti si venivano ad essi assimilando: da quell'accordo infatti erano rimasti esclusi una larga parte dei cittadini (mercanti, monetieri, artigiani, popolo minuto), il ceto campagnuolo e « la schiera innumerevole di lavoratori di terre altrui, i rustici » [3], mentre tra il clero cardinale, ma soprattutto tra quello decumano venivano facendosi luce elementi che per la loro viva religiosità sempre meno erano disposti

---

[1] C. VIOLANTE, *La società milanese nell'età precomunale*, Bari 1953, e *La pataria milanese e la riforma ecclesiastica. Le premesse (1045-1057)*, in « Studi Storici » 11-13, Roma 1955.

[2] Cfr. C. VIOLANTE, *La pataria* cit., p. 151 ss.

[3] Cfr. C. VIOLANTE, *La pataria* cit., p. 144.

a tollerare la situazione di simonia e concubinato che quell'accordo finiva col facilitare e favorire.

E proprio dalla campagna proviene il promotore delle agitazioni patariniche, Arialdo, diacono decumano, figlio di modesti proprietari terrieri, che aveva frequentato le scuole della diocesi milanese [4] e poi aveva peregrinato « in diversis terris » dedicandosi agli studi, « donec optime tam liberalium quam divinarum litteratum haberet scientiam » [5].

Della vivacità religiosa delle campagne milanesi un indice non trascurabile era stato offerto alcuni decenni prima dal largo interesse che i *rustici* avevano mostrato per l'insegnamento degli eretici di Monforte, accorrendo a frotte in città

---

[4] Una ne esisteva ad esempio nella pieve di S. Vittore di Varese; cfr. C. VIOLANTE, *La pataria* cit., p. 175, n. 1. Per la probabile origine di Arialdo da semplici proprietari di campagna, nonostante alcune testimonianze contrarie di Andrea di Strumi, cfr. C. VIOLANTE, *La pataria* cit., p. 176 s. Alle osservazioni del Violante si può aggiungere come ulteriore riprova questa: che mentre i passi di Andrea che ci darebbero testimonianza delle nobili origini di Arialdo sono sempre inseriti in un contesto dove chiaramente il cronista si propone la sua esaltazione (e tra i motivi di essa poteva rientrare anche un'origine nobiliare, tanto più per la rara rispondenza che essa presentava con una vita nobilmente e santamente vissuta), l'unico, prescindendo naturalmente dalla testimonianza di Arnolfo, da cui si può dedurre la sua origine da modesti proprietari terrieri, che con gli altri *vicini* si raccoglievano in una organizzazione di *vicina* (ANDREA STRUMENSIS, *Vita sancti Arialdi*, cap. 2, ed BAETHGEN, *MGH, SS*, XXX, p. II, p. 1050), accenna del tutto casualmente, e perciò in modo tanto più probante, alla condizione sociale della famiglia, volta l'attenzione del cronista alla caratterizzazione piuttosto di un clima morale, nel quale cresce Arialdo, fuori da ogni intento apologetico di altro fine.

[5] ANDREA STRUMENSIS, *Vita Sancti Arialdi* cit., c. 4, p. 1051; LANDULFUS SENIOR (*Historia Mediolanensis*, edd. L. C. BETHMANN e W. WATTENBACH, *MGH, SS*, VIII, lib. III, c. 5, p. 76), lo chiama « artis liberae magister », e BONIZO (*Liber ad amicum*, lib. VI, ed. E. DÜMMLER, *MGH, Libelli de lite*, t. I, p. 591) lo dice « liberalibus studiis adprime eruditus ». Più volte Andrea di Strumi sottolineerà, quasi motivo polemico contro il resto del clero, la profonda conoscenza di Arialdo nelle sacre Scritture: cfr. ancora a p. 1051; c. 10, p. 1055 (Arialdo « primus in virtute scientiae et sanctitatis »); c. 17, p. 1060; c. 18, p. 1062; cfr. ancora la lettera del prete Siro ad Andrea, posta in appendice alla *Vita*, p. 1073 s. Aggiungo qui che ritengo perfettamente probante la dimostrazione condotta dal VIOLANTE (*La pataria* cit., p. 164 ss.) intorno al carattere leggendario del racconto di Landolfo Seniore, per quanto riguarda il ruolo di primo piano che sarebbe stato svolto da Anselmo da Baggio nella « fondazione » della pataria.

per ascoltarne la predicazione — e con grande abilità polemica Landolfo Seniore cercherà ad un certo momento di insi-
nuare una parentela tra i patarini e questi non dimenticati
eretici [6]. Forse si può supporre anche una qualche influenza
dei monaci cluniacensi, presenti a Pavia [7]; e segno di nuova
religiosità può anche essere considerato il numeroso sorgere
in questo periodo di piccole chiese private, « che esercitando
meno il fascino delle rendite lucrose, piuttosto che causa di
simonia potevano diventare centro di rinnovamento religioso » [8]. Arialdo stesso del resto aveva costruito una chiesa sul
suo podere [9]. Comunque prima che al ceto campagnuolo ed
ai rustici la predicazione inziale di Arialdo sembra rivolgersi
al clero di Varese, ottenendo tuttavia ben scarso successo:
viene anzi ironicamente invitato a recarsi a Milano, per so-
stenervi di fronte a più dotto pubblico le sue dottrine di
penitenza [10].

Che egli dapprima si rivolgesse al clero per ricondurlo su
una strada di più profonda dottrina e di maggiore moralità,
sembrerebbe confermato da un accenno contenuto nel primo
discorso che egli pronuncia, appena entrato in città, al popolo
milanese [11]. È probabile che questa insistenza delle fonti pa-

---

[6] LANDULFUS SENIOR, op. cit., lib. III, c. 19, p. 87 e c. 26, p. 93.

[7] Cfr. PH. SCHMITZ, Histoire de l'ordre de S. Benoit, Maredsous 1942,
I, p. 170 s. Sordi per buona parte agli influssi di riforma erano invece i monasteri milanesi, i più strettamente legati all'arcivescovo. Della lotta dei patarini per sottrarli alla sua influenza numerosi sono gli accenni nelle fonti:
cfr. ANDREA, op. cit., c. 16, p. 1060; ARNULFUS, Gesta archiepiscoporum
Mediolanensium, lib. III, c. 17, ed. WATTENBACH, MGH, SS, VIII, p. 22.
Per la tarda introduzione del costume cluniacense a Milano cfr. P. ZERBI,
Monasteri e riforma a Milano. (Dalla fine del secolo X agli inizi del XII),
in « Aevum », XXIV (1950), p. 46 ss.

[8] L'osservazione è del VIOLANTE, La pataria cit., p. 181.

[9] Cfr. C. VIOLANTE, La pataria cit., p. 176, n. 3.

[10] Cfr. la lettera del prete Siro posta in appendice ad ANDREA, op. cit.,
p. 1073: « Nobis enim ideo loqueris, quia ineruditos cognoscis. Ceterum si
doctor haberi vis credibilis, vade, et in urbe haec loqui noli timere. Quod
si agere ausus fueris, quae dicis credenda comprobabis ».

[11] ANDREA, op. cit., c. 4, p. 1052: « Nam conatus sum eos (scil. sacerdotes) reducere ad suam lucem, sed nequivi; ut enim vos ad vestram reducam huc ideo veni ». Secondo LANDOLFO (op. cit., lib. III, c. 6, p. 77 s.) la
polemica « antisacerdotale » di Arialdo inizia tra la plebe di Varese (anche

tariniche nel rilevare come Arialdo avesse rivolto la sua prima predicazione al clero, tendesse a metterne polemicamente in luce la sordità ad ogni invito di riforma ed insieme a scaricare su di esso ogni responsabilità per una sua mancata pacifica conversione. Ma è un fatto, questo, che rivela anche, mi sembra, la profonda coscienza dei diversi *ruoli specifici* spettanti all'interno della Chiesa ai vari *ordines*, che anima fin dall'inizio i promotori della pataria. E sarà proprio, come vedremo, l'urgenza di nuove soluzioni — che già si prospetta con questo iniziale fallimento nei confronti del clero —, a renderne sempre più ricca e complessa, nei capi patarini, la determinazione.

La prima predicazione milanese di Arialdo e le prime agitazioni popolari sono rivolte contro il clero nicolaita: solo in un secondo momento, e vedremo dopo quando e perché, inizierà la lotta antisimoniaca. Se pressocché concordi sono le diverse fonti nell'offrirci questa testimonianza [12], di importanza fondamentale resta per noi la *Vita* di Arialdo scritta da Andrea di Strumi nel 1075, poco dopo la morte cruenta di Erlembaldo, quando l'autore, che aveva vissuto come diretto testimone almeno l'ultimo periodo della predicazione di Arialdo ed aveva assistito alla sua fine cruenta ed alla grave crisi succedutasi nel movimento patarinico, già si trovava da qualche tempo a Vallombrosa. Quando, come e perché An-

se tutto il passo serve al cronista per mettere in evidenza come fin dall'inizio l'arcivescovo Guido, sollecitato in questo caso dagli attoniti « rustici ac sacerdotes » di Varese, avesse cercato « benigne », chiamandolo a sé, di riportare Arialdo sulla retta via). Che Arialdo giungesse a Milano preceduto da una certa fama per un'attività di predicazione già svolta altrove, lo si può del resto supporre anche se si accetta e si interpreta in questo senso la specificazione di ANDREA (*op. cit.*, c. 4, p. 1051) riguardo all'enorme folla che accorse ad ascoltare il suo primo discorso. « Qui (scil. Arialdus) ingressus urbem populum pene universum ad eius verba confluentem fari sic adorsus est ... ». Resta peraltro il dato certo che il movimento patarinico come tale nasce a Milano (né direi perciò con il VIOLANTE, *La pataria* cit., p. 178 s., che « l'agitazione patarina nasce presso le plebi ed i piccoli proprietari del contado »), apparendo semmai questa iniziale attività di Arialdo un suo lontano e ben poco definito preannunzio.

[12] Per un'ampia discussione intorno ad esse cfr. C. VIOLANTE, *La pataria* cit., p. 182 ss.

drea vi fosse giunto resta incerto — né parrebbe che egli
abbia fatto parte della prima emigrazione milanese al monastero toscano —: si trattava comunque di un asilo amico, e
particolarmente attento e sensibile agli ideali e alle lotte che
erano stati della pataria; sostanzialmente libere, perciò, e ancora fresche ed immediate, appaiono le impressioni milanesi
di Andrea, non condizionate da quel più stretto cenobitismo
che solo nei decenni successivi si affermerà anche nella congregazione vallombrosana [13].

Particolare posto occupano nella *Vita* le prediche di Arialdo al popolo milanese ed i « dialoghi » che di tanto in tanto
le accompagnano. Si tratta evidentemente di una rielaborazione
letteraria — tanto più che è da supporre ormai per il sec. XI
una predicazione al laicato condotta largamente in volgare —,
ma non per questo meno importante e significativa. Legittimo
è infatti considerarla come costruita intorno ai motivi caratteristici della predicazione arialdina, intrecciata com'è su quei
versetti biblici che ne dovevano formare la struttura e la tematica costante. Erano essi soprattutto, nei loro costanti ritorni dalle funzioni liturgiche alle letture in comune, alla predicazione pubblica, che permettevano il nascere di una comune
spiritualità, che garantivano, come testimonianza diretta del
volere divino, l'efficacia della parola del riformatore; e sono
essi che il fedele cronista ripete, succo e fondamento insieme
delle varie argomentazioni, in un contesto che ancora conserva
molti aspetti della sua primitiva immediatezza. Carichi di una
durevole efficacia operativa, ricchi di echi che ripetevano i temi
di un'esperienza vivamente concreta, l'allusività a situazioni
contemporanee che essi richiamavano alla coscienza popolare
si acuiva ancor più nel paragone continuo con l'austera vita
del predicatore, nell'alone di santità di cui la fama lo circon-

---

[13] ANDREA, *op. cit.*, c. 15, p. 1060: « (Herlembaldus) ... nuper in defensione iustitiae martirio est coronatus »; IDEM, *op. cit.*, c. 26, p. 1072. Per
le notizie biografiche su Andrea — quelle da lui stesso offerteci nel corso
della sua opera —, cfr. F. BAETHGEN, *Prefazione* alla *Vita Sancti Arialdi* cit.,
p. 1048, e S. BOESCH GAJANO, *Storia e tradizione vallombrosane*, in *BISIME*,
76 (1964), p. 104 ss., anche per un'esatta collocazione della *Vita* nel lungo
arco dell'esperienza monastica di Andrea.

dava, in quell'emozione collettiva tipica delle folle in circostanze di particolare tensione religiosa [14], e che spiega anch'essa, per la sua parte, successi e vicende di quest'ampia attività di predicazione, che comincia a svilupparsi verso la metà del sec. XI e che toccherà il suo culmine nei primi decenni del secolo seguente. Di questa spiritualità, di questa emozione, è partecipe Andrea stesso, tutto preso nel ricordo del maestro, « famulus Christi » [15], di cui vanno fedelmente ricordati parole ed atti.

Se già di per sé queste considerazioni sono tali da porre il problema della « veridicità » dello scritto di Andrea su di un piano tutto particolare, come espressione diretta dell'ambiente che si intende esaminare, e quindi da poter assumere nei suoi diversi elementi, per quanto riguarda la spiritualità patarinica, al di là della loro corrispondenza con i dati emergenti da altre fonti, pure esistono anche altre considerazioni oggettive tali da attribuire ulteriore « fiducia » alla narrazione dei diversi episodi della vita di Arialdo. Si tratta in primo luogo della corrispondenza di Andrea con il prete Siro [16], fe-

[14] Che risulta evidente anche nello stesso racconto di Andrea dall'immediatezza di reazioni che vicende (in particolare se apparentemente miracolose) e insegnamenti di Arialdo e Landolfo provocano tra la folla, e che il cronista si sforza di rendere nella stessa terminologia con i vari « obstupescit », « illarescit », « ira, gaudio commoti », che le caratterizzano; cfr. ANDREA, op. cit., c. 8, p. 1054; c. 5, p. 1053; c. 20, p. 1065, etc.

[15] Per la graduale assimilazione della figura di Arialdo a quella del Cristo, cfr. p. 195 ss. di questo studio. Qui si richiama unicamente per sottolineare come anch'essa, ponendo le vicende della vita del santo in una luce di sacralità tutta particolare, contribuisse ad un ricordo geloso delle sue parole e dei suoi insegnamenti.

[16] Il BAETHGEN nella sua Prefazione cit., p. 1047, avanza qualche dubbio sull'autenticità della lettera di Siro, prospettando l'ipotesi che si tratti di un artificio letterario di Andrea stesso per aggiungere così qualche nuovo episodio alla Vita ed attribuirle insieme maggior credito. Dubbio peraltro almeno per ora insolubile. Ma non ci sembrano argomenti convincenti a sostenerlo una certa comunanza di stile tra la Vita e la lettera (che potrebbe essere prova della modesta personalità e della scolasticità del latino dei due scriventi), e la presenza nella lettera di due allusioni a passi scritturali sottintesi anche nella Vita: formula d'inizio comune e sonante l'una (« Facto denique silentio magno ... », cfr. Act., 21, 40), usata in un contesto di narrazione diverso l'altra, e adattissima a rendere l'idea dell'enorme rispetto con cui erano seguiti i di-

dele compagno di Arialdo, che già aveva scritto delle memorie riguardanti la sua vita [17] — segno anche questo della cura con cui veniva tramandato il suo ricordo — e al quale egli invia la sua opera « ut diligenter inspicias et, si vera sunt, testimonium feras ». La risposta di Siro è interessante, perché non si limita soltanto ad affermare la piena verità di quanto è narrato, come persona che a lungo ha vissuto con Arialdo, ma aggiunge anche un certo numero di particolari, che secondo lui è bene vadano menzionati [18]; prova della precisione con cui si manteneva viva la memoria della vita del martire. Inoltre Andrea stesso si presenta come testimonio oculare e diretto partecipe di molte iniziative di Arialdo, ed i testimoni a cui narra di essere ricorso per notizie risultano tutti vecchi compagni di lotta dei capi patarini [19]. Pur riconoscendo una volta di non sapere se manteneva nella narrazione l'ordine esatto dello svolgersi degli avvenimenti, afferma tuttavia di dire il vero [20]; il che rappresenta se non altro il segno di uno scrupolo diligente. Anche da quest'altro punto di vista quindi tutto induce ad accogliere come rispondenti ai genuini motivi della predicazione patarinica — né si vede per quale motivo Andrea avrebbe dovuto falsarli — i discorsi di Arialdo che ci vengono riportati dal cronista. Ma altri motivi di « veridicità » si potranno ricavare nel corso di questa ricerca dalla stessa congruenza di quanto Andrea ci narra con altre testimonianze pervenuteci sulla storia della pataria [21].

scorsi di Arialdo (« Quis enim dum predicaret in eodem loco muttire audebat? ... », cfr. Ios. 10, 21). Tanto più che Siro, ammettendo l'autenticità della lettera, veniva a scriverla sotto la suggestione della lettura della *Vita*.

[17] ANDREA, op. cit., p. 1072 (lettera a Siro).

[18] ANDREA, op. cit., p. 1073 s. (lettera di Siro ad Andrea).

[19] ANDREA, op. cit., Prologus, p. 1049, Cfr. anche F. BAETHGEN, Prefazione cit., p. 1047 s.

[20] Questo a proposito dei tentativi di uccidere Arialdo: ANDREA, op. cit., c. 8, p. 1054: « Vera utique me dicere scio, utrum rei gestae ordinem teneam, ignoro ».

[21] E che sono perciò tanto più probanti, tenuto conto degli atteggiamenti radicalmente diversi dei vari cronisti nei confronti della pataria. Cfr. Le Prefazioni del WATTENBACH e del BAETHGEN alle rispettive edizioni dei MGH

Andrea fa precedere il primo discorso di Arialdo da un breve schizzo delle tristi condizioni dell'*ordo ecclesiasticus* particolarmente a Milano; tutti gli spunti più tipici della polemica patarinica vi sono presenti: avvolto il clero in molteplici errori « ut ex illo vix quispiam existeret, qui in suo loco veraciter [22] repperiri posset »; dediti alla caccia, al vino, ignoranti, usurai, « cuncti fere aut cum publicis uxoribus sive scortis suam ignominiose ducebant vitam ». Una sola frase, tipica a caratterizzare l'ascesi patarinica e la sua carica di fede nella provvidenzialità divina, che implicava tutto un determinato atteggiamento nelle diverse situazioni della vita, compendia questo stato di cose: « omnes, quae sua erant, non quae Christi, querebant » [23]. Ulteriore dimostrazione delle devia-

---

(p. 3, rispettivamente p. 1048), e per i loro interessi politici VIOLANTE, *La pataria* cit., *passim* ma soprattutto p. 22 ss.

[22] Intenderei il « veraciter »: « e per pieno merito e per diritto, ossia per legittima ordinazione »; segue infatti, nell'elenco delle colpe del clero, una prima parte che riguarda aspetti morali ed una seconda riguardante la « symoniaca heresis »; e quale ne fosse il peso per i patarini si chiarirà in seguito.

[23] ANDREA, *op. cit.*, c. 4 p. 1051. Il motivo è di origine paolina (*Philipp.*, II, 21, « Omnes ... quae sua sunt quaerunt, non quae sunt Iesu Christi »; ma vedi anche I *Cor.* XIII, 5: « Caritas ... non quaerit quae sua sunt »), e si ritrova ampiamente ripetuto nelle fonti contemporanee a caratterizzare in senso positivo o negativo la vita di singoli o di comunità, spesso con esplicito riferimento all'imitazione evangelica, e caricandosi di volta in volta delle idealità e dei contenuti propri dei diversi ambienti ed indirizzi. Cfr. ancora ANDREA, *op. cit.*, c. 6, p. 1053: « Cave ... ne forte ... non quae Dei, sed quae tua sunt querere videaris », dove la formula si riferisce all'eventuale abbandono della lotta contro il clero concubinario da parte di Arialdo; RODOLFO GLABRO, *Historiarum libri quinque*, lib. III, c. 5, ed. cit., p. 67: « Qui (scil. Cluniacenses monachi), quoniam his, que Dei sunt, videlicet iusticiae et pietatis operibus, incessanter adheserunt, idcirco bonis omnibus repleri meruerunt », che sottintende l'ideale cenobitico di restaurazione in senso cluniacense della regola benedettina, soprattutto sul piano della rinuncia alla vita del secolo e della pratica liturgica; PIER DAMIANI, *Op.* 12, *Apologeticum de contemptu saeculi* cit., c. 252 C: « Omnes enim quae sua sunt quaerunt, et contempto coelesti desiderio terram insatiabiliter concupiscunt », dove l'espressione sintetizza il completo abbandono in cui sono lasciate le virtù monastiche in molti cenobii; UMBERTO DI SILVA CANDIDA, *Adv. Sim.*, lib. I, c. 17, ed. cit., p. 129: « Symon ille, qui non in ecclesia columba sed corvus, quia ea quae sua sunt quaerebat, non quae Iesu Christi ... », che nasconde il desiderio di potenza e di terrene ricchezze che anima i simoniaci; lib. III, c. 20, p. 224,

zioni del clero, l'essere completamente implicato nell'eresia simoniaca, per cui « a minimo usque ad maximum nullus ordo vel gradus haberi posset nisi sic emeretur, quomodo emitur pecus » [24]. E l'avvilente constatazione: « et, quod est nequius, nemo tunc, qui tantae perversitati resisteret, apparebat »; dove già emerge il costante motivo della lotta *usque ad sanguinem* contro il clero indegno. Infine la definitiva condanna di questo stato di cose ed insieme la chiave di tutta la predicazione pa-

per caratterizzare in senso positivo i chierici che frequentano le corti con rette intenzioni; e lib. III, c. 36, p. 244, a proposito dello spirito con cui operano i « mercennarii ». Un particolare posto occupa questo tema nelle lettere di Gregorio VII: in un contesto usuale, in cui caratterizza semplicemente il ripudio, rispettivamente la pratica, delle virtù cristiane (cfr. i riferimenti del Caspar, ed. cit., p. 64, n. 5; vedi anche *Ep. coll.*, 1, ed. cit., p. 521); ma anche per indicare un più preciso impegno di lotta nel mondo per il trionfo della Chiesa, in contrapposizione ad un perseguimento individuale — ed in certe condizioni perciò egoistico — della propria salvezza, quale Gregorio VII ravvisa talvolta nella scelta monastica: cfr. *Reg.* I, 47, p. 71 s.; VI, 17, p. 424; a questo allude anche chiaramente l'ultima drammatica lettera enciclica sua (*Ep. coll.*, 46, ed. cit., p. 573): « Et si sunt aliqui, licet rarissimi, qui Deum timeant, pro se utcumque non pro communi fratrum salute decertant promta voluntate ». Gli esempi di passi in cui il tema compare potrebbero moltiplicarsi: vedi ancora, a puro titolo di ulteriore esemplificazione della varietà dei contesti in cui esso ritorna, il diploma del 1019 che ristabilisce la vita canonica nella chiesa di Gerona, in PETRUS DE MARCA, *Marca hispanica* ..., ed. Baluze, Parisiis 1688, c. 1016 (nr. 182 dei documenti), « ut quaecumque Dei sunt ordine iusto (canonici) perficerentur »; *Vita Gerardi abbatis Broniensis* (che in questa stesura risale alla II metà dell'XI secolo), c. 15, ed. L. de Heinemann, *MGH, SS*, XV, p. 665 (per caratterizzare la vita corrotta dei chierici); UGO DI FLAVIGNY, *Chronicon*, lib. II, ed. G. H. Pertz, *ibid.*, VIII, p. 423 (ancora per caratterizzare la vita di corruzione del clero che indusse Gregorio VII a promulgare i decreti contro l'investitura laica), e p. 465 (lode di Gregorio VII che evitò di « quaerere sua »); GIOVANNI DI LODI, *Vita S. Petri Damiani*, PL, 144, cap. 7, c. 125 B (per esprimere l'animo con cui Pier Damiani si impegnava nella riforma di antichi monasteri e nella fondazione di nuovi); *Vita Willihelmi abbatis Hirsaugiensis*, c. 2, ed. W. Wattenbach, *MGH, SS*, XII, p. 212 (Guglielmo, « non quaerens quae sua sunt, sed quae Domini », dichiara che avrebbe accettato l'abbaziato di Hirsau solo se al cenobio fosse stata resa piena libertà dal patronato laicale).

[24] Per i precisi tariffari stabiliti a Milano per poter accedere ai diversi ordini del chiericato cfr. PETRUS DAMIANI, *Op. 5, Actus Mediolanensis*, PL, 145, c. 92 D.

tarinica: « sed cum lupi essent rapaces, veri putabantur esse pastores ».

Alla dimostrazione di questo primo tema è orientata l'attività di Arialdo fin dal suo discorso iniziale. Chiaramente, già dall'attacco, egli afferma la progressività della sua futura predicazione: dalle cose facili alle difficili, da quelle che costituiscono il pane quotidiano di ogni cristiano, ai più complessi aspetti delle verità di fede ignorati o dimenticati, e da riportare alla luce proprio partendo da quel terreno comune e fondamentale e, per la sua evidenza, da tutti accolto, ma visto in una nuova prospettiva, con una carica di rigorosità e di coerenza ormai dimenticate[25].

La prima parte del sermone ci dà infatti un rapido scorcio di storia universale imperniata sulla discesa del Cristo; fu egli che con la sua venuta liberò l'umanità dalla cecità dell'errore in cui si trovava avvolta, di reputare il falso per vero, « dicens lapidi lignoque et metallo: " Deus meus es tu " ». E a garanzia del mantenimento della luce ritrovata lasciò nel mondo la testimonianza della sua parola (« verbum Dei ») e gli uomini che fossero capaci di divulgarla e di illustrarla, applicandone direttamente gli insegnamenti alla propria condotta di vita (« doctorum vita »)[26]. Alcuni versetti biblici dimostrano la verità dell'asserto: « Luminoso precetto del Signore che illumina gli occhi » (*Ps.* XVIII, 9), « Lucerna di fronte ai miei piedi la tua parola » (*Ps.* CXVIII, 105), definisce il salmista la parola di Dio; « Voi siete la vera luce del mondo » (*Matth.* V, 14) dice Cristo ai suoi discepoli, aggiungendo subito dopo, « se la vostra luce risplenderà tra gli uomini, affinché vedano le vostre buone opere e glorifichino il padre vostro che è nei cieli » (*Matth.* V, 16). Si chiarisce così la funzione in parte

---

[25] ANDREA, *op. cit.*, c. 4, p. 1051: « Volo, dilectissimi, vobis dicere in nostri sermonis exordio, quae scire vos scio, ut paulatim sic vos introducam ad ea, quae nescitis et vobis scire magnopere necessaria sunt ». Si veda, per l'applicazione di questo gradualismo, l'esordio del successivo discorso di Arialdo, impostato invece tutto contro la simonia, che si esamina nelle pagine seguenti.

[26] ANDREA, *op. cit.*, c. 4, p. 1052.

diversa svolta dalle due sorgenti di luce salvifica lasciate sulla
terra dal Cristo: la santa Scrittura deve costituire direttamente
l'illuminazione e la guida per coloro che ne posseggono la
scienza, i quali a loro volta, con l'esempio della loro condotta
di vita, ne devono riflettere l'insegnamento a quanti « litteras
nesciunt »[27]. Fin d'ora l'accento batte prima che sulla *doctrina*
sulla *vita* dei sacerdoti, primo e più vero magistero nel quale
soltanto la *doctrina* trova la sua ragion d'essere e giustificazione[28]. E si apre così la via alla polemica diretta contro il

---

[27] ANDREA, *loc. cit.*: « Ex his itaque unam idem Dominus posuit ante
illos, aliam ante vos. Hii vero, quibus scientiam scripturae dedit sibique ad
ministrandum elegit, ut ad lumen verbi sui lucidi semper viverent, constituit
et ut eorum vita esset vestra lectio, qui litteras nescitis, ordinavit ».

[28] È motivo che si trova ampiamente ripetuto in tutti gli ambienti della
riforma, e che fonda la sua origine nella stessa tradizione evangelica e nell'ampia esegetica scritturale del periodo patristico e postpatristico. Se infatti « sine
fide impossibile est placere Deo » (*Hebr.*, 11, 6), « fides si non habeat opera
bona, mortua est in semetipsa » (*Iac.*, 2, 17); questi due passi, spesso abbi-
nati [cfr. per esempio RATHERIUS, *Epistolae*, in *Die Briefe des Bischofs Ra-
ther von Verona*, nr. 25, ed. F. WEIGLE, MGH (*Die Briefe der deutschen
Kaiserzeit*, I), Weimar 1949, p. 125], accanto ai molti altri che nella stessa
terminologia insistono sull'aspetto pratico, effettuale, dell'insegnamento evangelico (parole di vita, pane, spirito di vita), diventano il presupposto per la
violenta polemica contro il costume del clero, deputato per ufficio specifico
alla predicazione e al quale si obbietta il dovere di impartirla in primo luogo
con l'esempio. Ancora Raterio (ed. cit., p. 129) osserva: « ... quid valet, quod
in conspectu omnium, qui nos sciunt corrupte vivere, id est luxurie deservire, clamamus Deo: *Pater noster, qui est in celis*, cum ille nobis per
prophetam statim respondeat: *Si pater ego, ubi est* amor *meus* (MALACH.,
1, 6) ... Ista et illis similia quia vos penitus nescire doleo, immo de talibus
nil curare gemisco, pastoraliter, ut addiscere festinetis, praecipio, et quia
sermone ignoratis, bono exemplo Dei populum erudire, quaeso, studeatis ».
Vedi ancora, a puro titolo di esempio tra i molti possibili, tre testi diversi
in cui il tema ritorna, con primario riferimento ai vescovi: PETRUS DAMIANI,
Ep., IV, 9, *PL*, 144, c. 314 B: « Sacerdos ..., qui in regno coelorum vult esse
magnus, sit in populo praevius, ut quod voce se sequentibus dictat, primus
ipse vivis operibus impleat »; ALEXANDER II, *Epistolae*, 47, *PL*, 146, c.
1324 A: « Hortamur itaque charitatem tuam, ut mores vitae tuae tanto
honori conveniant quatenus, auctore Deo, exemplis verbisque possis esse
conspicuus. Vita igitur tua filiis tuis sit regula ... »; *Vita Willihelmi abbatis
Hirsaugiensis*, c. 22, ed. cit., p. 219: a proposito del dilemma in cui si sarebbe
trovato Gregorio VII nello scegliere un vescovo tra un candidato dotto, ma
non « religiosus », ed uno indotto, ma di « bona vita »; dilemma sciolto appunto a favore del secondo dalla considerazione, « ... etsi lingua tacet, vita
docet ».

11

costume del clero, ed insieme contro la sua pretesa di costituire ancora esso il tramite della parola di Dio; anche se la distinzione introdotta inizialmente tra le due fonti di luce ne viene in un certo modo fin d'ora a postulare la necessità come ordine costituito.

Ma il nemico del genere umano ed insieme la negligenza ed i peccati degli uomini — e val la pena di sottolinare il doppio coefficiente causale, oggettivo e soggettivo, di caduta, che fortemente richiama una responsabilità personale — hanno fatto sì che i pastori, « se retrorsum convertendo », perdessero la

Il problema si complica e si intreccia poi con la polemica condotta contro le suggestioni della scienza profana, soprattutto della retorica, vive particolarmente nelle scuole ed in certi ambienti monastici; cfr. PETRUS DAMIANI, Op. 45, De sancta simplicitate scientiae inflanti anteponenda, PL, 145, c. 697 B: « Tu valentius provocas videntes te properare post Christum, quam promovere potueras audientes qualibet multiplicitate verborum » (vedi anche p. 101 di questo studio; per la posizione di Pier Damiani di fronte agli studi di retorica cfr. ora J. CONSETTE S. J., Pierre Damien et la culture profane, Louvain 1956, in particolare a p. 26 ss. per la questione qui discussa, e R. BULTOT, La doctrine du mépris du monde. IV. Le XIe siècle. 1. Pierre Damien, Louvain-Paris 1963, p. 87 ss.). D'altro lato sorge più viva l'esigenza, proprio per stabilire su nuove e più solide basi la disciplina ed il costume ecclesiastico, di promuovere largamente lo studio e l'esegesi dei testi sacri e patristici (vedi n. 55 a p. 154). Queste esigenze, evidentemente non contraddittorie ma che è opportuno cercare di cogliere nelle diverse accentuazioni con cui si manifestano nei vari ambienti della riforma, si unificano peraltro più strettamente proprio nell'incontro tra il milieu popolare e l'ampia attività pastorale di eremiti e monaci, ma usciti ormai dall'ambito dell'antica spiritualità cenobitica, dove la stretta, letterale imitazione nella propria condotta di vita dell'insegnamento evangelico, fortemente assimilato, è presupposto primo di ogni opera di predicazione; cfr. BALDRICUS DOLENSIS, Vita B. Roberti de Arbrissello, c. 2, PL, 162, c. 1051: « Nec erat sermo illius (scil. Roberti) sterilis, nec otiosus, quem commendabat laudabilis et verborum et operum comitatus. Quod praedicabat, complebat operibus, ne forte cum aliis praedicaret, nec operaretur, ipse statim reprobus haberetur »; GAUFRIDUS GROSSUS, Vita Beati Bernardi, c. 6, PL, 172, c. 1398 (riporta un discorso di Bernardo di Thiron stesso): « ... (praedicator) si bene docet et male vivit, ... praedicatio eius contemnitur et non recipitur, et exemplo illius populus non aedificatur sed destruitur. Oportet ergo ut bene vivat, et Scripturam, cibum animarum commasticando et conterendo, subtiliter discutiat ». Cfr. anche J. VON WALTER, Die ersten Wanderprediger Frankreichs, t. I, Leipzig 1906, p. 44 ss. Sono vicende e testimonianze, queste ultime, di alcuni decenni più tardi, ma numerose spie in questo senso si potranno riscontrare anche nel corso di questa stessa indagine sulla pataria milanese.

luce, si distaccasero cioè, come chiarirà subito dopo, dall'insegnamento della Scrittura; e così anche il popolo dei fedeli venne a perdere quasi inconsapevolmente la propria. Ma per meglio mascherare l'inganno, l'opera del demonio ha fatto in modo che i sacerdoti, pur avendo perduto ormai la « veritatem sanctitatis », ne mantenessero « in exteriori habitu » una qualche rassomiglianza. « Quod gemens dico, — aggiunge immediatamente Arialdo, — non ad vestram ignominiam, sed ad cautelam » [29]. Si viene così da una parte a scaricare abilmente i fedeli da ogni responsabilità per le tenebre in cui si sono trovati avvolti finora, mentre dall'altra si insinua il motivo del mercenario, che abusivamente indossa le vesti del vero pastore (apparenza di santità ma non verità di santità), ma che le pecorelle ormai dovranno riconoscere.

Il primo cerchio si chiude e si ritorna al motivo centrale della cecità del genere umano nelle tenebre. Come prima della redenzione anche ora si prende il falso per vero, come un tempo pietre e pezzi di legno erano venerati come dèi, così ora « vos vestros sacerdotes putatis veros, quos incunctanter esse constat falsos ». Siamo così al punto centrale di questo primo discorso di Arialdo, che tutto si muove intorno alla rappresentazione del dramma della lotta tra la luce e le tenebre; e le stesse immagini scelte non possono che acuire questo motivo drammatico di salvezza e di perdizione nella mente di chi ascolta. Ma proprio il ritorno alla luce rivelerà la realtà dell'essere nelle tenebre, e quindi la falsità dei supposti ministri; e la luce è la parola di Dio. La Scrittura, che nella parte iniziale del discorso era stata chiarita come termine da cui doveva mutuarsi la condotta di vita dei *doctores*, perché attraverso a questa potesse riflettersi sugli *humiles*, viene ora direttamente introdotta a verificare l'enorme contraddizione esistente tra l'insegnamento da essa impartito e la vita dei presunti pastori. Venuto meno infatti in un certo modo il tramite consueto di trasmissione della parola di Dio al popolo dei fedeli (ossia la « vita doctorum »), è ad accedere direttamente

[29] ANDREA, *op. cit.*, c. 4, p. 1052.

ad essa che Arialdo chiama i suoi ascoltatori per chiarire l'incongruenza di una situazione, per trarre luce ad orientare la propria condotta futura [30]. Cardine dell'argomentazione sono alcuni versetti evangelici, introdotti sollecitando l'immediato confronto con la vita del clero milanese. Ne apre la serie infatti, canone interpretativo e giustificazione insieme di tutti gli altri, *Johann*. XII, 26: « Qui mihi ministrat, me sequa-tur », così esplicitato in forma negativa da Arialdo: « a ne-mine quippe mihi ministratur nisi ab eo qui me sequitur » [31]. Seguire il Cristo significa cioè ascoltare i suoi precetti ed il suo esempio, ed essi sono: *Matth*. XI, 29, « Discitis a me quia mitis sum et humilis corde »; *Matth*. VIII, 20, « Filius ho-minis non habet ubi caput reclinet »; *Matth*. V, 3, « Beati pauperes spiritu, quoniam ipsorum est regnum celorum ». L'abile scelta di questi motivi evangelici schiettamente paupe-ristici offre ad Arialdo facile gioco polemico nel confronto che egli conduce con gli ideali di vita del clero, che di Cristo dovrebbe essere il più stretto seguace: ricchezza di cose ter-rene, di case e torri opulente, di onori, e vesti delicate, e chi più ne possiede più si ritiene felice. Come laici conducono spose, come « scelestes laici » perseguono ogni sorta di impu-rità, tanto più facilitati in questo dall'essere liberi da ogni fatica terrena, « videlicet viventes de dono Dei ». Contrad-dizioni di vita tanto più gravi se si considera che la purezza che il Cristo richiede ai suoi ministri è tale da fargli condan-nare come « scelus stupri » anche il solo peccaminoso pensiero di esso (*Matth*. V, 28).

---

[30] ANDREA, loc. cit.: « In tenebris sumus; ut hoc patenter cognoscamus, ad lucem eamus. Ad quam luce? Ad verbum videlicet Dei ».

[31] ANDREA, loc. cit. (in continuazione al passo sopra citato): « Ecce Christus dicit: 'Qui mihi ministrat, me sequatur'. Quod est aperte dicere: a nemine quippe mihi ministratur, nisi ab eo, qui me sequitur. Vestrorum vitam sacerdotum scio vos nosse, et quo Christus pergat et quid dicat, audite; atque tunc plenius cognoscetis, utrum isti sint eius ministri an ipsius potius adversarii ». È interessante notare che anche LANDOLFO (*op. cit.*, lib. III, c. 9, p. 80) attribuisce questo versetto evangelico a quello che anche per lui sem-brerebbe essere il primo discorso milanese di Arialdo; salvo a servirsene im-mediatamente per ritorcere contro di lui l'accusa di non seguire il Cristo, il suo invito all'umiltà e alla carità reciproca.

È interessante notare che Arialdo non si limita a caratterizzare la vita del clero indegno come uguale a quella dei laici [32],

[32] Come risulta invece per lo più nelle fonti contemporanee: tipica formula infatti per caratterizzare la decadenza del clero è il « more laicorum
vivere », contrapposto per lo più al « communiter vivere » — e risultando
quindi espressione tipica delle fonti di ambiente monastico —, accompagnata
spesso o sostituita come sinonimo dal « saeculariter vivere », che si carica di
un significato sempre più negativo parallelamente allo sviluppo della riforma
monastica e canonica, fondata almeno al suo primo sorgere, sull'equazione
vita apostolica = vita communis; cfr. CH. DEREINE, *Vie commune, règle de
Saint Augustin et chanoines réguliers au XIe siècle*, in « Revue d'histoire
ecclésiastique » (*RHE*), XLI, 1946, particolarmente a p. 388 ss., e M. D.
CHENU, *Moines, clercs, laïcs au carrefour de la vie évangélique (XIIe siècle)*,
in *RHE*, XLIX, 1, 1954, p. 63 s. e 69 ss. (ora in *La théologie au douzième
siècle*, Paris 1957, p. 228 s. e p. 233 ss.). Per facile trasposizione i chierici
che vivevano « saeculariter » furono detti « saeculares »: e basti ricordare
come già la tradizione altomedievale avesse configurato in un abbandono del
« saeculum » e della « saecularis vita », la più alta espressione della vita cristiana, per misurare di quali sospettose risonanze dovesse caricarsi una qualifica del genere, soprattutto se attribuita a dei chierici. È interessante peraltro
notare come graduale, e sostanzialmente limitata a certi ambienti, sia l'assimilazione del termine *saeculares* ad una sfera di piena negatività: ancora nel
1062, in una lettera di Alessandro II, e quindi in una fonte, per dir così,
ufficiale, lo si trova usato come semplice specificazione del genere di vita
condotto dai chierici che non hanno abbracciato la vita canonica, ma senza
alcuna apparente condanna morale (si cfr. il contesto, in J. v. PFLUGK-
HARTTUNG, *Acta Pontificum Romanorum inedita*, t. I, nr. 38, p. 37: « haec
congregatio communis vitae clericorum nunquam transmutetur vel in usu
saecularium clericorum vel in ordinem sanctimonialium vel monachorum ... »,
che non sembra possa lasciar dubbi in proposito, accompagnato com'è, senza
specificazioni di merito, dalla esemplificazione ulteriore riguardante i monaci);
sembra presentare questo medesimo significato la formula che si incontra in
una disposizione di Urbano II (*Ep. et Priv.*, 278, *PL*, 151, c. 535): « Si quis
horum (scil. clericorum) in ecclesia sua sub episcopo suo proprium retinet, et
saeculariter vivit, si afflante Spiritu sancto in aliquo monasterio se salvare
voluerit, quia lege privata ducitur, nulla ratio exigit ut a publica constrin-
gatur ». E nella stessa accezione, obiettiva per dir così, che descrive uno
stato di fatto di per sé non riprovevole anche se meno perfetto di altri, essa
ritorna nel privilegio di Callisto II a favore dei canonici di Springiersbach
del 2 ottobre 1123 (cit. in CH. DEREINE, *Les coutumiers de Saint-Quentin
de Beauvais et de Springiersbach*, in *RHE*, XLIII (1948), p. 424, n. 3: « Liceat quoque vobis laicos libere professionis et clericos saeculariter viventes si
ad vos desiderio arctioris vite confugerint absque episcoporum prohibitione
in melioris vite conversatione recipere »). Nelle zone invece pervase più direttamente dalle istanze di riforma proprie della spiritualità del nuovo monachesimo, ma soprattutto dei movimenti eremitici, essa, alla luce di un
intransigente ideale di vita apostolica che pretendeva accanto allo stabilimento

ma aggiunga subito dopo: uguale a quella di « scelestes laici »,
non solo caricando in questo modo il clero milanese di un
nuovo motivo di esecrazione, ma abilmente evitando insieme
di porlo sullo stesso piano di quel laicato al quale proprio
egli si rivolgeva [33]. Che ben riuscito a suscitare un'immediata

della vita comune, la rinuncia ai beni propri per abbracciare lo stato di povertà, viene ad acquistare il valore di espressione tipica per denunciare la
scomparsa di ogni virtù caratteristica dello stato ecclesiastico. Cfr. numerosi
testi al riguardo in H.-X. ARQUILLIÈRE, *Saint Grégoire VII. Essai sur sa
conception du pouvoir pontifical*, Paris 1934, pp. 12-17, CH. DEREINE, *Vie
commune* cit., p. 366-385, e p. 387, n. 4; *Odon de Tournai et la crise du
cénobitisme au XIe siècle*, in « Revue du Moyen âge latin », IV (1958), p. 146,
n. 35; R. BULTOT, *La doctrine du mépris du monde* cit., p. 53 ss. Un altro
sinonimo negativo, anch'esso frequente, è quello di « populares », per designare i chierici che, mescolati al « populus », sono refrattari alla disciplina
della riforma (« Facti sunt sacerdotes sicut et populus », afferma Guido di
Ferrara, ricordando l'uso del matrimonio dei preti, in *De scismate Hildebrandi,
MGH, Libelli*, I, p. 535): cfr. tra l'altro *Liber de restauratione sancti Martini
Tornacensis, MGH, SS*, XIV, p. 306 (i monaci « iuxta urbem habitantes, quos
populares sive seculares quidam nominant ... »); *Vita Willihelmi abbatis Hirsaugiensis, MGH, SS*, t. XII, p. 219 (« Oportet ... ad regimen animarum non
quoslibet populares, sed regulares dumtaxat personas promoveri »; e vedi anche, alle righe precedenti, il significativo scambio sinonimico tra la « religiosa
conversatio » e la « vita bona »); ma da parte del concilio Lateranense del
1059 esplicito risuona invece il riconoscimento dei chierici « absoluti et populares » (in A. WERMINGOFF, *Die Beschlüsse* cit., p. 672; vedi anche p. 100
di questo libro). È chiaro cioè che questi diversi modi di esprimere una stessa
realtà si dispongono lungo un arco di sfumature e di significati che vanno
dal rifiuto puro e semplice di quella realtà, alla tolleranza più o meno larvata
di essa, al franco riconoscimento della sua legittimità: ed anche questo rappresenta un ulteriore indizio, sia pur marginale, di quanto complessi e variamente divisi siano gli indirizzi politico-religiosi e le idealità che maturano e
si scontrano nel promovimento della riforma.

[33] Un altro indizio della cura di Andrea di evitare la semplice e comune
equazione: vita del clero indegno = vita dei laici (o quanto meno della sua
estraneità ad essa), e del peso ecclesiologico, diverso da quello consueto, che
ha per lui l'*ordo laicorum*, mi sembra lo si possa ricavare indirettamente da
un passo che tratta della restaurazione liturgica di Arialdo, là dove il biografo
racconta della sua condanna di quell'« usum gulosum », che spingeva « carnales
tam clericos quam laicos » ad anticipare la solenne messa di resurrezione del
sabato santo all'ora nona (*op. cit.*, c. 17, p. 1060 s.). Ed è proprio questo
termine « carnales », che qui viene usato come qualifica negativa tanto per i
chierici che per i laici refrattari ad una giusta comprensione dell'insegnamento cristiano — e quindi al di fuori da ogni considerazione statica sulle
« possibilità » cristiane delle rispettive scelte di vita —, ad essere invece usato
in altri scrittori della riforma per riassumere lo stato di vita dei laici *tout*

e piena rispondenza fosse questo tipo di aggancio, lo dimostrano le reazioni suscitate tra gli ascoltatori che esamineremo
tra breve.

Il discorso si conclude con un appassionato invito ad applicare le verità apprese: soprattutto a rifiutare i sacerdoti
peccatori (falsi pastori), che già Arialdo ha invano cercato di
riportare alla luce; e si riafferma il solenne impegno personale
a condurre anche fino alla morte l'iniziata riforma [34].

Ma tutta questa ultima parte delle argomentazioni di Arialdo offre la possibilità di alcuni interessanti rilievi: è in primo
luogo notevole il piano di buon senso — quasi di invito al
ragionamento — in cui egli si sforza di situare la sua dimostrazione: confronto di fatti macroscopici, elementari, ricerca
di contraddizioni stridenti, nel contrapporre alcuni aspetti fondamentali della vita del Cristo a quella dei suoi presunti ministri. Predomina l'elemento morale con una sottintesa introduzione di un motivo di polemica pauperistica diretta, già
evidente peraltro nella scelta dei versetti evangelici, soprattutto là dove caratterizza la condotta degli indegni pastori
come quella di « scelestes laici », e per di più liberi da cure

---

court — perché legati appunto istituzionalmente alle cose del mondo e della
carne — in contrapposizione agli « spirituales » chierici e monaci, ai quali
soli si offre la possibilità di vivere un cristianesimo autentico e completo
(vedi ad es. per Pier Damiani il mio *Théologie de la vie monastique* cit.,
p. 470 s.; R. BULTOT, *La doctrine du mépris du monde* cit., p. 63 ss.; per
Umberto di Silva Candida vedi p. 15, n. 31; cfr. anche J. VAN LAARHOVEN,
« *Christianitas* » *et réforme grégorienne*, in *Studi Gregoriani*, VI, Roma 1959-
1961, p. 27, n. 82; per la presenza di questa contrapposizione nel XII secolo
cfr. L. PROSDOCIMI, *Unità e dualità del popolo cristiano in Stefano di Tournai
e in Ugo di San Vittore. « Duo populi » e « Duae vitae »*, in *Études d'histoire
du droit canonique dédiées a G. Le Bras*, I, Paris 1965, pp. 673-680): spia
anche questa di quella che a ragione è stata individuata come una progressiva
« clericalizzazione » della vita e delle idealità cristiane, che proprio la spinta
riformatrice, nell'urgenza di restaurare una gerarchia più dotta e più degna,
portava con sé.

[34] ANDREA, *op. cit.*, c. 4, p. 1052: « Redite, dilectissimi, ad corda vestra,
redite et sumere verum falsumque respuere discite. Nam conatus sum eos
reducere ad suam lucem sed nequivi; ut enim vos ad vestram reducam, huc
ideo veni; et hoc aut fecero, aut pro vestra salute paratus sum animam
meam tradere gladio ». Per il tema del martirio per il Cristo cfr. p. 162, n. 68
di questa ricerca.

terrene, « videlicet viventes de dono Dei », dove già sembra affiorare la richiesta di una più giusta distribuzione delle decime. Caratteristico anche il fatto che il rifiuto del clero indegno sia fondato soltanto su considerazioni di merito personale — che passeranno in seguito quasi in seconda linea, come vedremo, di fronte alle ben più fondate per Arialdo ragioni di carattere teologico — per farci intendere ancor meglio i punti di attacco che una sensibilità popolare offriva alla predicazione riformatrice.

La piena rispondenza infatti a questi motivi la si nota dalle reazioni e risposte che essi provocano; né qui ci interessa tanto quella di Landolfo, dotto esponente del clero cittadino [35], quanto quella di Nazario « officio monetarius, cuius vita valde erat ab omnibus laudabilis, licet coniugalis ». In essa, se l'accettazione dei più espliciti motivi della predicazione arialdina appare evidente, viene peraltro ancor più accentuata la profonda contraddizione esistente tra l'altissima funzione del clero e la sua vita peccaminosa, che dovrebbe invece essere più pura di quella dei laici. E vi traspare ancora quasi una perplessità intorno alle possibilità pratiche che si offrono ad un'azione riformatrice di ottenere successo tra il clero [36].

---

[35] Landolfo Cotta, notaio della Chiesa milanese, era di alto lignaggio cittadino, imparentato con una famiglia capitaneale; cfr. soprattutto LANDULFUS SENIOR, op. cit., lib. III, c. 5, p. 76: « de magna prosapia oriundus »; lib. III, c. 14, p. 82: « Herlembaldus, frater Landulfi, ex magna prosapia capitaneorum oriundus ». Per le altre fonti, e per la precedenza della predicazione di Arialdo rispetto a quella di Landolfo, cfr. VIOLANTE, La pataria cit., p. 177, n. 2 e p. 178.

[36] ANDREA, op. cit., c. 6, p. 1053: « Domne Arialde, ea quae dicis esse vera et utilia non solum advertere possunt sapientes verum etiam et vecordes. Quis tam insipiens est, qui non lucide perpendere possit, quod eorum vita esse altius debeat a mea dissimilis, quos ego in domum meam ad benedicendum eam voco, iuxta meum posse refficio et post haec manus deosculans munum offero et a quibus misteria, pro quibus eternam vitam expecto, omnia suscipio. Sed ut omnes inspicimus, non solum non mundior, verum etiam sordidior perspicue cernitur. Verumtamen hoc scelus sic scito inter nos radicatum et inveteratum, quatinus aut vix aut cum grandi labore poterit evelli ». Si noti l'accenno al munus (ossia le decime) offerte al clero, che ripete in modo più esplicito l'osservazione di Arialdo. Su Nazario, e i possibili aspetti politico-economici della sua partecipazione alla pataria, cfr. R. S. LOPEZ, An

Emerge anche qui chiaramente la funzione prima che fin d'ora
il movimento di riforma milanese viene proponendosi: essenzialmente popolare e laico, esso tende in primo luogo allo
stabilimento sul piano religioso di una gerarchia più dotta e
più degna, imponendosi quale stimolo violento per la riforma
del costume del clero. Se intorno a questo tema centrale
— che si prospetta nell'ambito dell'altissima concezione del
sacerdozio che sempre animerà la pataria —, e nel corso del
suo sviluppo quale movimento, la sua spiritualità andrà sempre meglio precisandosi ed insieme complicandosi di altri motivi più autonomi e caratteristici, pure essa nei suoi aspetti di
« politica » religiosa apparirà sostanzialmente corrispondere
alla visione che della funzione dell'elemento laico nella riforma
i pontefici venivano lentamente precisando — e che altre
correnti riformatrici intanto sempre meglio fondavano alla luce
di un'attenta meditazione ecclesiologica —, e che Gregorio VII
porterà alle sue più estreme e motivate conseguenze [37].

Aristocracy of Money in the Early Middle Ages, in « Speculum », XXVIII
(1953), pp. 41-42.

[37] Questo non implica evidentemente che le diverse posizioni ideologiche
e pratiche della pataria corrispondano sempre a quelle della curia Romana,
soprattutto in un momento in cui su molti piani si può notare grande libertà
di discussione e varietà di soluzioni proposte. In molti casi anzi l'azione della
pataria va indubbiamente di là di certi limiti che, almeno fino ad Alessandro II incluso, i pontefici porranno, legati piuttosto ad una concezione per
così dire negativa della possibile funzione riformatrice del laicato piuttosto
che ad una sua determinazione in senso positivo (così vanno viste, a mio
modo di vedere, le disposizioni che proibiscono ai laici di entrare in comunione e di ascoltare i sacrifici dei preti concubinari: cfr. per Leone IX, BONI-
ZONE, *Liber ad amicum*, V, ed. cit., p. 589; per Nicolò II, MANSI, *Concilia*,
XIX, cap. 3, c. 897; per Alessandro II, ibidem, cc. 978 e 1025). Con Alessandro II si può anzi notare la preoccupazione che, attraverso un'azione
troppo diretta del laicato, di fatto perseguita, non ne venisse detrimento grave
all'autorità della gerarchia, e lo sforzo di legare perciò saldamente la pataria
ad alcune tradizionali forme giuridiche di procedimento o almeno, in ultima
istanza, al pontefice Romano (cfr. particolarmente le *Constituitones* di Mainardo cardinale-vescovo di Silva Candida e di Giovanni Minuto cardinale-
prete di Santa Maria in Trastevere, pubblicate a Milano il 1º agosto 1067,
MANSI, *Concilia*, XIX, c. 946 ss. (vedile esaminate a questo riguardo nel-
l'*Appendice* di questo studio); alla luce di un intento politico-religioso di
controllo e di disciplinamento va vista anche la donazione ad Erlembaldo
di un « vexillum sancti Petri »: cfr. C. ERDMANN, *Die Entstehung des*

Nazario invita poi Arialdo a venire ad abitare nella sua casa, ad usare delle sue risorse, con l'evidente sollecitudine di poter chiarire sempre meglio per sé e per gli altri, su di un piano dottrinale e di vita, la tematica che si era sentito prospettare nel primo discorso, ammonendolo peraltro a non abbandonare poi, per una vana superbia, l'opera già iniziata[38]. Si stabilisce così un nuovo genere di vita comunitaria tra laici ed ecclesiastici — e Andrea ci richiama immagini della vita

---

Kreuzzugsgedankens, Stuttgrat 1935, p. 129 s.; per ALESSANDRO II, *Epistolae*, 136, *PL*, 146, c. 1412, vedi l'*Appendice* di questo studio). Gregorio VII invece, preoccupato soprattutto di legare i diversi movimenti riformatori al papato, concederà ai laici, con chiara proposizione del comune dovere del cristiano, anche prescindendo dal proprio ufficio specifico, di militare per la fede, più ampia libertà di iniziativa anche antigerarchica, purché nel solco della linea di riforma tracciata dalla chiesa di Roma; con la chiara consapevolezza peraltro della rivoluzionarietà del fatto. Cfr. *Reg.* II, 45, p. 182 ss., a Rodolfo di Svevia ed altri, dove, notando come siano rimasti inascoltati i precetti dei suoi predecessori contro la simonia ed il concubinato del clero, afferma: « Cum igitur illis (scil. episcopis) apostolica immo sancti Spiritus mandata spernentibus et scelera subditorum criminosa foventibus patientia divina ministeria indigne tractari populum seduci intelligimus, *alio quolibet modo contra hec vigilare nos convenit*, quibus cura Dominici gregis pre cunctis incumbit. *Multum enim melius nobis videtur iustitiam Dei vel novis reedificare consiliis, quam animas hominum una cum legibus deperire neglectis* ». Segue l'ordine, « quicquid episcopi dehinc loquantur aut taceant », di impedire (prohibere), « *quantum potestis ... etiam vi si oportuerit* », che coloro che sono « symoniace promotos et ordinatos aut in crimine fornicationis iacentes » continuino « sacrosanctis deservire mysteriis ». Chiarissima la conclusione che lega strettamente l'azione laica alla responsabilità di Roma: « Si qui autem contra vos, *quasi istud officii vestri non esse*, aliquid garrire incipiant, hoc illis respondete, ut vestram et populi salutem non impedientes de iniuncta vobis obedientia ad nos nobiscum disputaturi veniant ». Ma egli non limita questo invito ai grandi signori, ma lo allarga anche al popolo delle città e delle campagne, superando la gerarchia locale con lo stabilire sempre il loro diretto rapporto con Roma: cfr. C. MIRBT, *Die Publizistik im Zeitalter Gregors VII*, Leipzig 1894, p. 448 ss.; A. FLICHE, *La réforme grégorienne*, t. II, Louvain 1926, p. 157 s.; e p. 15 ss., 29 ss. di questo libro. G. VOLPE, *Movimenti religiosi e sette ereticali nella società medievale italiana*, Firenze 1922, p. 1 ss., ha vivacemente messo in rilievo l'importanza di questo incontro tra gerarchia riformatrice e ambienti popolari ma in un quadro di risveglio sociale, e giustificandolo alla luce di finalità politiche, nella drammatica prospettiva aperta dalla lotta Chiesa-Impero. Cfr. al riguardo R. MORGHEN, *L'eresia nel Medioevo*, in *Medioevo cristiano*, Bari 1951, p. 222 ss.

[38] ANDREA, loc., cit., p. 1053.

evangelica e dei primi tempi della Chiesa —, ricco di frutti per i successivi sviluppi dell'azione e degli ideali della pataria. E si scatena, alla luce di questa prima predicazione, la lotta del popolo contro il matrimonio ed il concubinato del clero [39].

Ho già dettagliatamente esaminato in altra sede, per quanto riguarda la cronologia, le missioni e contromissioni che si susseguono, dopo l'inizio della predicazione patarinica, tra Roma e Milano durante il pontificato di Stefano IX (agosto 1057-marzo 1058) e di Nicolò II (gennaio 1059-luglio 1061) [40], e qui del resto il problema non ci interessa; vanno invece brevemente discusse le conclusioni del Violante che, studiando il primo sorgere della pataria ed il significato politico-religioso della prima missione di Arialdo a Roma (presumibilmente settembre-ottobre 1057), attribuisce l'inizio della lotta antisimoniaca quasi ad una precisa indicazione della curia e più esattamente agli orientamenti ricevuti da Anselmo da Baggio, allora vescovo di Lucca e poco dopo con Ildebrando legato a Milano, interpretando appunto in questo senso la frase di Benzone d'Alba che Anselmo « primitus Patariam invenit, archanum domni sui archiepiscopi (scil. Widonis), cui iuraverat, inimicis aperuit » [41]. Ora se da un lato mi sembra perfettamente esatta la sua ricostruzione degli avvenimenti da un punto di vista temporale, nel senso che « potestate accepta » [42], ossia

---

[39] ANDREA, op. cit., c. 6, p. 1053: « Exortantibus denique Arialdo Landulfoque populum fidei et assidua doctrina, stupra clericorum nefanda et execranda eorum conubia sic ab eodem populo intra aliquanta tempora sunt persecuta et deleta, ut nullus existeret, quin aut cogeretur tantum nefas dimittere vel ad altare non accedere ». Cfr. IDEM, op. cit., c. 4, p. 1052: « Haec et huiuscemodi quam plura vir Dei (scil. Arialdus) cum diceret, in verbis eius plebs fere universa sic est accensa, ut quos eatenus venerata erat ut Christi ministros, damnans proclamaret Dei hostes animarumque deceptores ».

[40] G. MICCOLI, Il problema delle ordinazioni simoniache e le sinodi Lateranensi del 1060 e 1061, in Studi Gregoriani, V, Roma 1955, p. 57 ss.

[41] BENZO ALBENSIS, Ad Heinricum IV imperatorem libri, lib. VII, ed. K. PERTZ, MGH, SS, t. XI, p. 672; cfr. C. VIOLANTE, La pataria cit., pp. 198 e 212.

[42] Così ARNOLFO (op. cit., lib. III, c. 13, p. 20) a proposito del giuramento promosso da Landolfo tra i laici « quasi impugnanda proponens sacrorum ordinum stupra et venales consecrationes ». Dopo la prima andata di Arialdo a Roma, ANDREA (op. cit., c. 7, p. 1054) afferma che egli riprese

dopo averne avuto l'approvazione dal pontefice, e quindi dopo la prima missione di Arialdo a Roma, i patarini inizieranno la loro attività antisimoniaca, mi sembra d'altro lato opportuno sottolineare anche un altro elemento sostanziale, intrinseco allo stesso formarsi del movimento, che veniva a determinare questa gradualità d'azione: la necessità cioè di fondare la consistenza del movimento popolare, e quindi anche il suo rifiuto dei preti indegni, prima di tutto intorno a motivi la cui giustificazione fosse basata su elementi di facile evidenza, di limitato buon senso, e quindi essenzialmente di ordine morale. Questo evidentemente tenendo soprattutto conto del livello e della sensibilità degli ambienti laici a cui quella prima predicazione si rivolgeva.

Si è già rilevato un accenno in questo senso nel primo discorso di Arialdo: il motivo è ulteriormente ripreso e chiarito nel secondo sermone che di lui ci riporta Andrea, e sottolineato dalle parole stesse con cui lo scrittore lo introduce [43]: « Per idem tempus *Christi famuli cernentes omnem populum ad sequendum quicquid dicerent esse promptissimum*, de symoniaca, quam eatenus reticuerant, palam loqui incipiunt ».

L'apertura del discorso di Arialdo è questa volta solenne e richiama il tema della perfetta adeguazione dei *fideles* alla volontà divina: « Gratias, dilectissimi, omnipotenti Deo reddere debemus qui dedit vobis velle, quae vult ipse ». Chiaramente ad effetto, invece, la proposizione dell'argomento, che, presentando una nuova ragione di lotta contro il clero, viene a collocarne le antiche nelle loro più giuste proporzioni: « scire vos quidem volumus, quod laborem non modicum, quem usque modo contra insolentiam coniugatorum adulterorumque sumpsimus sacerdotum, *magis nos fecisse necessitate quam voluntate*. Nam utrum heretici uxores habeant an non, parvi pendimus ».

È questo un passo che a prima vista si presenta piuttosto oscuro e complesso. Arialdo parla di « necessitas » piuttosto

---

« cum suo socio » la predicazione, « habentes dehinc doctrinam tam plenam auctoritate quam veritate ».

[43] ANDREA, *op. cit.*, c. 10, p. 1055 ss.

che di « voluntas », che lo ha spinto alla lotta contro il clero concubinario. Ma poi aggiunge: infatti non ci interessa se preti eretici hanno o no delle mogli. Si allude qui evidentemente ad una sorta di preciso dovere morale (« necessitas ») che costringe un *fidelis* ad usare la forza, che si dirige contro il clero non tanto, e questo è a mio avviso il senso di quell'ultima frase, perché implicato nei peccati della carne [44], quanto piuttosto perché eretico, fuori cioè dalla Chiesa [45]. La battaglia contro il concubinato del clero si chiarisce così come un idolo polemico finora presentato da solo perché, nell'immediata rivolta morale che provocava con l'evidenza della sua gravità, più facilmente poteva costituire in un pubblico ancora impreparato un'unità di azione e di intenti. Questa ulteriore specificazione delle ragioni di lotta per il movimento patarinico (che si chiariranno essere connesse con il carattere simoniaco del clero milanese), ci permette anche di intendere il valore della « necessitas », cui accenna Arialdo, come allusione allo « ius gladii » proprio della Chiesa o più genericamente allo spirito che deve animare una guerra, che per un *fidelis* va innanzitutto diretta contro gli eretici (numerose allusioni in questo senso troveremo nel corso di questo stesso discorso di Arialdo), e senza il quale essa non può essere giusta. In altra occasione, di più urgente impegno, Arialdo lo affermerà esplicitamente: « Volo vos, dilectissimi, scire, quod christianus pro nulla causa gladium debeat ferre, nisi pro fidei defensione » [46]. E Anselmo di Lucca, con for-

---

[44] Il nicolaismo, anche nei non numerosi casi, rispetto alla simonia, in cui è chiamato « heresis », non è mai posto, dalla corrente del rigorismo riformatore, sullo stesso piano di quella, e ricorre perciò con questa accezione piuttosto in uomini come Pier Damiani, che attribuivano alla parola « heresis » una serie di sfumature e di significati diversi; mi permetto di rimandare alla *Appendice: La symoniaca haeresis in Pier Damiani e in Umberto di Selva Candida*, nel mio studio *Il problema* cit., p. 77 ss.

[45] Per l'ecclesiologia patarinica e la sua concezione dei rapporti con l'eresia vedi p. 180 ss. di questo studio.

[46] ANDREA, *op. cit.*, c. 19, p. 1063 s. (si trattava di accorrere a liberare due chierici imprigionati dall'arcivescovo Guido perché passati alla pataria). Per lo sviluppo di questa dottrina dell'azione armata come « guerra santa » cfr. H. PISSARD, *La guerre sainte en pays chrétien*, Paris 1912, p. 10 ss. (per

mulazione analoga a quella di Arialdo, così esprimerà nella sua *Collectio canonum* una *capitulatio* precedente una serie di canoni riguardanti la guerra: «Quod militantes etiam possunt esse iusti et hostem deprimere necessitas non voluntas debet» [47].

il periodo che qui ci interessa), ma soprattutto C. ERDMANN, *Die Entstehung* cit., particolaramente pp. 68 ss., 107 ss., 185 ss. Per il rapporto di essa con una più attenta considerazione del laicato nella Chiesa, quale si può notare soprattutto nel promovimento della prima crociata, mi permetto di rimandare alla mia recensione a P. ALPHANDÉRY, *La chrétienté et l'idée de Croisade*, Paris 1954, pubblicata negli «Annali della Scuola Normale Superiore», XXVI (1957), p. 294 ss.

[47] ANSELMUS LUCENSIS, *Collectio canonum*, lib. XIII, c. 4. L'edizione del Thaner si conclude come è noto col cap. 15 del libro XI, e bisogna perciò per tutta la parte seguente basarsi ancora sui manoscritti (cfr. A. STICKLER, *Il potere coattivo materiale della Chiesa nella riforma gregoriana secondo Anselmo di Lucca*, in *Studi Gregoriani*, II, Roma 1947, p. 242 ss., che illustra ampiamente il contenuto e le caratteristiche di quest'ultima parte, soffermandosi anche sul problema testuale e sui codici). Io ho consultato il Vat. lat. 1364 ed il Vat. lat. 6381 (per i quali il riferimento è al libro XII, mancando entrambi del libro XI): il primo di essi reca la *capitulatio* a f. 258*r*, il secondo a f. 254*v*. Il Vat. lat. 1364 consta di 267 fogli in pergamena e oltre alla *Collectio canonum* di Anselmo contiene da f. 1*v* a f. 3*v* un «ordo Romanorum pontificum», che termina con Gregorio VII, di cui si specificano gli anni (12) di pontificato senza aggiungervi i mesi ed i giorni come per tutti gli altri. Non potendo supporsi per questa parte un momento in cui sia stata scritta diverso da quello del resto del codice, se ne dovrebbe dedurre che esso risale agli ultimi mesi del pontificato di Gregorio VII, o, più probabilmente, ad un tempo immediatamente successivo alla sua morte (non si vede altrimenti per quale ragione il copista avrebbe precisato gli anni del suo pontificato), nel lungo periodo intercorso fino all'elezione di Vittore III. A f. 267*v* c'è una nota di possesso erasa: «Iste liber est monasterii domini sancti Iacobi»; la seconda riga non si legge, né sono riuscito a stabilire di quale monastero di S. Giacomo si tratta. Il Vat. lat. 6381 consta di 257 fogli in pergamena, l'ultimo dei quali estremamente rovinato; segue un foglio 257*a* cartaceo, di formato più grande, e poi un altro gruppo di fogli cartacei (258-325) con formato del corpo del codice (per questo cfr. A. STICKLER, *Il potere coattivo* cit., p. 243, n. 15). Anche qui la f. 1*r* a f. 4*r* è riportato un «ordo Romanorum pontificum» che si conclude con Pasquale II, senza però alcuna specificazione intorno alla durata del suo pontificato. Lo Stickler ha sostenuto la reciproca dipendenza dei due codici sulla base di considerazioni testuali ed ha posto come anteriore il Vat. lat. 6381. Ma la discordanza dei due «ordo Romanorum pontificum» che possono costituire valido elemento di datazione e di cui lo Stickler non ha tenuto conto, fa avanzare dei dubbi sulla esattezza della sua soluzione. Tenuto conto infatti che il Vat. lat. 6381 deve essere stato scritto nel corso del pontificato di Pasquale II, sembrerebbe eventual-

Grande è la meraviglia e l'attesa degli ascoltatori a queste parole [48] e Arialdo riprende il suo dire illustrando l'episodio di Simon Mago narrato negli *Atti degli Apostoli* e sottolineando fortemente la durezza della condanna di Pietro, in apparente contrasto con la sua consueta misericordia e con lo stesso precetto del Signore [49]. Troppo infatti egli stesso avrebbe peccato « si auctorem tanti reatus silendo proficere sineret et estimationem tantae nequitiae in ipsa sua radice minime damnasset ». Ma una tale colpa, che il principe degli apostoli destinò all'eterna perdizione solo perché concepita nel pensiero e nel desiderio (« in ipsa estimatione eternae perditioni tradidit »), tale dominio ha ormai ottenuto nel mondo che nessuno se non attraverso ad essa può giungere ad un qualsiasi ufficio ecclesiastico — e si tenga presente che molto peggio è attuare il male che semplicemente pensarlo. Eppure chiaro è il precetto di Cristo, « verus dominus, pastor bonus », dato al suo gregge: « Gratis accepistis, gratis date » (*Matth.* X, 8); ma esso in tanta dimenticanza è caduto, « ut nemo appareat qui eius iam reminisci audeat ».

Questa carenza di chi si opponga alla simonia è tanto più dannosa considerando che la gravità del peccato è tale da trascinare nella sua condanna non solo coloro che direttamente vi si macchiano o vi acconsentono, ma anche coloro che non vi resistono combattendo [50]. La tradizione ecclesiastica al riguardo

---

mente necessario invertire l'ordine di dipendenza dei due codici rispetto a quello stabilito dallo Stickler.

[48] ANDREA, *op. cit.*, c. 10, p. 1055: « Aspicientibus ergo ad invicem se turbis et ammirantibus, cur hoc diceret (scil. Arialdus) ... ».

[49] ANDREA, *loc. cit.*: « Quid est hoc? Nonne iste est ille Petrus cui septuagies septies peccanti fratri dimittere iussit Dominus? Est utique. Sed hunc (sci. Symonem magum) non prospexit in se nec in homine peccare solummodo, sed in Deo ». Si cfr. a questo proposito, come rilievo di un elemento tipico della polemica antisimoniaca e di un modulo piuttosto tradizionale di esegesi biblica per questo passo degli *Atti*, HUMBERTUS, *op. cit.*, lib. I, c. 3, p. 106, dove riappare l'accentuazione della consueta mitezza e misericordia di Pietro contrapposta all'irrevocabile durezza della sua condanna contro i simoniaci.

[50] ANDREA, *loc. cit.*: « Verumtamen hic tam noxius est reatus, ut non solum qui faciunt et qui consentiunt, verum etiam eos, qui facientibus non resistunt et obpugnant, sic penaliter obliget, quatinus maledictione, quae Si-

viene largamente superata nel senso che il dovere è qui prospettato per tutti i cristiani indistintamente, al di là delle singole possibilità e nettamente prescindendo dalle diverse competenze[51]. In tal modo la polemica antisimoniaca si chiarisce ulteriormente con più specifico riferimento all'impegno religioso a cui la pataria, come gruppo di *fideles*, è chiamata, ancora e semplicemente per non divenire essa stessa partecipe della colpa e della dannazione di Simone. Teologia e diritto si sovrappongono ed al motivo ecclesiologico della purezza della Chiesa — solo implicito in queste parole ma reso esplicito successivamente — fortemente accentuato con l'affermata

moni a Petro est illata, minime procul dubio careant». È motivo questo comune agli ambienti della riforma, ma che qui va tanto più sottolineato per il suo preciso riferimento al laicato, prescindendo da ogni richiamo alla responsabilità del diverso ufficio ricoperto (vedi al riguardo la nota seguente). Cfr. *Epistola Widonis*, ed. F. Thaner, *MGH, Libelli de lite*, t. I, p. 5 s.; Humbertus, *op. cit.*, I, 20, p. 133 s.; Anselmus Lucensis, *Liber contra Wibertum*, ed E. Bernheim, *MGH, Libelli de lite*, t. I, p. 526 s., ecc.

[51] E si noti che se questa tendenza emerge qua e là nel corso della riforma, pure l'indirizzo è sempre prima rivolto alla gerarchia e alle più alte autorità del laicato (cfr. anche C. Erdmann, *Die Entstehung* cit., p 127, con riferimento alla pataria); basti, a titolo di esempio, seguire la tradizione in questo senso di un passo di Gregorio Magno, allora notissimo, tratto dalla lettera a Teodorico e Teodeberto re dei Franchi, in cui li incita, in quanto re, a combattere l'eresia simoniaca, concludendo: « facientis procul dubio culpam habet qui quod potest corrigere neglegit emendare » (Gregorius I, *Reg. IX*, 215, ed. Ewald-Hartmann, *MGH, Epistolae*, t. II, Berolini 1899, p. 202). Attraverso Giovanni Diacono, dove un lungo passo della lettera è citato (Joannes Diaconus, *Sancti Gregorii Magni Vita*, l. III, c. 2, *PL*, 75, c. 127 s.), esso entra nella trattatistica del secolo XI e nelle stesse collezioni canoniche, acquistando quella validità più universale che l'urgenza di certe condizioni richiedeva ma che il passo in questione non implicava, in un ambito però che mai tocca esplicitamente il laicato anonimo; cfr. Bernoldo di Costanza, *Libellus IX. Pro Gebhardo episcopo Constantiensi epistola apologetica*, ed. F. Thaner, *MGH, Libelli de lite*, t. II, p. 110; Idem, *De incontinentia sacerdotum*, ed. cit., p. 22; *Liber de unitate ecclesiae conservanda*, ed. W. Schwenkenbecher, *MGH, Libelli de lite*, t. II, p. 199; sembra ritornare anche quale citazione implicita in Gregorio VII, *Reg. III*, 4, ed. cit., p. 249, riferito ancora ai doveri pastorali (ma vedi per Gregorio VII n. 37 a p. 145). Tra le collezioni canoniche lo troviamo ad esempio nella *Diversorum sententiae patrum* (la *Collectio minor* del Thaner), c. 126, e in Anselmo di Lucca, *Collectio canonum*, lib. VI, c. 68, ed. F. Thaner, Oeniponte 1906, p. 301 s., per citare solo due delle più antiche. Vedi anche la nota precedente e p. 148 s. di questo studio.

necessità di non albergare in sé nemmeno visibilmente eretici, anche se non ancora colpiti da precisa sanzione ecclesiastica [52], si aggiunge quello della potestà coattiva diretta della stessa [53] di perseguirli anche con la forza. Non è necessario per questo pensare ad un mandato specifico del pontefice. Che ci debba essere stata almeno una generica forma di approvazione dell'azione della pataria, l'abbiamo già rilevato; inoltre numerose ormai erano le condanne contro la simonia — ma in nessun modo si sollecitava ancora in sede conciliare un diretto intervento dei laici a questo proposito —. Poteva bastare comunque di fronte alla constatata eresia la precisa coscienza dei *fideles* di essere nella Chiesa, espressione della sua tradizione storica di primitiva purezza, membri del Corpo mistico di

---

[52] Singolare è il rapporto che si può stabilire a questo riguardo con la concezione ecclesiologica di Umberto di Silva Candida particolarmente per il motivo della netta separazione tra fedeli ed infedeli, giusti e peccatori contro la fede, esistente già *in corde* e da attuarsi visibilmente anche *in re*; cfr. HUMBERTUS, *op. cit.*, *Praefatio*, e lib. I, capp. 20 e 21.

[53] Acute osservazioni sulla tendenza religiosa che si afferma fin dal IX-X secolo a fondare l'unità della Chiesa, sempre più concepita come società chiusa, piuttosto sul motivo dell'esclusione da essa (affermarsi della scomunica e dell'interdetto) che sul motivo missionario dell'inserimento in essa, ha scritto É. DELARUELLE, *La pietà popolare nel secolo XI*, in *Relazioni del X Congresso internazionale di scienze storiche*, vol. III (Storia del Medioevo), Firenze 1955, p. 321 ss. Contro di essa reagirà tra gli altri Pier Damiani riaffermando la responsabilità prima di tutto personale delle proprie azioni e considerando con malcelata ostilità e diffidenza particolarmente il caso di scomuniche o interdetti scagliati su vescovi o su città per colpa dei propri pastori; cfr. PETRUS DAMIANI, *Epistolae*, I, 14, *PL*, 144, c. 224: « Praeterea de infelicissimo Ravennate episcopo clementiam vestrae sanctitatis (scil. Alexandri II) imploro, atque ut eum, sicut olim decrevisti, solvere dignemini, suppliciter obsecro. Indignum quippe est, ut propter unius homuncionis offensam, tam innumerabilis multitudo hominum depereat, et tantum Christi laborem, pro quo pretiosum sanguinem fudit, ac tot innocentum animas miserandae unius personae culpa subvertat ». Va però notato, in aggiunta alle osservazioni del Delaruelle, che l'ecclesiologia rigorista che emerge nel corso della riforma, se si serve spesso di giustificazioni canonico-giuridiche riguardo ai mezzi di lotta che impiega, sviluppa anche un notevole sforzo per dare una base teologicamente fondata alle proprie soluzioni pratiche, impostando una larga iniziativa di rinnovamento e di dilatazione culturale, che attende ancora per molti aspetti di essere messa in luce dalla moderna storiografia.

Cristo e quindi partecipi di esso e agenti per esso [54]. Termine di verifica a questo essenziale e sufficiente la santa Scrittura: essa, che già nel primo discorso di Arialdo era risultata essere la principale fonte di luce lasciata dal Cristo agli uomini e alla quale si imponeva un collettivo ritorno nella carenza oramai evidente del clero milanese, appare ancora una volta qui concreto metro di giudizio nel versetto X, 8 di Matteo, a constatazione della non rispondenza del clero ai suoi insegnamenti, e quindi del diritto-dovere dei *fideles* di opporsi ad esso [55].

[54] Per lo sviluppo di questa nuova coscienza ecclesiologica, che porta anche ad un rifiorire di cerimonie liturgiche intese come offerta della comunità, e ad un'accentuazione del carattere di membri del Cristo, proprio dei cristiani, connesso con l'appartenenza alla Chiesa, prescindendo da ogni altra ulteriore distinzione, vedi le pagine che seguono; scarsa, o con accenni molto sommari, la bibliografia intorno a questo problema: cfr. A. KOLPING, *Petrus Damiani. Das Büchlein vom Dominus vobiscum*, Düsseldorf 1949, pp. 57 ss. e 81 ss.; utili e significativi i testi riportati in P. DABIN S. J., *Le sacerdoce royal des fidèles dans la tradition ancienne et moderne*, in « Museum Lessianum », Section théologique 48, Paris 1950, p. 200 ss. Insufficiente invece e sommario per questo periodo, con pochi isolati e generici accenni, E. MERSCH S. J., *Le corps mystique du Christ*, t. II, Bruxelles-Paris 1951, pp. 138-156.

[55] Risulta evidente il letteralismo con cui la Scrittura è proposta da Arialdo ai suoi ascoltatori; vedi anche p. 137 ss. di questo studio. Ancora generalmente da chiarire sono, nell'imponente invito allo studio della Scrittura e dei Padri che si sviluppa a sostegno della riforma, i diversi moduli di lettura applicati nell'illustrazione e nell'uso di questi testi, tramite diretto nel dar vita a nuove sintesi culturali, a nuovi indirizzi di spiritualità e di costume. Sommaria ed incompleta per il nostro periodo è l'opera di P. C. SPICQ, *Esquisse d'une histoire de l'exégèse latine au Moyen âge*, « Bibliothèque thomiste » 26, Paris 1944; di più ampia visione storica B. SMALLEY, *The Study of the Bible in the Middle Ages*, Oxford 1952, p. 44 ss., ma entrambe dirette ad esaminare il metodo esegetico riscontrabile nei commenti sistematici alla Scrittura, e quindi eludenti tutta una sfera più personale e casuale per dir così, ma dove l'incontro tra scrittore e testo biblico è più dettato da un interesse caratterizzato, da una consonanza di spiritualità, più libero da esigenze scolastiche. Storia in primo luogo dei metodi interpretativi ufficiali, pur se fondamentale per la ricchezza della documentazione, delle osservazioni e degli spunti, resta anche l'opera imponente di H. DE LUBAC, *Exégèse médiévale. Le quatre sens de l'Écriture*, « Théologie » 41, 42, 59, Lyon-Fourière 1959-64. Utile per una rapida introduzione generale ai diversi problemi che comporta uno studio della Scrittura nel Medioevo, H. ROST, *Die Bibel im Mittelalter*, Augsburg 1939. Una suggestiva indagine sulla influenza della Scrittura sulla personalità e l'opera di Gregorio VII ha condotto H.-X. ARQUILLIÈRE, *Saint Grégoire VII* cit., p. 222 ss. ma particolarmente p. 237 ss.

È interessante notare come i testi citati a ulteriore riprova
di questo diritto-dovere dei *fideles* — un passo de *De dignitate sacerdotali* dello Pseudo-Ambrogio e due brani tratti dal
Registro di Gregorio Magno — si ritrovino anche nel I libro
dell'*Adversus Simoniacos* di Umberto di Silva Candida, riportati agli stessi fini [57]. Senza stabilire evidentemente dei rapporti di reciproca derivazione diretta [57], almeno per ora assolutamente indimostrabili, si tratta comunque di una notazione
suggestiva, che sottolinea una comunanza di ideali ed una singolare analogia nell'impostazione di alcune delle più scottanti
questioni della riforma, che la presenza degli stessi testi giustificativi non può che accentuare. Va tenuto inoltre conto che
Umberto nello scrivere il suo trattato, che proprio in quegli
anni portava a termine, ha chiaramente presenti la situazione
religiosa e culturale di molte diocesi, particolarmente italiane,
ed i fermenti vivi tra i fedeli, e che documentati sono i suoi
contatti con il monachesimo vallombrosano, animatore delle
agitazioni popolari a Firenze ma in collegamento anche più
tardi con la pataria milanese [58]; e più stretti si facevano allora
i rapporti tra Roma e Milano. Non diventa perciò arbitrario il

---

[56] HUMBERTUS, *op. cit.*, lib. I, c. 16, p. 126 s., e c. 13, p. 120 s. Erro-
neamente A. MICHEL, *Die Sentenzen des Kardinals Humbert, das erste
Rechtsbuch der päpstlichen Reform*, MGH, *Schriften*, 7, Leipzig 1943, p. 37,
n. 3, afferma che Umberto deriva il passo dello Pseudo-Ambrogio dall'*Apologeticus* di ABBONE DI FLEURY (*PL*, 139, c. 466 s.), che porta un testo molto
ridotto. Da rilevare che lo Pseudo-Ambrogio non sembra ancora molto diffuso, mentre lo sarà di più venti o trent'anni più tardi: si ritrova infatti
citato in SIGEBERTUS GEMBLACENSIS, *Apologia contra eos qui calumniantur
missas coniugatorum sacerdotum*, ed. E. SACKUR, MGH, *Libelli de lite*, t. II,
p. 441 (dopo il 1074-75); MANEGOLDUS, *Ad Gebehardum liber*, c. 20, ed.
K. FRANCKE, MGH, *Libelli de lite*, t. I, p. 343 (1085 circa); DEUSDEDIT,
Libellus contra invasores et symoniacos, ed. E. SACKUR, MGH, *Libelli de lite*,
t. II, p. 319 (1097); PLACIDUS NONANTULANUS, *Liber de honore Ecclesiae*,
c. 83, ed. L. DE HEINEMANN e E. SACKUR, MGH, *Libelli de lite*, t. II,
p. 606 s., ecc. I passi di Gregorio Magno citati da Umberto e da Arialdo sono
tratti dal *Reg.* IX, 218, ed. cit., p. 206 e *Reg.* XII, 9, ed. cit., p. 357.

[57] Ancora discussa è la datazione precisa dell'*Adversus Simoniacos*, composto comunque con ogni probabilità negli anni successivi al 1054; cfr. per
un rapido riepilogo della questione F. DRESSLER, cit. a p. 41, n. 84.

[58] Cfr. C. VIOLANTE, *La pataria* cit., p. 207, n. 1, e S. BOESCH GAJANO,
Storia e tradizione cit., p. 106 e 108 ss.; vedi anche p. 85 di questo libro.

supporre una influenza del suo pensiero sull'azione del movimento milanese.

Il testo dello Pseudo-Ambrogio (cap. 5) richiama il pericolo di mortale infezione rappresentato per la Chiesa dai pastori macchiati di simonia: come il corpo malato infetta il corpo sano, così il « mortale virus vitiositatis neglegentium sacerdotum » vizia di un morbo pestifero il corpo della comunità, « ut nichil ex totius corporis compage insauciatum possit evadere ». Dei due passi di Gregorio Magno il primo insiste su questo aspetto (i simoniaci convertono la benedizione in maledizione) mentre il secondo prospetta per ogni cristano « pro officii sui consideratione » il dovere di « (ardere) contra hanc simoniacam ... heresim ». La necessità di chiarire il significato del riferimento gregoriano all'ufficio specifico di ciascuno, che implicherebbe un diverso grado di partecipazione e di responsabilità nella lotta contro l'eresia (ma in realtà, come vedremo, la « consideratio sui officii » viene per tanti aspetti, nell'urgenza della lotta, largamente superata con lo stabilimento di un piano comune di azione e di intenti), induce Arialdo a soffermarsi sui diversi *ordines* presenti nella Chiesa. Questo gli offrirà anche l'occasione di arricchire ulteriormente la specificazione dei diversi modi di azione del movimento patarinico.

Tre sono gli *ordines* che si trovano nella Chiesa, dei predicatori, dei « continentes », dei coniugati. Il primo deve combattere contro l'eresia con l'assidua esortazione, il secondo con la preghiera, il terzo « operibus elemosinarum ». Ma se i predicatori verranno meno al loro compito gli altri due ordini devono sostituirli secondo le loro possibilità di formazione e di cultura. Guai infatti per coloro che si astengono dal combattere l'eresia: a suggello di questa minaccia compare il versetto del profeta tanto frequentemente citato da Gregorio VII: « Maledictus qui prohibet gladium suum a sanguine » (*Ier.* XLVIII, 10) [59].

---

[59] ANDREA, *op. cit.*, c. 10, p. 1056: « Tres quippe ordines in sancta ecclesia habentur, unus predicatorum alter continentium, tertius coniugatorum. Primus namque debet contra hanc (scil. symoniacam heresim) ardere indefessa exortatione, continentes autem assidua oratione, vos vero, qui coniugati estis

Si conclude così il secondo discorso di Arialdo. Ma questa ultima parte, interessantissima per molteplici aspetti, richiede un più dettagliato esame.

La schema di distinzione degli *ordines* presenta una chiarissima contaminazione dell'elemento « ufficio specifico » degli stessi, che li distingue l'uno dall'altro, con lo stato di vita, che di solito li fondava in modo quasi esclusivo costituendo la scala di perfezione delle comuni schematizzazioni dell'epoca (schema consueto: coniugati, *continentes* attivi, *continentes* contemplativi), mentre qui si nota una forte accentuazione del primo elemento. Solo in questo modo infatti si può intendere la mancanza di ogni riferimento al diverso grado di merito connesso con l'appartenenza all'uno o all'altro degli *ordines* [60]. Se inoltre una distinzione degli ordini fondata sugli stati di vita è già di per se stessa una scala di perfezione, per lo meno nel senso in cui veniva comunemente attuata allora, non altrettanto si può dire di una distinzione basata essenzialmente sugli *officia*, che richiede semmai delle ulteriori specificazioni

et de vestrarum labore manuum vivitis, ut Deus omnipotens hanc ab ecclesia sancta repellat et disperdat, cotidie ardenterque operibus elemosinarum instare debetis. Quisquis igitur nunc ex his tribus ordinibus contra symoniacam cum his iustitiae operibus ardenter minime pugnaverit, iuxta dicta Spiritus sancti, qui haec dixit per os beati Gregorii, penam, quam Simon magus nunc habet, quod eandem in fine effugere queat, nullo modo credat. Si enim hii, quibus est scientia officiumque predicandi commissum, qualibet ex causa tacuerint, non solum continentes, quorum predicatio tanto esse debet liberior et veracior, quanto constat quia sunt ab omni re seculari expediti et sacrae legis meditatione assidua edocti, verum etiam vos, qui estis idiotae ignarique scripturae, communibus verbis, quibus valetis, invicem vos cautos ab hac nequitia reddere debetis. Unde Dominus dixit: ' Si homines tacuerint, parietes loquentur ' (cfr. Luc., XIX, 40). Nonne de hac re dicit propheta: ' Maledictus qui prohibet gladium suum a sanguine ' (Ier., XLVIII, 10), hoc est ab interfectione huius nequissimae beluae? ».

[60] Mi sembra che questa interpretazione sia suffragata anche dalla terminologia usata da Arialdo: dove se *praedicatores* si chiarisce da sé, il *continentes* non può essere inteso che a designare i monaci, dediti appunto solo all'orazione e « ab omni re seculari expediti ». Ma si noti come dei tre *ordines* si sottolinei soprattutto il compito specifico contro la simonia. Anche il fare l'elemosina (che del resto intenderei nel senso più ampio che spesso *elemosyna* riveste di *pium opus*, indicando un impegno di azione su vari piani), ha evidentemente questa funzione. Scala di lotta quindi, a tutti aperta la via della perfezione, non staticamente chiusa in gerarchie preformate.

in questo senso o mette in luce una concezione diversa. Ora questo fatto si può spiegare con il fine di Arialdo di portare il discorso sui compiti di supplenza che spettano agli altri *ordines* nel caso che uno di essi venga meno al suo *officium*; mi sembra però che lo si possa anche inserire in uno degli aspetti più tipici della spiritualità iniziale del movimento patarinico, portato a sottolineare gli elementi attivi, di ufficio specifico e suppletivo, spettanti ai *fideles* all'interno della Chiesa, piuttosto che quelli legati ad uno stato di vita e quindi implicanti in partenza una diversa possibilità di perfezione, come risulta invece caratteristico degli ambienti monastici. All'origine di ciò, certo, stanno le esigenze della riforma, ma anche, forse, una diversa formazione spirituale e culturale dei promotori del movimento, tutti preti secolari [61] o laici. Difficilmente da ambiente monastico sarebbe potuto venire il consiglio di Arialdo ad Erlembaldo, che, prima ancora di entrare nella pataria, voleva chiudersi in un monastero, di combattere piuttosto con lui per la fede cattolica, e di resistere agli eretici ed ai nemici di Cristo, con la promessa che così acquisterebbe « potiorem apud Deum gradum » [62]. Lo stesso incontro fra gerar-

---

[61] Oltre ad Arialdo e a Landolfo, che non erano bensì arrivati al sacerdozio, si può ricordare quel prete Siro a cui scrive Andrea, testimoniandoci la sua grande intimità e lunga comunanza con Arialdo, Liprando, il « martyr Christi », cui furono tagliati il naso e le orecchie (cfr. GREGORIO VII, *Ep. coll.*, 12, ed. JAFFÉ, *Mon. Greg.*, « Biblioth. Rer. Germ. », p. 533 s.), e Rodolfo e Vitale, due presbiteri ai quali Pier Damiani indirizza, oltre che ad Arialdo e ad Erlembaldo, una sua lettera (*Epistolae*, V, 14, *PL*, 144, c. 367 ss.) e che ricorda ancora nel suo opuscolo « ad Blancam comitissam » (*Op.* 50, *PL*, 145, c. 750); oltre ai vari « clerici » che compaiono qua e là nel racconto di Andrea, ma che rimangono anonimi (cfr. ANDREA, *op. cit.*, c. 11, p. 1057; c. 19, p. 1063).

[62] ANDREA, *op. cit.*, c. 15, p. 1059. Andrea aggiunge veramente che Erlembaldo « volens probare utrum in his quae a beato Arialdo simul promittebatur veraciter auderet confidere, sumptis aliquantis fidelibus perrexit Romam, non per viam regiam gradiens, sed per Dei cultores in heremo et in monasteriis circumquaque degentes, de iam re dicta omnes interrogans. Cumque cuncti in vera et pura fide accensi sententiam ei concordem una cum beato Arialdo promerent, tandem pervenit Romam ». Se del tutto congruente con quanto si sa dell'atteggiamento dei pontefici nei confronti della pataria è ciò che segue, ossia l'ordine che Alessandro II gli impartisce di collaborare « viriliter » con Arialdo, il generico accenno ai monasteri e agli eremi cui Erlembaldo si

chia e laici che determina il movimento patarinico si fonda essenzialmente su di una accentuazione dei diritti e dei doveri del laicato nella vita della Chiesa, sia in vista del loro perfezionamento spirituale individuale, sia riguardo ai ruoli attivi che essi possono rivestire, piuttosto che sui caratteristici schemi di preformata perfettibilità che relegavano il laico (usato in questi casi quasi sempre come sinonimo di coniugato) ad un livello, almeno in potenza, nettamente inferiore. Diretti questi schemi a sostenere un tipo di apostolato monastico, teso cioè alla salvezza del mondo chiamando alla vita del chiostro il più gran numero possibile di persone [63], orientato l'impegno

sarebbe rivolto lascia incerti sulla reale portata del fatto: potrebbe, è vero, trattarsi di qualche fondazione vallombrosana — ma Andrea avrebbe avuto allora tutto l'interesse a metterlo puntualmente in rilievo — né d'altra parte è certo atteggiamento molto comune nell'ambiente monastico-eremitico quello che qui Andrea, forse per eccessiva preoccupazione apologetica, vuol suggerire (per Vallombrosa, però, cfr. S. BOESCH GAJANO, *Giovanni Gualberto e la vita comune del clero nelle biografie di Andrea da Strumi e di Atto da Vallombrosa*, in *La vita comune del clero nei secoli XI e XII*, vol. II, Milano 1962, p. 232 e n. 22, e il mio *Pietro Igneo* cit., p. 9 s.). Si può citare a questo proposito un altro testo ineteressante, anche se non del tutto chiaro nelle circostanze che lo accompagnano: la lettera indirizzata da Pier Damiani al chierico milanese Landolfo (« senatorii generis et peritiae litteralis nitore conspicuus », che è da identificarsi senz'altro con il Landolfo compagno di Arialdo), di duro anche se paterno invito ad adempiere il voto, fatto in circostanze particolarmente difficili della legazione milanese di Pier Damiani, di entrare in un monastero; dove evidentemente passano tutte in seconda linea le ragioni urgenti di lotta di fronte alla possibilità di attingere a più alto stato di perfezione (PETRUS DAMIANI, *Op.* 42, *De fide Deo obstricta non fallenda*, PL, 145, c. 667 ss. — ma il Vat. lat. 3797 porta come rubrica a f. 90v, *Landulfo Mediolanensi qui conversionem suam sicut promiserat non implebat*: cfr. O. J. BLUM O.F.M., *St. Peter Damian: His Teaching on the Spiritual Life*, Washington 1947, p. 208).

[63] Caratteristica è a questo riguardo l'impostazione del monachesimo cluniacense e di Odone di Cluny in particolare. A. HESSEL, *Odo von Cluni und das französische Kulturproblem im früheren Mittelalter*, in « Historische Zeitschrift », 128 (1923), p. 17 s., osserva appunto rispetto a quest'ultimo come la constatazione dei mali del mondo e l'attesa escatologica diventino per lui motivo di impegno alla riforma del monachesimo e all'opera pastorale: e l'ideale da proporre è sempre quello monastico della fuga dal mondo (per le coloriture escatologiche di questi giudizi negativi sul proprio tempo e di questo suo impegno di riforma cfr. R. MANSELLI, *La "Lectura super Apocalipsim" di Pietro di Giovanni Olivi. Ricerche sull'escatologismo medioevale*,

laicale e la sollecitazione della gerarchia nei suoi confronti a sviluppare una nuova e più viva coscienza religiosa ed ecclesiologica attraverso la valorizzazione massima delle potenzialità di perfezione e di impegno connesse con il proprio stato ma anche e soprattutto con la propria appartenenza alla Chiesa, partecipi del Corpo mistico di Cristo, eredi del suo *regale sacerdotium*[64]. Si assiste sostanzialmente a quella che si po-

« Studi storici » 19-21, Roma 1955, p. 32 ss.). Vedi anche i propositi che il *Chronicon S. Benigni Divionensis*, PL, 162, c. 816 s., attribuisce a Guglielmo di Volpiano, l'altro grande riformatore monastico della Borgogna, sul quale non piccola era stata l'influenza cluniacense: « ... et quia Scriptura dicit: ' Qui audit, dicat veni ', ideo quousque poterat, a saeculi nequitia suadendo subtrahebat. Et sicut coeleste per desiderium totis ipse viribus ad supernum regnum anhelabat, ita secum pergere omnes homines, si fieri posset, exoptabat ». Analoghe considerazioni a proposito dei fini dell'opera di Romualdo presenta Pier Damiani (*Vita beati Romualdi*, c. 37, ed. cit., p. 78). Si tratta, com'è ovvio, di amplificazioni apologetiche, ma ugualmente caratteristiche dello spirito e degli ideali monastici. Con più vivo senso delle diverse vie per cui si attua il proprio impegno cristiano (infatti « diversi sunt ordines in universitate fidelium, ... multae sunt viae quibus itur ad Deum », PETRUS DAMIANI, *Op. 15, De suae congregationis institutis*, PL, 145, c. 337) anche Pier Damiani tuttavia è in buona parte ancora legato a questa posizione; anche se in lui l'ideale diventa eremitico (vedi a questo proposito la stessa continuazione del passo sopra citato). Cfr. J. LECLERCQ, *S. Pierre Damien* cit., p. 37 ss.

[64] Numerosi testi di questo periodo che trattano del *regale sacerdotium* con riferimento ai laici in P. DABIN, S. J., *Le sacerdoce royal des fidèles* cit., p. 200 ss. È interessante notare come la trattazione del tema del *regale sacerdotium* riguardo al laicato appaia così frequente in Pier Damiani, che, nella sua tutta spirituale concezione del rapporto ecclesiologico fondato sul Cristo (cfr. soprattutto *Op. 11, Liber qui appellatur Dominus vobiscum*, PL, 145, c. 231 ss.), insiste particolarmente sul carattere dell'abluzione e dell'unzione della cerimonia del battesimo che, rendendo « membri » del Cristo, assimilano alla sua dignità di re e sacerdote (cfr. anche *Sermo X*, PL, 144, c. 556). Questo comporta da un lato il godimento, pur senza svolgere alcuna specifica funzione sacramentale, del beneficio di offerta proprio e comune a tutta la Chiesa, e che viene soltanto delegato ai suoi ministri, dall'altro il compito di annunciare la gloria e la virtù del Cristo come suoi apostoli in terra (cfr. *Ep.*, VIII, 1, PL, 144, c. 461 ss.). Questa impostazione determina in Pier Damiani una concezione puramente ministeriale degli *officia* — che non implica evidentemente il disconoscimento di una loro dignità —, e quindi una netta distinzione tra essi e il merito, e gli permette insieme di inserire più profondamente il laicato nella vita della Chiesa, al di là dei limiti posti dagli uffici specifici dei singoli. Il che non impedisce che egli segua con malcelato timore, quasi pensoso delle conseguenze che ne potevano derivare

trebbe chiamare un'inversione nei criteri di valutazione in questo campo: conta in primo luogo il grado di moralità personale, di merito personale che ci si deve procacciare in vista dell'eterna salvezza e per amore del Cristo. L'ufficio che si ricopre nella Chiesa, connesso con lo stato di vita, implica da questo punto di vista essenzialmente un grado di maggior responsabilità, una più alta richiesta di impegno: da questo terreno prende corpo l'altissima concezione del sacerdozio che la pataria dimostra, come di quello che dona i misteri di vita eterna e che perciò per essere esercitato richiede una grande perfezione morale (risposta di Nazario) [65] — concezione in astratto si badi, che diventa concreta venerazione e rispetto personale solo nei confronti delle persone che se ne dimostrano degne.

Con questo sostanziale riconoscimento delle illimitate possibilità di perfezione cristiana del singolo fedele, e con la relativa novità di esso per la mentalità religiosa del tempo, si chia-

---

all'ordinamento della Chiesa ed alla sua disciplina, quei movimenti che sembrano promuovere un intervento del laicato non solo nella correzione del costume ecclesiastico, ma anche in problemi d'ordine più direttamente teologico (cfr. particolarmente *Op.* 30, *De sacramentis per improbos administratis,* capp. I e III, *PL,* 145, cc. 523 ss. e 527 ss.); e che al laico desideroso di perfezione e di un più forte impegno religioso, egli non sappia additare ideale migliore di quello eremitico, o almeno l'applicazione, per quanto è possibile al proprio stato, di alcune delle sue norme di vita e delle sue pratiche liturgiche e di pietà (cfr. tra l'altro *Op.* 10, *De horis canonicis, PL,* 145, c. 221 s., ed *Ep.,* VII, 15, *PL,* 144, c. 454 s.). Come si vede l'apparente comunanza di motivi non esclude profonde e sostanziali diversità, e la concezione del laicato nella Chiesa di Pier Damiani, che in un primo momento poteva apparire un punto di contatto con la pataria milanese (anche se questa non fa esplicito riferimento al *regale sacerdotium*), si rivela in realtà premessa per conseguenze radicalmente diverse se non opposte tra loro. Vedi anche il mio *Théologie de la vie monastique chez saint Pierre Damien,* in *Théologie de la vie monastique. Études sur la tradition patristique,* Lyon-Fourvière 1961, p. 470 ss. e R. BULTOT, *La doctrine du mépris du monde* cit., p. 53 ss. e 63 ss. Sul *regale sacerdotium* vedi inoltre G. MARTINI, *Regale sacerdotium,* in « Archivio della R. Dep. Rom. di Storia patria », LXI (1938), pp. 1-166, dove il tema è però visto soprattutto nelle sue implicazioni con il formarsi di una concezione teocratica del papato.

[65] ANDREA, *op. cit.,* c. 6, p. 1053. Vedila citata a p. 144, n. 36, di questo studio.

riscono i numerosi « licet laicus », « licet coniugalis », che
punteggiano la narrazione di Andrea nel momento in cui si ap-
presta a fare l'elogio della purezza di vita di qualche patarino:
indice insieme, nel loro andamento concessivo, della difficoltà
a liberarsi dalle schematizzazioni, che, per essere monastiche,
costituivano il modo di pensare consueto della cultura del
tempo. Se quindi la netta distinzione tra ufficio e merito personale del ministro permetteva a Pier Damiani di graduare
una scala di santità di rigida perfezione morale, fondata essenzialmente sugli stati di vita e che poneva perciò al vertice
l'ideale eremitico [66], questa stessa distinzione accompagnata
però dall'affermato strettissimo legame tra capacità all'esercizio dell'*officium* e merito, per cui quella dipende da questo,
veniva a determinare in ambiente patarinico un ideale di santità non fondato né sugli stati di vita, né sull'*officium* in sé,
ma portato ad accentuare piuttosto, sgretolando ogni aprioristica classificazione, l'infinita varietà di modi di perfezione
che le circostanze della vita offrono per esercitare con tanta
maggior forza il proprio impegno cristiano [67]: meta suprema
e più alta appariva così quella del martirio per la fede [68].

[66] Cfr. n. 63 e n. 64 a p. 159 ss.

[67] In questo spirito va intesa anche, mi sembra, la seguente dichiarazione di Arialdo: « Pro dolor, preter Herlembaldum et Nazarium, clericum
vix quempiam repperio, qui quoquo modo mihi sub falsa discretione tacere
non suadeat, quatinus simoniaci et adulteri libere possint peragere opera diaboli » (ANDREA, *op. cit.*, c. 15, p. 1060).

[68] Cfr. le numerose affermazioni di Arialdo e di altri: ANDREA, *op. cit.*,
c. 4, p. 1052: « ... paratus sum animam meam tradere gladio »; c. 5, p. 1053;
c. 19, p. 1063, « ... sic pro Christo mori ardenter cupiebat (scil. Arialdus),
ut, cum quemlibet se Deumque cerneret pure diligentem, magna cum prece
deposceret dicens: ' Obsecro te per Christum ut pro me precem fundas apud
ipsum, quatinus sanguine proprio testari merear verbum eius quod predico ' »;
c. 22, p. 1069, dove appunto nel momento del martirio Arialdo ringrazia il
Cristo di avergliene concessa la grazia. Corrispondente a questo è il generale
motivo della « effusio sanguinis », della lotta « usque ad sanguinem », che
anima tutta l'azione della pataria; cfr. ancora ANDREA, *op. cit.*, c. 7, p. 1054;
c. 15, p. 1059; c. 21, p. 1066; in questo clima s'inserisce il dono di un
vessillo fatto dal pontefice ad Erlembaldo (cfr. ARNULFUS, *op. cit.*, c. 17,
p. 22; cfr. per le altre fonti p. 211, n. 15 di questo libro). Nelle scale di perfezione del tempo il martirio era considerato la tipica misura di perfezione
della vita attiva; cfr. A. QUACQUARELLI, *Il triplice frutto della vita cristiana*

Su di una linea di « polemica antimonastica » ispirata almeno in parte da queste motivazioni, Gregorio VII, pensoso
del pericolo che si introducesse nella Chiesa una visione unilaterale e personalistica di rinuncia, che ne risultasse frenato
lo sforzo di riforma col togliere dalla scena del mondo gli elementi migliori, riconoscerà che agli effetti della cristiana perfezione i vari *ordines* si trovano su analoghe posizioni di partenza, per chi sappia e voglia sino in fondo assolvere il compito che da Dio gli è stato assegnato. E protesterà perciò con
l'abbate di Cluny per aver questi accolto nel suo monastero,
dopo averlo evidentemente sollecitato ad entrarvi, il principe
Ugo I di Borgogna, uno dei pochi potenti che si distinguesse
per la sollecitudine cristiana verso il suo popolo [69]; e come

100, 60 e 30, Roma 1953, dove si esamina l'evoluzione che l'esegesi della
parabola del seminatore (Matth. XIII, 8) subisce in riferimento all'attribuzione
del 100: dai martiri, ai vergini, ai contemplativi; vedi soprattutto la parte dedicata a Pascasio Radberto (p. 76 ss.) e ad Anselmo di Laon (p. 86 s.). Nel-
l'ultimo periodo della pataria si può forse notare un'evoluzione rispetto a questa primitiva e del resto almeno apparentemente dominante spiritualità: quando cioè si riscontra, soprattutto dopo la momentanea dispersione seguita alla
morte di Arialdo, un certo confluire di patarini a Vallombrosa, che denunce-
rebbe l'affiorare di una tendenza monastico-ascetica tra le sue file. Senza
voler accentuare questo fatto come segno di un'evoluzione marcata, sarà da
tener presente per spiegarlo, e la ragione soggettiva della gravità della lotta,
e l'indubbia influenza che doveva esercitare san Giovanni Gualberto, ma che
peraltro la tarda apologetica vallombrosana ha di molto esagerato [cfr. al ri-
guarado C. PELLEGRINI, *Fonti e memorie storiche di Sant'Arialdo. III. San-
t'Arialdo e i Vallombrosani: verità e leggende*, in « Archivio storico lombardo », s. III, v. XVI, a. XXVIII (1901), pp. 5-24], ed insieme le già rilevate affinità con la tradizione patarinica che il monachesimo vallombrosano
in qualche modo allora ancora presentava (ed anche questo spiega che Andrea abbia potuto scrivere la *Vita Arialdi* che scrisse pur dopo la sua entrata a Vallombrosa): vedi anche a questo proposito S. BOESCH GAJANO, *Storia e tradizione* cit., p. 104 ss.

[69] GREGORIO VII, *Reg.* VI, 17, ed. cit., p. 423 s. « Cur frater non per-
pendis non considras, in quanto periculo in quanta miseria sancta versatur
ecclesia? Ubi sunt, qui se sponte pro amore Dei opponant periculis, resistant
impiis et pro iustitia et veritate non timeant mortem subire? *Ecce qui Deum
videntur timere vel amare, de bello Christi fugiunt, salutem fratrum postpo-
nunt et se ipso tantum amantes quietem requirunt.* Fugiunt pastores fugiunt
et canes, gregum defensores, invadunt oves Christi nullo contradicente lupi
latrones. Tulisti vel recepisti ducem in Cluniacensem quietem et fecisti ut
centum milia christianorum careant custode ». A sostegno di queste sue affer-

già Alessandro II ad Erlembaldo, anch'egli ordinerà al prefetto
di Roma Cencio, che desiderava ritirarsi in un chiostro, di
perseverare invece nella sua magistratura e nel suo impegno
nel mondo, « ut zelo Dei armatus et iudex aequitatis e iustitiae
servantissimus tot malefactoribus obsisteret, et in hac obedientia Christo gratanter militaret » [70]. Sulla stessa linea Anselmo
di Lucca esalterà l'impegno verso il prossimo in un'azione che
è insieme di carità e di forza — ed è perciò, congiuntamente,

mazioni cita poi *I Cor.* XIII, 5 (« Caritas non quae sua sunt querit ») e *Rom.*
XIII, 8 (« Qui diligit proximum legem implevit »), e rammaricandosi perché
si tratta di un buon principe osserva: « Monachi vero Deo miserante sacerdotes et milites et non pauci pauperes per diversa loca, qui Deum timeant, re-
periuntur; principes autem Deum timentes et amantes vix in toto occidente
aliqui inveniuntur »; dove sembra emergere tra l'altro il fatto che per Gregorio questi vari *ordines*, agli effetti della cristiana perfezione, si trovano nel
disegno provvidenziale su piani analoghi (altro discorso se si tiene presente
la *dignitas*, nella quale il sacerdozio ha netta preminenza). Cfr. a questo riguardo anche A. NITSCHKE, *Die Wirksamkeit Gottes in der Welt Gregors
VII*, in *Studi Gregoriani*, V, Roma 1956, p. 181 ss.

[70] *Annalista Svevo* (BERTHOLDUS), *Annales*, A. 1077, ed. cit., p. 304. Si
tratta di *fatti* evidenti che proprio per il loro numero chiaramente denunciano
un'inversione di tendenza nella spiritualità del tempo; ma anche qui, ad ulteriore riprova di come fosse difficile tradurli in termini ideologici diversi da
quelli consueti, di come fosse tenace la resistenza offerta dalla cultura tradizionale, si può riscontrare come il cronista, nel momento in cui passa a fare
l'elogio di Cencio, non riesca ad andare al di là di una presentazione sostanzialmente monastica delle sue virtù e dei suoi meriti. Cencio cioè ha lottato
e combattuto nel mondo per la giustizia e per la fede: ed ha assolto così
al suo compito di laico cristiano. Ma quando passa a parlare della sua santità, è ancora ad un quadro di « monachesimo interiore » che l'Annalista
deve ricorrere per giustificarla in certo modo a se stesso e agli altri, adottando
quindi un modulo narrativo del tutto tradizionale nell'agiografia monastica
— nei casi, del resto non troppo frequenti, in cui si era trattato di *milites* o
di potenti distintisi in qualche modo per le loro virtù —: cfr. ad es., ODONE
DI CLUNY, *Vita Geraldi comitis Auriliacensis*, PL, 133, cc. 639-704 [vedi al
riguardo A. FRUGONI, *Incontro con Cluny*, in *Spiritualità Cluniacense*, Todi
1960, p. 23 ss., P. LAMMA, *Momenti di storiografia cluniacense*, « Studi Storici » 42-44, Roma 1961, p. 60 ss., e V. FUMAGALLI, *Note sulla « Vita Geraldi » di Odone di Cluny*, in BISIME, 76 (1964), pp. 217-235]; *Miracula
B. Richardi abbatis S. Vitoni Virdunensis*, c. 8, in L. D'ACHERY-J. MABILLON,
Acta sanct. ord. S. Benedicti, VI, 1 (II ed.), p. 469; *Vita sancti Popponis
abbatis Stabulensis auctore Everhelmo abbate Altimontensi coaequali*, c. 4,
ibid., p. 503. Ma vedi anche, per i limiti « romani » di questa posizione,
p. 16 ss. di questo libro.

sia dei chierici che dei laici —, per provvedere predicando e lottando contro gli eretici alla *salus animarum*: « Deum namque non amare convincuntur qui sue tantum saluti intendentes conspectis proximorum vulneribus solatium medicamenti subtrahunt » [71].

Alcuni anni più tardi Guido di Ferrara, riferendo in modo che è difficile non riconoscere come obiettivo le considerazioni al riguardo degli apologeti di Gregorio VII, userà termini che assai significativamente risultano alternativi ad una scelta monastica: « Fugiant alii praesentiam hominum, divitent consortia mulierum, declinent frequentiam urbium, solitudines adeant, invia et praerupta requirant, abdant sese specubus montium et cavernis petrarum, alantur herbis, potentur fontibus, feris cohabitent: hic suscepti regiminis necessitate compulsus, quod maioris est meriti, inter seculares et filios tenebrarum singularis meriti praerogativa dignissimus habebatur ... Legem dabat servis et dominis, principibus et subiectis, parentibus et filiis, coniugibus et viris, et omnes omnium mores sacris alloquiis informabat » [72]. È chiaro, in ambiente gregoriano, il progressivo e pesante condizionamento rappresentato dalla guerra contro Enrico, per cui diveniva urgente e pressante mobilitare nuove forze, orientare nuovi propositi a questo fine. Ma non è casuale, tuttavia — segno direi che si trattava di un indirizzo

---

[71] Così un sermone di Anselmo edito recentemente da E. Pásztor, *Motivi dell'ecclesiologia di Anselmo di Lucca. In margine a un sermone inedito*, in *BISIME*, 77 (1965), p. 7 (e p. 39 ss. per questo tema in generale nell'opera di Anselmo). Si tratta di motivi sviluppati anche nella *Vita Anselmi*, scritta probabilmente da un cappellano di Matilde di Canossa: vedi, ad es., i termini coi quali viene descritto l'impegno cristiano di Matilde (c. 7, in *MGH, SS*, XII, p. 15): « quae spiritualis et religiosissima in occulto, saecularem aut, ut verius dicam, militarem agebat vitam in manifesto; sic tamen spiritualem habet ac saecularem, ut et illam in Christo et istam faceret pro Christo. Quae vero saecularis, haec maioris illi fuit angustiae ac laboris, sed et multo pluris, spero, retributionis ». Vedi per tutto questo E. Pásztor, *Una fonte per la storia dell'età gregoriana: la « Vita Anselmi episcopi Lucensis »*, in *BISIME*, 72 (1961), particolarmente p. 19 ss. e *Sacerdozio e regno nella « Vita Anselmi episcopi Lucensis »*, in « Archivum Historiae Pontificiae », 2 (1964), particolarmente p. 104 ss.

[72] Wido Ferrariensis, *De scismate Hildebrandi*, ed. Wilmans, *MGH, Libelli*, I, p. 534 s.

ideologico e di spiritualità che andava al di là delle immediate necessità belliche — che almeno in parte siano proprio queste considerazioni a costituire uno dei più validi motivi polemici della riscossa delle nuove forme di *vita apostolica* contro il monachesimo tradizionale, nella ricerca appunto di ricuperare una dimensione più immediatamente pastorale al proprio impegno cristiano [73].

[73] Il Chenu, *Moines, clercs, laïcs* cit., p. 60 ss., ha chiaramente messo in luce come, mentre nell'alto medioevo « il dinamismo interiore della Chiesa era quasi interamente comandato dagli ideali e dalle ispirazioni della vita monastica », si sviluppi sullo scorcio del secolo XI e agli inizi del XII una più acuta coscienza del significato e dei limiti di questo stato di vita nell'economia della Chiesa, a mano a mano che l'evoluzione stessa della società ne mette in causa la validità e l'efficacia e che nuovi ordini e nuove esigenze spirituali si profilano nel ciristianesimo occidentale. Nel momento stesso in cui l'attenzione volta al modello della chiesa primitiva sottolinea e coglie di più gli elementi di predicazione e di apostolato, la *vita vere apostolica* che si propone contro il monachesimo diventa quella dell'ordine chiericale, ordinato nella vita canonica ma a cui spetta come ufficio specifico la predicazione, o quella degli altri ordini e delle altre forme di vita ad essa deputati o che ad essa aspirano. Il Chenu, p. 69 s., rileva giustamente come questa evoluzione portasse con sé un motivo rivoluzionario nella misura in cui l'*officium praedicationis*, venendo a fondarsi sulla sola imitazione degli apostoli, poteva essere distaccato anche dal potere dei chierici, per dipendere solo da essa. Ma sembra peraltro si lasci ingannare da un'analogia formale quando, soprattutto sulla base delle decisioni prese nel concilio Lateranense del 1059 intorno alla vita canonica, osserva che « l'équation *vita apostolica* = *vita communis* demeure clichée depuis Hildebrand, ... et passe chez tous les tenants de la réforme grégorienne » (p. 69, n. 3), ricavandone perciò l'apparente conseguenza di un prevalere dell'ideale cenobitico ancora in questo periodo. È però una realtà ben diversa di *vita communis* che nasce nel corso della riforma, mezzo di restaurazione del costume e della disciplina ecclesiastica, e che non si può considerare disgiunto dalle complesse motivazioni che l'accompagnano, dall'invito sempre più pressante e consapevolmente rivoluzionario verso un'opera di apostolato svolta su vari piani e con una capillarità e larghezza di interventi suscettibili di sempre più ampi sviluppi. Ed a questo proposito converrà osservare che, se ha ragione il Dereine nel rilevare, a proposito delle origini del movimento dei canonici regolari, come l'imitazione degli apostoli passi attraverso la scelta della povertà assai prima che attraverso la predicazione o la *cura animarum* (vedi *Les origines de Prémontré*, in *RHE*, 42, 1947, p. 374 ss., 377 s.; *Le premier ordo de Prémontré*, in *RB*, 58, 1948, p. 89 s.; *Les coutumiers de Saint-Quentin de Beauvais et le Springiersbach* cit., p. 424), questo rilievo rischia di diventare fuorviante ove non si tenga presente con quale valore pedagogico ed esemplare venga prospettata e proposta una vita povera per un'autentica vocazione cristiana; ove si dimentichi

Troviamo così a Milano nascere, dall'esigenza di una nuova
forma di impegno religioso, i primi indizi, le prime manifestazioni di una più sapiente e sfumata concezione della *vita vere
apostolica*. Sarà il loro organico sviluppo a costituire il motivo
di fondo per un superamento dell'ideale monastico come unica
forma di realizzazione della *vita apostolica*, nonché per negare
l'esistenza di una unica forma di vita che possa incarnarla; e
si sottolineeranno invece le infinite forme di perfezione che
il solo fatto di essere cristiani può comportare.

In questo spirito e con questa tutta nuova portata, quasi
un secolo più tardi, Gerhoh di Reichersberg, tardo esponente
di un mondo culturale che ormai nuove situazioni venivano
sommergendo, potrà rilevare peraltro come già il battesimo,
al di là della professione monastica o del chiericato, rappresenti una rinuncia al demonio e al mondo, e riconoscere perciò
ai vari *ordines* e ai diversi ceti di essi, pur attraverso vie diverse, un'analoga possibilità di attingere a quella santità e
beatitudine insite nel solo fatto di essere cristiani [74]. Uno degli
insegnamenti più alti proposto più esplicitamente nel corso
della riforma trovava così in un suo tardo epigono degna e
compiuta formulazione. Ma i tempi erano mutati; e se il dato
rimarrà teoreticamente acquisito, altre forze e necessità ne
orienteranno e in sostanza ne limiteranno gli effetti da un

cioè che il pauperismo, sullo scorcio del secolo XI, diventa in molti ambienti
lo strumento essenziale per un'opera di apostolato: vedi n. 81 a p. 171 e
p. 172 s. e 364 ss. di questo libro.

[74] GERHOHUS REICHERSBERGENSIS, *Liber de aedificio Dei*, c. 43, PL, 194,
c. 1302 (nell'ed. del Sackur questa parte è omessa): « Qui ... in baptismo
abrenuntiavit diabolo et omnibus pompis ac suggestionibus eius, etiamsi nunquam fiat clericus vel monachus, mundo tamen renuntiasse convincitur quia
mundus totus in maligno positus pompa est ipsius maligni, cuius pompae
renuntiaverunt omnes christiani. Unde et qui utuntur hoc mundo, sint quasi
non utantur: ut sive divites sive miseri, nobiles ac servi, mercatores et rustici et omnino cuncti, qui christiana professione censentur, illa respuant,
quae huic inimica sunt nomini, et ea quae sunt apta sectentur. Habet enim
omnis ordo et omnino omnis professio in fide catholica et doctrina apostolica suae qualitati aptam regulam, sub qua legitime certando poterit pervenire
ad coronam ». Il riconoscimento è importante proprio perché esplicito ed inserito in una trattazione ecclesiologica che ha il carattere di fondazione di
principio.

piano di più larga considerazione ecclesiologica sulle nuove strade degli ordini mendicanti o dell'eresia.

Ma ancora qualche osservazione sulla parte finale del secondo discorso di Arialdo. Oltre all'elemento già più volte riscontrato della necessità della lotta diretta contro i simoniaci per non rendersi colpevoli della loro stessa colpa, si può notare il fatto nuovo che su questa necessità si fonda il compito di supplenza che gli altri *ordines* si possono attribuire ove uno di essi venga meno al suo mandato specifico. Sembra che questo sia il caso dei *predicatores* (più volte abbiamo già osservato l'amara constatazione fatta da Andrea e da Arialdo sull'assenza assoluta di chi si opponesse all'eresia simoniaca), ed ecco allora che devono scendere in campo i *continentes,* ma anche i laici devono parlarne, almeno discutendone fra loro. Se anche il tutto è presentato in forma quasi ipotetica è evidente il doppio motivo, di polemica contro i sacerdoti, cui l'ufficio della predicazione sarebbe spettato di diritto, e di ritorsione dell'accusa spesso formulata contro i patarini di usurpare un ufficio che a loro non competeva[75], prospettato da queste parole di Arialdo. L'aspetto rilevante di questa apertura di Arialdo nei confronti dei laici è quello di concedere loro facoltà di discussione reciproca e di insegnamento non solo su argomenti di ordine morale (*verbum exhortationis*), per formarsi ai buoni costumi ed alle opere di pietà — il che implicherebbe essenzialmente una considerazione quasi esclusiva dei doveri specifici del proprio stato —, ma anche, e soprattutto in questo caso, su quelli direttamente connessi con la

---

[75] ARNULFUS, *op. cit.*, c. 10, p. 19; « Landulfus ... usurpato sibi contra morem ecclesiae praedicationis offitio ... »; IDEM, *op. cit.*, c. 16, p. 21 s.: (Arlembaldus) ... cum esset laycus ... opus sibi praesumpsit indebitum ... ad placitum, si quae sunt clericorum peccata, diiudicans »; IDEM, *op. cit.*, c. 17, p. 22: « Fideliter, et ideo confidenter loquimur: cavenda est doctoribus absolute prolata Pauli sententia: ' Si quis vobis evangelizaverit praeter id quod accepistis, anathema sit ' (*Gal.* I, 9). Haec enim dicentes non adversamur vobis, o seniores Romani, cum magister noster dicat Ambrosius: ' Cupio in omnibus sequi Romanam ecclesiam '. Vobiscum enim credimus, vobiscum cunctas haereses abdicamus; sed *videtur nobis ratum, ut ius ecclesiasticum doctor exhibeat ecclesiasticus, non ydiota laycus* ».

fede ed i sacramenti [76]. Che questa distinzione si tendesse ad attuare con una certa chiarezza già nel sec. XI, in un momento in cui più diretto e decisivo si faceva l'intervento dei laici per la riforma della Chiesa, tra un ambito morale di carattere edificante, aperto anche alla predicazione ed alla discussione in comune dei laici, ed uno più propriamente di fede e di dottrina ad essi su questo piano precluso, mi sembra lo si possa ricavare da una molto significativa lettera di Pier Damiani, indirizzata a Cencio prefetto di Roma, che si era appunto distinto con un'orazione pronunciata al popolo nella chiesa dedicata a S. Pietro, e dalla quale mi sembra emerga chiaramente il carattere morale-esortativo della predicazione di Cencio [77]. Pier Damiani la giustifica alla luce del motivo scrittu-

[76] Quasi un secolo e mezzo più tardi, il 7 giugno 1201, Innocenzo III, riconciliando gli Umiliati con la Chiesa, decreterà la concessione che essi « ... singulis diebus dominicis ad audiendum Dei verbum in loco idoneo convenire, ubi aliquis vel aliqui fratrum probatae fidei et expertae religionis, qui potentes sint in opere ac sermone, licentia diocesani episcopi *verbum exhortationis proponent hiis qui convenerint* ad audiendum verbum Dei, *monentes et inducentes eos ad mores honestos et opera pietatis, ita quod de articulis fidei et sacramentis Ecclesiae non loquantur* » (H. TIRABOSCHI S. J., *Vetera Humiliatorum Monumenta*, II, Mediolani 1767, pp. 133-134).

[77] PETRUS DAMIANI, *Epistolae*, VIII, 1, *PL*, 144, c. 461 ss. Il DRESSLER, *Petrus Damiani. Leben und Werk*, in « Studia Anselmiana » 34, Romae 1954, p. 239, la data tra il 1065 ed il 1069. Riporto qui un passo della prima parte ed uno del finale: « Heri plane dum in ecclesia b. Petri apostolorum principis de praesentis tunc Epiphaniae solemnitate prout divina clementia suggerebat, concionaremur ad populum, ita locutus es, non ut praefectum reipublicae, sed potius ut sacerdotem decebat Ecclesiae, nec saecularis hominis verbum, sed apostolicae praedicationis audiebatur eloquium. In quo nimirum, quem imitari censendus es, nisi illum qui rex et sacerdos et mundum regit per divinae virtutis imperium et semetipsum patri pro nobis obtulit salutaris hostiae sacramentum? ... Constat ergo quemlibet Christianum esse per gratiam Christi sacerdotem, unde non immerito debet eius annuntiare virtutem. Tu praesertim huius sacerdotii et regni evidenter imitaris exemplum, dum et in tribunalibus legitimae sanctioni iura promulgas, *et in ecclesia persequens exhortationis instantiam, astantis populi mentes aedificas* ... Nam dum populi multitudinem praefectoria iurisdictione, et iudiciariae potestatis vigore coerces, quid aliud quam officium Aaron imples? Et cum *eundem populum ad ea quae Dei sanctis exhortationibus provocas*, quid aliud quam Moysi spirituale propositum pius aemulator usurpas? Age igitur, macte virtute, vir strenue, et in agro te Domini tamquam duplex operator exerce; profice, satage, labora; et in his, quae gloriose coepisti, gloriosius persevera; modo fo-

rale del sacerdozio regale dei fedeli, derivato da quello unico del Cristo ed essenzialmente spirituale, consistente nel fatto di mettersi in rapporto con Dio attraverso una santa vita e le opere di misericordia, ma non caratterizzato da alcuna particolare competenza sacramentale e liturgica. È inoltre significativo che solo nella parte centrale della lettera, in cui Pier Damiani si sofferma sulle virtù necessarie al buon predicatore, egli parli delle « sententiae spiritualis doctrinae » che insieme allo « splendor religiosae vitae » (ma « melior est vita procul dubio quam doctrina ») ne costituiscono le caratteristiche essenziali, e questo dopo aver incidentalmente accennato al fatto che ad un « gradus » del « sacerdotalis ordo » (a quello del sacerdozio liturgico) « iniunctum est praedicationis officium ». Del resto tutta la tradizione ecclesiastica, che meglio si verrà chiarendo nel corso del secolo seguente di fronte allo sviluppo dei movimenti ereticali, era a questo proposito limitativa [78], per il semplice diritto alla predicazione anche nei confronti dei monaci, e sia pure con motivazioni diverse. Ancora Alessandro II in un frammento conservatoci di una sua lettera al clero e al popolo fiorentino ordinava ai monaci « quamvis religiosis, ad normam sancti Benedicti, intra claustrum morari ». E specificando: « vicos, castella, civitates peragrare prohibemus; nisi forte quis de suae animae salute sollicitus, ut eorum habitum assumat, eos intra claustrum consulere voluerit ». Dove è chiaro il divieto di svolgere opera di predicazione e di insegnamento se non nel confronto di chi si recasse al monastero per farsi monaco; e questo in una zona dove invece la predicazione monastica era molto diffusa [79].

rense litigium examine iustitiae dirimens, *modo servata mensura tui ordinis, in Ecclesia salutiferae exhortationis verba depromens*, modo in his quae ad Deum pertinent, Moysis vestigia sequere, modo in causarum negotiorumque saecularium calculis, Aaron sacerdotis exempla propone ».

[78] Cfr. gli *Statuta Ecclesiae antiqua* del V secolo, c. 37 e 38, ed. G. MORIN, in *S. Caesarii Opera*, t. II, Maredsous 1942, p. 93, e di Leone Magno l'epistola 119 (« Ad Maximum Antiochenum episcopum »), *PL*, 54, c. 1045 s., e l'epistola 120 (« Ad Theodoritum episcopum Cyri »), *ibidem*, c. 1054.

[79] ALESSANDRO II, *Epistolarum fragmenta*, MANSI, *Concilia*, t. XIX, c. 979. Per l'attività dei monaci in Toscana cfr. anche BONIZONE, *Liber ad*

Altro accenno del discorso di Arialdo su cui vale la pena di soffermarsi quello riguardante la predicazione dei *continentes*, ossia dei monaci: viene assegnata ad essi apparentemente in via di supplenza, ma con una specificazione che viene a caricarne il significato di una validità che va ben al di là di un contingente intervento suppletivo anche dello stesso ordine dei monaci, al quale pur sembra fare più preciso riferimento (ma forse proprio per questo in così generica formulazione). Di essi infatti la predicazione « tanto esse debet liberior et veracior, quanto constat quia sunt ab omni re seculari expediti et sacrae legis meditatione assidua edocti »; ossia la loro parola acquista efficacia in ragione stessa della loro totale rinuncia al mondo, si vorrebbe quasi aggiungere, del loro stato di povertà [80]. Senza stabilire ancora un legame di necessità (ma si può anche osservare che il contesto stesso non richiedeva una presa di posizione al riguardo, indirizzata com'è l'argomentazione di Arialdo ad altro fine) l'affermazione è peraltro importante e si lega ad altre analoghe enunciazioni contemporanee in rapporto a quelle che si richiedono essere le caratteristiche di vita di un buon predicatore [81]. Non solo, ma se

amicum, ed. DÜMMLER, *MGH*, *Libelli de lite*, t. I, Hannoverae 1891, p. 589: « ...non solum Rome incontinentes sacerdotes et levite ab altaris prohibebantur officio, sed etiam per vicinas circumquaque regiones et per omnem Tusciam, adiuvantibus monachis, viris religiosis et verbo predicationis insudantibus »; DESIDERIUS, *Dialogi de miraculis Sancti Benedicti*, edd. G. SCHWARTZ e A. HOFMEISTER, *MGH*, *SS*, XXX, 2, p. 1147. Vedi al riguardo il mio *Pietro Igneo* cit., p. 13, n. 1.

[80] « Expeditus » assume già con i Padri un preciso significato di riferimento alla povertà assunta volontariamente in applicazione del precetto evangelico; cfr. *Thesaurus linguae latinae*, t. V, p. II, c. 1619. Giustamente S. BOESCH GAJANO, *Storia e tradizione* cit., p. 111 e n. 1, ha ricordato, a proposito di questo passo, la « concreta realtà monastica che l'autore aveva presente »: il fatto cioè che Andrea si rivolgeva a quei monaci vallombrosani, « il cui fondatore aveva inteso realizzare concretamente queste funzioni che troviamo teorizzate sulla bocca di Arialdo ».

[81] Cfr. PETRUS DAMIANI, Op. 24, *Contra clericos regulares proprietarios*, cap. 6, *PL*, 145, c. 490: « ...illi ...idonei sunt ad praedicationis officium, qui nullum terrenae facultatis possident lucrum: et dum aliquid singulare non habent, communiter omnia possident ». Questa esigenza si manifesta in primo luogo in ambiente eremitico in riferimento allo stabilimento della vita canonica regolare tra il clero (già il DEREINE, *Vie commune* cit., p. 389, n. 6, ha

congiunta con le tipiche proposizioni pauperistiche già notate
nel primo discorso di Arialdo — che poste com'erano su di

osservato come questi tentativi escano per lo più da ambiente eremitico, e
non si ritrovi, presso i promotori di una povertà assoluta nella vita canonica,
traccia positiva dell'influenza di Cluny). Va però osservato che lo stesso ideale
eremitico subisce delle profonde differenziazioni a seconda che l'accento batta
più sul fatto della solitaria rinuncia al mondo o sul motivo dell'imitazione apostolica perseguita attraverso una predicazione itinerante. Se in entrambi i casi,
rispetto al clero, lo sforzo sarà in primo luogo di stabilirvi la vita canonica,
diverse sostanzialmente risulteranno le motivazioni e le finalità del proprio
impegno cristiano. Superato infatti il tema della *vita communis* come unico
e fondamentale fatto di imitazione apostolica, sono le caratteristiche ed il
modo di proporsi come modello di quest'ultima a svolgere un ruolo deter-
minante. Ciò non toglie che evidenti risultino anche i reciproci legami: così
Pier Damiani, che pure — nei limiti in cui si possono stabilire rigide distinzioni — è certamente esponente della prima tendenza, offre, nelle sue considerazioni intorno alla povertà, *conditio sine qua non* per l'esercizio della
predicazione — elementi entrambi di imitazione apostolica —, motivi che
confluiscono nella seconda tendenza (anche se il CHENU, *Moines, clercs, laïcs*
cit., p. 70, tende, proprio riguardo a Pier Damiani, ad esagerare questo fatto,
trascurando gli aspetti di più stretto legame col monachesimo). Senonché nel
corso dello sviluppo della riforma il motivo diventa anche argomento di difesa
del diritto alla predicazione e all'esercizio degli uffici pastorali da parte dei
monaci, contro le pretese negative in questo senso dei canonici regolari;
cfr. GAUFRIDUS GROSSUS, *Vita Beati Bernardi* cit., c. 6, c. 1399: «...cum
praedicator Ecclesiae mundo debeat mortuus esse, et illius a populo praedicatio contemnatur, cuius vita vitiis et peccatis mortificata necdum creditur;
qua ratione, quia sum monachus et mundo mortuus, potes me a praedicatione
prohibere, qui exemplo mortificatae vitae meae possum populis prodesse, et
verbo doctrinae illos ad meliora promovere? Et cum constet B. Gregorium
atque Martinum, aliosque quamplures sanctos monachos, mortificationis suae
merito, pastorale regimen in ecclesiis accepisse, et cum honore praelationis,
officium praedicationis; inde consequens hoc trahitur, quod per virtutem mortificationis pervenitur ad licentiam praedicationis. Itaque, quia sum monachus
et mundo mortuus, non mihi fas praedicandi aufertur, sed multo melius con-
fertur». Il testo proviene dall'ambito dei predicatori itineranti, ma l'argomentazione è generale e si ritrova anche presso i difensori del cenobitismo tradizionale (cfr. ad esempio per Ruperto di Deutz, A. MOURAUX, *La « Vie apostolique» à propos de Rupert de Deutz*, in « Revue liturgique et monastique »,
21, 1935-36, pp. 71-78 e 125-141; vedi ora anche F. FOREVILLE-J. LECLERCQ
O. S. B., *Un débat sur le sacerdoce des moines au XIIe siècle*, in *Analecta
Monastica*, IVe série, « Studia Anselmiana », 41, pp. 8-118, con numerosi
riferimenti bibliografici). Ma lo spirito che anima queste apparentemente
analoghe enunciazioni è profondamente diverso. Tra i predicatori itineranti e
in parte per gli stessi canonici regolari — almeno finché non si costituiranno
in « ordine », con caratteristiche sempre più accentuatamente monastiche — la
rinuncia al mondo viene ad essere l'attuazione di uno stato di povertà dura-

un piano di confronto negativo a caratterizzare l'indegna vita del clero acquistavano un preciso significato di « dover essere », di proposizioni programmatiche per un nuovo costume da realizzare praticamente —, viene a costituire un'altra spia chiarificatrice di alcuni indirizzi della pataria nel campo del costume e della disciplina ecclesiastica. Pratica attuazione di questa liberazione dalle cose terrene, necessaria a fondare una vita di apostolato, risulta la realizzazione della vita canonica regolare promossa da Arialdo a Milano, nella chiesa dedicata alla Vergine, e che fu detta appunto « Canonica » [82], già acquistata per simonia da un chierico poi convertito alla pataria e che si trovava sotto lo *ius* di un *miles*, pur esso ormai patarino [83]. Gli aspetti che Andrea ci descrive sono quelli tipici della vita regolare, il cui rilancio su ampia scala

mente perseguito, ma come presupposto per quella *vita apostolica* che si traduce concretamente in attiva opera di predicazione, di contatti con gli uomini. Per il cenobitismo contemporaneo essa corrisponde alla *vita communis* tra le mura di un monastero, per la quale si reclama certo l'esercizio del ministero, ma come un diritto, non come un dovere necessario per realizzare l'imitazione degli apostoli; cfr. ancora CHENU, *Moines, clercs, laïcs* cit., p. 60 ss., e p. 137, n. 28, e p. 166, n. 73, di questo libro.

[82] ANDREA, *op. cit.*, c. 17, p. 1062.

[83] ANDREA, *op. cit.*, c. 11, p. 1057, dove descrive anche la cerimonia di « refutatio » del chierico che l'aveva acquistata, nelle mani del *miles*, e l'invito di questi di disporne « secundum quod Deum velle sciret » ad Arialdo, che a sua volta ordina a tre chierici, « fideles et casti », di riceverla. Da un accenno di ANDREA (*op. cit.*, c. 12, p. 1058), che parla della permanenza di Arialdo nella canonica come durata « decem fere annos », si dovrebbe pensare alla sua costituzione già nel primo periodo di attività della pataria; BONIZONE, *Liber de vita christiana*, lib. V, ed. E. PERELS, Berlin 1930, p. 204, afferma invece: « Nostris vero temporibus in Italia aput Mediolanum ex precepto Alexandri pape ceperunt clerici secundum precepta beati Hyeronimi ad Nepotianum de vita clericorum et secundum regulam sancti Augustini episcopi nichil possidentes in commune vivere »; non si può peraltro prestare sempre molta fiducia alla cronologia offerta da Bonizone, soprattutto ove esistano altre testimonianze al riguardo; mi sembra perciò probabile supporre che lo stabilimento della vita canonica a Milano sia avvenuto poco dopo l'inizio della predicazione antisimoniaca di Arialdo-Landolfo, della quale rappresentava una naturale conseguenza, forse dopo la prima andata di Arialdo a Roma nella seconda metà del 1057 (cfr. al riguardo G. MICCOLI, *Il problema* cit., p. 62 ss.). Vedi anche a proposito del passo di Bonizone CH. DEREINE, *Le problème de la vie commune chez les canonistes*, in *Studi Gregoriani*, III, Roma 1948, p. 291, e n. 38.

nella disciplina ecclesiastica verrà tentato nel concilio Lateranense del 1059 [84]: vita strettamente in comune, recita frequente dell'ufficio, osservanza del silenzio e a mensa una
« sancta lectio » (ossia: al lettura di testi apologetici o edifi-
canti); ma soprattutto pratica della povertà, nella rinuncia
a beni propri: « omnes de una arca vivere coguntur » afferma Andrea [85] e Bonizone caratterizza la vita canonica sorta
a Milano come condotta da « clerici ... nichil possidentes » [86].
Lo stacco dalle consuetudini di vita del clero milanese non
poteva essere più violento; e la richiesta di una più affinata
moralità nei pastori trovava la sua formula solutiva nella
scelta di uno stato di povertà, primo e più vero indice di una
personale rinuncia al mondo. Solo su questo piano si rendeva
nuovamente possibile un contatto apostolico con il mondo
dei fedeli, lo svolgimento di un'opera di predicazione che venisse accolta.

Molti decenni più tardi, con una punta di forzatura apologetica, ma non senza una illuminante comprensione della realtà
del movimento di riforma milanese, della profonda, intima
collaborazione instauratasi tra clero riformato e laici, Arnone
di Reichersberg, in un passo suggestivo del suo *Scutum canonicorum*, presenterà i patarini come « figli » di quell'*ordo
canonicus* di cui egli tesseva l'appassionato elogio, ed Erlembaldo come suo altissimo martire [87].

[84] Cfr. G. BARDY, *Saint Grégoire VII et la réforme canoniale au XI*e
siècle, in *Studi Gregoriani*, I, Roma 1947, p. 47 ss.; ma vedi anche p. 98 ss.
di questo libro.

[85] ANDREA, *op. cit.*, c. 12, p. 1058.

[86] Vedi il passo citato alla n. 83. Altre sono in realtà le formule più
comunemente usate per designare la vita canonica regolare (« nihil proprium
habere », « sine proprio vivere »; cfr. DEREINE, *Vie commune* cit., p. 391):
parrebbe difficile tuttavia poter dedurre da questa apparentemente più drastica di Bonizone la presenza a Milano di un più aspro perseguimento dello
stato di povertà rispetto alla semplice rinuncia a beni propri che le enunciazioni comuni mettono in luce.

[87] *PL*, 194, c. 1493: il passo è stato segnalato per la prima volta da
O. CAPITANI, *Nota per il testo dello « Scutum canonicorum »*, in *La vita comune del clero nei secoli XI e XII*, vol. II, Milano 1962, p. 42.

Mi sembra quindi di poter concludere sulla parte finale del discorso di Arialdo osservando come essa sia ricca di elementi suscettibili di sviluppi nuovi e solo in parte rispondenti alla tradizione:

In primo luogo il concetto di mutua supplenza su certi piani degli *ordines*, fatto anche questo che tende a ridurre il rilievo dell'ufficio in sé come rigidamente connesso ad uno stato di vita, subordinandolo piuttosto al merito.

In secondo luogo l'apertura alla predicazione ed alla discussione dei laici di tutto un ambito teologico-dogmatico, limitatamente certo alle loro possibilità di cultura, ma che questa sia la difficoltà più forte è già significativo: quella che in Gregorio Magno, dal cui testo Arialdo aveva preso lo spunto, era una prospettiva di distinzione che implicava una rigida considerazione delle diverse competenze, si trasforma qui in uno schema largamente elastico, disposto al più a tener conto, per questo ambito di problemi, delle diversità di formazione di fatto. Lo *choc* provocato del resto in città da questa presa di posizione è messo immediatamente in rilievo da Andrea [88]. E già ho accennato all'atteggiamento come di fronte a cosa inusitata e contraria alla tradizione, che gli ambienti dell'alto clero assumono nei riguardi di questa « apertura laica » sul piano dottrinale promossa dai capi patarini [89].

---

[88] ANDREA, *op. cit.*, c. 10, p. 1057: « In his autem diebus si per illam urbem incederes, preter huius rei contentionem undique vix aliquid audires, alii siquidem simoniacam excusantes, alii eam constanter damnantes. Nec mirum, quoniam una domus tota erat fidelis, altera vero tota infidelis, tertia autem mater erat credula cum uno filio, pater incredulus cum altero. Et hac quidem confusione et contentione civitas tota erat plena et permixta ».

[89] Cfr. n. 75 a p. 168. Vedi ancora ARNULFUS, *op. cit.*, lib. III, c. 13, p. 20: « (Landulfus) furens solos saevit in clericos, arguens illos suae suorumque perditionis; laicos vero fovebat ut fratres »; e lib. IV, c. 12, p. 28, dove Arnolfo, pur pronunciandosi chiaramente contro le ordinazioni simoniache e l'incontinenza del clero, ribadisce la sua avversione alla confusione degli ordini e degli uffici di cui la pataria si sarebbe resa colpevole. E su questo punto la sua più tarda *retractatio* resta del tutto imprecisa e generica perché si limita a deplorare di aver temerariamente giudicato le parole e gli atti altrui, « cum soli Deo cordium revelantur occulta » (lib. IV, c. 13, p. 28 s.).

La ripresa infine, e sia pure marginale, degli spunti paupe-ristici già notati nel primo discorso, che portano allo stabili-mento della vita canonica, e che, anche se non sembrano ar-rivare ancora alla esplicita affermazione rivoluzionaria della necessità di uno stretto legame dirimente tra esercizio alla predicazione ed uno stato di assoluta povertà e di rinuncia, pure presentano alcuni caratteristici inidizi in questo senso, per dir così una marcata tendenza, che sembra passare quasi in seconda linea solo di fronte ad altri e più immediati obbiet-tivi di lotta.

La netta presa di posizione antisimoniaca di Arialdo pro-voca differenti reazioni: l'irrigidimento da un lato di coloro che da essa si sentivano direttamente toccati, anche in vista delle possibili conseguenze sul piano della loro politica eco-nomica [90]; perplessità ed incertezze dall'altro in mezzo agli stessi *fideles*. Queste ultime cercheremo ora di vedere più da vicino.

Il dilemma apparentemente senza soluzioni che essi pro-pongono ad Arialdo è chiaro: necessari sono i sacerdoti come amministratori dei sacramenti per pervenire all'eterna sal-vezza. Ma i simoniaci sono eretici e quindi contaminano quanti con loro entrino in contatto; e a Milano tutti i sa-cerdoti sono simoniaci [91]. Emergono qui chiaramente i limiti

---

[90] ANDREA, *op. cit.*, c. 10, p. 1057: « ... Wido, qui dicebatur archiepi-scopus, et pars maxima clericorum et militum nec non et multi de populo minore (e questo si spiega forse tenendo soprattutto presenti i numerosi rapporti di ordine personale così caratteristici di una società ancora feudale o parafeudale), nequam viri, secernentes dixerunt ad invicem: 'Haec nam-que doctrina si ad profectum venerit, nobis nostrisque filiis, profecto nullo modo vivere expedit. Quae enim est nostra vita, nisi ecclesiarum beneficia, quae a nobis venduntur et emuntur? Quapropter utilius est nobis, ut huic novae doctrinae resistentes moriamur, quam venire hanc ad profectum, ut diximus, sinamus'». Cfr. per le diverse correnti di opposizione alla pataria l'analisi delle due cronache di Arnolfo e di Landolfo da parte del VIOLANTE, *La pataria* cit., p. 21 ss.

[91] ANDREA, *op. cit.*, c. 10, p. 1057: « Audivimus ... ex vestra assertione simoniacos hereticosque esse procul dubio qui noscuntur emisse ea, quae sunt sacra. Quo scelere qui immunis de sacerdotibus inter nos sit, sine dubio manifestum est quia nemo est. Nos autem, quia christiani dicimur, absque Christi sacramento vivere nullatenus valemus. Quod si ab istis sumpserimus,

di quello che solo impropriamente si può chiamare l'anticlericalismo patarinico, che riconosce l'essenzialità del sacerdozio, come ordine costituito, per l'amministrazione dei carismi, senza mai giungere ad affermare, di fronte alle carenze personali, una pura gerarchia di valori dello spirito all'interno della Chiesa; che bensì, sotto la spinta di una dottrina teologica lentamente assimilata che legava strettamente l'esercizio dell'ordine — e per certi aspetti l'ordine *tout court* — ai meriti personali, ma soprattutto affermava il carattere radicalmente ereticale della simonia, arriva alla richiesta pressante di una nuova gerarchia immune dalle colpe antiche. Senonché, se in un Umberto di Silva Candida si può notare una chiara distinzione tra la simonia, peccato di eresia, che toglie alla radice la capacità di amministrare i sacramenti, per l'esclusione immediata dalla Chiesa che essa comporta, ed i peccati della carne di cui un sacerdote si può macchiare e che gli tolgono semplicemente il diritto all'esercizio dell'*officium*, non la capacità [92], a Milano la situazione risulta complicata e dal carattere quasi dottrinale che il matrimonio dei preti veniva ad assumere [93], e dal fatto che negli stessi indirizzi dei ponte-

potius dicitis nos sumere damnationem quam salutem. Et ideo his telis undique constringimur et quid agamus profecto nescimus ». Si può ricordare come questi dubbi dei *fideles* diventino per Pier Damiani altrettante argomentazioni per oppugnare la teoria della invalidità dei sacramenti amministrati da preti simoniaci; cfr. Petrus Damiani, *Liber gratissimus*, ed. L. De Heinemann, MGH, *Libelli de lite*, t. I, c. 30, p. 61 (vedi il passo cit. a n. 82 di p. 327 di questo volume).

[92] Cfr. Humbertus, *op. cit.*, lib. II, capp. 15 e 16, p. 155 ss. Vedi a riguardo della distinzione umbertina anche O. Capitani, *Studi per Berengario di Tours*, in BISIME, 69 (1957), p. 161 s.

[93] Cfr. ad esempio le considerazioni di Landolfo Seniore sul matrimonio dei preti, inserite in quel quadro ideale che egli traccia della situazione della chiesa milanese prima dello scoppio dei moti patarinici (*op. cit.*, lib. II, c. 35, p. 70 ss.); e Petrus Damiani, Op. 5, *Actus Mediolanensis*, PL, 145, c. 90: « Erat enim inter clerum et populum propter duas haereses, simoniacam videlicet et nicolaitarum, satis turbulenta seditio. Nicolaitae autem dicuntur clerici qui contra castitatis ecclesiasticae regulam feminis admiscentur. Qui plane tunc fornicatores fiunt, cum foedi commercii copulas ineunt; tunc nicolaitae iure vocantur cum hanc lethiferam pestem velut ex auctoritate defendunt. Vitium quippe in haeresim vertitur, cum perversi dogmatis assertione firmatur ». Vedi al riguardo anche n. 44 a p. 149.

fici ai patarini ed in tutta una corrente del movimento riformatore, simoniaci e nicolaiti sono accomunati nella condanna
e presentati come analogo oggetto di una stessa lotta, ma con
tutta una diversa molla giustificativa di essa rispetto ad Umberto: non più teologica ma soprattutto disciplinare; ossia non
è che simoniaci e concubinari intrinsecamente *non possano*
amministrare i sacramenti; *non devono*, perché così prescrive
l'antica disciplina ecclesiastica e tutta la tradizione canonica.

L'intersecarsi ed il sovrapporsi delle diverse giustificazioni
di lotta, se in Arialdo sembrano rimanere perfettamente chiare
e distinte secondo una linea che potremmo definire umbertina, potevano portare invece nella coscienza popolare ad un
trasferimento di provvedimenti disciplinari su di un piano
teologico (come le veniva del resto suggerito per una parte
di essi, e cioè quella riguardante i simoniaci, dai suoi stessi
capi), e ad una pericolosa confusione del fatto ereticale con
l'indegnità morale del ministro [94]. Che comunque i patarini

---

[94] Che l'atteggiamento patarinico si prestasse a delle confusioni in questo
senso, oltre che la contemporanea polemica milanese — che peraltro, per essere interessata a confinare in una zona di errori dottrinali il movimento popolare, va accolta con estrema cautela —, ne è testimonianza tarda, ma non
per questo meno interessante, indice per dir così di un momento in cui la
memoria della pataria si stava cristallizzando in una sfera quasi eterodossa,
una lettera di Marbodo vescovo di Rennes a Ingelgerio, seguace di Roberto
di Arbrissel, di ammonimento a evitare di condurre « contra indignos sacerdotes » una lotta « non secundum scientiam », ossia rifiutando i loro sacramenti come non sacramenti: « quid aliud vetus heresis Novatianorum? Quid
habet aliud novus eorum error, qui Patarini vocantur, quam ut per ministrorum indignitatem ecclesiae catholicae sacramenta vilescunt? » (ed. BOEHMER,
MGH, Libelli de lite, t. III, p. 692 s.). È molto probabile che in questo
periodo (primi decenni del secolo XII), il riferimento sia proprio ai patarini
milanesi o lombardi, per i quali soltanto il termine è ricordato; anche se un
passo di Ugo di Flavigny, acceso gregoriano, indurrebbe a pensare che ben
presto, almeno in alcune zone, si fosse perso il senso preciso delle persone
e dell'ambiente a cui il nome si riferiva. Così infatti egli riassume le accuse
formulate contro i sostenitori di Gregorio VII all'indomani dell'elezione di
Guiberto (*Chronicon*, lib. II, *MGH, SS*, VIII, p. 461 s.): « ... si quis esset
qui Gregorio communicaret, hic publice conviciis appetebatur, hic hereticus,
destructor regni, assertor mali, qui nec vita dignus esset, qui publicae indi-
gnationis offensam contraheret periurus, et quodam adinventicio nomine Pa-
terinus dicebatur ».

percepissero chiaramente la diversità della condanna formulata
da Arialdo nel suo primo discorso contro il matrimonio ed il
concubinato del clero da quella scagliata contro i simoniaci,
risulta evidente dalle diverse reazioni che esse provocano, e
dalle diverse conseguenze che i *fideles* stessi ne traggono in
ordine al loro comportamento futuro. La prima condanna,
nei suoi aspetti essenzialmente morali, toccava un ambito puramente disciplinare; perciò i preti indegni sono costretti a
lasciare le loro mogli e concubine, o a tenersi lontani dall'altare [95]. Nulla che faccia pensare ad un disconoscimento della
loro dignità sacerdotale. Senonché la loro indegnità morale
toglie loro ogni diritto ad esercitare l'*officium*, e perciò ne
devono essere allontanati, anche con la forza. È per la loro
stessa salvezza, per togliere loro una grave occasione di peccato, che bisogna procedere per questa strada. Ben diversa
invece la prospettiva che si apre dopo il secondo discorso di
Arialdo: risulta chiara la consapevolezza nei suoi ascoltatori
che con un clero macchiato di simonia essi non possono più
ricevere sacramenti che siano veramente tali. Non è più con
un clero peccatore che essi hanno a che fare, ma con infedeli,
con eretici. Andrea coglie benissimo questo fatto nuovo quando, finito il discorso di Arialdo, afferma che egli è stata la
salutifera spada mandata a dividere i fedeli dagli infedeli secondo le parole del Signore: « Non veni pacem mittere sed
gladium » (*Matth.* X, 34). E corrispondenti saranno le reazioni

---

È interessante comunque osservare come nella storia del termine finisca
nettamente col prevalere il significato negativo attribuitogli dalle correnti anti-
gregoriane. Se il ricordo di ciò che erano esattamente stati i patarini è ancor
vivo in Arnone di Reichersberg (vedi il passo cit. a p. 174, n. 87) il suo è
un esempio che sembra del tutto isolato: si perde gradualmente la memoria
dei loro legami con la gerarchia Romana, e resta solo il ricordo degli atti che
quel nome comportava, atti che il mutato atteggiamento dottrinale e pratico
della gerarchia — o meglio il precisarsi di tutta una serie di punti di dottrina
e di prassi cui proprio la lotta per la riforma aveva dato luogo — non poteva
non qualificare ormai che per nettamente eterodossi. E più tardi quel nome
finirà col dilatarsi a zone ancora più ampie, in una sfera di piena ereticità
e in rapporto con la Chiesa catara: cfr. A. FRUGONI, *Due schede: «Panno-
sus»* e *«Patarinus»*, in *BISIME*, 65 (1953), p. 133.

[95] ANDREA, *op. cit.*, c. 6, p. 1053 (vedilo citato a p. 147 alla n. 39).

quando i patarini avranno accettato sino in fondo e compreso questa verità; ma su questo torneremo fra breve. Qui intanto interessa rilevare questa almeno embrionale consapevolezza teologica che gli ascoltatori di Arialdo dimostrano (*hereticus* veniva a suonare quasi pregno di tutto un significato demoniaco), elemento di più per poter meglio caratterizzare la maturità religiosa e culturale del movimento [96].

Nella risposta Arialdo approfondisce la nozione di *Ecclesia* e la sua relazione con l'eresia [97]. Fa da ammonitrice introduzione anche qui un versetto biblico, Iac. I, 8: « Vir duplex animo inconstans est in omnibus viis suis », che richiama la coerenza che necessariamente deve informare la vita di un fedele di Cristo: chi desidera trovare la verità deve costantemente respingere la menzogna. Da ciò l'urgenza di staccarsi dal consorzio dei falsi sacerdoti, « quoniam luci cum tenebris, fidelibus cum infidelibus, Christo cum Belial nulla esse debet conventio aut pars sive societas » (cfr. *2 Cor.* VI, 14.15: si tratta di un versetto chiave per tutta la corrente che potremmo chiamare dei riformatori rigoristi). Se già questo passo di san Paolo postula la netta separazione del fedele dall'infedele (il primitivo accento paolino infatti, volto a caratterizzare la coerenza propria della vita di un cristiano, viene qui trasferito ad un ambito quasi di comunità opposte, diretto alla determinazione di una drastica divisione tra persone da operare nel corpo sociale), un altro viene introdotto immediatamente a tradurre questa separazione in imperativo comando: « Exite de medio eorum et separamini et immundum ne tetigeritis, et ego recipiam vos, dicit Dominus » (*2 Cor.* VI, 17.18). Né deve preoccupare la perdita che ne verrà in tal modo di una

---

[96] Non mi sembrerebbe valida l'obbiezione che le altre fonti (Arnolfo e Landolfo soprattutto) ci presentano quasi sempre strettamente accomunati e senza distinzione i due *motivi* della lotta patarinica; vedi anche p. 186 e n. 109 a p. 187. Inoltre, come si è già osservato, per questi aspetti di idealità religiose, Andrea è per noi fonte principale e preziosissima, come patarino egli stesso. E lo stesso andamento, la stessa sfumata gradualità del racconto, possono considerarsi testimonianza della sua veridicità intorno a questi problemi. Ma vedi ancora per le altre fonti milanesi p. 184.

[97] ANDREA, *op. cit.*, c. 10, p. 1057.

gerarchia che possa amministrare i sacramenti. Provvederà il Signore, al quale non resta che affidarsi in fiduciosa preghiera [98].

È evidente l'impossibilità di interpretare in chiave semplicemente morale questo passo, ove si consideri l'ambito in cui si muove, riguardante cioè soprattutto una colpa contro la fede; che tale fosse l'interpretazione data dai capi patarini al peccato di simonia oltre che da quanto è già stato detto, risulterà ancora più chiaro esaminando successivamente il testo di un discorso di Landolfo riportato nei *Gesta archiepiscoporum Mediolanensium*; è il godimento appunto di Dio stesso, cioè della Verità, che una comunanza con essi verrebbe ad impedire.

La dottrina ecclesiologica che emerge dai versetti di san Paolo citati e le conseguenze che Arialdo ne ricava richiamano aspetti già rilevati; dove la nozione tutta teologica e non temporale della purezza della Chiesa tutta santa, « sine macula aut ruga », dell'integrità della sua fede legata in certo qual modo a quella di ogni suo singolo membro, viene applicata con assoluta radicalità anche sul piano temporale, e si pretende l'esclusione dalla comunità dei simoniaci sulla base della concezione — tipicamente umbertina — che affermava la necessità del rigetto anche visibile di chi già col cuore da essa si era staccato: solo così si può spiegare infatti questa pretesa nei confronti dei simoniaci, sia pure ritenuti eretici ma con argomentazioni tutte opinabili, non sancite cioè da alcuna condanna ecclesastica in questo senso. Il veicolo di infezione altrimenti rappresentato da essi sarebbe inevitabile per i fedeli (si ricordi il passo dello Pseudo-Ambrogio citato prima). È questo un altro tipico aspetto della spiritualità medioevale, così poco studiato e tanto presente in Umberto nella giustificazione della sua dottrina sacramentaria, che attribuisce al

---

[98] ANDREA, loc. cit.: « Quomodo potest fieri, ut vobis petentibus minora non tribuat, id est pastores, qui vos iuste regant, qui vobis adhuc non existentibus tribuit maiora, hoc est semet ipsum pro salute vestra? Propterea omnium spreto hereticorum consortio, pastores bonos et fideles ab eo fiducialiter petite, et quia accipietis, procul dubio scitote ».

contatto materiale, probabilmente sulla base di un fortissimo senso della simbologia liturgica, una possibilità ed una significanza spirituale immensa. Entrare in contatto con un *immondo* significa rendersi partecipi della sua immondezza, frequentare un eretico porta all'eresia; per Umberto, ma anche per i patarini, subire gli atti liturgici di un simoniaco riduce ad una irrimediabile partecipazione all'antichiesa, quella retta da Satana, di cui i simoniaci sono i ministri, che con le loro funzioni gli tributano atto di culto [99]. Prima conseguenza infatti delle parole di Arialdo sarà, sulla linea di tante disposizioni conciliari contro gli eretici [100], che i patarini « non

---

[99] HUMBERTUS, *op. cit.*, lib. I, c. 19, p. 132 s.: « Quibus autem spiritus perditionis, damnationis et immunditiae principatur, spiritus salutaris nostri Domini scilicet Iesu, qui est auctor totius munditiae, procul ab eis sequestratur. Nam quae conventio Christi ad Belial? A quibus ergo perditio et immunditia possidetur quosque vicissim ipsa possidet, quid nisi perditio vel immunditia, quam solam acquisierunt, dari et accipi potest? Itaque quia necessario concluditur perditionem et lepram venditam et emptam, restat huiusmodi mercatores improprie dici sacerdotes et clericos, proprie autem perditos et leprosos; quorum prava manus impositio malum, quod solum acquisivit, tribuit, nullum autem bonum concedit, quia nullum taliter negotiando acquisivit. Numquam enim iuste tribuitur quod iniuste tollitur. Unde secum alios quoque perdit et sordidat, non sanctificat aut mundificat, sicut scriptura evidenter clamat: *Quicquid tetigerit immundus immundum fiet* »; cfr. ancora lib. I, c. 12, p. 118 ss.; c. 16, p. 126 ss. Questa concezione si fonda essenzialmente su due ordini di fatti: in primo luogo sulla mancanza di alcuna reale divisione o autonomia tra ordine naturale e soprannaturale; ma questo agisce e si riflette continuamente su quello, che a sua volta viene ad avere nel suo svolgersi un continuo riferimento con il soprannaturale (cfr. per un atteggiamento generale del periodo in questo senso, di cui si esaminano peraltro solo le conseguenze sul terreno dei rapporti con il potere temporale, H.-X. ARQUILLIÈRE, *L'augustinisme politique*, IIe éd., Paris 1955). Inoltre la continua possibilità di richiamarsi positivamente o negativamente l'uno con l'altro si determina per l'esistenza ben distinta di due società o di due mondi, quello dei fedeli e quello degli infedeli, con il loro capo e la loro gerarchia (questo fatto è stato messo bene in luce da O. CAPITANI, *Studi* cit., p. 162 ss., il primo, a mia conoscenza, che ne abbia colto la fondamentale importanza in rapporto alla stessa formulazione della dottrina sacramentaria di Umberto). Ed i preti simoniaci vengono a costituire della città di Satana una delle manifestazioni più vistose: cfr. HUMBERTUS, *op. cit.*, lib. II, capp. 41-46, p. 190 ss., ma gli accenni sono continui in tutto il corso dell'opera.

[100] Cfr. ad esempio l'ampio uso della tradizione ecclesiastica in HUMBERTUS, *op. cit.*, lib. I, c. 11, p. 116 ss.

solum deinceps symoniacorum actus omnes contemnerent, sed etiam cum eis nullo modo in uno oratorio orare vellent ». Alla luce di questa considerazione teologica, e di una illimitata fiducia nella provvidenzialità divina, Arialdo afferma la necessità di un'assoluta coerenza fra concezione e applicazione della verità, tra fede e prassi, ed invita perciò a persistere « constanter » nel rifiuto dei falsi pastori.

Su questa linea, sempre più a fondo perseguita, si muove tutta la successiva azione della pataria; è di qualche tempo posteriore all'aprile 1068 [101] la missione milanese che si reca a Vallombrosa col fine specifico di procurarsi veri ministri. Molti erano infatti coloro che per sfuggire il pericolo di mettersi in contatto con un simoniaco avevano evitato di accostarsi negli ultimi anni ai sacramenti. Da ciò l'urgenza di ottenere un nuovo clero che potesse « christianitatem iam pene deletam ... renovare » [102]. Si deve supporre che la morte di

---

[101] Così si ricava infatti da un accenno immediatamente successivo al testo qui sotto citato, che allude alla già avvenuta deposizione del vescovo Pietro Mazzabarba (marzo-aprile 1068) e alla presenza a Firenze di Rodolfo vescovo di Todi, che il pontefice aveva mandato « ad regendum episcopatum Florentinum ».

[102] ANDREA STRUMENSIS, *Vita Iohannis Gualberti*, c. 78, ed. F. BAETH-GEN, *MGH, SS*, XXX, 2, p. 1100: « Venerunt clerici catholici ... et fideles laici de civitate Mediolanensi ad senem patrem (scil. Iohannem Gualbertum), illius terrae referentes miseriam, scilicet quod per multos retro annos innumerabilis multitudo tam virorum quam mulierum illius civitatis *pro timore symoniacae heresis nec penitentiam nec communionem ab aliqua sumpserat persona mortali*. A quibus se profitebantur esse missos ad pietatem senis patris, ut pro caritate, qua isdem in ceteris flagrabat, animabus eorum auxilium pro posse impenderet. Quibus misericordia motus ait: 'Et quod vobis consilium possum impendere?' At illi: 'Pater, inquiunt, sancte, si tot miseris vis subvenire, fac clericos, qui ex nostra terra pro vitando hereticorum consortio ad te confugerunt, catholice ordinari; illos illuc remitte, et christianitatem iam pene deletam poterunt renovare'». Testimonianze importanti, in questo senso, anche se alquanto generiche e riferite soprattutto all'atteggiamento nei confronti dei sacramenti amministrati da preti concubinari, in SIGEBERTUS GEMBLACENSIS, *Chronica*, ad. a. 1074, ed. L. C. BETHMANN, *MGH, SS*, VI, p. 363. Lo stesso, *Apologia contra eos qui calumniantur missas coniugatorum sacerdotum*, ed. E. SACKUR, *MGH, Libelli de lite*, II, Hannoverae 1892, p. 438; cfr. anche PETRUS DAMIANI, *Op.* 30, *De sacramentis per improbos administratis*, cap. 3, *PL*, 145, c. 528. E si veda anche il discorso che Vittore III avrebbe tenuto alla sinodo di Benevento dell'ago-

Arialdo avesse portato una notevole dispersione tra le file del clero seguace della pataria. Da ciò l'atteggiamento dei fedeli, che il passo in questione ci rivela, di rifiuto ad accostarsi ai sacramenti, nell'impossibilità di fruire delle funzioni sacramentali di una gerarchia immune da eresia. Perfetta corrispondenza quindi con l'insegnamento di Arialdo, fino a quelle estreme conseguenze che già il dilemma propostogli dai *fideles* aveva, come si è visto, messo in luce. Né si possono considerare solo « eccessi di linguaggio e gesti violenti », indice « di qualche confusione tra dignità del ministro e validità dei sacramenti » provocata dall'ardore della lotta [103], alcuni fatti testimoniatici dalle cronache e promossi dai capi patarini. Considerare le messe dei simoniaci « canina stercora », le chiese da essi consacrate « praesepia iumentorum », disprezzare, come li accusa Arnolfo, insieme ai ministri simoniaci, gli stessi uffici divini, calpestare, come farà nel 1074 Erlembaldo, gli olii sacri e l'acqua battesimale perché consacrati da uno scomunicato [104], rifiutare di riconoscere Guido come vero vescovo [105], sono tutte affermazioni ed attti che trovano la loro piena giustificazione e legittimità nell'interpretazione da essi data del peccato di simonia come eresia, nella loro visione dei rapporti tra Chiesa ed eretici, in tutta l'impostazione che ne deriva della battaglia contro la *symoniaca heresis*. Ed è interessante notare che anche le fonti non patariniche, come

sto 1087, dove l'ordine impartito a tutti i fedeli è di rimanere senza penitenza e comunione piuttosto che riceverla da sacerdoti simoniaci, e questo perché costoro, in quanto eretici, non sono affatto sacerdoti: lo sciopero liturgico, già tradizionalmente imposto dai precedenti pontefici come misura di pressione nei confronti di un clero indegno (cfr. n. 37 a p. 145 s., p. 246 s.), si precisa qui, dilatandosi ad un piano teologico, come inevitabile conseguenza del carattere ereticale della simonia, e della necessità perciò di evitare ogni contatto con quanti ne fossero macchiati (vedi il passo della *Chronica* di Pietro Diacono citato e discusso a p. 244 s., n. 77).

[103] Così ILARINO DA MILANO, *Le eresie popolari del secolo XI nell'Europa occidentale*, in *Studi Gregoriani*, II, Roma 1947, p. 74.

[104] ARNULFUS, *op. cit.*, lib. III, capp. 11, 13, 17; lib. IV, capp. 6, 8, p. 19 ss.

[105] Si vedano soprattutto le recise affermazioni di Arialdo di fronte ai suoi carnefici: ANDREA, *op. cit.*, c. 22, p. 1068 s.; LANDULFUS SENIOR, *op. cit.*, lib. III, c. 30, p. 95.

Arnolfo o Landolfo, pur presentando come oggetto accomunato della lotta dei riformatori sia il concubinato che la simonia del clero, riferiscono sempre a sacramenti amministrati da simoniaci il loro rifiuto in quanto non-sacramenti, mentre si manifesta per gli altri preti la semplice proibizione, sia pure accompagnata da violenza, di accostarsi all'altare: riprova di più della validità della distinzione che crediamo di aver ravvisato nelle parole di Andrea-Arialdo.

Senonché, su questo piano, rimane da approfondire ancora qualche aspetto: la reale nozione della simonia come eresia soprattutto, ché se è chiaro lo stabilimento di un nesso tra questi termini ed evidenti e radicali le conseguenze che i patarini ne ricavavano, non è apparso altrettanto chiaramente quali punti di fede ed in che limiti, per la pataria, la simonia venisse a negare.

Arialdo la considera, come già si è visto, peccato contro Dio, e fonda la sua impostazione di lotta su dati della tradizione scritturale ed ecclesiastica; scarse invece le sue considerazioni sulla simonia in sé. Elementi di luce su questo problema ci vengono offerti forse da un discorso di Landolfo, conservatoci nei *Gesta archiepiscoporum Mediolanensium* di Arnolfo [106]; che dal cronista viene riportato come pronunciato ad un certo momento realmente così, ma che viene a risultare comunque quasi una « summa » degli argomenti più tipici della predicazione patarinica:

« Igitur inter alia quae cottidie plebis auribus inculcabat (scil. Landulfus), die una taliter concionatur in populo: ' Carissimi seniores, conceptum in corde sermonem ultra retinere non valeo. Nolite, domini mei, nolite adolescentis et imperiti verba contempnere; revelat enim saepe Deus minori, quod denegat maiori. Dicite mihi, creditis in Deum trinum et unum? ' Respondent omnes: ' Credimus '. Et adiecit: ' Munite frontes signo crucis '. Et factum est. Post haec ait: ' Condelector vestrae devotioni, compatior tamen imminenti magnae perditioni. Multis enim retro temporibus non est agnitus hac in urbe Salvator. Diu est quod erratis, cum nulla

<hr />

[106] ARNULFUS, *op. cit.*, lib. III, c. 11, p. 19.

14

sint vobis vestigia veritatis. Pro luce palpatis tenebras, caeci omnes effecti, quoniam caeci sunt duces vestri. Sed numquid potest caecus caecum ducere? Nonne ambo in foveam cadunt? Abundant enim stupra multimoda, haeresis quoque illa symoniaca in sacerdotibus et levitis, ac reliquis sacrorum ministris qui, cum nicholaytae sint et symoniaci, merito debent abici. A quibus, si salutem a Salvatore speratis, deinceps omnino cavete, nulla eorum venerantes officia, quorum sacrificia idem est ac si canina sint stercora, eorumque basylicae iumentorum praesepia ' ».

Così la prima parte del discorso di Landolfo che è quella che più qui ci interessa. E cominciamo dalla professione di fede nella Trinità, espressamente richiesta agli ascoltatori e sancita verbalmente, e dal segno di croce. Cui segue l'immediato rinfaccio da parte di Landolfo di una non applicazione di questa stessa fede al loro quotidiano vivere, per cui prossima è la loro perdizione: sterile fede e sterile devozione perciò. Sconosciuta è infatti ormai nella città la parola di Dio. La cecità dei pastori ha reso cieco il gregge. Imperano nicolaismo e simonia. Per ritornare alla luce e sperare nell'eterna salvezza l'unico mezzo è di scacciare gli indegni pastori, di rifiutare ogni venerazione ai loro sacrifici: « canina stercora »; « praesepia iumentorum » le loro chiese.

Il senso di tutto questo discorso mi pare sia dato dall'iniziale professione di fede: è un peccato antitrinitario che Landolfo accusa quando constata una stridente contraddizione tra fede e prassi. Né mi pare si possa vederla invece elemento staccato e a sé, quasi preventiva difesa contro una possibile accusa di essere seguaci dell'eresia di Monforte o in chiave di semplice professione di ortodossia « per affermare ai suoi ascoltatori ch'egli non voleva eretici nelle sue adunanze » [107]; troppo stretto e immediato è il nesso con quanto segue. Ed il peccato che si colpisce è evidentemente la simonia, nelle

[107] Così il BROWN, *Movimenti politico-religiosi a Milano ai tempi della pataria*, in « Archivio storico lombardo », LVIII (1931), p. 243; analoga interpretazione dà del passo E. WERNER, *Pauperes Christi. Studien zu sozial-religiösen Bewegungen im Zeitalter des Reformpapsttums*, Leipzig 1956, p. 140.

correnti più radicali del tempo appunto prima e più grave delle eresie trinitarie [108]. Questo elemento fondamentale è insieme rivelatore dei limiti in cui va intesa la negazione di validità ai sacrifici dei preti indegni. L'accomunarsi infatti nella polemica di simonia e nicolaismo non può trarre in inganno neanche qui sul diverso senso della condanna: che se ad Arnolfo poteva apparire analoga nelle conseguenze (né dimentichiamo il già rilevato carattere di « summa » che il discorso di Landolfo viene ad assumere nel suo racconto), solo per i simoniaci assumeva quel carattere di assolutezza — proprio di una condanna formulata contro un'eresia — che viene postulato appunto da tutta l'impostazione del discorso fondata su di una accusa di non applicazione pratica della fede nella Trinità [109]. Né mi pare sia un voler forzare il senso del passo arnolfiano il pensare che quindi la considerazione della simonia come eresia si fondasse sulla constatazione che quanti ritengono di comperare lo Spirito peccano contro lo Spirito, pretendendo di sottometterlo ad essi e misconoscendo quindi

---

[108] Cfr. HUMBERTUS, *op. cit.*, lib. I, c. 7, p. 111: « Nos vero sufficientibus sanctorum patrum superius comprobavimus testimoniis symoniacos hereticos peiores esse pessimis Arrianis. Et si adhuc dubitatur, an symoniaci sint habendi heretici, revolvantur catholicorum patrum de diversis heresibus libri ... et in omnibus deprehenduntur symoniani, qui et symoniaci, in cathalogo hereseon primi, quorum auctor Symon si damnari ut manifestus hereticus meruit, quia estimavit vel cogitavit Spiritum sanctum pecunia se posse mercatum iri et quibus vellet largiri, videant ipsi, qui mereantur, quia certissime credunt se episcopos pecunia intercedente posse vel potuisse fieri et consecrationes vel ordinationes æcclesiasticas cuiquam impertiri ». Per altri testi vedi J. LECLERCQ, « *Simoniaca heresis* », in *Studi Gregoriani*, I, Roma 1947, p. 526 ss.

[109] Lo stesso esordio del sermone (« ... conceptum in corde sermonem ultra retinere non valeo », con quel che segue) può far pensare che esso rappresenti, analogamente al secondo discorso di Arialdo, il punto di inizio di un nuovo corso della lotta patarinica, quella appunto contro la simonia. È chiara infatti la sensazione che si ricava di un qualche cosa di nuovo che le parole di Landolfo vogliono prospettare. E anche il modo con cui il cronista lo presenta [« ... inter alia quae cottidie plebis auribus inculcabat (scil. Landulfus), die una taliter concionatur in populo »], esclude che egli voglia farlo intendere come il discorso d'inizio della predicazione patarinica. Sarebbe quindi ancor più legittimo il pensare che la contaminazione con altri *temi* che vi si nota sia dovuta soprattutto al carattere tipizzante che esso viene ad assumere nel racconto di Arnolfo.

i caratteri del dogma trinitario: questo, ricavando dal fatto della vendita un'interpretazione teoretica, che richiama a sua volta quella rigida corrispondenza tra fede e prassi che, sia sul piano dell'accusa polemica sia in vista dell'azione di rinnovamento riformatore, è caratteristica dell'impostazione umbertina [110] ed è emersa anche dall'esame che abbiamo condotto intorno alla religiosità della pataria milanese. Ulteriore singolare coincidenza di atteggiamenti che solleciterebbe ancora una volta a postulare stretti rapporti tra Umberto di Silva Candida e il movimento patarinico e che apre un nuovo spiraglio per cogliere sempre meglio la profonda storicità della costruzione teorica del cardinale bibliotecario.

Gli altri motivi delle argomentazioni di Landolfo sono analoghi a quelli già riscontrati in Arialdo (distacco dai falsi pastori, in quanto ciechi, corrispondente motivo delle tenebre, abbandono in cui è lasciata la parola di Dio ecc.), fatto che viene a costituire una conferma della sostanziale autenticità del discorso stesso; con quell'interessante accenno alla rivelazione che spesso Dio farebbe ai « minores » negandola ai « maiores » [111]: quasi sollecitante invito al popolo, anche se le parole appaiono riferite a se stesso, di riaccostare con nuovo spirito ed autonomia la parola del Signore; semplice supposizione forse, ma si tratta comunque di un nuovo indice dell'estrema decisione con cui la lotta veniva condotta, e della consapevolezza dell'inadeguatezza ed impreparazione insieme dell'*ordo ecclesiasticus* a sostenerla.

Radicale suona il conclusivo invito di Landolfo: « Quamobrem ipsis amodo reprobatis, bona eorum omnia publicentur; sit facultas omnibus universa diripiendi, ubi fuerint in urbe vel extra. Nam et ego plectenda plura commisi; sed, quod peius omnium fuit, indignis usque modo communicando Regem coelorum offendi. Nunc autem, propicia divinitate, ago poenitentiam, talia provisurus in posterum. Igitur imita-

---

[110] Cfr. HUMBERTUS, *op. cit.*, lib. I, c. 4, p. 107; vedi anche G. MICCOLI, *La « symoniaca haeresis »* cit., p. 80.

[111] Una considerazione simile a proposito dei patarini milanesi si ritrova in Bonizone di Sutri (vedi il passo cit. a n. 118 di p. 191).

tores mei estote, carissimi, et ita ambulate, sicut habetis formam nostram » [112].

Risulta così giuridicamente legittimata la violenza contro il clero indegno ed i suoi beni. Il « publicetur » infatti di cui parla Landolfo si chiarisce poco dopo con la notizia che il cronista dà del « phytacium de castitate servanda » [113] che il clero tutto è obbligato a sottoscrivere, e che il Violante ha, mi sembra legittimamente, creduto di poter identificare con le disposizioni della sinodo celebrata a Pavia il 1° agosto 1022 [114]: la facoltà di esproprio dei beni dei preti indegni corrisponde infatti al « curiae civitatis illius, in qua clericus erat, cum propriis rebus tradatur » della Novella 123, c. 14, che la *praefatio* del *decretum* sinodale esplicitamente richiamava.

Alle dure violenze provocate da questi ordini ed autorizzazioni fanno chiaro riferimento, proibendole, le *Constitutiones* del cardinale Mainardo di Silva Candida, legato a Milano nell'estate del 1067 [115]. Ma come vedremo alquanto relativa sarà la loro portata.

Esaminando questi testi patarinici, mi sembra che siano emersi con una certa chiarezza alcuni dei fondamenti teologici e degli ideali religiosi dei principali esponenti del movimento, nonché le linee di azione che ne derivavano; ed è stata posta in luce la gradualità con cui di mano in mano venivano presentati ai loro ascoltatori, per cui si è potuto notare quasi una sorta di rapporto pedagogico-organizzativo che veniva così a stabilirsi, fondante sempre meglio l'unità e l'indirizzo della pataria. Su questi ultimi aspetti vale forse la pena di soffermarsi ancora in breve.

Già Andrea, narrando della vita comunitaria che Arialdo aveva stabilito in casa di Nazario, ne aveva fortemente sottoli-

---

[112] ARNULFUS, loc. cit., p. 19.

[113] ARNULFUS, *op. cit.*, lib. III, c. 12, p. 19 s.

[114] Cfr. C. VIOLANTE, *La pataria* cit., p. 184 ss., e 189 ss. per un'ampia discussione sul contenuto e la figura giuridica del « phytacium » stesso.

[115] MANSI, *Concilia*, t. XIX, c. 946 ss. Per il loro significato nell'ambito dei rapporti tra Roma e la pataria vedi l'*Appendice* a questo studio.

neato la funzione pedagogica [116] ed insieme aveva messo in
rilievo come la sua stessa predicazione pubblica tenesse conto
del livello a cui il popolo era pervenuto e del grado di influenza che su di esso egli era riuscito a stabilire. Ma anche
dalle stesse reazioni dei *fideles*, di parole e di opere, di fronte
alla predicazione riformatrice, si è potuta notare una comprensione dei vari motivi ispiratori dell'azione di riforma sempre
più matura e giustificata; a sua volta la gradualità con cui si
fa strada una piena adeguazione del popolo alle parole di
Arialdo e di Landolfo, i tentennamenti e gli ondeggiamenti da
cui è accompagnata, dettati spesso da una chiara consapevolezza delle conseguenze che essa implicava (così ad esempio
per la condanna contro i simoniaci), ma insieme da una ancora
non sufficiente persuasione della sua validità, sono indice del-
l'autonomia religiosa e morale dei fedeli ed insieme dello sviluppo che il movimento popolare riceve sotto la guida impegnata dei suoi capi. Ai numerosi accenni delle fonti già
esaminate, che possono essere presi come prova di questo
fatto, vorrei aggiungere qui qualche altro elemento come ulteriore testimonianza. Non può evidentemente costituire per
noi prova di sorta che numerose volte il popolo minuto sia
presentato dai cronisti tumultuare in difesa di alcuni dei motivi più tipici delle correnti antipatariniche: la tutela delle
tradizioni ambrosiane e la difesa della peculiare dignità e ca-

---

[116] ANDREA, *op. cit.*, c. 6, p. 1053: «...in domum se iuste invitantis
(scil. Nazarii) libenter (Arialdus) intravit, et per plura tempora Marthae opus
ab eo fideliter sumpsit et quod operatus est Petrus in Cornelio suisque amicis
operatus Arialdus est in Nazario eiusque vicinis, in quibus utique tunc arbu-
sta, quae se Dominus per prophetam pollicitus est in deserto simul positu-
rum, scilicet vitem et ulmum, procul dubio est completum, quatenus altera
mentes debriaret, altera vero debriantem sustentaret». Del resto anche gli
altri cronisti rilevano come i riformatori fossero sempre seguiti da una gran
turba di gente; cfr. ARNULFUS, *op. cit.*, lib. III, c. 13, p. 20: «Ab illo
etenim tempore (cioè dopo la *coniuratio* dei laici e dei chierici, che sembra
perciò assumere da questo punto di vista un preciso significato di comune
impegno religioso) innumerabilis virorum ac mulierum caterva illum (scil.
Landulfum) comitantur euntem, stantemque die noctuque custodiunt»; BONI-
ZONE *Liber ad amicum*, ed. cit., p. 591; LANDULFUS, *op. cit.*, lib. III, c. 10,
p. 80 s.

rattere della funzione sacerdotale, prescindendo dai meriti
del singolo ministro [117]. Non si può infatti in alcun modo
determinare quale e quanta parte del popolo minuto facesse
parte della pataria e quanta no, né in questo caso è possibile
caratterizzare i membri del movimento come appartenenti ad
un'unica classe sociale: documentate sono le presenze in esso
di rappresentanti di diversi ceti sociali anche se predominano
quelli dei ceti più bassi [118]. Andrea stesso ci segnala del resto
tra i seguaci di Guido e dell'alto clero « multi de populo
minore » [119].

Solo un caso, testimoniatoci dalla lettera del prete Siro
ad Andrea [120], in cui si assiste ad un brusco voltafaccia, dopo
un ulteriore intervento di Arialdo, di un gruppo di milanesi
(« tam civiles quam suburbani » erano convenuti « negotiandi

---

[117] ARNULFUS, *op. cit.*, lib. III, c. 14, p. 21; LANDULFUS SENIOR, *op. cit.*,
lib. III, c. 11, p. 81; ANDREA, *op. cit.*, c. 10, p. 1057; PETRUS DAMIANI,
Op. 5, *Actus Mediolanensis*, PL, 145, c. 90; IDEM, *Op.* 42, *De fide Deo
obstricta non fallenda, ibidem*, c. 667.

[118] Cfr. BONIZONE, *Liber ad amicum*, ed. cit., p. 591: « Quod (ossia la
predicazione di Arialdo e Landolfo) audientes qui predestinati erant ad vitam
libenter accepere, et maxime pauperes, quos elegit Deus ut confundat fortia ».
La testimonianza è interessante anche per il clima pauperistico che mette in
luce; ma quanto a intenderla in rigida chiave di specificazione sociale, si
tenga presente l'evidente intenzione dello scrittore di mettere in risalto in
primo luogo la necessità del distacco dalle cose terrene per intendere la parola di Dio. Con la stessa cautela limitativa va assunta la testimonianza di
LANDOLFO (*op. cit.*, lib. III, c. 10, p. 80): « Horum (scil. Arialdi et Landulfi)
disseminatis verbis pestilenter, subito *multi, quibus alienum aes durissime
exigebatur, quosque foris et intus dura paupertas trucidabat, quamcumque
occasionem quaerentes unde miseros filios et uxores saepissime verberatas re-
creare ac sustentare possent, immenso plausu ipsos laudabant ...* »; senza negare che essa manifesti una dura realtà sociale è evidente in tutto il contesto
l'intenzione del cronista di presentare come bassa demagogia la predicazione
di Arialdo e Landolfo, mostrandola fondata sulle miserie della parte più di-
sperata del popolo milanese, stimolatrice di future ruberie e predazioni (cfr.
ancora loc. cit., p. 81 e c. 21, p. 89). Cfr. anche E. WERNER, *Pauperes
Christi* cit., p. 121 ss., che tende peraltro ad accentuare fortemente il peso
della componente sociale dei « Nichthäbigen » negli orientamenti e nella
composizione della pataria, particolarmente nel primo periodo della sua azione.

[119] Cfr. il passo citato a n. 90, p. 176.

[120] ANDREA, *op. cit.*, p. 1074.

causa »: probabilmente quindi piccoli proprietari terrieri, *mercatores*, ecc.) che in precedenza aveva minacciosamente tumultuato contro di lui in favore di un prete « adulter et symoniacus », violentemente allontanato da Arialdo dall'altare mentre celebarva la messa, può offrire qualche utile indizio a questo riguardo. Quanto pronta infatti, alle proteste ed ai lamenti di quel prete, è la reazione popolare [121] per l'offesa recata al sacerdote sull'altare, altrettanto rapido è il suo placarsi di fronte alle spiegazioni di Arialdo, anzi piena sembra risultare l'accettazione delle ragioni da lui prospettate [122]. Se questo episodio può essere indice della mutabilità di umore e di orientamento di una parte del popolo milanese — ed anche forse del fatto che il vero e sicuro nerbo della pataria era molto più ristretto e limitato di quanto comunemente si creda —, esso viene anche a costituire una spia della lenta e progressiva avanzata dell'idea patarinica in mezzo ad esso, opera di assidua predicazione, di faticosa conquista: in questo caso l'alta considerazione della dignità sacerdotale che emerge dall'episodio sarà stata probabilmente ripresa da Arialdo nella sua risposta per inserirvi i più tipici spunti della sua concezione riformatrice, già altrove osservati. La piena accettazione di essi ci è appunto testimoniata, più che da ogni altro fatto, dalla missione milanese che si reca da san Giovanni Gualberto a chiedere la consacrazione di veri e degni sacerdoti. Sullo stesso piano lo sta-

[121] ANDREA, loc. cit.: « Commoto itaque populo dimissisque negotiis ac fustibus elevatis per hostia irruunt, ut ipsum (scil. Arialdum) querant et perimant ». Poco dopo aggiunge che al grido di « Moriatur, moriatur » il popolo era entrato nella chiesa (vedi il passo citato nella nota seguente).

[122] ANDREA, loc. cit.: Arialdo, vedendo il popolo tumultuante entrare nella chiesa, era salito sui gradini dell'altare aspettando gli eventi; e quella turba, vedendolo così, si era arrestata attendendo le sue parole; « Facto denique silentio magno predicationem sic mellifluam composuit, ut corda quae fuerant commota et conturbata per falsi verba sacerdotis, operante et instigante adversario, sedarentur et dulcorarentur per verba veri Christi famuli, operante et flante Spiritu sancto; et ora quae intrando vesane proclamaverant: 'Moriatur, moriatur', exeundo dicebant orando: 'Faciat te Christus per multa tempora vivere, qui huic loco te pro nostra salute est dignatus dirigere' ».

bilimento della vita canonica in una chiesa milanese — che sarà
chiamata Santa Maria Canonica — aperta ad Arialdo e ad
altri sacerdoti seguaci della pataria, rellegra grandemente i *fideles* « pro eo quod aptum locum haberent, *ubi Domini verba mente libera audire possent et divina sacramenta percipere* » [123].

È indubbio però che la continua martellante polemica contro il clero simoniaco da un lato e concubinario dall'altro, nonostante la chiarezza delle distinzioni che la fondavano almeno teoricamente, anche se poi di fatto veniva a rivolgersi contro le stesse persone, era passibile di uno sviluppo anticlericale in senso radicale che non era certo nell'intenzione dei promotori della pataria: la risposta che due *mulieres* di Angera, nei dintorni di Milano, dànno ad Andrea, ansioso di notizie sulla sorte di Arialdo catturato dai seguaci di Guido, scambiandolo per un antipatarino, è estremamente indicatrice a questo riguardo. Entrando « in vicum Stationem » (oggi Angera) egli osserva infatti una grande moltitudine di chierici e laici che usciva processionalmente dalla chiesa, e in disparte due donne, intente a discutere e a lamentare i fatti accaduti. Ad esse si avvicina chiedendo la ragione della loro tristezza: « Quarum una ait: " Vere tu ex illo es ordine, qui cum deberet suis bonis dictis factisque omnes levare in celum, econtra malis exemplis cunctos precipit in infernum. In hoc enim loco machinante tuo ordine perverso in his diebus tantum est perpetratum scelus, quantinus pro hoc omnes Deus in abyssum dimergat, anxie expectemus, et tu dicis, cur flemus " » [124]. Dove, anche se semplicemente su di un piano che potremmo definire di giudizio morale e sentimentale, aspra e dura è la considerazione di cui è fatto oggetto l'*ordo ecclesiasticus* come complesso. Ma non è più che un accenno per ora, suscettibile solo di futuri radicali sviluppi; e se compito dello storico è notare anche questo, è necessario d'altra parte rilevare ancora una volta che nei concreti esponenti e animatori della pataria quest'ultimo,

---

[123] ANDREA, *op. cit.*, c. 12, p. 1058.
[124] ANDREA, *op. cit.*, c. 21, p. 1068.

decisivo passo non è mai nemmeno prospettato, ed ancora
il loro pieno e continuato lealismo alla gerarchia Romana,
perno motore della riforma stessa [125].

[125] Nel suo recente lavoro il WERNER (*Pauperes Christi* cit., p. 138 ss.)
sostiene invece, soprattutto fondandosi sulle testimonianze di Landolfo Seniore e di Benzone d'Alba e sugli « atti sacrileghi » compiuti da esponenti
della pataria, il carattere nettamente ereticale del movimento popolare, neo-
manicheo, corrispondente italiano del bogomilismo bulgaro; la dottrina della
invalidità delle ordinazioni simoniache sostenuta da Umberto di Silva Candida e da Ildebrando avrebbe soltanto offerto una facile maschera ed una
nuova giustificazione di lotta alle sette neomanichee pullulanti anche nel-
l'Europa occidentale: pur notando certamente questo fatto la curia Romana
avrebbe persistito nel suo atteggiamento. Non è il caso né il luogo qui di
esaminare le diverse considerazioni del Werner e i passi da lui citati, tutti
noti del resto, né di soffermarsi troppo su questo suo strano « processo
alle intenzioni », che, ove fosse comunemente applicato sul piano storico,
porterebbe certamente lontano. Mi limiterò pertanto ad alcune osservazioni
di metodo intorno ai possibili mezzi di determinazione dell'ereticità del movimento patarinico: il suo carattere ereticale o meno, se posto su di un piano
astrattamente dottrinale, come indulge per certi fatti e atti il Werner, non è
problema « storico », ma appartiene piuttosto alla teologia e alla dogmatica.
Infatti noi non possiamo prescindere, nello sforzo di individuare storicamente
i caratteri religiosi della pataria, dal suo stesso modo di porsi e dalla considerazione di cui era fatta oggetto (e quanto a determinarne le ragioni sarà
meglio procedere con meno frettolosa superficialità) da parte di coloro che
reggendo gerarchicamente la Chiesa, erano in grado di proclamare il carattere
ereticale delle forze che vi sorgessero all'interno. Solo questi due diversi punti
di vista legittimano uno storico ad affermare l'eresia di un movimento. Non
certo il ritrovarvi motivi che diverranno un giorno tipici di correnti ereticali,
magari anche per diretta derivazione o ricordo di quei movimenti passati, ma
che eretici erano, per così dire, in grado di diventare, sia per un maggior
assodamento della teologia sacramentaria (che si approfondisce proprio per il
possente stimolo che riceve dalla polemica del secolo XI), che per lo spirito
diverso con cui questi stessi motivi erano visti, vissuti e presentati, ed in
generale per quel complesso di fattori che può di volta in volta determinare
radicali mutamenti nello sviluppo di certe situazioni (quale ad esempio il
diverso atteggiamento della gerarchia rispetto al ruolo del laicato). Né parrebbe del resto che ci sia, tra i compiti dello storico dei movimenti religiosi,
quello di attribuirsi le funzioni della gerarchia ecclesiastica, scagliando anatemi
e condanne con tanto ritardo, alla luce di una concezione della vita della
Chiesa tutta moderna. Detto questo, mi sembra comunque che non ci possano
essere dubbi, anche tenendo conto della ricerca che abbiamo condotto, che,
se si accettano i limiti storici entro i quali i fatti devono essere visti, la pataria milanese, nelle sue motivazioni ideali e nello spirito, è ancora profondamente legata ad una delle più forti correnti della riforma, consapevolmente
inserita nella vita della chiesa Romana, partecipe dello stesso clima reli-

Questa graduale presentazione ed assimilazione dei motivi di riforma nel movimento patarinico è accompagnata dal fiorire di alcune pratiche di pietà, di alcune usanze paraliturgiche, l'osservazione delle quali ci permette di stabilire rapporti e collegamenti su di un piano più ampio anche se meno caratterizzato, a volte più oggettivamente amorfo e generico.

In primo luogo il culto del Cristo e l'imitazione evangelica, cui si connette tutta un'opera di restaurazione liturgica, poi quello della Vergine e dei santi, e la frequentissima lettura dei salmi durante le periodiche visite processionali alle chiese.

La figura del Cristo che sembra emergere dal racconto di Andrea è soprattutto quella del Cristo trionfante, guerriero, salvatore [126]. Massima prova di amore nei suoi confronti è quella del martirio, che sembra ripetere quasi il suo sacrificio per noi sulla croce. L'impegno per il Cristo è quello che caratterizza tutta l'azione della pataria; « causas Christi erigere », questo il fine; la lode suprema rivolta ad Arialdo è quella di aver vissuto dieci interi anni « pro Christi lege viriliter certando »; « famulus, famuli, fideles Christi », i patarini; « Christi adversarii », i loro nemici. La narrazione di Andrea si conclude con la seguente formula: « In quo decimo anno (il 1075, anno del martirio di Erlembaldo) haec scripta sunt *ad laudem Christi eiusque famuli Arialdi*. Passus ergo est beatus levita et martir Christi Arialdus quinto kal. Iulii anno ab incarnatione Domini millesimo sexagesimo sexto, presidente sedi apostolicae secundo papa Alexandro, *regnante domino nostro Iesu*

---

gioso — anche se in una più lunga durata alcune prospettive possono risultare diverse — che caratterizza alcuni dei principali esponenti del movimento riformatore.

[126] Cfr. soprattutto le immagini e le considerazioni del primo discorso di Arialdo (ANDREA, *op. cit.*, c. 4, p. 1051 ss.); ma tutto il clima della spiritualità patarinica, che mutua il suo impegno dal Cristo, è di eroismo e di lotta; la spada diventa un valido necessario strumento per la difesa della fede (ANDREA, *op. cit.*, c. 19, p. 1063 s.); cfr. anche n. 46, a p. 149. Buone osservazioni sul culto del Cristo nei secoli X-XI, e sulla sua evoluzione dal periodo carolingio (dal Cristo in trono al Cristo in croce) ha É. DELARUELLE, *La pietà* cit., p. 328 ss. Ma la concezione al riguardo della pataria sembra contraddire alla tendenza generale ivi messa in luce.

Christo cum Patre et Spiritu sancto per omnia secula seculorum. Amen » [127].

Sui fatti della vita del Cristo sembrano costruirsi gli episodi della vita dei patarini. Né la loro realtà ci interessa; basta l'immediato accostamento dello scrittore, il suo stesso schema narrativo, per rivelarci una zona del clima spirituale di acceso evangelismo in cui si svolgeva l'azione del movimento [128]. Così l'uso di Erlembaldo della lavanda dei piedi ai poverelli, che frequentemente portava alla sua mensa, e spesso prendendoli in numero di dodici [129]. Nazario, che sostenta Arialdo nella sua casa, richiama allo scrittore l'episodio di Marta e del Cristo [130]. Di Arialdo, Andrea afferma che « sicut ... tot testari possunt, quot eum familiariter noverunt, huius intentio et exercitium aliud assidue non erat, quam ut opere impleret,

---

[127] ANDREA, *op. cit.*, c. 26, p. 1072.

[128] È interessante notare, consonanza indipendente di spiritualità rivelata da uno stesso modulo stilistico, l'analogia a questo proposito con i biografi dei « Wanderprediger » francesi della fine del secolo XI e degli inizi del secolo XII; cfr. ad esempio BALDRICUS DOLENSIS, *op. cit.*, cap. 3, c. 1051: « In modico, sexus utriusque plures adiuncti sunt ei (scil. Roberto), quia neminem, cui Deus aspirasset, audebat repellere. *Ipse adhuc non habebat ubi caput reclinaret*, nisi quem necessitas coegisset. Postquam a canonicis discesserat, *noluerat adhuc locum quemlibet eligere, ut liber, et sine baculo et sine pera, posset procedere* »; IDEM, loc. cit., c. 1052: « Haec erat subditorum conventio, erat ea lex, sub qua militabant. Praelatum suum *Magistrum tantummodo vocabant*, nam neque dominus, neque abbas vocitari volebat ». « Pauper Christi », « miles Christi » sono le formule comuni di designazione dei predicatori o dei loro seguaci. Per l'imitazione evangelica in questi ambienti cfr. J. VON WALTER, *Die ersten Wanderprediger* cit., t. I, p. 125 ss., t. II, p. 44 ss. e H. GRUNDMANN, *Religiöse Bewegungen im Mittelalter*, Berlin 1935, p. 40 ss. e n. 57.

[129] ANDREA, *op. cit.*, c. 15, p. 1059 s. Cfr. anche, di alcuni decenni più tarda, la *Passio beati Arialdi martyris* (in G. P. PURICELLI, *De SS. Martyribus Arialdo Alciato et Herlembaldo Cotta Mediolanensibus ...*, lib. III, cap. XVII, 2, Mediolani 1657, p. 142) che, ripetendo queste notazioni di Andrea (ma non sono da escludersi testimonianze e ricordi anche di altra origine), insiste, eco delle nuove idealità eremitico-pauperistiche, sull'occulto ascetismo di Erlembaldo: « ... Herlembaldus coram populo in vestibus pretiosis ambulabat, ... sed in abscondito coram Deo ut eremita degebat agrestis; silicio nudam carnem cooperiebat, pauperes nutriebat, eorumque lavabat pedes ».

[130] ANDREA, *op. cit.*, c. 6, p. 1053.

quicquid in divinis legebat voluminibus » [131]. Così era sempre
largo di elemosina e gran parte della notte vegliava pregando
e leggendo o conversando con gli amici sui mezzi di lotta da
applicare contro l'eresia simoniaca, per discacciare in tal modo
le tentazioni del demonio: e protraeva la veglia spesso fino
al canto del gallo, secondo l'insegnamento del Signore: « Vi-
gilate ergo; nescitis enim quando dominus domus veniat, sero,
an media nocte, an galli cantu, an mane » (*Marc.* XIII, 35).
Sembra voler ripetere la vita comunitaria delle origini il fatto
che egli mai volesse bere da solo, o mangiare « sine pauperibus clericis », o « sine sodalibus limitem forinsecum transire ».

Così sul motivo dell'impegno « amore Christi » si formava
a Milano, analogamente a quanto tra il laicato avveniva anche
altrove [132], un movimento popolare e laico; ma da esso piuttosto che ricavare la spinta a chiudersi nei monasteri o ad abban-
donarsi alla vita eremitica, traeva lo stimolo per la ricerca nel
mondo di una vita più cristiana, tendente al rovesciamento
di usi e costumanze ormai lontane dal primitivo modello evangelico.

Su di un piano analogo di restaurazione e di ritorno alle
origini si muove la polemica liturgica promossa da Arialdo
contro l'anticipo all'ora nona del sabato della solenne messa
notturna di Resurrezione, contro il digiuno nei giorni di Pasqua, ed ancora contro il digiuno nei cinquanta giorni inter-
correnti tra la Pasqua e la Pentecoste [133]. Appunto fondandosi

---

[131] ANDREA, *op. cit.*, c. 17, p. 1060.

[132] Cfr. É. DELARUELLE, *La pietà* cit., p. 328 ss. e la bibliografia ivi citata.

[133] Cfr. ANDREA, *op. cit.*, c. 17, p. 1061 s.; LANDULFUS SENIOR, *op. cit.*,
lib. III, c. 30, p. 95; ARNULFUS, *op. cit.*, lib. III, c. 17, p. 22. Per la polemica liturgica milanese ed i rapporti tra uso ambrosiano ed uso bizantino,
cfr. anche A. BOSISIO, *Di alcuni rapporti tra Milano e Bisanzio nell'alto Medioevo*, in *Studi storici in memoria di Mons. Angelo Mercati*. Milano 1956,
p. 113 e n. 43. Anche Giovanni Gualberto si preoccuperà di riportare « de
die in nocte » la messa di resurrezione; cfr. ANDREA, *Vita sancti Johannis
Gualberti*, ed. cit., c. 32, p. 1087. Siamo anche qui in consonanza con l'atteggiamento della Chiesa di Roma, impegnata allora in un'opera di livella-
mento liturgico.

sulla tradizione scritturale ed ecclesiastica (contro il digiuno in certi periodi dell'anno cita ad esempio *Luc.* V, 34, il concilio di Nicea, un sermone di sant'Ambrogio e la *Regula* di san Benedetto) [134], egli sviluppa questo sforzo di semplificazione e di rinnovamento, che tende a riportare ai fedeli il senso proprio e profondo delle singole feste e dei grandi periodi dell'anno liturgico [135], sbarazzandolo di usi e tradizioni sovrappostisi tardivamente.

Non si hanno invece dirette testimonianze di un particolare sviluppo in zona patarinica, conformemente a quanto avveniva altrove, del culto della Croce [136]. Due soli gli accenni né molto significativi. Il primo: quando Guido imprigiona due « clerici » passati alla pataria, Arialdo, dopo aver incitato i *fideles* ad armarsi per liberarli, « eos precessit in manu portans vexillum sanctae crucis » [137]; dove essa sembra venir a rappresentare, conformemente agli altri aspetti della spiritualità patarinica, più il simbolo di un vittorioso trionfo, che quello della sofferenza misericordiosa, per la quale soprattutto appare invece menzionata nei testi del sec. XI [138]. Il secondo: l'uso di « manus expandere » nella preghiera che può ricordare

---

[134] ANDREA, loc. cit., p. 1061 s.

[135] Cfr. appunto ANDREA, loc. cit., dove Arialdo afferma che l'ossequio a Dio deve essere « rationabile », fondato cioè sulla concordanza tra i nostri atti ed i detti dei santi, e sulla chiara percezione dell'insegnamento di Cristo; perciò egli chiarisce le ragioni del digiuno durante la quaresima (di preparazione e di partecipazione alla morte del Cristo), e del suo abbandono nel periodo della Pentecoste (quando il Cristo è risorto e abita tra noi).

[136] Per l'introduzione a Milano, presso i monaci di S. Ambrogio, del culto della croce, cfr. C. VIOLANTE, *La pataria* cit., p. 118 ss. A p. 119, n. 1, ampia bibliografia sull'argomento.

[137] ANDREA, *op. cit.*, c. 19, p. 1064. Cfr. d'altro canto per la graduale assimilazione del « vexillum crucis » al « vexillum bellicum », con un forte potenziamento del concetto della lotta contro gli infedeli e l'eresia come fatto altamente religioso, C. ERDMANN, *Die Entstehung* cit., p. 181 ss.

[138] Cfr. soprattutto A. WILMART, *Prières médiévales pour l'adoration de la croix*, in « Ephemerides liturgicae », XLVI (1932), p. 342 ss.; IDEM, *Le manuel de prières de Jean Gualbert*, in « Revue Bénédictine » (*RB*), XLVIII (1936), p. 259 ss.; IDEM, *Les prières de Saint Pierre Damien pour l'adoration de la croix*, in « Revue de Sciences religieuses », IX (1929), p. 513 ss.

appunto, in una diffusa simbologia, l'immagine della croce [139]; fatto interessante, che ci riporta anch'esso nell'atmosfera dell'orazione antica, perché contraddice all'uso ormai più generale della preghiera e mani giunte o chiuse o piegate sul petto [140]. Se si tiene presente che il culto della croce si diffonde soprattutto per influenza monastica e particolarmente cluniacense, il fatto che esso sia poco presente tra i patarini potrebbe costituire un indizio di più della scarsa influenza che sul movimento ha esercitato il monachesimo, e del distacco tra le due spiritualità, già in precedenza rilevato.

Non dà luogo a particolari rilievi il culto dei santi, ormai largamente diffuso in tutto il cristianesimo occidentale: trovandoci in zona milanese spicca naturalmente quello per sant'Ambrogio, che risulta anzi una delle maggiori *auctoritates* per la legittimazione dell'attività della pataria [141]. Alla Vergine era dedicata la chiesa canonica in cui risiedeva Arialdo: la sua figura, secondo il modulo corrente del tempo [142], è soprattutto quella della protettrice. Sotto la minaccia avversaria l'antifona che appunto Arialdo ricorda ai fratelli è « Sub tuum presidium confugimus, Dei genitrix » [143]. Troppo scarsi gli accenni comunque per ricavarne qualcosa di più.

Largamente praticata la lettura dei salmi: non sembra si seguisse la distribuzione per ore liturgiche (e sarebbe stata un'usanza prima di tutto monastica), che pure nel sec. XI,

---

[139] ANDREA, *op. cit.*, c. 18, p. 1063. Per la simbologia cfr. L. GOUGAUD, *Dévotions et pratiques ascétiques du Moyen-Age*, Maredsous 1925, p. 5 s.

[140] Cfr. L. GOUGAUD, *Dévotions* cit., p. 17 ss. e *passim*. L'uso delle braccia aperte in croce era praticato ancora soprattutto con significato penitenziale (*ibidem*, p. 9 ss.).

[141] In quanto nemico degli eretici e tenace assertore del primato Romano. In campo antipatarinico la sua figura ritorna invece come tutrice delle tradizioni della chiesa milanese. Vedi comunque, per il suo culto al tempo della pataria e la diversa posizione al riguardo delle parti in lotta, H. C. PEYER, *Stadt und Stadtpatron im mittelalterlichen Italien*, in « Zürcher Studien zur allgemeinen Geschichte », Bd. XIII, Zürich 1955, pp. 29-32.

[142] Cfr. E. FARAL, *Les conditions générales de la production littéraire en Europe occidentale pendant les IXᵉ et Xᵉ siècles*, in *I problemi comuni dell'Europa postcarolingia*, Spoleto 1955, p. 202.

[143] ANDREA, *op. cit.*, c. 21, p. 1066.

ma con numerosi accenni anche per il periodo precedente, ci appare ampiamente diffusa anche in ambiente laico [144], quanto piuttosto si praticava una frequente sistematica lettura o recitazione cantata di tutto il salterio, che riprendeva poi da capo [145]. Le *peregrinationes* infatti, che periodicamente si effettuavano di chiesa in chiesa per onorare la memoria dei santi, erano appunto accompagnate dal canto alternato dei salmi. Sospeso il canto al momento di entrare nella chiesa per dar luogo ad inni a celebrazione dei santi e a preghiere ad alta voce « pro Romano summo pontifice atque pro pace, pro salute universalis ecclesiae ac pro eius adversariorum conversione, et pro ceteris huiusmodi utilitatibus », veniva ripreso all'uscita, e così in ogni luogo sistematicamente. Anche se purtroppo i testi delle orazioni non ci sono pervenuti,

---

[144] Cfr. soprattutto J. STADLHUBER, *Das Laienstundengebet vom Leiden Christi in seinen mittelalterlichen Formen*, in « Zeitschrift kathol. Theol. », 72 (1950), pp. 282-325: ma per il nostro problema da p. 286 ss.; è soprattutto il graduale diffondersi di manuali di preghiere ad uso dei laici in cui sempre più largo posto veniva lasciato ai salmi, che li porta ad adottare poi l'uso delle ore liturgiche come preghiere di più piena comunione con la Chiesa: cfr. PETRUS DAMIANI, *Op.* 10, *De horis canonicis*, PL, 145, c. 221 ss., in particolare i capp. 6, 7, 8, nel quale ultimo tra l'altro ci è data testimonianza di un « Fanensis vir ... ordine simul et facultate mediocris » e della sua fedeltà alle ore canoniche. E Guglielmo da Volpiano non potendo evidentemente proporre « simplicioribus vel idiotis » il salterio, crea tuttavia per essi una breve invocazione che ripetuta quindici volte per dieci giorni avrebbe corrisposto alla serie completa dei salmi: cfr. *Vita S. Guillelmi abbatis Divionensis auctore Rodulfo Glabro monacho*, c. 24, in L. D'ACHERY - J. MABILLON, *Acta sanctorum ordinis S. Benedicti*, VI, 1, p. 294.

[145] ANDREA, *op. cit.*, c. 18, p. 1062 s.: espone la grande devozione che per i santi nutriva Arialdo: « Nam cotidie vallatus fraterna ex acie sanctorum corpora circuibat atque coram eisdem Deo gemebundam fundebat precem. Exeuntes enim a domo singilatim privatimque orando incedebamus, donec populi tumultum transissemus. Quo transito psalmos cantabamus reciproce, quos incipiebat ipse, et hoc donec agebamus, quousque ecclesiae ianuis proximi essemus, ad quam pergebamus. Tunc relicta psalmodia eiusque parte ultima memoriae tradita, ... cantos et hymnos ... sumebat ... ». Compiute le diverse usuali cerimonie all'interno della chiesa, al momento di uscire « tunc ibi psalmos dicere in ecclesiae exitum incipiebat, ubi eosdem in ingressum reliquerat ... Et notandum, quod in loco, quo psalterium finiebat, in eodem protinus idem incipiebat, etiamsi preter psalmos tres minime ei de exordio tunc dicere liceret. *Clericum enim fatebatur semper debere inter psalmodiam esse* ».

sarà da tenere in debito conto questa continua prolungata preghiera in comune per il formarsi di una larga coscienza religiosa plasmata secondo gli ideali della spiritualità patarinica. Per i salmi, anche se l'uso patarinico ripete quello che in forma più o meno diversa era proprio di tutto l'Occidente cristiano, è pur significativo notare che si tratta del testo giudaico più impegnato a far risaltare l'assoluta differenza ed incomunicabilità esistente tra il popolo eletto (interpretato ormai come Chiesa) ed i reietti [146]: nel momento della lotta e del rinnovamento i riformatori sembrano quasi voler serrare le file, accentuando tutti i caratteri di peculiarità e di superiorità propri dei *fideles*, formandosi un'ideologia che con la sua radicalità rompesse ogni indugio o possibilità di compromesso, e diffondendola attraverso i testi più atti ad impregnarne gli animi. Che si notino infatti in varie zone così diffusi e frequenti gli inviti alla lettura dei salmi costituisce un indice evidente della consonanza che la spiritualità che essi riflettevano — non vista certo in prospettiva storica e carica quindi di tutti i nuovi significati cristiani — trovava con le esigenze sentite in larga parte degli ambienti ecclesiastici ed anche laici. Siamo, come si è detto, in una sfera ancora ampia e generica, ma si tratta pur sempre di un nuovo spiraglio, suscettibile di più larghi sviluppi, per cogliere più da vicino il maturarsi di certe correnti spirituali della riforma e l'organizzazione culturale che l'accompagna.

Al chiudersi di questa ricerca sembra opportuno aggiungere ancora alcune brevi considerazioni. Movimenti popolari del sec. XI, eresie evangelico-pauperistiche di quello successivo, correnti riformatrici della gerarchia sacerdotale e monastica, triplice e schematica divisione che sottintende, nello sforzo di stabilirvi dei reciproci legami, un problema storiografico di affascinante portata; dei primi, vistosa e rilevante manifestazione la pataria milanese, la cui storia religiosa ci si è pro-

---

[146] Cfr. in questo senso H.-X. ARQUILLIÈRE, *Saint Grégoire VII* cit., p. 223 ss., e la bibliografia ivi citata al riguardo.

15

posta qui come iniziale termine di verifica della questione.
Da questa indagine mi sembra possa scaturire qualche prima
conclusione al riguardo. Il movimento patarinico, che nelle
sue direttrici teologico-spirituali presenta singolari consonanze
con le più radicali enunciazioni teoriche di alcuni esponenti
della riforma, impegnato in uno sforzo di promuovere lo stabilimento di una nuova gerarchia ecclesiastica e portato insieme ad inserire più consapevolmente nel tessuto ecclesiale
il laicato anonimo, costituisce, in una società in pieno movimento in tutti i suoi strati, uno dei primi e più vistosi indizi
del riaffacciarsi di più larga parte del mondo laico alla vita
spirituale e culturale del basso Medioevo. L'invito rivolto dalla
gerarchia ai laici di intervenire nella vita ecclesiastica per ristabilire la primitiva mitica disciplina in un clero troppo legato
ormai alle strutture della società civile, viene accolto da esso
con una radicalità che ne dilata la portata ai piani più proibiti
della discussione teologico-morale. Mentre l'antica e nuovamente ripetuta prescrizione ecclesiastica di combattere contro
il peccato per quanti fossero in grado, per l'ufficio ricoperto,
di farlo, con preciso riferimento alla salvaguardia del buon
ordine sociale, si allarga a tutti i membri della Chiesa, al di là
dei loro uffici e competenze, nella nuova considerazione di
essa come *corpo* da salvaguardare nella sua integrale purezza
anche temporale, cui contrastano i peccatori eretici, visti quasi
come mondo organizzato, retto da Satana, e dal quale violento
deve essere lo stacco. L'impegno per ognuno veniva così ad
essere urgente e diretto, di contributo personale ed attivo
nella vita ecclesiastica, ad affermazione e salvaguardia di nuovi
ideali religiosi e sociali.

Ma emerge fin d'ora la profonda contraddizione storica
della riforma stessa, quando allo sforzo ecclesiologico nei confronti del laicato di inserirlo con più piena consapevolezza nel
contesto spirituale e liturgico della Chiesa, quasi a stimolo ed
assunzione insieme delle più vive istanze religiose presenti tra
esso, viene a contrapporsi la precisa e netta affermazione del
necessario radicale distacco tra chierici e laici sui vari piani
della vita. Necessità di riformare la vita del clero da un lato,

urgenza di riportare la prassi dell'elezione vescovile e della
ordinazione sacerdotale alle antiche norme canoniche, per ta-
gliare alla radice una delle cause prime di simonia dall'altro,
cospirano congiuntamente a rafforzare di volta in volta queste
tendenze. Umberto di Silva Candida stesso, che pur incita i
« laici fideles » ad intervenire direttamente a purificare la
Chiesa dai falsi e indegni pastori [147], e che nella sua meditazione ecclesiologica più di altri forse offre al laicato le giustificazioni ideologiche per un suo profondo e organico inserimento nella comunità ecclesiale, afferma d'altro canto decisamente, e sia pure a proposito dell'investitura laica, « laici sua
tantum, id est saecularia, clerici autem sua tantum, id est
ecclesiastica negotia, disponant et provideant ... Sicut clerici
saecularia negotia, sic et laici ecclesiastica praesumere prohi-
bentur » [148]. E con diversa accentuazione e consapevolezza
questi due motivi si trovano presenti un po' in tutti i rappresentanti della riforma, a sollecitare da una parte un più
diretto impegno religioso dei laici, ma a respingerli dall'altra
da ogni intrusione nelle norme di vita e nello stabilimento
della gerarchia ecclesiastica. Motivi in parte in contrasto tra
loro e non sempre chiaramente isolabili, ma che costituiscono,
nella violenta accusa polemica, uno dei pilastri di battaglia
per tutti e due i *partiti*, riformatore ed imperiale [149]. In una
linea già di parziale compromesso — che nasce cioè da preoccupazioni comuni alle diverse parti in lotta — il maturarsi

---

[147] HUMBERTUS, *op. cit.*, lib. III, c. 11, p. 212: « Habet ... ecclesia suas
leges, suos iudices, quibus cum consilio religiosorum et sapientum aut corri-
piantur aut corrigantur culpae praepositorum et ministrorum eius. Quas si
ecclesiastici dissimulant aut minime curant, demum saeculares principes et
fideles laici pro defensione et recuperatione, quam matri suae ecclesiae debent, necesse est insistant eosque oportune importune conveniant et moneant,
ne destructoribus ecclesiarum Dei et indisciplinatis tacendo et dissimulando
faveant, sed secum ad reformandum eius suos canones exurgant ».

[148] HUMBERTUS, *op. cit.*, lib. III, c. 9, p. 208.

[149] Cfr. le precise considerazioni del VIOLANTE, *La pataria* cit., p. 111 ss.,
sulle istanze religiose presenti nell'una e nell'altra parte degli schieramenti
contrapposti, ma che peraltro non mette nel dovuto rilievo questo motivo della
separazione dei chierici dai laici, presente in modo chiaro anche tra gli stessi
riformatori.

di una tendenza volta a considerare il laicato come massa di manovra, come strumento di pressione, piuttosto che autonomamente, quale soggetto protagonista anch'esso della realtà ecclesiale. E nel periodo successivo, cristallizzatasi ormai la tumultuante vicenda in nuove e precise disposizioni di diritto canonico, composte in rigide divisioni di piani queste contrastanti esigenze che solo l'estrema vitalità della reazione riformatrice era riuscita a disciplinare in superiore unità d'intenti — nello sforzo di forgiare una ideologia capace di sostenerle e di incanalarle —, sotto la spinta di una maggiore preoccupazione di integrità dottrinale e dogmatica, rimarrà aperta la via per il mondo laico di condurre un'esperienza sua propria, spesso in contrasto con quella gerarchia che poco ormai risentiva gli echi di quel bruciante passato in cui il richiamo alla chiesa primitiva era stato terreno comune di apertura e di incontro. Ma è un nuovo capitolo di storia che così si apre; in esso, in un quadro di movimenti ereticali, la pataria milanese riesce ad inserirsi, ma non attraverso un'analisi eresiologica bensì su piano diverso, di ecclesiologia e di riforma, nella considerazione della Chiesa come corpo vivo percorso da tesi e stimoli dialetticamente opposti, e le cui risultanze saranno elementi negativamente determinanti di altri atteggiamenti e di altre problematiche gerarchiche, decisive agli effetti di una più rigida ed organizzata per dir così sistemazione della vita ecclesiastica.

APPENDICE

La legazione dei cardinali Mainardo e Giovanni Minuto e l'atteggiamento di Alessandro II nei confronti della pataria

La legazione di Mainardo, cardinale vescovo di Silva Candida e di Giovanni Minuto, cardinale prete di Santa Maria in Trastevere, svoltasi a Milano nell'estate del 1067, è stata generalmente interpretata come una dura battuta di arresto portata dalla curia Romana all'azione della pataria, indice quasi di una latente sfiducia o perlomeno di una palese perplessità del pontefice nei suoi confronti [1]. E indubbiamente le *Constitutiones* che la concludono contraddicono chiaramente alle violenze e alle intemperanze che la lotta contro il clero simoniaco e concubinario aveva suscitato a Milano. Conviene peraltro riesaminarle brevemente, per cercare di cogliere più precisamente il loro significato politico-religioso, la loro corrispondenza o meno con altri atteggiamenti di Alessandro II nei riguardi della pataria, e fino a qual punto ne potessero rappresentare un reale freno e disciplinamento.

Sono abbastanza note le circostanze nelle quali avvenne la legazione. Dopo la momentanea dispersione della pataria provocata dalla morte di Arialdo (27 giugno 1066), Erlembaldo ne aveva organizzato abbastanza rapidamente la ripresa, probabilmente anche in connessione con l'emozione religiosa provocata dal ritrovamento del suo corpo, nel maggio 1067, e che chiaramente risulta dal racconto di Andrea [2]. E in occasione dell'assenza di Guido da Milano, allontanatosi presumibilmente per evitare tumulti e rappresaglie sulla sua persona dopo il ritrovamento del corpo di Arialdo,

---

[1] Cfr. G. Meyer von Knonau, *Jahrbücher des deutschen Reiches unter Heinrich IV. und Heinrich V.*, Bd. I, Leipzig 1890, p. 560 ss.; S. M. Brown, *Movimenti politico religiosi* cit., p. 264 s. Per un esame delle *Constitutiones* che chiudono la legazione, dal punto di vista della storia sociale di Milano, cfr. C. Violante, *La società milanese* cit., p. 209 ss.

[2] Andrea, *op. cit.*, c. 23, p. 1070 s.

si scatenarono nuovi disordini [3]. Per riportare la pace nella tormentata città venne inviata da Roma la legazione suddetta [4].

L'unico cronista che ne parla è Arnolfo: brevemente, e per mettere in luce soprattutto le finalità di pace che essa perseguiva e la scontentezza dei patarini nei suoi riguardi. Non dà alcun preciso riferimento al contenuto del documento finale, se non che esso, regolando i rapporti tra clero e popolo, stabiliva « quid fieri debeat in posterum ». Ma il suo apprezzamento sembra essere nel complesso favorevole, anche se tutto pare giocare piuttosto al fine polemico di poter mettere subito dopo in più forte risalto il nuovo mutamento intervenuto nell'atteggiamento della curia, grazie soprattutto al pesante intervento di Ildebrando, piuttosto che su di una direttamente positiva considerazione del contenuto della legazione stessa.

Il documento finale che ci è pervenuto di essa è del 1° agosto 1067. Vi si possono distinguere le seguenti parti:

1. Ampia introduzione generale che richiama la gravità dei peccati della carne, invitando insieme i peccatori a penitenza, e

---

[3] ARNULFUS, *op. cit.*, c. 20, p. 23: « Mox enim ut praesul ab urbe discedit, ad insequendum illum resumptis viribus impatienter Arlembaldus accedit, fautorem asserens perpetrati flagitii ». Arnolfo allude evidentemente ai disordini, di cui ci parla anche ANDREA (*op. cit.*, c. 23, p. 1070 s.), provocati dai patarini per riottenere il corpo di Arialdo. Manca invece ogni accenno alla precedente scomunica da parte di Alessandro II dell'arcivescovo Guido (cfr. ARNULFUS, *op. cit.*, c. 20, p. 23; ANDREA, *op. cit.*, c. 19, p. 1063; ad essa allude anche con ogni probabilità il frammento di una lettera di Alessandro II alla contessa Adelaide di Torino - cfr. S. LOEWENFELD, *Epistolae pontificum Romanorum ineditae*, nr. 115, Lipsiae 1885, p. 56 s.), per cui è da ritenere che essa fosse stata sospesa; cfr. anche G. MEYER VON KNONAU, *Jahrbücher* cit., I, p. 538 e n. 83, e n. 24 a p. 561.

[4] Cfr. *Constitutiones quas legati sedis apostolicae Mediolanensibus observandas praescripserunt*, MANSI, *Concilia*, t. XIX, c. 946: « qualiter ... per nos qualescumque apostolicae sedis legatos, nostramque pervigilem operam, seditio in quietem, discordia in pacem, perversitas reducta sit in rectitudinem, scripturae titulis annotamus: ut, iuvante domino, pacem firmam, et canonicae rectitudinis normam, in hac sancta ecclesia in perpetuum stabiliamus »; ARNULFUS, *op. cit.*, c. 21, p. 23: « Ad quod sedandum litigium contigit tunc temporis, Maginardum episcopum Silvae Candidae et Minutum cardinalem presbyterum Romanos venisse legatos Mediolanum. Qui dum apostolico praecepto pacem evangelizarent omnibus, consulte satis provident de nece Arialdi foedus componere ».

riafferma decisamente il primato, anche sul piano disciplinare, della chiesa di Roma [5].

2. Breve analisi della grave situazione di Milano e della discordia in essa imperante. Afferma che il documento non starà a ripetere quanto già un tempo Pier Damiani aveva stabilito nella sua legazione [6]. Questo spiega anche il poco spazio dedicato alla simonia, che aveva occupato quasi tutta l'opera di Pier Damiani, mentre molto si concede alla lotta contro il concubinato del clero, e al problema del rapporto tra clero e laicato.

3. Dopo aver brevemente richiamato la proibizione della simonia (con particolare riferimento alle elezioni abbaziali) [7], passa a trattare più ampiamente del concubinato del clero e dei mezzi più atti a sconfiggerlo: proibisce in primo luogo a chi ricopra uno degli ordini maggiori e che abbia presso di sé una donna, di esercitare l'ufficio e di mantenere il beneficio ecclesiastico; chi invece cada in qualche colpa della carne « eventu ex humana conditione », venga semplicemente sospeso dall'ufficio finché abbia soddisfatto la sua colpa con una degna penitenza. La condanna comunque non deve mai venire per semplice sospetto, ma deve seguire ad una piena confessione dell'imputato o ad un'ampia escussione di testi [8]. Affinché inoltre nessuno prenda occasione di recar danno ai chierici « pro relictis feminis » (intenderei, tenendo conto di quello che segue: sotto il pretesto di condurre una lotta anticoncubinaria), stabilisce che evitino di abitare con qualcuna di esse in una stessa casa, e di mangiare e di bere in loro compagnia, e di parlare con qualche donna senza congruo numero di testimoni.

[5] *Constitutiones* cit., c. 946: « Quorum omnium (scil. hominum) caput, summumque apicem, Romanam, cui per beatum Petrum non solum terram, sed ipsos caelos ligandos ac solvendos dedit, constituit (scil. bonitas Dei) ecclesiam: ut quidquid ubique ecclesiarum pravitatis reperitur, dum ibi non poterit, ab ea quasi ab origine et magistra omnium corrigatur ».

[6] *Constitutiones* cit., c. 946: « Quia itaque per confratrem nostrum dominum Petrum Ostiensem episcopum, reverendae sanctitatis virum, quaedam sunt olim in hac urbe correcta, non opus est ea, vel praeteritas lites omnibus notas, replicare ».

[7] Per le quali spesso era intervenuta la pataria; cfr. n. 7 a p. 129; vedi anche LOEWENFELD, *Epistolae* cit., nr. 103, p. 51 s.

[8] *Constitutiones* cit., c. 947: « Statuimus insuper neminem praedictorum graduum clericum ex suspicione damnari: ita ut nec officio careat, nec beneficio, nisi ipse forte confessus, vel per idoneos testes veraciter sit convictus ».

4. Prescrive inoltre, « quia cuncta ecclesiastica officia in status sui dignitate consistere volumus », che nessun chierico, « pro cuiusquam peccati culpa, vel officii sui aliqua in Deum offensa », debba sottostare al « iudicium laicorum », « sed modis omnibus in perpetuum prohibemus »[9]. Da questa disposizione generale discendono una serie di prescrizioni particolari che ulteriormente la specificano: che nessun laico, anche qualora abbia « in potestate sua » qualche chierico (si tratta evidentemente di un legame di natura feudale), del quale è venuto a conoscere una colpa, proceda contro di lui, ma informi invece l'arcivescovo e gli ordinari della chiesa milanese « quibus cura ista commissa fuerit », e si adegui alle loro prescrizioni. Solo nel caso che le competenti autorità ecclesiastiche trascurino la questione, il laico dovrà impedire che il chierico eserciti l'ufficio e mantenga il beneficio, finché non desista dal peccato e faccia degna penitenza. Il beneficio però non dovrà essere trattenuto dal laico in suo uso, ma riservato nuovamente alla chiesa di origine. Proibisce inoltre la violenza dei laici contro i beni privati di quei chierici « qui forte lapsi fuerint ». Demanda all'arcivescovo il compito di giudicare in tutte le cause riguardanti chierici, e ordina a tutti piena obbedienza nei suoi confronti[10].

5. Con preciso riferimento ai chierici e ai laici militanti nella pataria, proibisce loro ogni azione di forza per il futuro, tanto quelle dirette contro la simonia quanto quelle dirette contro il concubinato del clero, ordinando loro di rivolgersi per ogni questione all'arcivescovo, agli ordinari della chiesa milanese, o ai vescovi suffraganei, « quod canonicum est suggerendo et cum bono animo supplicando »[11].

---

[9] *Constitutiones* cit., loc. cit.

[10] *Constitutiones* cit., c. 948: « Integram quoque habeat (scil. archiepiscopus) in omnem suum clericum canonice iudicandi et distringendi potestatem, tam in civitate, quam extra, per omnes plebes et capellas: et dum clerici fuerint a saecularis iudicii infestatione securi, in divina servitute, et canonum auctoritate consistant quieti, et archiepiscopo suo obediant devoti ».

[11] *Constitutiones* cit., c. 948: « Illos autem omnes clericos et laicos, qui contra simoniacos et incontinentes clericos, ut per rectam fidem ne haec mala fierent, operam darent, iuraverunt, et per hoc incendia, depraedationes, sanguinum effusiones, multasque iniustas violentias fecerunt, omnimodo prohibemus ne haec ulterius faciant: sed semetipsos custodiendo, et pro his qui ea non servant, archiepiscopo suo et ordinariis huius ecclesiae, suffraganeisque episcopis, quod canonicum est suggerendo, et cum bono animo supplicando, in his operam tribuant, hoc est studium habeant ». Si noti l'accenno al giuramento prestato dai patarini, che assume anche qui il significato di solenne

6. Il documento termina stabilendo le diverse pene economiche e le consuete sanzioni spirituali per quanti trasgredissero queste disposizioni.

Risulta evidente fin da questo rapido sommario lo sforzo di riportare alla suprema direzione ecclesiastica ogni iniziativa ed effettuazione di riforma, ponendo come pregiudiziale ad ogni azione di forza contro un reo riconosciuto la sanzione delle superiori autorità religiose; sembra cioè non basti più un generico invito del pontefice, demandando ai capi patarini, siano essi chierici o laici, la scelta dei mezzi e dei concreti obiettivi di lotta, ma si richieda come preliminare la precisa individuazione anche di questi da parte delle competenti autorità.

In questa linea appare del resto inserito anche il frammento di una lettera o di una decisione sinodale di Alessandro II: pur non risultando a chi fosse indirizzato, si può legittimamente supporre dal suo contenuto che fosse rivolto se non direttamente alla pataria certo a sancire le modalità a cui doveva sottostare un'azione diretta, sia di chierici che di laici, contro la gerarchia ritenuta colpevole [12]; che si avesse presente proprio la situazione milanese è quindi più che probabile. Il frammento suona così: « Si quis deinceps priorum, aut cuiuscunque dignitatis vel cuiuscunque ordinis laicorum episcopum comprehenderit, percusserit, aut aliqua vi a propria sede expulerit, nisi forte iudicatum canonice, auctores et cooperatores tanti sceleris anathematizentur, et bona eorum Ecclesiae ipsius iuris perpetuo tradantur. Si vero in presbyterum, vel in quemcumque inferiorum graduum clericum haec eadem praesumpserit, canonicae poenitentiae atque depositioni subiacebit. Si contumax fuerit, excommunicetur ».

---

impegno religioso. L'obiezione che i patarini potevano muovere a queste legazioni Romane era di disconoscere la realtà morale del clero milanese; ne è testimonianza precisa ANDREA (op. cit., c. 19, p. 1063), con probabile riferimento a quella di Pier Damiani, anche se il rimprovero appare rivolto in primo luogo alla gerarchia locale: « Iuraverat ... omnis clerus tam maioris quam minoris ordinis nec non ipse Wido, qui pontifex dicebatur, quatinus cum eo deberent heresem simoniacam ac neophitanam damnare et in catholicam fidem ulterius persistere. Sed cum ecclesiarum regimina eidem Widoni sine rectoribus apparebant, ilico, quod iuraverat, oblivioni tradebat et ceu canis ad vomitum, sic revertebatur ad suum antiquum reatum ».

[12] ALESSANDRO II, Epistolae 136, PL, 146, c. 1412 (MANSI, Concilia, t. XIX, c. 982). Lo cita anche il VIOLANTE, La pataria cit., p. 190, n. 1, senza peraltro discuterlo criticamente.

Una prima osservazione: risulta evidente che ci si rivolge tanto
a chierici che a laici; non avrebbe altrimenti senso parlare di deposizione, tra le pene comminate a chi trasgredisse la disposizione,
né si spiegherebbe la bipartizione iniziale: « Si quis ... priorum aut
cuiuscunque dignitatis vel cuiuscunque ordinis laicorum ... ». Con
« prior » si intende quindi qualche ordine del chiericato; sembra
difficile poter pensare ad un generico riferimento ad una specificazione precedente (nelle fonti del tempo si usa piuttosto « prae-
dicti » o simili); « priores » deve indicare quindi delle persone dotate di particolare autorità nell'ambito sacerdotale; pur potendosi
riferire in astratto tanto alla vita canonica che alla vita monastica,
penso debba riguardare qui esclusivamente la prima: si fa infatti
il caso soprattutto di un'azione di forza contro il vescovo; ed
erano particolarmente i *canonici* che avevano possibilità di agire
contro di lui come coloro che più degli altri erano in contatto
con la sua persona, e vivevano organizzati in comunità. Sappiamo
inoltre che a Milano il clero che aderiva alla pataria era disciplinato
in una canonica[13]. Un riferimento così parziale del resto mi sembra
spiegabile soprattutto con l'incompletezza del canone. Si proibisce
recisamente, sotto minaccia di gravi pene, di usare qualsiasi violenza contro i diversi gradi della gerarchia sacerdotale, « nisi forte
iudicatum canonice »: se cioè non ci sia stata preliminare condanna
e sanzione nei loro confronti da parte delle competenti autorità
religiose; per un vescovo il metropolita e i suffraganei, o eventualmente il pontefice, e via via secondo le norme tradizionali. Che il
movimento patarinico procedesse invece nel giudizio contro i preti
ritenuti colpevoli e nel redigere il loro elenco in assemblea riunita
intorno ai suoi capi, ha legittimamente supposto il Violante[14]; ed
è chiaro comunque che la sua azione si muoveva al di fuori di
quelle procedure giudiziarie che anche le *Constitutiones* perento-
riamente richiamano.

La disposizione di Alessandro II risulta così perfettamente congruente con quella di Mainardo di Silva Candida. Senonché mi pare
che una via d'uscita rimanesse sempre al movimento patarinico là
dove si riconosceva al laico la possibilità, nel caso che la sua denuncia all'arcivescovo non trovasse seguito, di procedere autonomamente. Che Mainardo sembri riferirsi solo ad un rapporto di natura

---

[13] Cfr. p. 173 s. di questo libro.
[14] C. VIOLANTE, *La pataria* cit., p. 190.

feudale non mi pare possa costituire una difficoltà, se si considera che il richiamo ad esso ha un valore non tanto per legittimare questa facoltà, quanto piuttosto per evitare che, fondandosi su di esso, il laico procedesse a giudizio contro il chierico direttamente, senza ricorrere all'arcivescovo. D'altro canto la constatata inefficienza riformatrice delle autorità religiose locali non poteva che legare ancor di più a Roma la pataria, proprio per ottenere quella legittimazione alla sua iniziativa, che mai le sarebbe venuta dall'arcivescovo. L'opera di centralizzazione di Alessandro II veniva quindi a trionfare anche per questa via, salvaguardando d'altro canto, nei limiti compatibili con le più urgenti esigenze di riforma, l'autorità della gerarchia, soprattutto attraverso il richiamo alla suprema potestà di Roma [15]. Questo spiega da un lato come la pataria persista nella sua linea di azione, e dall'altro come completa risulti la sua consonanza con la curia Romana, e soprattutto durante il periodo di crisi che si apre con l'elezione del nuovo arcivescovo [16].

[15] Cfr. al riguardo A. HAUCK, *Kirchengeschichte Deutschlands*, t. III, Leipzig 1896, p. 737 ss.; A. FLICHE, *La réforme* cit., t. I, p. 363 ss., e R. MORGHEN, *Questioni gregoriane*, in « Archivio della R. Deputazione Romana di Storia patria », LXV (1942), p. 29 ss. In questo quadro mi sembra vada anche interpretato il maggior riconoscimento che Alessandro II tributa ai patarini, e cioè la donazione ad Erlembaldo del « vexillum sancti Petri » (probabilmente nel 1064; cfr. C. ERDMANN, *Die Entstehung* cit., p. 129 s.), che se da un lato, come giustamente sottolinea l'ERDMANN (*op. cit.*, p. 129), stabilisce un nuovo tipo di legame tra lui e il papa, ingaggiandolo in un certo modo in una spirituale cavalleria e indicando chiaramente che il papato stava dalla sua parte, dall'altro fissa anche il suo dovere di piena obbedienza, e quindi di sottomissione alle direttive di quest'ultimo; il fatto del resto è molto chiaramente percepito dai cronisti; cfr. LANDULFUS, *op. cit.*, lib. III, c. 15, p. 84: « vexillum ... sub quandam obedientiam et inauditam ei attribuit »; ANDREA, *op. cit.*, c. 15, p. 1059: « sub inevitabili imperio ... ei preceptum est ... Christi adversariis ... usque ad proprii sanguinis effusionem ... resistere ». In BERTHOLDUS, *Annales* ed. G. H. PERTZ, *MGH, SS*, V, p. 305, si legge che Erlembaldo fu ucciso « pro ... oboedientia quam ipsi domnus papa Alexander pro huiusmodi (ossia riguardo alla lotta contro gli eretici) imposuit ». Questi testi sono segnalati anche da C. ERDMANN, *op. cit.*, p. 129, n. 91; ma va rilevato, come ho detto, anche l'intento politico di controllo e disciplinamento, che questa donazione manifesta.

[16] Cfr. S. M. BROWN, *Movimenti politico religiosi* cit., p. 265 ss.; ARNULFUS, *op. cit.*, lib. III, c. 21, p. 23, narra come Erlembaldo, subito dopo la legazione di Mainardo, « nec tamen his contentus », si rechi a Roma, dove si sarebbe fissato il reciproco impegno, soprattutto per consiglio di Ildebrando, che il nuovo arcivescovo di Milano non sarebbe più stato di nomina regia. Ma non credo sia necessario pensare ad una modificazione delle disposizioni

Ma se su questo piano disciplinare, di risultanze pratiche per dir così, l'incontro non poteva essere che totale, la legazione di Mainardo aveva messo in luce un contrasto più di fondo tra la pataria ed alcuni esponenti della curia, che solo in una situazione nuovamente tesa ed incandescente poteva restare in qualche modo coperto. E se molto, certamente, pesava a favore del movimento patarinico il franco e deciso appoggio di Ildebrando nei suoi confronti, solo il fatto tuttavia che in sede teologica restassero ancora aperti problemi come quello della validità delle ordinazioni simoniache — con tutte le implicazioni ecclesiologiche ad esso connesse — poteva offrire ancora ai suoi capi un certo spazio per quell'impegno e quel giudizio dei laici verso la gerarchia che di una nuova collocazione ecclesiale del laicato costituiva una manifestazione ed una componente essenziale: quanto meno per incrinare quei privilegi di gerarchia che nemmeno le *Constitutiones* di Mainardo — nell'ipotesi dell'ereticità di un clero simoniaco, con tutte le conseguenze che potevano connettervisi — riuscivano ancora a reintegrare del tutto. Ed esse restano appunto documento interessante di indirizzi e preoccupazioni moderate non ancora pienamente trionfanti, che non mancheranno però di riaffiorare prepotentemente in seguito, quando il problema sacramentario verrà gradatamente risolvendosi sulla linea tracciata da Pier Damiani, solidamente fondando l'autorità della gerarchia al di là e al di sopra di quei limiti che la teologia « rigorista » e la religiosità popolare le volevano imporre.

legazionali, anche se sembra evidente la presenza a Roma di giudizi e atteggiamenti diversi nei confronti dell'azione patarinica: in una nuova situazione di indisciplina morale, comunque, entravano evidentemente operanti le « misure » straordinarie, e ad esse i capi patarini potevano sempre richiamarsi.

V

LE ORDINAZIONI SIMONIACHE NEL PENSIERO
DI GREGORIO VII

Un capitolo della dottrina del primato? *

Ad esaminare negli scritti di Gregorio VII i passi che trattano in qualche modo delle ordinazioni simoniache e della loro validità, ci si incontra con una serie di enunciazioni diverse, malamente conciliabili tra loro. Avviene perciò che chi si ponga il problema di capire che cosa Gregorio VII abbia effettivamente pensato delle ordinazioni simoniache finisca più o meno inavvertitamente, per costruire la sua spiegazione il più coerente possibile, col lasciare da parte qualcuno di questi passi, troppo contraddittorio al quadro che gli altri permettono di formare. Da tempo tra gli studiosi due tesi interpretative si contendono il campo: per gli uni Gregorio VII, su di una linea che attraverso Umberto di Silva Candida si vuole risalga fino a Cipriano, avrebbe sostenuto l'assoluta nullità sacramentale delle ordinazioni simoniache o comunque impartite da « eretici » [1]; per gli altri si sarebbe trattato semplice-

* Queste pagine sono frutto di una serie di sedute di seminario tenute presso la Scuola Normale Superiore di Pisa. E risultano perciò da un lavoro ed una discussione in gran parte collettivi. Ai normalisti che vi hanno contribuito va il mio vivo e doveroso ringraziamento.

[1] Cfr. C. Mirbt, *Die Publizistik im Zeitalter Gregors VII.*, Leipzig 1894, pp. 435 ss., 440 ss.; R. Sohm, *Das altkatholische Kirchenrecht und das Dekret Gratians*, in *Festschrift für A. Wach*, 1918, p. 449, e *Kirchenrecht*, II, *Systematisches Handbuch der deutschen Rechtswissenschaft*, 1923, VIII, II, p. 363 ss.; A. Michel, *Die antisimonistischen Reordinationen und eine neue Humbertschrift*, in « Römische Quartalschrift », XLVI (1938), p. 52 ss. (il M. tuttavia, pur collegando Gregorio VII alla linea umbertina, ritiene che egli « sich ebensowenig wie die römische Synode von 1060 dogmatisch festgelegt hat, sondern nur sharf disziplinär und tutiorisch vorging » - p. 55), e *Die*

mente di illiceità giuridica: esse sarebbero state cioè dichiarate nulle per quanto riguardava il diritto di esercitare l'ufficio, non per quanto riguardava l'effetto sacramentale in sé [2].

La questione è stata ripresa di recente da uno studioso tedesco, A. Nitschke, in un'ampia ricerca sulla teologia gregoriana [3]. Giustamente egli collega la questione sacramentaria alla dottrina ecclesiologica: per Gregorio VII non esiste nessuna reale divisione tra la Chiesa ufficiale, società visibile giuridicamente ordinata, e la Chiesa dei veri cristiani; la prima deve corrispondere alla seconda e viceversa. Nessun margine è concesso perciò ad eretici o scomunicati di amministrare la grazia. Decisivo gli appare al riguardo un passo della prima grande lettera dottrinale ad Ermanno di Metz del 25 agosto 1076 [4]:

Folgenschweren Ideen des Kardinals Humbert und ihr Einfluss auf Gregor VII., in *Studi Gregoriani* I, Roma 1947, p. 82 ss.

[2] Cfr. E. MICHEL, *Professor Sdralek über Altmann von Passau und Gregor VII.*, in « Zeitschr. f. katholische Theologie », XV (1891), p. 90 ss., e *Päpste als ' offenbare Ketzer ', Geschichtsfabeln Döllingers*, in « Zeitschr. f. katholische Theologie », XVII (1893), p. 209 ss.; L. SALTET, *Les réordinations. Étude sur le sacrament de l'ordre*, IIᵉ éd., Paris 1907, p. 208 e n. 1 (prende tuttavia una posizione fondamentalmente agnostica sul problema); E. HIRSCH, *Die Auffassung der simonistischen und schismatischen Weihen im elften Jahrhundert, besonders bei Kardinal Deusdedit*, in « Archiv für katholische Kirchenrecht », LXXXVII (1907), p. 53 ss.; A. FLICHE, *La réforme grégorienne*, II, *Grégoire VII*, Louvain-Paris 1926, p. 140 e n. 3; A. SCHEBLER, *Die Reordinationen in der « altkatholischen » Kirche* (Kanonistische Studien und Texte, X), Bonn 1936, p. 238 ss. (pur ammettendo, a p. 235, che Gregorio VII « in seiner Haltung schwankend, hielt sich persönlich in kluger Reserv, neigte jedoch ebenfalls augenscheinlich der extremen Richtung zu »); I. PARISELLA, *Ecclesiae Romanae dimicatio contra simoniam a Leone IX usque ad concilium Lateranense I (1049-1123)*, in « Apollinaris », XV (1942), p. 121, n. 19 (lavoro molto schematico e sommario).

[3] A. NITSCHKE, *Die Wirksamkeit Gottes in der Welt Gregors VII. Eine Untersuchung über die religiösen Aeusserungen und politischen Handlungen des Papstes*, in *Studi Gregoriani*, V, Roma 1956, p. 153 ss.

[4] *Reg.* IV, 2, ed. CASPAR, *MGH, Ep. sel.*, II,, Berlin 1955 (II. Aufl.), p. 296 s.

Ut autem maledicti et excommunicati possint benedicere et divinam gratiam, quam non timent operibus denegare, alicui largiri, in nullius sanctorum patrum precepto potest inveniri.

Le decisioni delle sinodi romane del febbraio-marzo e del novembre 1078, che dichiaravano « irritae » le ordinazioni operate da scomunicati o comunque simoniacamente [5], vengono quindi interpretate nel senso di un'assoluta nullità delle ordinazioni stesse; perfettamente corrispondenti perciò a quanto Amato d'Oleron, legato papale, decretava nella sinodo di Gérone dello stesso anno [6]:

Si quae ecclesiae per pecuniam essent consecratae, vel a simoniaco, a legitimo canonice consecrentur episcopo. Si qui etiam clerici pecuniam praebendo, vel a simoniaco sunt ordinati, eodem modo a catholico ordinentur episcopo. Non enim in his fit reiteratio, sed ipsa consecratio, quoniam nihil praecesserat, quod ratum haberi queat.

Gli ha risposto G. B. Borino [7] alla luce di testi e di osservazioni non privi di efficacia. In primo luogo: nel decreto del novembre 1078 non viene fatto solo il caso di ordinazioni impartite simoniacamente ma anche di quelle

quae non communi consensu cleri et populi secundum canonicas sanctiones fiunt et ab his, ad quos consecratio pertinet non comprobantur [8];

e nel decreto del febbraio-marzo venivano dichiarate « irritae » le ordinazioni fatte da scomunicati [9]. Poteva valere anche per queste categorie di persone il ragionamento umbertino che fondava la nullità delle ordinazioni simoniache sull'impossibi-

---

[5] *Reg.* V, 14a, p. 372; *Reg.* VI, 5b, p. 403 s. (cfr. NITSCHKE, p. 154).
[6] MANSI, *Conc. coll.,* XX, c. 519 s. (cfr. NITSCHKE, p. 154).
[7] G. B. BORINO, *Osservazione su una interpretazione del decreto di Gregorio VII sulle ordinazioni simoniache,* in *Studi Gregoriani,* V, Roma 1956, p. 411 ss.
[8] *Reg.* VI, 5b, p. 403 s. (cfr. BORINO, p. 412).
[9] *Reg.* V, 14a, p. 372 (cfr. BORINO, p. 412).

lità di dare o comprare quello che non si può né vendere né comprare, cioè lo Spirito santo? Evidentemente no, osserva il Borino, e così continua [10]: « Il puro stato di peccato (di qualsiasi peccato, per cui uno possa essere stato scomunicato) non toglie che egli continui ad avere quello che una volta ha acquistato, e quindi, sia pure peccaminosamente, lo possa conferire ad altri ... Nel caso delle ordinazioni ricevute da scomunicati il dichiararle *irritas* è un puro atto disciplinare, proibisce l'esercizio dell'ordine così ricevuto da persone indegne. Non è dire che siano sacramentalmente invalide ». Lo stesso vale, e tanto più, per le ordinazioni avvenute senza l'elezione del clero e del popolo. È evidente tuttavia che il termine « irritae », riferito a questi tre diversi tipi di ordinazioni, va inteso nello stesso modo: che non può essere che nel senso della nullità per quanto riguardava il diritto di esercitare l'ufficio, non quanto al valore sacramentale.

Così sui canoni del 1078 il Borino, che va tuttavia troppo oltre, perché non è detto che l'affermazione di nullità sacramentale delle ordinazioni simoniache dovesse avvenire per Gregorio negli stessi termini di Umberto. E se né Gregorio VII (... né il Nitschke) parlano solo di simoniaci, ma più ampiamente di scomunicati, non è poi detto che il concetto di peccato causa di scomunica e la scomunica stessa fossero per Gregorio isolabili a quella sfera giuridico-morale cui tende il Borino, troppo alla luce di principi e distinzioni solo successive, e presupponendo d'altra parte a torto come tranquillamente ammessa nel secolo XI la nozione di « carattere sacramentale » o di qualcosa di equivalente. Ma è giusto peraltro sollevare il problema della presenza nei canoni gregoriani di alcune categorie di persone (gli scomunicati e coloro la cui elezione non è stata canonica) non contemplate nel ragionamento umbertino o per le quali addirittura egli aveva esplicitamente affermato essere la loro ordinazione valida, pur essendo illecita (per i non canonicamente eletti) [11]; categorie di

---

[10] BORINO, p. 412.
[11] HUMBERTUS, *Adversus Simoniacos*, I, capp. 2 e 5, MGH, *Libelli*, I, pp. 104, 108 s.; cfr. per questa posizione umbertina V. FUCHS, *Der Ordi-*

persone inoltre, per le quali, almeno a prima vista, non poteva valere la determinazione: « fede » — « non fede », in senso umbertino, per stabilire la loro capacità o meno di amministrare il sacramento.

Di maggior peso l'altra argomentazione del Borino, che prende in esame il passo di una lettera di Gregorio VII a Rainaldo vescovo di Como, del 21 giugno 1079 [12], trascurato dal Nitschke. Rainaldo aveva prospettato al pontefice il caso dei preti ordinati « nescienter et sine pretio » da simoniaci, chiedendo istruzioni sul comportamento da seguire nei loro confronti. Gregorio VII richiama il decreto di Nicolò II del concilio del 1060, secondo il quale costoro

si tamen vita eorum inreprehensibilis esse probatur, per manus impositionem confirmatos in suis ordinibus permanere et ministrare posse [13].

Non c'è dubbio sulla portata disciplinare, non dogmatica, dei decreti di Nicolò II [14]. Né altro senso ha, per il Borino, questo richiamo di Gregorio VII, dove la « manus impositio » può avere solo il valore di « pubblica cerimonia riconciliatoria » [15]. E come potrebbe conciliarsi questa accettazione dei canoni di Nicolò II con la presunta affermazione dell'invalidità sacramentale delle ordinazioni simoniache? Per il Borino quindi, affermazioni e decreti di Gregorio VII sulle ordinazioni simoniache vanno collocati sullo stesso piano delle sue disposizioni tendenti a proibire ai fedeli di ascoltare la messa di preti simoniaci e fornicatori, senza che mai venga affermata la nullità sacramentale di quelle messe. Il decreto del 1078 anzi non sarebbe altro che la ripetizione « in forma più so-

nationstitel von seiner Entstehung bis auf Innozenz III. (Kanonistische Studien und Texte, IV), Bonn 1930, p. 240 ss.

[12] _Reg._ VI, 39, p. 457 (cfr. BORINO, p. 413).

[13] _Reg._ VI, 39, p. 457; il decreto di Nicolò II, in _MGH, Const._, I, p. 550 s.

[14] Cfr. G. MICCOLI, _Il problema delle ordinazioni simoniache e le sinodi lateranensi del 1060-1061_, in _Studi Gregoriani_, V, Roma 1956, pp. 43 s., 48.

[15] BORINO, p. 414.

16

lenne e severa, della proibizione di ascoltare la messa e partecipare a ogni altro ufficio dei simoniaci, avvertendo i fedeli: i loro ordini sono vani, sono senza effetto; non hanno diritto di esercitarli » [16].

Fino a qui il Borino. Che trascura però completamente l'esplicitissimo passo di *Reg.* IV, 2, citato in parte più sopra, e gli altri casi in cui ritorna l'equazione: « benedictio symoniacorum », o « haereticorum » o « excommunicatorum » = « maledictio », « execratio » [17]. E se anche per questi ultimi si volesse sostenere il valore puramente retorico dell'affermazione, semplice calco di analoghe espressioni di Gregorio Magno (ma sarebbe soluzione di puro comodo), ciò non si potrà certo dire del testo sopra citato di *Reg.* IV, 2, che più reciso non potrebbe essere nell'affermare — spiegando appunto il valore di « execratio » — che i « maledicti » ed « excommunicati » non possono né benedire, né largire a qualcuno la divina grazia. E qui non si tratta certo di facoltà o diritto, ma di intrinseca capacità. Né certamente una buona ragione per trascurare questo passo può essere data dal fatto che invece che di simoniaci si parli di scomunicati, categoria anzi quest'ultima più ampia, per così dire, e che ovviamente comprendeva, tra gli altri, anche i simoniaci.

Ma vediamo finalmente l'intero passo. La questione ha tutta l'aria di venir sollevata dietro precisa richiesta di Ermanno di Metz. La prima frase è perentoria e generale:

---

[16] BORINO, p. 415.

[17] *Reg.* I, 11, p. 18; *Reg.* IX, 35, p. 623; *Ep. coll.*, 28, ed. PH. JAFFÉ, *Monumenta Gregoriana*, in *Biblioth. Rer. Germ.*, II, Berolini 1865, p. 554; per il tema, in parte analogo, del simoniaco e scomunicato: « membrum diaboli », teso ad assimilare a sé gli altri uomini, cfr., *Reg.* II, 54, p. 199; *Reg.* IV, 18, p. 324; *Reg.* VII, 11, p. 474; *Reg.* VII, 14*a*, p. 483; *Reg.* VIII, 3, p. 519; *Reg.* VIII, 4, p. 520; *Reg.* VIII, 5, p. 521; *Reg.* VIII, 13, p. 533; *Reg.* VIII, 16, p. 537 s.; *Reg.* VIII, 21, p. 557; *Reg.* IX, 3, p. 575; *Reg.* IX, 35, p. 624; *Ep. coll.*, 2, ed. cit., p. 522; *Ep. coll.*, 14, ed. cit., p. 537; *Ep. coll.*, 42, ed. cit., p. 570; *Ep. coll.*, 46, ed. cit., p. 574.

Episcoporum autem, qui excommunicato regi communicare praesumunt, ordinatio et consecratio apud Deum, teste beato Gregorio,
fit execratio [18].

Lasciamo da parte il testo di Gregorio Magno cui si allude,
certo di più limitata portata [19]. Il senso di « execratio » qui
non può essere che quello usato da Gregorio VII per definire
la consacrazione di Goffredo ad arcivescovo di Milano, operata
da vescovi lombardi nella sinodo provinciale di Novara del
1073 [20]: nelle parole di Gregorio la « consecratio-execratio »
di Goffredo indicava il suo inserimento in un mondo assolutamente estraneo alla grazia di Cristo, antitetico alla sua dottrina ed alla sua prassi; un mondo cioè fuori dalla Chiesa,
dai suoi carismi, dalle possibilità di salvezza, il mondo del-
l'anticristo, dei seguaci dell'antico avversario. In *Reg.* IV, 2
lo spiega del resto, più limitatamente ed in breve, l'ultima
frase del passo, che segue ad una sorta di lunga parentesi,
volta questa a chiarire perché quei vescovi sono arrivati ad
essere quello che sono, « maledicti » cioè ed « excommunicati » (ed è perché che si riassume nella loro grave disobbedienza verso Roma: disobbedienza perché comunicano con lo
scomunicato Enrico, disobbedienza perché, invece di rimpro-
verarlo per le sue colpe, lo confermano nella sua perdizione) [21]. Dopo di che il discorso principale riprende. Grego-

---

[18] *Reg.* IV, 2, p. 296.
[19] Cfr. GREGORII I *Registrum epistolarum*, IV, 20, MGH, *Ep.*, I, p. 255:
« nos consecrationem dicere nullo modo possumus, quia ab excommunicatis
est hominibus celebrata »; il senso ed i limiti di questa affermazione vengono
chiariti da ciò che segue: Gregorio Magno sospende ordinato ed ordinatori
da ogni ufficio, finché sarà meglio informato delle circostanze che portarono
a quella ordinazione (cfr. per l'esito della faccenda *Reg.* VIII, 36, ed. cit.,
II, p. 38 s., e *Reg.* IX, 55, p. 156). Vedi anche A. SCHEBLER, *Die Reordinationen* cit., p. 124 s., e p. 126 ss. per gli altri passi di Gregorio Magno sulle
ordinazioni simoniache ed il loro significato.
[20] *Reg.* I, 11, p. 18; cfr. anche *Reg.* I, 15, p. 23 s. Per la sinodo di
Novara cfr. BONIZONE, *Liber ad amicum*, VI, VII, MGH, *Libelli*, I, pp. 599,
606.
[21] *Reg.* IV, 2, p. 296: « Cum enim oboedire apostolice sedi superbe
contendunt, scelus idolatrie teste Samuele incurrunt. Nam si ille Dei dicitur,
qui ad ferienda vitia zelo divini amoris excitatur, profecto esse se Dei denegat,

rio VII aveva detto: la consacrazione e l'ordinazione dei vescovi che comunicano con il re scomunicato sono una maledizione (« execratio ») e così conclude:

Ut autem maledicti et excommunicati possint benedicere et divinam gratiam, quam non timent operibus denegare, alicui largiri, in nullius sanctorum patrum precepto potest inveniri [22].

qui, in quantum sufficit, increpare vitam carnalium recusat. Et si ille maledictus est, qui prohibet gladium suum a sanguine, id est predicationis verbum a carnalis vite interfectione, quanto amplius ille maledictus est, qui timore vel favore impellit animam fratris sui in eterna perditione? ».

[22] *Reg.* IV, 2, p. 296 s. Del tutto fuori strada A. SCHEBLER, *Die Reordinationen* cit., p. 241 ss., che ritiene di poter restringere questo passo all'affermazione di una pura illiceità giuridica dei sacramenti degli scomunicati, alla luce di una testimonianza dei *Gesta Romanae ecclesiae contra Hildebrandum*, III, *MGH*, *Libelli*, II, p. 399 [questa terza lettera, com'è noto, è anonima: che l'autore qui sia il cardinale diacono Ugo, e non il cardinale Benone, ha supposto, con buone argomentazioni, C. ERDMANN, *Gesta Romanae ecclesiae contra Hildebrandum*, in «Zeitschr. der Savigny-Stift. f. Rechtsgesch.», 57, Kan. Abt. 26 (1937), pp. 433-36]: « Hildebrandus, Turbanus, Anselmus Lucensis episcopus, Deusdedit in compilationibus suis fraudulentis, ex decretis Anastasii papae: 'Nullum de his, vel quos baptizavit Acatius, vel quos sacerdotes sive levitas secundum canones ordinavit, eos ex nomine Acatii portio lesionis attingat, quo forsitan per iniquum tradita sacramenti gratia minus firma videatur' et caetera. Hoc decreto Anastasius meruit apud Deum et homines dampnari, in quo contra Spiritum sanctum blasphemavit, dum baptizatos et ordinatos extra aecclesiam catholicam ab Acacio, dampnato et excommunicato, nullam lesionem accepisse de manu Acacii scripto asseruit. Cuius errorem quia Hildebrandus cum discipulis suis scripto renovavit, merito a sede Romana divina sententia tanti erroris renovatorem exclusit ». In realtà queste affermazioni si limitano a dare un'interpretazione, evidentemente tendenziosa, di un canone (16) del concilio di quaresima del 1078, che sospendeva la scomunica nei confronti di alcune categorie di persone che comunicavano con gli scomunicati e di coloro che lo facevano in particolari circostanze (*Reg.* V, 14a, p. 372 s.), e di un altro passo del *Reg.* IV, 2, p. 295, che alludeva ad una lettera di papa Anastasio, detto « beatus », all'imperatore omonimo (cfr. *Gesta* cit., p. 381 — per il decreto —, p. 389 — per il passo di *Reg.* IV, 2). Ma il fatto per noi interessante è che l'anonimo, rimproverando a Gregorio VII di aver santificato la memoria di Anastasio rilanciando il suo decreto e divenendo così eretico, lo accusa nello stesso tempo di essere incoerente con se stesso (p. 398 s.): « Postremo vide, quantum a te ipso dissenseris, cum episcoporum communicantium imperatori consecrationem maledictionem diceres et contra te ipsum decretum Anastasii, ordinationes factas ab Acacio heretico et excommunicato confirmare et nichil lesionis ordinatos ab ipso contraxisse perniciosissime predicares » (e cfr. anche p. 396, dove, dopo aver richiamato il passo di *Reg.* IV, 2, egli efferma: « Vide ergo

Ma se questo passo è, grosso modo, chiaro, almeno nelle conseguenze che Gregorio ne vuol trarre, resta tuttavia la difficoltà del canone del novembre 1078, con quei vescovi non canonicamente eletti messi sullo stesso piano dei simoniaci; resta soprattutto il richiamo al decreto di Nicolò II nella lettera a Rainaldo di Como, che sembrerebbe escludere la nullità sacramentale delle ordinazioni impartite « gratis » da simoniaci (contrariamente a quanto afferma invece la coerente teo-

in quantum sis contrarius non solum sanctis, sed etiam tibi ipsi »). È troppo evidente che il passo di *Reg.* IV, 2, che a noi interessa, viene inteso nel senso dell'invalidità assoluta dei sacramenti amministrati da quei vescovi, mentre l'accusa di « eresia anastasiana » nei confronti di Gregorio VII è fondata su di una forzatura polemica o un fraintendimento di altri scritti suoi, ma anche su certi esiti del problema sacramentario nei canonisti posteriori (va ricordato che questo testo risale al 1098 ca.), che sostenevano la validità di sacramenti amministrati in certe condizioni da simoniaci e scomunicati, adducendo tra gli altri proprio quel testo di Anastasio che qui viene contestato: infatti oltre che in PIER DAMIANI, *Liber gratissimus*, cap. 25, MGH, *Libelli*, I, p. 54 (ma cfr. AUSILIO, *De ordinationibus a Formoso papa factis*, cap. 19, PL, 129, c. 1066 s.; *Tractatus qui Infensor et Defensor dicitur*, cap. 2, *ibid.*, c. 1079), esso si ritrova ad esempio in BERNOLDO, *Libellus XV, De reordinatione vitanda et de salute parvulorum, qui ab excommunicatis baptizati sunt*, MGH, *Libelli*, II, p. 152; BONIZONE, *Liber de vita christiana*, I, c. 43, ed. PERELS, p. 32 s.; per il riferimento alla *Collectio canonum* di Anselmo di Lucca in *Libelli*, II, p. 399, n. 2, cfr. FRIEDBERG, *Decretum magistri Gratiani*, Dist. XIX, c. 8, col. 63 e n. 124. Un altro passo della lettera di Anastasio, dello stesso tenore — cap. 8 —, riportato anche dall'anonimo — p. 396 —, è citato anche dal cardinale ATTONE, *Capitulare*, ed. A. MAI, *Scriptorum veterum nova collectio*, VI, Romae 1832, p. 82, e da DEUSDEDIT, *Collectio canonum*, ed. WOLF VON GLANVELL, l. IV, c. 52, p. 424.

Nessuna luce, quindi, questo passo può dare, come vorrebbe invece lo Schebler, per interpretare nel senso della semplice invalidità giuridica dei sacramenti degli scomunicati anche l'affermazione di GUIDO DI FERRARA, *De scismate Hildebrandi*, MGH, *Libelli*, I, p. 558 s., (com'è ovvio del resto, trattandosi di un'accusa nata dall'immediato *entourage* di Guiberto, che più o meno in quegli anni — se, com'è probabile, il *De scismate* è di poco posteriore alla morte di Gregorio VII — si pronunciava esplicitamente per la validità di quei sacramenti): « Contra patres novi testamenti docuit, cum scismaticorum et indignorum ministrorum sacramenta non recipienda, sed exsufflanda mandavit, cum excommunicatorum quoque consecrationes sive in oleo, sive in eucharistia, vel in ordinationibus eorum, quibus manus inponitur, nullam vim habere nec consecrationes dici debere perhibuit ... Omnes Ildebrandi complices hoc iactant et praedicant, quod excommunicatorum sacramenta nil valeant ».

logia sacramentaria di Umberto) [23]. L'*impasse* appare perciò assoluta. Esaminato da un punto di vista di teologia sacramentaria, di obiettività o meno dei sacramenti, il pensiero di Gregorio VII resta oscuro, quanto meno contraddittorio. Ma è veramente così o non c'è piuttosto qualche errore nel punto di vista con cui questi testi sono stati esaminati? Nella ricerca cioè e nell'introduzione nelle lettere di Gregorio VII di un discorso *autonomo* sui sacramenti, di un'*autonoma* teologia sacramentaria, fosse essa nella linea ciprianeo-umbertina o in quella di un Pier Damiani, tanto per alludere a posizioni a lui cronologicamente vicine? E non è del resto già fuori da un piano autonomo di teologia sacramentaria un testo come quello di *Reg.* IV, 2, che, pur parlando di sacramenti, non tocca tuttavia affatto dell'ordinazione dei vescovi che li amministrano, ma solo della loro disobbedienza verso Roma, che comporta perciò la scomunica, intesa come esclusione totale dal mondo ecclesiastico: dove la dottrina dei sacramenti sembra inserirsi semmai in una teologia del primato piuttosto che comportare un discorso che sia valido di per sé? Si tratta per ora di una semplice ipotesi, suggerita dalle difficoltà di trovare una via d'uscita alla questione. Conviene pertanto cercare di approfondirla.

* * *

Qual è dopotutto l'origine di fondo del problema sacramentario tanto in Umberto di Silva Candida che in Pier Damiani, l'analogo fine che si propongono le loro pur divergenti soluzioni? Cercar di determinare su quali basi una gerarchia, essenziale nell'amministrazione dei carismi, può esser ritenuta legittima. La loro ricerca si snoda su piani nettamente teologico-ecclesiologici. Nel pensiero di Pier Damiani [24] il punto centrale è rappresentato dal concetto di Cristo « unicus et

---

[23] Cfr. *Adversus Simoniacos* cit., I, 4, p. 108; II, 26, p. 171.
[24] Cfr. A. SCHEBLER, *Die Reordinationen* cit., p. 223 ss., e il mio « *Ecclesiae primitivae forma* », in « Studi Medievali », I, (1960), p. 473, n. 11 (ed ora in questo vol., p. 327, n. 82).

verus consecrator », cui fa riscontro la funzione puramente esecutiva, ministeriale, del sacerdote. Correlativamente a ciò l'impossibilità di porre un limite umano alla trasmissione della grazia, lo porta ad affermare un'obiettività sacramentale che prescinda da meriti, dignità, cultura, azioni, obbedienza dei ministri. Solo la negazione espressa del dogma trinitario, in nome del quale si amministrano i sacramenti, può far sorgere dubbi sulla loro validità [25]. La concezione umbertina [26] parte invece dalla netta contrapposizione tra Chiesa e anti-chiesa, società visibili e sovrannaturali insieme, rette l'una da Cristo l'altra da Satana: questa, grottesca contraffazione ed imitazione di quella. Fondamento della Chiesa è la fede, che trova nella Sacra Scrittura il suo intangibile deposito: sulla Sacra Scrittura va riconosciuta e misurata la fede di ognuno. La pertinace negazione dell'insegnamento scritturale con le opere comporta negazione evidente della fede, e quindi eresia. L'eresia, rappresentando il distacco dal fondamento che regge la Chiesa, implica perciò stesso l'assoluta impossibilità di ottenere e di amministrare lo Spirito Santo, promesso da Cristo ai suoi fedeli come pegno esclusivo di salvezza [27].

L'uno e l'altro discorso sono coerenti ed obiettivi: nel senso che si muovono all'interno del problema gerarchia-sacramenti, cercando di proporre una soluzione evidente per se stessa e facendo capo in qualche modo al deposito rivelato connesso più o meno direttamente ad una dottrina dei sacramenti. E l'uno e l'altro discorso, pur se diversamente, fondano la gerarchia su basi obiettive, legate cioè soltanto alla realtà della fede del singolo e alla verità del sacramento che l'ha ordinato, ma del tutto indipendenti da ogni variare di umane sentenze, le quali non possono evidentemente incidere in un nodo di rapporti che vincolano direttamente la gerarchia ad

---

[25] Cfr. al riguardo *Liber gratissimus* cit., c. 22, p. 50 s.

[26] Per la concezione umbertina delle due città vedi O. CAPITANI, *Studi per Berengario di Tours*, in BISIME, 69 (1957), p. 96 ss. (dell'estratto), e A. NITSCHKE, *op. cit.*, p. 208 s.

[27] Cfr. *Adversus Simoniacos* cit., praef., e lib. III, c. 26 ss., pp. 102, 231 ss.

un'azione divina. Anche se va aggiunto che per Umberto i sacramenti godono, oltre che di un'estrema obiettività (si ricordi la sua dottrina eucaristica)[28], anche di una paurosa soggettività, legati come sono allo stato di appartenenza all'una o all'altra società di chi li amministra; appartenenza però che non riposa su alcun giudizio umano, ma dipende solo dalla fede del soggetto, quale si manifesta nel suo operare, che va messo a confronto con il deposito rivelato una volta per tutte nelle Scritture[29].

È noto che nessuna delle due soluzioni trovò espressione giuridica. I decreti di Nicolò II elusero piuttosto il problema, tentando una soluzione puramente disciplinare[30]. E la discussione rimaneva ancora aperta durante il pontificato di Gregorio VII e tale rimase anche dopo, per vari anni. Ma non è questo il punto. È che con Gregorio VII, se non erro, siamo in un ordine di idee, in un modo di impostare il problema della legittimità della gerarchia, diverso sia dall'uno che dall'altro dei due polemisti.

* * *

Al momento in cui Ildebrando veniva eletto papa il problema dei veri pastori, di una gerarchia legittima, coerente con i suoi compiti, non era certo meno pressante. Fin dall'inizio del suo pontificato è chiara in Gregorio VII la coscienza che proprio la presenza di troppi vescovi avversi ad ogni rinnovamento rappresentava il maggior ostacolo per una piena attuazione della riforma[31], ed insieme la consapevolezza

---

[28] Cfr. O. CAPITANI, *Studi* cit., p. 88 ss.
[29] Per la Scrittura pietra di paragone della fede, cfr. *Adversus Simoniacos*, cit., II, c. 14, p. 154 s.
[30] Cfr. G. MICCOLI, *Il problema* cit., p. 47 ss.
[31] Mi limito a citare solo alcune affermazioni più generali, trascurando i numerosi casi individuali in cui fin dall'inizio del suo pontificato Gregorio interviene ammonitore: *Reg.* I, 9, p. 14: « Peccatis enim facientibus ita pene totus mundus in maligno est positus, ut omnes et precipue qui in ecclesia prelati sunt eam potius conturbare quam fideli devotione defendere vel celebrare contendant et, dum suis aut lucris aut presentis glorie desideriis inhiant, omnibus, que ad religionem et iustitiam Dei pertinent, se velut

che solo una larga collaborazione vescovile l'avrebbe resa possibile[32]. Nei primi anni di pontificato Gregorio VII si mosse perciò su di un duplice binario: da un lato cercò di sollecitare direttamente, e nel modo più largo possibile, la collaborazione dei vescovi[33], dall'altro, a mano a mano che questa si rivelava precaria e sospetta, di far leva sui potentati laici ed anche sui semplici fedeli perché lo aiutassero, premendo sui vescovi, a far loro accettare il suo indirizzo di riforma in primo luogo, e, ove ciò si rivelasse impossibile, a sostituirli con una gerarchia più docile e più degna[34]. Il rifiuto pertinace incontrato

hostes opponant»; *Reg.* I, 42, p. 65: « Sacerdotes autem et qui regimen ecclesie accepisse videntur legem Dei fere penitus postponentes et officii sui debitum Deo et commissis sibi ovibus subtrahentes per ecclesiasticas dignitates ad mundanam tantum nituntur gloriam et, que spiritali dispensatione multorum utilitatibus et saluti proficere debuissent, ea aut neglegunt aut infeliciter in pompa superbie et superfluis sumptibus consumunt»; *Reg.* I, 77, p. 109: «...inter omnes Teutonice terre episcopos, quorum multi non solum carnali scelere, sed etiam symoniaca labe fedati (sunt)...»; *Reg.* II, 11, p. 142: «...illi, qui propter lucrandas animas episcopi vocati et constituti sunt et subditos suos verbo et exemplo viam veritatis docere deberent, his temporibus seducti a diabolo non solum legem Dei deserunt sed inpugnare et omni conatu subvertere non desistunt»; *Reg.* II, 49, p. 189: « Iterum cum mentis intuitu partes occidentis sive meridiei aut septemtrionis video, vix legales episcopos introitu et vita, qui christianum populum Christi amore sed et non seculari ambitione regant, invenio»; *Ep. coll.*, 1, ed. cit., p. 521: « Episcopi vero et qui pastores animarum esse deberent, mundi gloriam et delicias carnis insatiabili desiderio prosequentes, non solum in semet ipsis, quae sancta quaeque sunt religiosa confundunt, sed etiam subditos suos ad omne nefas operum suorum exemplo pertrahunt».
    [32] Cfr. tra i molti esempi possibili, le due lettere di convocazione alla sinodo del marzo 1074, le uniche che ci siano pervenute, indirizzate rispettivamente a Sicardo patriarca di Aquileia ed ai suoi suffraganei (*Reg.* I, 42, p. 64 s.) e ai suffraganei di Milano (*Reg.* I, 43, p. 65 ss.).
    [33] Cfr. anche la nota precedente; mi limito solo a poche altre indicazioni: *Reg.* I, 12, p. 19 s. e *Reg.* I, 28, p. 45 s. (a Guglielmo di Pavia, perché resista a Goffredo di Milano ed ai suoi seguaci); *Reg.* I, 27, p. 44 s. (ad Alberto di Acqui, per lo stesso motivo); *Reg.* I, 30, p. 50; *Ep. coll.*, 3, 4, 5, ed. cit., p. 523 ss. (a vari vescovi tedeschi, per invitarli ad applicare i decreti di riforma). Vedi anche n. 81.
    [34] Mi limito ai due primi anni di pontificato: *Reg.* I, 17, p. 27 s.; *Reg.* I, 25, p. 42; *Reg.* I, 26, p. 43 s.; *Reg.* II, 7, p. 136; *Reg.* II, 11, p. 142 s.; *Reg.* II, 30, p. 164 s.; *Reg.* II, 45, p. 182 ss.; *Reg.* II, 54, p. 198 s.; *Ep. coll.*, 9, ed. cit., p. 529 ss.; *Ep. coll.*, 10, ed. cit., p. 532. Questo indirizzo trova la sua conferma in alcune proposizioni del *Dictatus papae*

nell'attuare la riforma esaltò nel pensiero e nell'azione di Gregorio VII il primato romano, non tanto nelle sue astratte enunciazioni dottrinali, già esplicite fin dal periodo del suo arcidiaconato [35], ma certo nei riflessi pratici che esso veniva ad assumere. La collaborazione vescovile, richiesta e rifiutata, poneva in modo drammatico il problema di sostituire una gerarchia refrattaria con un'altra consona alle direttive romane. La duplice rottura con Enrico IV, che trascinò con sé buona parte dei vescovi tedeschi e dell'Italia settentrionale, accentuò, soprattutto dopo la condanna del 1080, l'urgenza del problema.

Nel fluttuante clima dottrinale del secolo XI, che poneva in discussione consuetudini largamente accettate come principi indiscussi, che andava ancora faticosamente dipanando i fondamenti di una dottrina attraverso la lenta « riscoperta » della patristica — ma anche dei falsi del secolo IX —, l'unico principio che apparisse sempre più saldo ed incontrovertibile ai riformatori romani era il primato del vescovo di Roma, punto di riferimento che per sua stessa natura non poteva errare. « Illius velle, illius nolle tantum explorant », aveva detto Umberto di Silva Candida dell'atteggiamento di alcuni nei confronti del pontefice, pur precisando successivamente che non era lecito sottoporlo a giudizio « nisi forte deprehendatur a fide devius » [36]. Ma questa clausola limitativa è già assente — ed è assenza che vale come implicito rifiuto di

(Reg. II, 55a, p. 201 ss.): particolarmente la V (« Quod absentes papa possit deponere »), la XXIV (« Quod illius precepto et licentia subiectis liceat accusare »), la XXV (« Quod absque synodali conventu possit episcopos deponere et reconciliare »), e la XXVII (« Quod a fidelitate iniquorum subiectos potest absolvere »), che valeva evidentemente non solo nei confronti dei principi secolari ma anche dei vescovi.

[35] Cfr. le attestazioni in questo senso di PIER DAMIANI, Op. 5, Actus Mediolani, PL, 145, c. 89 s. Anche la sua violenta opposizione al progetto di Pier Damiani del concilio di Mantova, per decidere definitivamente del contrasto tra Alessandro II e Cadalo, va probabilmente interpretata come reazione a qualcosa che gli appariva anche come un attentato alle prerogative del pontefice romano legittimo (cfr. PIER DAMIANI, Ep. I, 16, PL, 144, c. 235 ss.).

[36] Cfr. il frammento A, De sancta Romana ecclesia pubblicato da P. E. SCHRAMM, Kaiser, Rom und Renovatio, II, Leipzig, 1929, p. 128 s.

essa — nelle lettere di Leone IX a Michele Cerulario e continua ad esserlo in Gregorio VII [37]. D'altra parte la lunga e sterile discussione sulle ordinazioni ed i sacramenti dei simoniaci aveva mostrato la difficoltà di arrivare ad una soluzione, che fosse soddisfacente e valida per tutti, mantenendosi ad un livello di pura esegesi testuale. Sui singoli punti di dottrina il campo stesso dei riformatori appariva profondamente diviso.

In questo clima accettare la riforma equivalse sempre di più ad accettare il primato di Roma. E la legittimità della gerarchia vescovile, mancando altri metri sicuri ed incontrovertibili, venne a misurarsi in ultima istanza sulla sua acquiescenza agli ordini romani: con tutte le larghezze e restringimenti e fluttuazioni, con tutte le possibilità di soluzioni pratiche diverse, che la stessa genericità del principio « obbedienza a Roma » e l'arbitrarietà a senso unico della sua applicazione (perché fondata esclusivamente sull'interpretazione papale), permettevano. Furono scelte, quelle gregoriane, che avevano indubbiamente un valore in primo luogo « politico », « operativo », e sia pure di politica religiosa, fatta cioè in vista

---

[37] Le lettere di Leone IX in *PL*, 143, c. 744 ss. (in particolare vedi c. 751 B e D e c. 768 D, ma soprattutto c. 765 B, che pone appunto a fondamento dell'impossibilità di giudicare la sede di Roma la sua indefettibilità nella fede — e per la piena identificazione della sede di Roma nell'ufficio del suo pontefice vedi le righe che seguono subito dopo). Questa sostanziale differenza dal frammento *A* cit. alla nota precedente mi induce a negare l'attribuzione delle lettere di Leone IX sulla controversia greca ad Umberto di Silva Candida, attribuzione proposta dal Michel e generalmente accettata, ma piuttosto acriticamente, dagli studiosi della riforma. Per tutto questo vedi tuttavia anche p. 51 s., e p. 334 ss. di questo libro.

Per Gregorio VII cfr. *Reg.*, II, *55a*, p. 206: XVIII (« Quod a nemine ipse iudicari debeat »), p. 207: XXII (« Quod Romana ecclesia nunquam erravit nec imperpetuum scriptura testante errabit »), e XXVI (« Quod catholicus non habeatur qui non concordat Romane ecclesie »). Cfr. *Reg.* I, 64, p. 93 s.; *Reg.* III, 18, p. 284; e *Reg.* VIII, 1, p. 513, dove il discorso sulla fede si riferisce significativamente ai pontefici romani: « In qua (scil. Romana ecclesia) nullus aliquando hereticus prefuisse dinoscitur nec umquam proficiendum presertim Domino promittente confidimus; ait enim dominus Iesus: Ego pro te rogavi, Petre, ut non deficiat fides tua ». Per le origini del concetto cfr. A. M. KOENIGER, *Prima sedes a nemine iudicatur*, in *Beiträge zur Geschichte des christlichen Altertums und der Byzantinischen Literatur. Festgabe Albert Ehrhard*, Bonn u. Leipzig 1922, pp. 273-300.

di un'attuazione piena della riforma. Ma l'affermazione resterebbe equivoca ove non si aggiungesse che si trattava di una
politica che cercava, per la natura stessa dell'organismo che la
metteva in atto, rispondenza e giustificazione nella dottrina,
una politica che era essa stessa, nel suo farsi, dottrina: mai
dissociabile cioè dai principi mentali che la reggevano, sempre riportabile, nelle intenzioni di chi la metteva in atto, ad
alcuni fondamenti dottrinali individuati come irrinunciabili.
Non è senza rilievo perciò il riscontrare in Gregorio VII l'assenza pressoché assoluta di ogni sforzo atto a risolvere il problema della legittimità della gerarchia in termini di obiettività
sacramentale, o, più genericamente, del tentativo di individuare
le caratteristiche che fanno di un vescovo un vero vescovo
nella determinazione di quello che deve essere il suo rapporto
autonomo ed obiettivo con il mondo della grazia; rilievo che
non resta certo sminuito dal fatto che il concetto di obiettività
sacramentale è nel secolo XI molto più vago, indeciso, fluttuante di quanto la moderna storiografia — tutta tesa a ritro-
varlo, quasi ad introdurlo pesantemente nel periodo — lasci
supporre.

* * *

Sui fondamenti del primato di Pietro, implicante una giurisdizione universale su tutta la Chiesa, Gregorio VII non
fece che riprendere i testi tradizionali che individuavano in
Matth. XVI, 18-19, in *Luc.* XXII, 32, e in *Ioh.* XXI, 17 le
sue basi scritturali [38]. Ma subito, fin dall'inizio del suo pontificato, si manifesta un accento nuovo nella particolare im-

---

[38] Cfr. *Reg.* I, 64, p. 93; *Reg.* II, 70, p. 230; *Reg.* II, 72, p. 233; *Reg.*
III, 6*, p. 254; *Reg.* III, 6, p. 255; *Reg.* III, 10, p. 264 s.; *Reg.* III, 18,
p. 284; *Reg.* IV, 2, p. 294 s.; *Reg.* IV, 28, p. 347; *Reg.* V, 10, p. 362;
Reg. VI, 28, p. 441; *Reg.* VII, 6, p. 465; *Reg.* VII, 14a, p. 487; *Reg.* VIII,
1, p. 513; *Reg.* VIII, 20, p. 543; *Reg.* VIII, 21, p. 548; *Reg.* IX, 35, p. 622;
Ep. coll., 18, ed. cit., p. 544. Per la superiorità del pontefice su tutte le potestà temporali, che trova in questi stessi testi il suo fondamento (soprattutto
in *Matth.* XVI, 18-19), cfr. H. X. ARQUILLIÈRE, *Saint Grégoire VII*, Paris
1934, p. 216 ss.

mediatezza con cui Gregorio avverte questo suo primato e questa sua giurisdizione. Primato e giurisdizione, in primo luogo, che non possono subire alcun restringimento ad opera di tradizioni e consuetudini anche antiche, ma che trovano solo in se stessi i loro limiti.

Questo aspetto emerge molto chiaramente nella discussione che egli ebbe nel 1073-1074 con Sigfrido arcivescovo di Magonza a proposito del conflitto scoppiato tra Iaromiro vescovo di Praga e Giovanni vescovo di Olmütz, appoggiato quest'ultimo, per evidenti ragioni politiche, da Wratislavo di Boemia [39]. Alessandro II su richiesta, pare, dello stesso Wratislavo, aveva diviso la diocesi di Praga, troppo grande, in due, ponendole a fianco quella di Olmütz, e nominandovi creatura grata al duca, il monaco Giovanni. Iaromiro, colpevole di essersi ribellato a questa decisione papale, venne sospeso: un intervento armato, forse dello stesso Wratislavo, lo bandì addirittura dalla diocesi. La contesa, che si trascinava già da vari anni, era a questo punto, quando sopravvenne la morte di Alessandro II. Sigfrido, che come arcivescovo di Magonza era anche metropolita di Praga, scrivendo una lettera gratulatoria a Gregorio VII per la sua elezione, si decise ad intervenire nella faccenda, protestando che il vescovo di Praga fosse stato sospeso da Alessandro II e bandito, senza nessun rispetto per le norme canoniche:

nec inter fratres suos canonice prius auditum, nec canonice ad se vocatum, nec inobedientiae culpa denotatum [40].

Tutto questo sconveniva alla mansuetudine apostolica e violava l'autorità dei canoni:

---

[39] Per i termini generali di questo conflitto e le fonti relative cfr. A. FLICHE, *La réforme grégorienne* cit., II, p. 142 ss.

[40] *Udalrici Codex*, 40, in PH. JAFFÉ, *Monumenta Bambergensia*, in *Bibliotheca rerum Germanicarum*, V, Berolini 1869, p. 85 (per la datazione all'aprile-maggio 1073 della prima parte di questa lettera, pubblicata unitariamente dallo Jaffé e da dividere invece in due frammenti distinti, cfr. G. B. BORINO, *Le lettere di Gregorio VII e di Sigfrido di Magonza che si scambiarono fino al principio del 1075*, in *Studi Gregoriani*, VI, Roma 1959-1961, p. 265 ss.).

Debuit namque iuxta decreta canonum ad nos primum causa deferri et ille, ad concilium vocatus, intra provinciam inter fratres suos audiri. Ego vero et fratres mei deberemus ad apostolicam sedem velut ad caput nostrum referre, si tanta res esset, ut per nos nec posset nec deberet terminari[41].

Ma poiché queste prescrizioni non sono state osservate, il vescovo di Praga patisce un « indignum praeiudicium », si è creato un grande scandalo fra tutti i vescovi, « et episcopale nomen et officium, quod apud Deum et homines sanctum est, intolerabile patitur obprobrium »[42]. Sigfrido chiedeva perciò a Gregorio VII di restituire la causa alla sua competenza[43].

Sia detto per inciso che l'arcivescovo di Magonza non si sognava affatto di mettere in dubbio la giurisdizione universale

---

[41] *Udalrici Codex*, 40, ed. cit., p. 85 s.

[42] *Udalrici Codex*, 40, ed. cit., p. 86.

[43] La lettera di Sigfrido è mutila, anche se la sua richiesta è già intuibile dalla parte che ci rimane. Ne abbiamo comunque conferma in *Reg.* I, 60, p. 87 ss., del 18 marzo 1074; tutto farebbe pensare si tratti della risposta di Gregorio all'arcivescovo di Magonza. A causa però del numero di mesi che sarebbe trascorso dalla lettera di Sigfrido il BORINO (*Le lettere di Gregorio VII e di Sigfrido* cit., p. 268) ha creduto necessario postulare una lettera di Gregorio VII, perduta, precedente di vari mesi a *Reg.* I, 60, sulla questione; *Reg.* I, 60 corrisponderebbe a nuove interferenze dell'arcivescovo nella faccenda boema. Una conferma starebbe in questa frase del pontefice: « ... fraternitatem tuam, ut nobiscum canonicas traditiones et decreta sanctorum patrum percurrat, invitamus, in quibus presumptionis sue fastum denuo recognoscens culpam in se ipsa neglegentie pariter deprehendat et ausus » (p. 88). « Denuo », « di nuovo », cioè per la seconda volta: da ciò si dedurrebbe l'esistenza di una prima lettera di Gregorio. Ma se così fosse il « denuo » avrebbe dovuto accompagnarsi piuttosto all'« invitamus » (sono debitore di questa osservazione alla signorina Alessandra Peretti), ché semmai, a voler essere conseguenti, posto com'è vicino al « recognoscens », si dovrebbe postulare una prima risposta di Gregorio VII, una lettera di scusa di Sigfrido, forse una seconda lettera di Sigfrido in cui cercava nuovamente di intromettersi nella questione, ed infine questa di Gregorio. Soluzione quanto mai macchinosa, come si vede, che induce ad interpretare il « denuo », se non come amplificazione retorica, come allusione a vicende diverse, mentre niente di strano rappresenta il ritardo di Gregorio VII nel rispondere a Sigfrido, se si considera che la risposta è diretta in primo luogo a contestare all'arcivescovo magontino di aver riacceso una questione che andava spegnendosi, in riferimento cioè a fatti che possono essersi determinati anche vari mesi dopo l'arrivo della lettera dell'arcivescovo.

di Roma: le espressioni usate anche in questa lettera, che pur è di protesta, sono evidenti di per sé; e del resto già scrivendo ad Alessandro II egli aveva rilevato come spettasse « specialiter » al pontefice — « vice magni illius Petri » — la « sollicitudo omnium ecclesiarum », ragione per cui a Roma andavano deferite tutte le « maiorum causas negociorum » [44]. Quello che Sigfrido chiedeva, come limite preciso di questa giurisdizione, era che venissero osservate le norme prescritte dai canoni: nel caso concreto che un vescovo venisse giudicato prima dal metropolita e dai suoi confratelli; solo se la causa si fosse rivelata troppo grave e difficile essa doveva venir deferita a Roma. Per Sigfrido, insomma, la giurisdizione romana si realizzava non immediatamente, ma nell'osservanza di certi canali consuetudinari, nei quali essa stessa, d'altra parte, veniva a trovare un limite preciso. Nella sua risposta Gregorio richiama, è vero, il fatto del ricorso di Giovanni di Olmütz a Roma, tirando in ballo quindi l'universale diritto di appello alla sede apostolica, sancito da un'antica tradizione canoni-

---

[44] Cfr. *Udalrici Codex*, 31, ed. cit., p. 59 (per lo stesso tema vedi anche *Udalrici Codex*, 32, p. 61, e 34, p. 64 s.). Cfr. anche *Udalrici Codex*, 28, p. 54: « In hoc ergo Christi corpore et inter haec summi capitis membra quemcunque teneam locum, quodlibet geram officium, ad vestram, mi sanctissime patrum pater, auctoritatem refero » (formula quasi del tutto simile in *Udalrici Cod.*, 31, p. 58). Mi pare indubbio che a questa formula alluda Gregorio VII scrivendo a Sigfrido (*Reg.* I, 60, p. 88 s.): « ... te ammonemus ... ne contra sancte Romane ecclesie quicquam tibi attribuere vel moliri cogites, sine cuius habundanti clementia nec in loco quidem tuo, ut tu ipse nosti, subsistere potes ». (A torto K. GLOECKNER, *Inwiefern sind die Vorwürfe gegen Gregor VII. berechtigt?*, Diss. Greifswald 1904, p. 82, e C. ERDMANN, *Studien zur Briefliteratur Deutschlands im elften Jahrhundert*, Stuttgart 1938, p. 249, pensano ad un riferimento di Gregorio VII a presunte colpe di Sigfrido, per le quali del resto del tutto oscura ed imprecisa è la testimonianza di LAMBERTO, *Annales*, A. 1070, *MGH, SS, in us. schol.*, p. 111 s.). Sigfrido giungerà persino al punto di chiedere ad Alessandro II di inviare dei « legati a latere », che presiedessero in suo nome una sinodo convocata dall'arcivescovo e destinata a punire i Turingi che si rifiutavano di pagare le decime (*Udalrici Codex*, 32, p. 61, e 33, p. 63 s.; cfr. anche K. GLOECKNER, *op. cit.*, p. 73). Disposto quindi ad ammettere in linea di principio, e sia pure per il proprio immediato interesse, quanto susciterà l'aspra opposizione di Liemaro di Brema e di numerosi altri vescovi alla fine dell'aprile 1074 a Norimberga, che cioè dei legati provenienti da Roma potessero presiedere una sinodo tedesca (cfr. C. ERDMANN, *op. cit.*, p. 240).

stica [45], ma in realtà l'argomentazione centrale, decisiva, è un'altra [46]:

apostolica iudicia, non dico tibi, sed nec ulli patriarcharum aut primatum retractandi licentiam fore existimes.

Non c'è richiamo cioè a prassi non osservate che tenga: il fatto primario e fondamentale è l'inappellabilità del giudizio del pontefice romano, corollario necessario del suo primato, che non può trovare limiti se non in se stesso, in quella « mansuetudo », in quella « discretio », che Gregorio così frequentemente richiama come caratteristiche del governo apostolico.

Ma ancora, primato e giurisdizione, va aggiunto, che pongono sullo stesso piano, in linea di principio, tutti coloro che vi sono soggetti. Dignità vescovili, scale gerarchiche, restano un fatto nettamente secondario rispetto al primato romano ed all'obbedienza che esso comporta, esso unica vera « potestas » ed « auctoritas », al quale sono affidati la « cura », la « sollicitudo », il « regimen », la « dispensatio » [47], di tutta la Chiesa, che chiama è vero a collaborare a sé « in partem sollicitudinis » i vescovi [48], considerati tali però solo nella mi-

---

[45] *Reg.* I, 60, p. 88, e la n. 1 del Caspar.

[46] *Reg.* I, 60, p. 88 e la n. 5 del Caspar (cfr. lo stesso concetto anche in *Reg.* VIII, 21, p. 549).

[47] Per « regimen », cfr. l'indice delle cose dell'ed. del CASPAR, p. 702b; per « cura », « sollicitudo », « dispensatio », « dispensationis officium », cfr. ad es. *Reg.* I, 39, p. 62; *Reg.* I, 43, p. 66; *Reg.* I, 53, p. 80; *Reg.* II, 45, p. 184; *Reg.* II, 51, p. 193; *Reg.* IV, 26, p. 341; *Reg.* IV, 28, p. 343; *Reg.* V, 2, p. 349; *Reg.* VIII, 1, p. 511; *Reg.* VIII, 13, p. 533; *Reg.* VIII, 21, p. 548 s.; *Reg.* IX, 30, p. 615; *Reg.* IX, 35, p. 622. Per gli aspetti più generali di questa concezione gregoriana cfr. anche W. ULLMANN, *Die Machtstellung des Papsttums im Mittelalter*, Graz-Wien-Köln 1960 (trad. dall'inglese), p. 404 ss.

[48] Cfr. *Reg.* I, 12, p. 20: « Quod quidem pre ceteris Longobardorum episcopis te oportet agere, ut, sicut apostolica et universalis ecclesia eam, cui Deo volente preesse dinosceris, speciali gratia et honore sullimavit, ita, cum necessitas et causarum labor exigerit, in sollicitudine matris desudet acrius, que caritatis eius et vicarie dispensationis munus sortitur opimius ». Il concetto di un semplice vicariato dei vescovi trova il suo fondamento in una lettera spuria di Gregorio IV (ed. *MGH, Epistolae Karolini aevi*, III,

sura in cui gli restino obbedienti e fedeli. È significativo al riguardo lo scambio di lettere tra Gregorio VII ed Udone arcivescovo di Treviri a proposito di un'accusa formulata contro il vescovo Pibone di Toul. Il 16 ottobre 1074 Gregorio VII scrisse all'arcivescovo di Treviri [49] incaricandolo di svolgere un'inchiesta su Pibone di Toul. Un chierico di quella città infatti si era presentato a Roma raccontando quanto segue [50]: egli aveva chiesto al vescovo « quandam ecclesiam ... que ad officium custodie quod tenebat legali constitutione dicitur attinere ». Il vescovo, « commotus », non solo gli aveva negato la chiesa ma, « per summam obedientiam », gli aveva

---

p. 72 ss.) e nelle decretali Pseudo-Isidoriane, particolarmente in una dello Pseudo-Vigilio, cap. 7 (HINSCHIUS, p. 712): cfr. Y.-M.-J. CONGAR, *Der Platz des Papsttums in der Kirchenfrömmigkeit der Reformer des 11. Jahrhunderts*, in *Sentire Ecclesiam. Festschrift für P. Hugo Rahner*, Freiburg-Basel-Wien 1961, p. 209 s. e n. 48 [ma la presunta lettera di Gregorio VII ai vescovi francesi che sarebbe citata da Ivo di Chartres, *Ep.* 8, PL, 162, c. 19, non è altro che un passo della lettera spuria di Gregorio IV citata sopra: cfr. YVES DE CHARTRES, *Correspondance*, éd. et trad. par J. LECLERCQ (Les classiques de l'histoire de France au Moyen Age, XXII), Paris 1949, p. 32 s. e n. 2], e *De la communion des Eglises à une ecclésiologie de l'Eglise universelle*, in *L'épiscopat et l'Eglise universelle*, Paris 1962, p. 238 e n. 5. Per la storia della formula « in partem sollicitudinis » cfr. J. RIVIÈRE, *In partem sollicitudinis ... Evolution d'une formule pontificale*, in « Revue des Sciences religieuses », V (1925), pp. 210-231. In Gregorio VII appare soltanto in *Reg.* V, 2, p. 350, ma riferita ai poteri straordinari concessi a Landolfo vescovo di Pisa, legato per la Corsica, nella stessa accezione cioè con cui viene usata per la prima volta da Leone Magno in una sua lettera ad Anastasio vescovo di Tessalonica (J.-L., 411; cfr. RIVIÈRE, *op. cit.*, p. 211 s.). Questa stessa lettera verrà peraltro citata da BONIZONE, *Liber de vita christiana* cit., IV, 80, p. 146, senza nessuna coscienza del riferimento particolare del testo: « Quod sic papa vices suas committit archiepiscopo, ut in partem sit vocatus sollicitudinis non in plenariam potestatem ». Per le citazioni di Gregorio IV e dello Pseudo-Vigilio in ambiente gregoriano oltre ai testi cit. dal Congar, cfr. anche la Collezione in 2 libri (Vat. Lat. 3832), c. 32 — cfr. J. BERNHARD, *La collection en deux livres (Cod. Vat. lat. 3832)*, Strasbourg 1962, p. 77 — (Ps.-Vigilio); BERNOLDO, *Apologeticus*, MGH, Libelli, II, p. 87 s. (Gregorio IV); DEUSDEDIT, *Collectio canonum* cit., I, cap. 139, p. 94 (Ps.-Vigilio); Ivo DI CHARTRES, *Decreti* pars V, cap. 11, PL, 161, c. 326 (Gregorio IV); GRAZIANO, *Decretum*, p. II, qu. VI, c. 12, ed. cit., c. 469 s. e n. 97 (Ps.-Vigilio).
[49] *Reg.* II, 10, p. 140 ss.
[50] *Reg.* II, 10, p. 140 s.

interdetto « totum officium ». Il chierico allora aveva replicato
che nessuna obbedienza gli era più dovuta

quoniam archidiaconatus consecrationes ecclesiarum et ipsas ecclesias vendendo symoniaca heresi se commaculasset, cum muliere quadam in publica fornicatione iaceret, de qua filium genuisset, quam-
que rumor esset sacramento et desponsatione laicorum more sibi
copulasset, et preterea quod nonnuli eum ad episcopatum pactione
premii pervenisse dicerent.

In un primo tempo il vescovo sembrò pentirsi e cominciò
a parlare « de sua correctione », ma successivamente si adirò
e partì dalla città. In sua assenza, ma certo col suo consenso,
alcuni « milites » minacciarono gravemente il chierico, tanto
da indurlo a fuggire. Pibone allora aveva ordinato che tutte le
sue cose fossero distrutte o messe al pubblico incanto. Questo
il commento di Gregorio [51]:

Verum hec nobis inordinata et valde iniqua videntur, quoniam,
si illa vera sunt, episcopus immo exepiscopus non hunc sed con-
scientiam suam odisse et persequi debuerat; sin vero falsa, et utinam
falsa, non tamen milites sed disciplinam canonum istum corripere
et flagellare equum fuerat.

Egli ordina perciò ad Udone di associare a sé Ermanno di
Metz e di imporre al vescovo, secondo la norma dell'*exceptio
spolii* [52], la reintegrazione del chierico in tutti i suoi diritti.
Di convocare quindi tutti i chierici di Toul e di costringerli,
« per veram obedientiam immo sub comminatione anathematis », a dire loro tutto ciò che sanno « de introitu et vita
episcopi ». Di tutto questo Udone doveva mandare dettagliata
relazione a Roma prima o durante la prossima sinodo quaresimale. Se le accuse fossero risultate false il chierico sarebbe
stato punito, se vere « nullo modo ferendum est nobis vel
vobis ut locum pastoris lupus optineat » [53].

[51] *Reg.* II, 10, p. 141.
[52] *Reg.* II, 10, p. 141 e n. 2 del Caspar.
[53] *Reg.* II, 10, p. 142.

Colpisce in questa lettera una certa interna incongruenza del racconto di Gregorio VII, che ad esempio non si stupisce affatto della posizione semiricattatoria del chierico di Toul nei confronti del suo vescovo, del quale egli si ricorda le colpe solo dopo essersi visto negare il beneficio. Il punto è che a Gregorio, dopo i decreti contro il concubinato e la simonia della sinodo del marzo 1074, importava soprattutto scovare e colpire concubinato e simonia comunque fosse, senza tener conto dei disordini e degli inconvenienti d'altro genere che questo fatto poteva comportare; e senza tenere assolutamente conto della natura dei rapporti di gerarchia all'interno delle singole diocesi, rapporti che venivano immediatamente sovvertiti non appena venisse riscontrata un'inosservanza della disciplina imposta da Roma.

La risposta di Udone non manca di mettere in luce questi fatti[54]. Poiché l'affare gli era sembrato « utpote grande et arduum » egli l'aveva sottoposto a venti confratelli, che in quel momento si trovavano riuniti, probabilmente in occasione del Natale, a Strasburgo, presso la corte del re[55]. Di fronte alla lettera di Gregorio tutti avevano unanimemente osservato che veniva introdotta nella Chiesa « novam et minime probandam ... consuetudinem »: era un giogo « grave et non ferendum », che minacciava tutti i vescovi, imporre ai sudditi, in nome dell'obbedienza e sotto minaccia dell'anatema, di rivelare il segreto delle loro private relazioni con il proprio vescovo; voleva dire « filios in patres armare, reverentie et pietatis iura confundere »; trovavano inoltre del tutto affrettato e sconveniente l'uso nei confronti di un vescovo di vocaboli come « exepiscopus » e « lupus »: se anche ne fosse stato degno, la « publica honestas » e la « ecclesiastica pietas » avrebbe imposto di non mettere in piazza queste cose[56]. Udone doveva

---

[54] In *Briefsammlungen der Zeit Heinrichs IV*, Nr. 17, ed. C. ERDMANN e N. FICKERMANN, *MGH, Die Briefe der deutschen Kaiserzeit*, V, Weimar 1950, p. 39 ss.

[55] Cfr. C. ERDMANN, *Studien* cit., p. 252 s.

[56] Puntuali, questi rimproveri, ritorneranno in forma di accusa nel documento sottoscritto dai vescovi nell'assemblea di Worms del gennaio 1076

perciò rifiutarsi di attuare un tale processo e chiedere al papa di non inviare mai più ordini del genere. L'arcivescovo di Treviri non volle tuttavia sottrarsi all'obbedienza dovuta al pontefice: fece quanto gli era stato ordinato, dichiarando Pibone del tutto innocente. Ma così concluse la lettera [57]:

> Excellentiam vestram, cuius honori et servitio operam nostram devovimus, exoratam volumus, ne nobis amodo aliquid tale imponatis, quod neque nos portare possimus neque aliquos, qui ad hoc onus sublevandum manus nobiscum mittere velint, inveniamus.

Certo i margini di difesa dell'episcopato tedesco erano estremamente ristretti: alla violenta iniziativa gregoriana essi contrapponevano soltanto una concezione del primato limitata dalle norme canoniche e dalla complessa ed intangibile struttura gerarchica della Chiesa. Ma era proprio questa struttura gerarchica che per Gregorio VII restava secondaria rispetto al fatto centrale del primato petrino: che abbraccia come un'unica diocesi tutta la Chiesa, che unico raccoglie in sé tutta la pienezza gerarchica, dalla potestà di legare e sciogliere al dovere pastorale di predicazione. Come a Pietro ed ai successori di Pietro spetta di annunciare la verità della fede, forti

---

(vedilo in *Briefsammlungen* cit., n. 20, p. 46 ss.; anche la lettera di Enrico IV a Gregorio VII della stessa occasione riecheggia questi contrasti, cfr. ed. Weiland, *MGH, Const.*, I, p. 109). In tono polemico vengono ripresi pari pari i temi che erano stati al centro della discussione tra Gregorio VII ed i maggiori esponenti dell'episcopato tedesco (cfr. anche K. GLOECKNER, *op. cit.*, pp. 39 s., 85 ss., e *passim*). Ma è significativo notare che anche qui manca qualsiasi riferimento esplicito alla successione apostolica dei vescovi e alle tesi ciprianee e agostiniane in merito all'interpretazione di *Matth.* XVI, 18-19, pur ancora vive nel X secolo [cfr. H. M. KLINKENBERG, *Der römische Primat im 10. Jahrhundert*, in « Zeitschr. der Savigny-Stiftung für Rechtsgesch. », Kan. Abt., XLI (1955), pp. 22 ss., 36, 44 s. Per il completo fraintendimento di Cipriano in ambiente gregoriano cfr. CONGAR, *Der Platz des Papsttums* cit., p. 207 e nn. 41 e 43]. La lettera dei vescovi si limita a dire (p. 48): « Sublata enim, quantum in te fuit, omni potestate ab episcopis, que eis divinitus per gratiam sancti spiritus, qui maxime in ordinationibus operatur, collata esse dinoscitur ... »; richiamo piuttosto generico, dove il « divinitus » sembra giustificarsi pressoché esclusivamente nell'ordinazione, non in una continuità di successione apostolica espressa appunto da quell'atto sacramentale.

[57] *Briefsammlungen* cit., n. 17, p. 41.

essi soli della promessa della propria indefettibilità (« Quod Romana ecclesia nunquam erravit nec imperpetuum scriptura testante errabit » — *Dictatus papae*, 22) [58], così ai vescovi che vogliano essere tali incombe l'obbligo di obbedire fedelmente al loro insegnamento. Mentre la sola, l'unica, la vera obbedienza che conta diventa quella nei confronti del papa di Roma, e tutte le altre, intermedie, cedono il passo e scompaiono di fronte ad essa [59]. La giurisdizione universale di Pietro e dei suoi successori tende praticamente a vanificare il tema della successione apostolica dei vescovi, per farne unicamente dei funzionari di Roma [60]. Ma la perdita di ogni base

[58] *Reg.* II, 55*a*, p. 207. Vedi nn. 38 e 65.
[59] Cfr. *Reg.* IV, 11, p. 311 (a Roberto conte di Fiandra per incitarlo ad opporsi a concubinari e simoniaci): « Plurimi ... eorum, qui vocantur episcopi, non solum iustitiam non defendunt, sed etiam, ne clarescat, multis modis occultare nituntur. *Tales vero non episcopos, sed Christi habeto inimicos. Et sicut illi non curant apostolice sedi oboedire, ita vos nullam eis obœdientiam exhibete. Nam prepositis non oboedire scelus est incurrere idolatrie* iuxta verba prophete Samuhelis, que beatus Gregorius in ultimo libro Moralium, ubi de oboedientia loquitur, procuravit explanare » (per il passo di I *Reg.* XV, 23 cui si allude ed il relativo commento di Gregorio Magno vedi le pagine seguenti); *Ep. coll.*, 10, ed. cit., p. 532 (a tutti i fedeli tedeschi): « Audivimus, quod quidam episcoporum apud vos commorantium, ut sacerdotes et diaconi et subdiaconi mulieribus commisceantur, aut consentiant aut negligant. His praecipimus vos nullo modo obedire vel illorum praeceptis consentire, sicut ipsi apostolicae sedis praeceptis non obediunt neque auctoritati sanctorum patrum consentiunt. Testante divina scriptura (cfr. *Rom.* I, 32), facientes et consentientes par poena complectitur » (vedi anche *Ep. coll.*, 9, ed. cit., p. 530 s.); *Reg.* VII, 24, p. 504 s. (privilegio che pone il monastero di San Salvatore a Schaffhausen sotto l'autorità dell'abbate di Hirsau): « ... si aliquo tempore Constantiensi ecclesie presidens ab apostolica sede discordaverit eique inoboediens fuerit, quod confirmante Samuhele peccatum ariolandi et idolatrie scelus est, dicente quoque beato Ambrosio: 'Ereticum esse constat, qui Romane ecclesie non concordat', liceat abbati sibi suisque a quocunque religioso episcopo placuerit ordinationes consecrationes et, que ad episcopale officium pertinent, expetere atque suscipere vel ad apostolicam sedem recurrere » (per il passo attribuito ad Ambrogio cfr. K. HOFMANN, *Der* « *Dictatus Papae* » *Gregors VII.*, Paderborn 1933, p. 63 ss., e per la portata sostanzialmente diversa di queste affermazioni, apparentemente analoghe, in Pier Damiani, cfr. J. J. RYAN, *Saint Peter Damiani and His Canonical Sources*, Toronto 1956, pp. 63 s., 79 s.).
[60] Cfr. CONGAR, *Der Platz des Papsttums* cit., particolarmente p. 205 ss., e *De la communion des Eglises à une ecclésiologie de l'Eglise universelle* cit., p. 238 s.

autonoma ed obiettiva di potere da parte dei vescovi diventa
totale nel momento in cui anche la sua fondazione sacramentale
diviene dipendente dallo stato del loro rapporto con Roma.
L'obbedienza a Roma diventa infatti la spia della purezza della
fede di ognuno [61]: fede senza la quale (ed è qui che ritorna un
ragionamento che potremmo dire di tipo umbertino: ma è
proposizione che con valori e significati diversi si insinua un
po' in tutti i trattatisti del periodo) Cristo non risponde alla
preghiera, e non la grazia, ma la maledizione, con l'associazione a Satana che essa comporta, scende sul capo di colui
sul quale è stata invocata [62]. È grazie a Roma quindi, per la
sua posizione e funzione all'interno della Chiesa, che si realizza per Gregorio VII la soluzione del problema della legittimità delle gerarchie locali (« Quod catholicus non habeatur,
qui non concordat Romane ecclesie » — *Dictatus*, 26) [63]. Si

[61] Vedi i testi cit. a n. 59 e in CONGAR, *Der Platz des Papsttums* cit.,
p. 202 e n. 22. Cfr. anche *Ep. coll.*, 14, ed. cit., p. 538 s.: « (Heinricus)
episcopos pene omnes in Italia, in Teutonicis vero partibus quotquot potuit,
circa fidem Christi naufragare fecit, dum eos debitam beato Petro et apostolicae sedi obedientiam et honorem, a domino nostro Iesu Christo concessum,
abnegare subegit »; *Ep. coll.*, 28, ed. cit., p. 555: « Peccatum igitur paganitatis incurrit, quisquis, dum christianum se asserit, sedi apostolicae obedire
contemnit ».

[62] Cfr. i testi cit. a n. 17 e *Reg.* IV, 2, p. 296 s. Che la causa prima
del distacco dalla Chiesa e dell'associazione a Satana, e della perdita quindi
di ogni potestà sacramentale e liturgica, sia data dalla disobbedienza a Roma,
è pienamente confermato dalle conseguenze — le stesse che per i simoniaci
e gli scomunicati — che Gregorio prospetta per i concubinari, quando si ri-
fiutino di accettare i decreti romani: cfr. *Ep. coll.*, 28, ed. cit., p. 554 s.
Dopo aver richiamato la proibizione per i concubinari di entrare in chiesa,
« usque dum peniteant et emendent », così prosegue: « Si qui vero in peccato
suo perseverare maluerint, nullus vestrum officium eorum auscultare presumat;
quia benedictio illius vertitur in maledictionem, et oratio in peccatum, testante
Domino per prophetam: ' Maledicam, inquit, benedictionibus vestris ' (*Malach.*
II, 2). Qui vero huic saluberrimo praecepto obedire noluerint, idolatriae
peccatum incurrunt, Samuele testante et beato Gregorio instruente: ' Peccatum ariolandi est non obedire, et scelus idolatriae nolle acquiescere '. Peccatum igitur paganitatis incurrit, quisquis, dum christianum se asserit, sedi apostolicae obedire contemnit ».

[63] *Reg.* II, *55a*, p. 207. Cfr. anche il privilegio di Gregorio VII riportato in appendice dal Caspar (p. 632 ss.), dove « episcopus catholicus » viene
contrapposto a « symoniacus » (p. 635). Vedi anche n. 60.

ricordi il passo di *Reg.* IV, 2 già più volte citato: perché l'ordinazione di quei vescovi diventa maledizione, perché essi non possono amministrare la grazia? Perché sono pertinacemente disobbedienti a Roma: come tali eretici ed idolatri, privi cioè della vera fede.

Non è caso che uno dei versetti biblici più di frequente citati nelle lettere di Gregorio VII, e sempre in contesti particolarmente significativi, sia I *Reg.* XV, 22-23 [64]:

Melior est enim oboedientia quam victimae, et auscultare magis quam offerre adipem arietum; quoniam quasi peccatum hariolandi est repugnare, et quasi scelus idololatriae nolle adquiescere.

Più volte esso viene introdotto per esemplificare il dovere dei vescovi ed insieme il pericolo che incombe loro ove non lo osservino, mentre a se stesso, e talvolta per contrasto, Gregorio riferisce comunemente *Ier.* XLVIII, 10:

Maledictus homo qui prohibet gladium suum a sanguine,

o anche *Is.* LVIII, 1:

Clama, ne cesses; quasi tuba exalta vocem tuam et annuntia populo meo scelera eorum,

e *Ezech.* III, 18:

Si non annuntiaveris iniquo iniquitatem suam, animam eius de manu tua requiram,

per indicare il suo dovere di predicare e di istruire tutte le genti, e sempre prescindendo da ogni singola situazione gerarchica [65]. Gregorio VII collega molto frequentemente I *Reg.*

---

[64] Per le lettere del *Registrum* in cui figura cfr. ed. CASPAR, p. 184, n. 3, e p. 644, e H. X. ARQUILLIÈRE, *Saint Grégoire VII* cit., p. 234 per le variazioni, del resto non significative, del testo di Gregorio rispetto alla *Vulgata* (va aggiunto *Reg.* II, 67, p. 224). Ma cfr. anche *Ep. coll.*, 9, ed. cit., p. 531; *Ep. coll.*, 28, ed. cit., p. 555.

[65] I *Reg.* XV, 22-23 compare riferito ai vescovi in *Reg.* II, 45, p. 184; *Reg.* II, 66, p. 222; *Reg.* II, 67, p. 224; *Reg.* IV, 1, p. 292; *Reg.* IV, 11,

XV, 22-23 con l'interpretazione che ne offre Gregorio Magno nell'ultimo libro dei *Moralia in Job*, citando alla lettera o liberamente rielaborando il seguente passo [66]:

Quo contra ariolandi peccatum inobedientia dicitur, ut quanta sit virtus obedientia demonstretur. Ex adverso igitur melius ostenditur, quid de eius laude sentiatur. Si enim quasi ariolandi peccatum est repugnare, et quasi scelus idololatriae nolle acquiescere, sola est quae fidei meritum possidet, sine qua quisque infidelis esse convincitur, etiamsi fidelis esse videatur.

In Gregorio Magno però il discorso sull'obbedienza era svolto da un punto di vista esclusivamente morale, come strumento per rinunciare alla propria volontà onde seguire soltanto quella di Dio. Come il primo uomo per seguire la propria volontà uscì dal gaudio del Paradiso, così il Cristo, venendo a redimere gli uomini, ci insegnò a rientrarvi rinunciando alla propria per seguire solo quella del Padre [67]. L'obbedienza diventava perciò osservanza della parola di Dio da

---

p. 311; *Reg.* VI, 10, p. 411; *Reg.* VII, 16, p. 490; *Reg.* VII, 24, p. 504; *Reg.* VIII, 15, p. 536; *Reg.* VIII, 21, p. 563; *Reg.* IX, 20, p. 601; *Ep. coll.*, 9, ed. cit., p. 531. Per *Ier.* XLVIII, 10 (contrapposto a I *Reg.* XV, 22-23 in *Reg.* II, 66, 67 e IV, 1), cfr. ed. CASPAR, p. 15, n. 2; per *Ez.* III, 18 (contrapposto a I *Reg.* XV, 22-23 in *Reg.* IV, 1), cfr. ed. CASPAR, p. 28, n. 3; per *Is.* LVIII, 1, cfr. ed. CASPAR, p. 107, n. 2 (ma figura anche in *Ep. coll.*, 46, p. 573).

[66] GREGORII MAGNI *Moralium Libri sive expositio in librum B. Job*, XXXV, 28, *PL*, 76, c. 765; per le citazioni di questo passo in Gregorio VII cfr. ed. CASPAR, p. 222, n. 3. ISIDORO, *Etymologiarum libri XX*, VIII, 9 (De magis), *PL*, 82, chiarisce « arioli » così (c. 312): « propter quod circa aras idolorum nefarias preces emittunt, et funesta sacrificia offerunt, iisque celebritatibus daemonum responsa accipiunt » (per « idolatria » cfr. *ibidem*, cap. 11, c. 315). Per Bonizone la « obedientia » è la « prima ac principalis christianorum virtus » (*Liber de vita christiana*, l. II, cap. 2, ed. cit., p. 34): « Huic contraria est inobedientia, superbie filia, vel contra prelatos rebellio, que teste propheta Samuele peior est ydolatria et omni peccato arriolandi vel magica ».

[67] GREGORIO MAGNO, loc. cit.: « Sed quoniam primus homo, quia suam facere voluntatem voluit, a pradisi gaudio exivit, secundus ad redemptionem hominum veniens, dum voluntatem se Patris et non suam facere ostendit, permanere nos intus docuit ».

seguire fino alla morte [68]. Questo discorso assume in Gregorio VII una portata ed un'immediatezza radicalmente diverse nel momento in cui egli lo inserisce a regolare i rapporti tra Roma ed i vescovi, più ampiamente, tra Roma ed i fedeli di tutta la cristianità. La parola di Dio, la volontà del Padre, nella misura in cui tendono a trovare sempre più esclusivamente il loro unico tramite in Roma, diventano, per volere divino, parola di Roma, volontà del suo pontefice [69], unico autentico ed infallibile portavoce di esse.

È Roma perciò l'unica autorità legittima per misurare la fede di ognuno, l'unica base obiettivamente salda ed indefettibile, che fa sì che un vescovo sia vescovo, chiesa una chiesa, sacramento un sacramento. Il distacco da essa comporta la rovina assoluta, la perdita totale di queste realtà, così come il rientrare in comunione con essa opera una loro restaurazione, che per essere tale non richiede necessariamente nuove cerimonie sacramentali, ma, proprio perché queste restano accessorie rispetto al fatto primario della comunione con Roma, potrà trovare manifestazioni riconciliatorie diverse a seconda delle circostanze e dei soggetti in questione.

Ritorniamo ancora una volta al nostro *Reg.* IV, 2. Il passo che afferma l'assoluta incapacità dei vescovi scomunicati di amministrare la grazia, non fa parola della loro eventuale riconciliazione. Ma dell'assoluzione di quanti « non timuerunt se a communione regis abstinere » si parla nel paragrafo pre-

---

[68] GREGORIO MAGNO, *op. cit.*, c. 766: « Hinc rursum ait (Iesus): 'Non possum ego a meipso facere quidquam, sed sicut audio iudico' (*Johann.* V, 30). Nobis quippe obedientia usque ad mortem servanda praecipitur ».

[69] Cfr. *Ep. coll.*, 9, ed. cit., p. 531: « Nam si, ut totiens iam praediximus, *praeceptis apostolicis* voluerit esse contrarius, ab omni illius subiectionis iugo beati Petri auctoritate absolvimus ita universos, ut, etiam sacramenti obligatione quilibet ei fuerit obstrictus, quam diu *Deo omnipotenti et sedi apostolicae rebellis extiterit*, nulla ei fidelitatis exhibitione fiat obnoxius. *Non enim cuilibet personae contra creatorem suum, qui cunctis praeponendus est, aliquis debet obedire; sed debemus contra Deum superbienti resistere*, ut, saltem hac necessitate coactus, ad viam iustitiae addiscat redire ». Vedi anche l'espressione « ex praecepto Dei omnipotentis et sancti Petri et meo » in *Ep. coll.*, 26, ed. cit., p. 552 e *Ep. coll.*, 27, p. 554. Cfr. inoltre CONGAR, *Der Platz des Papsttums* cit., p. 215 e n. 66, e W. ULLMANN, *Die Machtstellung* cit., p. 408.

cedente per dire che era stata concessa ad alcuni vescovi facoltà di impartirla, mentre solo per il re il pontefice si riservava in proprio la decisione [70]. Evidentemente anche i vescovi scomunicati — tali appunto perché « excommunicato regi communicare presumunt » — potevano usufruire di questa possibilità di essere assolti da loro confratelli, ché solo il caso del re viene escluso dalla competenza di questi per essere riservato a Roma. Non si parla dei termini e modi di questa « absolutio » — che implicava certamente, come infatti avverrà, reintegrazione nell'ufficio [71] —, ma mi pare difficile pensare che comportasse qualcosa di diverso da quanto era usuale in questi casi, e proprio perché altrimenti Gregorio ne avrebbe fatto parola. Bastava perciò una normale cerimonia riconciliatoria per reintegrare nelle loro funzioni vescovi che prima, perché scomunicati, erano stati dichiarati assolutamente incapaci di amministrare la grazia. È chiaro che non solo siamo lontani da ogni teologia sacramentaria quale sarà successivamente intesa, ma anche dalle stesse posizioni umbertine, che coerentemente richiedevano nei confronti di quanti erano considerati incapaci di amministrare i sacramenti (nel caso specifico i simoniaci) una reordinazione, per Umberto prima ed unica e vera ordinazione [72]. In questo caso invece, così come il distacco da Roma era stato sufficiente per togliere alla radice la possibilità di amministrare la grazia, il rientrare successivamente in comunione con essa ridonava *ipso facto* questa possibilità, in quanto quelle cerimonie riconciliatorie non potevano valere al di là di un ambito penitenziale, quasi come

---

[70] *Reg.* IV, 2, p. 296; cfr. anche *Reg.* IV, 1, p. 291, e *Reg.* IV, 3, p. 300.

[71] La maggior parte dei vescovi tedeschi fu appunto riconciliata al convegno di Tribur, tra il 16 ed il 22 ottobre 1076 (mentre *Reg.* IV, 2, è del 25 agosto): cfr. Annalista (BERTHOLDUS), *Annales*, A. 1076, *MGH, SS*, V, p. 286, e LAMPERTUS, *Annales* cit., A. 1076, p. 282 s. Ma cfr. al riguardo G. TELLENBACH, *Zwischen Worms und Canossa (1076-77)*, in « Historische Zeitschrift », CLXII (1940), p. 319 e nn. 3 e 4.

[72] Cfr. *Adversus Simoniacos*, I, 8, p. 113, e la lettera di Umberto ad Eusebio Brunone, vescovo di Angers, in R. FRANCKE, *Zur Charakteristik des Cardinals Humbert von Silva Candida*, in *NA*, VII (1882), p. 613 ss.

manifestazione visibile di un riconoscimento di colpa ed insieme di una restaurazione avvenuta.

Proprio questa considerazione di fondo, che fa di Roma il fondamento essenziale di tutta la struttura carismatica della Chiesa, permette che in altri casi, non contraddittoriamente, si propongano altre soluzioni e si seguano altre prassi nei confronti dei sacramenti di scomunicati, eretici, simoniaci, e delle loro consacrazioni in particolare: perché la cosa essenziale non è quel sacramento ma la volontà di Roma, per sua intima possibilità teologica, di negarlo o di dichiararlo tale. Così, per limitarsi a quei testi sui quali maggiormente si è appuntato il moderno dibattito storiografico, Amato di Oleron potrà prescrivere nel concilio di Gérone del 1078 le reordinazioni[73] — con motivazione peraltro tipicamente umbertina —, mentre in quella lettera a Rainaldo di Como viene concesso ad un prete consacrato « gratis » da simoniaci di mantenere il proprio grado ed ufficio — purché sia di santa vita — previa una « manus impositio » che, se rappresenta di fatto il gesto centrale della consacrazione, ha tutto l'aspetto qui di un semplice atto riconciliatorio[74]. E nei canoni delle sinodi del 1078 quelle diverse categorie di persone (scomunicati, non eletti canonicamente, simoniaci) sono messe insieme e le loro ordinazioni vengono dichiarate « irritae » non per considerazioni che partano da un punto di vista sacramentario, da un esame della natura specifica dei loro sacramenti, ma perché tutte disobbedienti a Roma e perciò da questa private della capacità di amministrarli; private intrinsecamente, direi, pensando più che al valore di « irritus », certo di difficile e controversa interpretazione[75], al solito passo di *Reg.* IV, 2, che non lascia dubbi in proposito. Coerentemente a queste disposizioni la

---

[73] Mansi, *Conc. coll.*, XX, 519 s.; per un'altra testimonianza in questo senso su Amato d'Oleron cfr. *Notitia S. Eugenii de Viancio*, in Bouquet-Brial-Delisle, *Recueil des Historiens des Gaules et de la France*, XIV, p. 50.

[74] *Reg.* VI, 39, p. 457. Per il significato anche puramente riconciliatorio dell'*impositio manus*, cfr. G. Miccoli, *Il problema* cit., p. 44 e n. 24.

[75] Cfr. E. Hirsch, *Die Auffassung der simonistischen und schismatischen Weihen* cit., p. 44 ss., e V. Fuchs, *Der Ordinationstitel* cit., p. 125 ss.

sinodo tedesca di Quedlinburg, dell'aprile 1085, presieduta
dal legato papale Odone di Ostia, dichiarava « penitus irritae »
le ordinazioni e le consacrazioni di simoniaci e scomunicati [76].

Ed è ancora, direi, coerente con questa linea la posizione
che, secondo Pietro Diacono, Vittore III avrebbe preso nella
sinodo di Benevento del 28 agosto 1087 [77]. Dopo aver rinnovato solennemente il decreto contro l'investitura laica, il
papa ricordò l'obbligo per tutti i fedeli, sotto pena di scomunica, di evitare ogni rapporto con vescovi, abbati o chierici
che l'avessero accettata, di non ascoltare le loro messe, né pregare con essi, ribadendo la tradizionale equazione gregoriana:
« inobedientia » = « scelus idolatriae »; e soggiunse: « quos
quidem sacerdotes esse saltim credere, omnino errare est »,
specificando l'ulteriore proibizione di accettare da essi anche i
sacramenti della comunione e della penitenza: « si vero nullus
sacerdos catholicus affuerit, rectius est sine communione manere visibili, et invisibiliter a Domino communicari, quam ab
haeretico communicari et a Deo separari — è di poche righe
precedenti l'affermazione, tradizionalmente attribuita a san-
t'Ambrogio, che colui il quale si separa da Roma " vere est

---

[76] Non c'è dubbio sul valore di questa disposizione, implicante invali-
dità assoluta per quelle ordinazioni: cfr. BERNOLDO, *Chronicon*, A. 1085,
MGH, SS, V, p. 442, e BERNARDO, *Liber canonum contra Heinricum IV*,
MGH, Libelli, I, p. 515. Per un protocollo della sinodo, qua e là mutilo,
che peraltro presenta ben poche varianti rispetto al testo di Bernoldo, cfr.
M. SDRALEK, *Die Streitschriften Altmanns von Passau und Wezilos von
Mainz*, Paderborn 1890, p. 178 ss. (ma anche *MGH, Leg. Sect.* IV, *Const.* I,
p. 652 s.), e per le vicende della sinodo p. 11 ss., e G. MEYER VON KNONAU,
Jahrbücher des deutschen Reiches unter Heinrich IV. und Heinrich V., IV,
p. 14 ss. Sembra forzato il tentativo di A. SCHEBLER, *Die Reordinationen* cit.,
p. 244, di instaurare una distinzione oggettiva tra « irritus » e « penitus
irritus ».

[77] Cfr. PETRUS DIACONUS, *Chronica monasterii Casinensis. Continuatio*,
l. III, cap. 72, *MGH, SS*, VII, p. 751 ss. Per la sinodo di Benevento cfr.
A. FLICHE, *La réforme grégorienne.* III. *L'opposition antigrégorienne*, Louvain
1937, p. 307 ss., e per i precedenti contrasti di Desiderio-Vittore III con
l'ala intransigente dei gregoriani (Ugo di Lione, Riccardo di San Vittore),
p. 205 ss.

haereticus aestimandus " [78] —; nulla enim conventio Christi ad Belial, ait apostolus, neque pars fideli cum infideli: omnis enim haereticus infidelis est. Simoniacus vero, quia haereticus, ideo infidelis. Sacram enim communionem Christi, quamvis visibiliter et corporaliter catholici propter imminentes haereticos habere non possint, tamen dum mente et corpore Christo coniuncti sunt, sacram Christi communionem invisibiliter habent ».

Questi particolari della sinodo di Benevento ci sono stati conservati unicamente nella *Chronica monasterii Casinensis* di Pietro Diacono. L'autenticità di questo racconto è stata messa in dubbio nei suoi dettagli, né mai esso è stato preso in considerazione nella storia della teologia sacramentaria. Ma se le preoccupazioni apologetiche di Pietro Diacono nei confronti dell'opera di Vittore III possono averlo spinto ad attribuirgli propositi ed iniziative che furono di altri — come ad esempio la crociata contro i Saraceni —, resta il fatto che il cronista — proprio in una circostanza in cui, in polemica con i gregoriani intransigenti, vuol far risaltare la fedeltà di Vittore III alla linea del suo predecessore — per le ordinazioni ed i sacramenti di scomunicati e simoniaci prospetta una posizione di assoluta e negativa intransigenza, delineando insieme quel principio giustificativo dell'eresia come disubbidienza a Roma che ricorda una serie di tipiche proposizioni gregoriane: il suo racconto perciò, al di là dell'autenticità o meno di queste parole di Vittore III, resta quanto meno come testimonianza del modo in cui veniva intesa in alcuni ambienti la fedeltà alla linea e all'opera di Gregorio VII, e aggiungerei, resta come ulteriore riprova delle soluzioni che al problema sacramentario Gregorio VII era venuto proponendo.

* * *

Un problema a sé, tuttavia, è costituito dai decreti contro la simonia ed il concubinato del clero della sinodo romana

---

[78] Per la citazione di Ambrogio nell'*Op.* 5 di Pier Damiani cfr. J. J. RYAN, *Saint Peter Damiani* cit., p. 63 s., 79 s., e per il passo di *Reg.* VII, 24, vedi n. 59 a p. 187.

del marzo 1074. Essi ci sono conservati in tre « litterae spe-
ciales » indirizzate, all'indomani della sinodo e quindi tra il
marzo e l'aprile dello stesso anno, a Sigfrido di Magonza,
Werner di Magdeburgo e Ottone di Costanza, per invitarli
alla promulgazione dei decreti nelle loro diocesi [79]. Il testo
suona così [80]:

Ut hi, qui per symoniacam heresim, hoc est interventu precii,
ad aliquem sacrorum ordinum gradum vel officium promoti sunt,
nullum in sancta ecclesia ulterius locum ministrandi habeant; illi
quoque, qui ecclesias datione pecuniae obtinent, omnino eas per-
dant, ne deinceps vendere aut emere alicui liceat; sed nec illi, qui
in crimine fornicationis iacent, missas celebrare aut secundum inferiores ordines ministrare altari debeant. Statuimus etiam: ut, si
ipsi contemptores fuerint nostrarum immo sanctorum patrum con-
stitutionum, populus nullo modo eorum officia recipiat; ut, qui
pro amore Dei et officii dignitate non corriguntur, verecundia seculi et obiurgatione populi resipiscant.

Cioè, direi: i simoniaci vanno radicalmente allontanati da
ogni ufficio ecclesiastico, scardinati, per dir così, dall'organizzazione ecclesiastica diocesana. I preti concubinari devono
astenersi dal celebrare messa e, rispettivamente, i diaconi e
suddiaconi da ogni servizio all'altare. Ossia, rispetto ai simoniaci, una posizione più di attesa, che lascia maggiormente
aperta la strada ad una conciliazione.

È chiaro, qui, il valore nettamente disciplinare delle disposizioni. Anche la motivazione dell'obbligo per i fedeli di astenersi dall'ufficio di coloro che non vi si fossero assoggettati
è di ordine squisitamente politico-morale ed evita con cura
di dire qualsiasi parola sulla natura di quegli uffici. Questa
linea va inquadrata in quella politica vescovile seguita da Gregorio VII nei primi anni di pontificato, cui già si è accennato.

---

[79] Cfr. *Ep. coll.*, 3, 4, 5, ed. cit., p. 523 ss.; per la questione dell'anno
in cui questi decreti furono promulgati, cfr. ora G. B. BORINO, *I decreti di
Gregorio VII contro i simoniaci e i nicolaiti sono del sinodo quaresimale del
1074*, in *Studi Gregoriani*, VI, Roma 1959-1961, p. 277 ss.
[80] *Ep. coll.*, 3, ed. cit., p. 523 s. (il testo è uguale in *Ep. coll.*, 4 e 5).

Politica che lo portava a prendere una posizione di conciliante attesa persino di fronte ai vescovi lombardi, pur così violentemente qualificati in una lettera a Beatrice e Matilde di Toscana del 24 giugno 1073: « precursores antichristi », « antiqui hostis satellites »[81]. Privo di una sicura teologia sacramentaria Gregorio VII cercò di rimanere ancorato all'impostazione disciplinare di Nicolò II, senza pronunciarsi chiaramente sulla natura dei sacramenti di simoniaci, concubinari ed in genere scomunicati. Ma contemporaneamente l'approfondimento della natura del primato romano e l'elaborazione per esso di nuove prospettive, lo portarono ad accentuarne a tal punto le competenze e le funzioni, da fargli dichiarare, quando la rottura con la gerarchia vescovile divenne clamorosa segnando così il fallimento della sua primitiva politica, che quella gerarchia non era più tale, che i suoi sacramenti non erano più sacramenti. Causa di questo: la sua disobbedienza pertinace a Roma. Si usciva così dal dilemma Pier Damiani-Umberto di Silva Candida per imboccare una nuova strada, che non era nemmeno quella, intermedia ed interlocutoria tra due

---

[81] Cfr. *Reg.* I, 11, p. 18. Tutto il successivo atteggiamento di Gregorio VII nei loro confronti smentisce tuttavia questa rigidissima premessa. Scrivendo il 1° luglio ai fedeli di Lombardia per invitarli ad opporsi a Goffredo di Milano, egli evita ogni accenno preciso ai vescovi che lo hanno consacrato (*Reg.* I, 15, p. 23 ss.). Il 13 ottobre 1073 egli accetta di buon grado le scuse di Alberto d'Acqui di aver preso parte all'ordinazione di Novara (*Reg.* I, 27, p. 44 s.), e il 25 gennaio 1074 invita alla prossima sinodo del marzo tutti i suffraganei della diocesi milanese, con una lettera certo prudente nel tono, ma che tuttavia non lascia dubbio sul suo desiderio di arrivare ad un'intesa con essi (*Reg.* I, 43, p. 66 s.). Alla sinodo egli limitò l'esercizio del loro potere episcopale alla confermazione dei fanciulli, come risulta da una sua lettera del 15 aprile 1074 diretta a Beatrice e Matilde (*Reg.* I, 77, p. 110), le quali avrebbero evidentemente desiderato misure più radicali nei loro confronti. Gregorio difese il proprio operato dichiarandosi disposto a fornire più ampie spiegazioni: « totius negotii frena ita retinemus in manu, ut aut correctis de venia aut pertinacibus non sit desperandum de pena ». Il fatto che quei vescovi fossero notoriamente accusati di simonia, colpevoli di aver sostenuto uno scomunicato eretico, resta secondario rispetto alla speranza di Gregorio di riportarli nell'alveo della riforma romana: dopo degna penitenza, è ovvio, ma è osservazione questa che non avrebbe nessun peso da un punto di vista di teologia umbertina, se si tiene presente il tipo di colpe di cui essi si erano macchiati.

tesi contrapposte, di Nicolò II, ma che si metteva invece su di un piano completamente diverso.

In questo modo tuttavia il problema della validità o meno delle ordinazioni simoniache non trovò con Gregorio VII una soluzione obiettiva, ma si risolse nell'esaltazione di Roma a pietra di paragone della fedeltà e legittimità delle diverse gerarchie locali. Ma nel momento in cui Roma diventava essa l'unica vera distributrice dei carismi, ogni soluzione o disposizione riguardo ai sacramenti degli eretici e dei simoniaci cessava di avere un valore assoluto, per dipendere esclusivamente dai decreti che Roma avesse ritenuto, « dispensatorie », « pro consideratione temporum », più opportuni [82]. Direi di più: ogni soluzione teologica del problema dei sacramenti degli eretici e dei simoniaci cessava di essere urgente nel momento in cui la loro efficacia non dipendeva più da un'operazione di per sé autosufficiente, ma dalla volontà romana che li faceva essere tali o li negava. In questa impostazione gregoriana la dottrina dei sacramenti cessa di essere una teologia

---

[82] È interessante notare che proprio la difficoltà di conciliare tradizioni in sé contrarie portò temporaneamente Bernoldo su di una posizione in parte analoga: cfr. De damnatione scismaticorum, MGH, Libelli, II, p. 56: « Harum igitur sententiarum repugnantiam concordare nescimus, nisi hoc auctoritati sedis apostolicae cum consensu sanctae matris aecclesiae licitum fore dicamus, ut pro aliqua temporis necessitate ordinatos ab hereticis, per invocacionem sanctae Trinitatis in ordine suo non reconsecrandos suscipiat; quos tamen aliquando ad evidentiorem hereticae ordinationis proscriptionem reconsecrari precipiat. Nullam enim consecracionem videntur aliquibus accepisse ab hereticis, quippe iam dudum omni spiritali gratia privatis » (cfr. O. GREULICH, Die kirchenpolitische Stellung Bernolds von Konstanz, in « Historisches Jahrbuch », LV (1935), pp. 50, 52; non persuadono le osservazioni in contrario di A. SCHEBLER, Die Reordinationen cit., p. 247, n. 10). Con la facoltà del papa di « novos canones cudere et veteres pro consideratione temporum immutare », Bonizone giustificherà la pratica delle reordinazioni, peraltro da lui nettamente riprovata (Liber de vita christiana cit., I, 44, p. 33). E basterebbe una considerazione del genere per dimostrare la profonda confusione esistente tra ambito dommatico e giuridico, perché sarebbe assurdo sostenere che Bonizone non si rendesse conto delle precise implicazioni dottrinali presenti nella pratica delle reordinazioni.

per diventare solo un capitolo, in fondo secondario, della dottrina del primato.

* * *

C'è un passo di un opuscolo di Pier Damiani, quello che riferisce della sua legazione milanese, diretto proprio ad Ildebrando, che a prima vista lascia sconcertati [83]. Egli racconta di aver riconciliato il clero milanese seguendo i consigli del vescovo Fulberto di Chartres [84], e di aver reintegrato nel proprio ufficio solo i più degni rappresentanti di esso, distaccandosi perciò dalla prassi delle reordinazioni, seguita da Leone IX, che egli stesso ricorda [85]. Si trattava, da parte di Pier Damiani, di una coerente applicazione della propria dottrina sacramentaria. Ma nel caso in questione egli ha cura tuttavia di soggiungere [86]:

Illi etiam ipsi, quibus ministrandi licentia redditur, non ex male mercata veteri ordinatione ad amissum reparantur officium; sed ex illa potius beati apostolorum principis efficacissima auctoritate, qua in beatum Apollinarem repente usus est, dicens: Surge, inquit, accipe Spiritum sanctum, simulque pontificatum.

Passo che non può che voler dire questo: il diritto all'esercizio dell'ufficio di quei chierici milanesi, anche dopo la loro riconciliazione, non riposava sull'antica ordinazione acquistata per denaro, ma piuttosto su quella straordinaria autorità di Pietro, quella stessa che usò con sant'Apollinare dicendogli: « Alzati, ricevi lo Spirito santo ed insieme l'episcopato » [87].

---

[83] *Op.* 5 cit., cc. 89-98 (per la data della legazione — inverno 1059-'60 — cfr. G. MICCOLI, *Il problema* cit., p. 67 ss.).

[84] *Op.* 5 cit., c. 97 C (e c. 94 B-C); per la lettera di Fulberto ricordata da Pier Damiani cfr. *Ep.* 13, PL, 141, c. 207 (vedi al riguardo anche J. J. RYAN, *Saint Peter Damiani* cit., p. 70, nr. 120: Pier Damiani conosceva probabilmente una raccolta particolare di lettere di Fulberto).

[85] *Op.* 5 cit., c. 93 B. Per le reordinazioni operate da Leone IX cfr. L. SALTET, *Les réordinations* cit., p. 182 ss.

[86] *Op.* 5 cit., c. 98 B-C.

[87] Cfr. *Passio S. Apollinaris*, in *AA.SS.*, Iul., V, p. 345 A.

È chiaro da queste ultime parole, e sia detto subito, che Pier Damiani si riferisce sì al diritto all'esercizio dell'ufficio, ma in quanto esso è il normale risultato dell'ordinazione, che ha per centro la consacrazione sacerdotale con l'infusione dello Spirito santo: solo così si può spiegare l'analogia con il potere esercitato da Pietro su sant'Apollinare. Siamo ben lontani perciò da un piano semplicemente disciplinare — reintegrazione di sacerdoti deposti o simili —: è la validità stessa dell'ordinazione che è in discussione, nel senso che era essa l'elemento fondante del ministero sacerdotale. Perciò è come se Pier Damiani dicesse ad Ildebrando: non è l'antico sacramento che fa essere chierici quei chierici ma l'autorità di Roma.

Non è che con queste parole Pier Damiani rinnegasse necessariamente la sua dottrina sacramentaria; certo le ordinazioni simoniache restavano per lui valide[88]. Egli si limitava soltanto a tirar fuori un altro argomento che facesse accettare le soluzioni da lui adottate a Milano anche a chi fosse eventualmente contrario a quella sua dottrina. Pensava anche ad Ildebrando? difficile dirlo. Della posizione dell'arcidiacono rispetto al problema sacramentario abbiamo solo una testimonianza tarda, e che si riferisce al 1067: quando difese in piena sinodo i vallombrosani, che sostenevano l'assoluta invalidità di tutti i sacramenti amministrati da preti indegni[89]. E non è nemmeno detto che questa sua difesa implicasse adesione piena alle tesi vallombrosane; poteva anche derivare soltanto dal suo profondo apprezzamento per l'opera di riforma dei seguaci di Giovanni Gualberto. È certo tuttavia che Ildebrando era particolarmente sensibile al tema del primato romano, come attesta lo stesso Pier Damiani all'inizio di questo medesimo opuscolo[90]; e probabilmente sensibile perciò anche all'argomenta-

---

[88] Basti vedere l'interpretazione che egli dà del decreto di Nicolò II sulle ordinazioni in un capitolo aggiuntivo del *Liber gratissimus* (cap. 41, ed. cit., p. 75) o quanto afferma nell'*Op.* 30, *De sacramentis per improbos administratis*, cap. I, PL, 145, c. 523 ss. (precedente all'aprile 1067).

[89] Cfr. *Vita Iohannis Gualberti auctore anonymo, MGH, SS.* XXX, P. II, p. 1107 (per la data della sinodo cfr. il mio *Pietro Igneo. Studi sull'età gregoriana*, «Studi storici» 40-41, Roma 1960, p. 21, n. 4).

[90] *Op.* 5 cit., c. 89 s.

zione di Pier Damiani sull'« efficacissima auctoritas » di Pietro
in tema di ordinazioni; o tale almeno lo sperava il cardinale di Ostia se pare indubbio, come osserva anche il Saltet,
che la sua maggiore preoccupazione in quel momento fosse
di far ratificare a Roma le decisioni da lui prese a Milano[91].
Si tratta quindi, per Pier Damiani, del ricorso ad un argomento tattico-politico, dal momento che esistevano per lui
ragioni di ben maggior peso per ritenere assolutamente valide
quelle ordinazioni, e pienamente autorizzati quei chierici, una
volta riconciliati, ad esercitare l'ufficio.

Ma forse c'è anche qualcosa di più e di diverso. Di fronte
alla difficoltà di far prevalere l'una o l'altra delle due tesi
contrapposte restando ancorati ad un dibattito puramente sacramentario, Pier Damiani, per giustificare una soluzione pratica che di fatto corrispondeva ad una delle due tesi, ricorse
ad un'argomentazione extra-sacramentaria che faceva sì che
quella soluzione potesse venir accettata anche senza intenderla come necessariamente connessa con quella particolare
dottrina. Come a dire: comunque stiano le cose, l'autorità di
Roma può realizzare l'efficacia sacramentaria anche al di fuori
dei normali canali sacramentali. Si tratta nell'opera di Pier
Damiani di un accenno soltanto, che costituisce prima di tutto
un'elegante via d'uscita per poter raggiungere un accordo di
fatto con le posizioni altrui. Ma pur sempre significativo, perché indicatorio del terreno sul quale si sarebbe potuto realizzare almeno momentaneamente il compromesso. E sarà questa
la strada scelta da Gregorio VII. Ma la profonda consonanza
di questa impostazione con tutta la sua dottrina del primato
esclude che si trattasse per lui di una pura scelta di comodo.

* * *

Fu certo anche una scelta « comoda »; la mancata soluzione del problema sacramentario, infatti, finì coll'offrire a
Gregorio VII la più ampia libertà di movimento nei confronti

---

[91] *Op.* 5 cit., c. 98 C-D; cfr. L. SALTET, *Les réordinations* cit., p. 198.

delle gerarchie locali, permettendogli di adottare misure diverse a seconda delle diverse situazioni e delle diverse possibilità di arrivare ad una composizione o ad una rottura con i singoli vescovi. Le relazioni di Gregorio VII con i vescovi, che più contraddittorie non potrebbero essere da un punto di vista di dottrina sacramentaria (tanto a prendere come base quella di Umberto che quella di Pier Damiani), si chiariscono come animate da una ferrea logica di politica riformatrice e da una salda coerenza dottrinale se si tiene presente la particolare funzione del primato romano che abbiamo messo in luce. Tuttavia, se un problema di « origini » va posto (ed esso va posto, almeno per i singoli temi dottrinali che entrano a far parte della soluzione gregoriana), non mi sembra che la ricerca vada orientata in direzione dei trattati sulle ordinazioni per cercar di cogliere in essi il punto di partenza degli sviluppi che saranno di Gregorio VII. Schematizzando direi che nel pensiero e nella politica riformatrice di Gregorio VII il processo non è come in Pier Damiani, che per risolvere un problema pratico di ordinazioni ricorre ad una sorta di delegazione straordinaria fondata sul primato romano. Ma inversamente: è il primato romano che, di fronte al vuoto di potere creato da una discussione sacramentaria ancora assolutamente sterile, fa propria, incorpora nelle sue competenze anche la stabilità dei sacramenti.

In realtà l'autentica matrice della posizione gregoriana sta nella dottrina enunciata da Leone IX nel corso della sua polemica con Michele Cerulario, mentre andava prospettandosi la rottura con Costantinopoli [92]. Dal principio dell'indefettibilità di Roma nella fede, e dalla sua conseguente ingiudicabilità, Leone IX deduceva la sua funzione di garante dell'unità, chiesa essa sola, e unica in grado di far essere chiese, nella Chiesa, le

---

[92] Per la prima lettera di risposta di Leone IX e la bibliografia relativa, cfr. A. MICHEL, *Humbert und Kerullarios. Studien*, I (Quellen und Forschungen aus dem Gebiete der Geschichte ... hrsg. von der Görres-Gesellschaft, XXI), Paderborn 1924, p. 44 ss. (ma per la presunta attribuzione della lettera ad Umberto vedi n. 37).

altre comunità, unica e autentica norma della fede [93]. In questo quadro il contenuto della fede resta pur sempre, com'è ovvio, la rivelazione di Dio, avvenuta nel tempo una volta per tutte, deposito da osservare e da custodire, al quale bisogna continuamente adeguarsi. Ma il magistero romano non è qualcosa che rimanga esterno a quel deposito di fede, né tale da poter essere giudicato in rapporto ad esso: bensì è parte integrante di un simile deposito, in quanto suo unico autentico testimonio, tramite necessario ed esclusivo per potervi accedere [94]. Perciò, in piena coerenza con queste posizioni, la ribellione a Roma diventa « haeresis », perché inevitabile distacco dal deposito di fede [95]. « Patres », « sancti patres », « statuta sanctorum patrum », diventano in ambiente romano espressioni usate ad indicare pressoché esclusivamente i sommi pontefici e le norme da essi stabilite [96]. E nella misura in cui Roma stessa è parte integrante del deposito di fede — non le sue prerogative soltanto, ma anche le sue decisioni, i suoi atti, che rappre-

[93] Oltre ai passi citati a n. 37, cfr. *Ep.* CII, *PL*, 143, c. 776 B, ed *Ep.* C, *ibid.*, c. 748, 752 B-753 A.

[94] *Ep.* C, *PL*, 143, c. 765: « Nam Romanae ecclesiae fides, per Petrum super petram aedificata, nec hactenus deficit, nec deficiet in saecula, Christo eius domino rogante pro ea, ceu testatur sub ipsa passione sua: 'Ego rogavi pro te, Petre, ut non deficiat fides tua; et tu aliquando conversus confirma fratres tuos' (*Luc.* XXII, 32). Quo dicto demonstravit fidem fratrum vario defectu periclitandam, sed inconcussa et indeficiente fide Petri, velut firmae anchorae subsidio figendam, et in fundamento universalis ecclesiae confirmandam. Quod nemo negat, nisi qui evidenter haec ipsa verba Veritatis impugnat, quia sicut cardine totum regitur ostium, ita Petro et successoribus eius totius ecclesiae disponitur emolumentum. Et sicut cardo immobilis permanens ducit et reducit ostium, sic Petrus et sui successores liberum de omni ecclesia habent iudicium, cum nemo debeat eorum dimovere statum, quia summa sedes a nemine iudicatur. Unde clerici eius cardinales dicuntur, cardini utique illi, quo caetera moventur, vicinius adhaerentes » (quest'ultima parte riecheggia il c. 34 dell'*Epistola Anacleti tertia*, ed. HINSCHIUS, *Decretales Pseudo-isidorianae*, p. 84). Vedi anche la n. 37 e la precedente.

[95] Cfr. *Ep.* CII, *PL*, 143, c. 776 B.

[96] Cfr. Y. M.-J. CONGAR, *Les Saints Pères, organes privilégiés de la Tradition*, in « Irénikon », XXXV (1962), p. 483 e n. 2 — ed ora in *La Tradition et les traditions. II. Essai théologique*, Paris 1963, p. 194 (i testi sono naturalmente largamente moltiplicabili: per alcune testimonianze particolarmente evidenti in Gregorio VII, cfr. *Reg.* VI, 34, p. 447; *Reg.* VI, 35, p. 450; *Reg.* IX, 29, p. 612).

sentano l'unica legittima interpretazione di esso —, gli « statuta sanctorum patrum » diventano le norme fondanti di ogni retto pensare e vivere cristiano, frutto di quell'assistenza dello Spirito promesso da Cristo ai suoi fedeli, in una salda ed indistruttibile continuità con la « regula scripture sacre »[97]. È questa la premessa perché si affermi gradualmente l'idea di una sorta di progresso nella rivelazione, e quindi nella fede, proprio dei tempi postapostolici[98]. La facoltà concessa al pontefice di innovare in materia di « canones », affermata con forza da Gregorio VII e che i trattatisti contemporanei e posteriori teorizzeranno ampiamente[99] (e basti ricordare la struttura delle collezioni canoniche dell'epoca, dove il campo disciplinare è continuamente mescolato al dommatico, ed in genere la fluttuante distinzione esistente tra questi due ambiti, per apprezzare nel suo giusto valore la portata di questa concessione), è indice ulteriore di come l'autorità papale venga posta al di fuori e al di sopra di ogni consuetudine, di ogni rigido ordinamento canonico, elevata ormai a vera norma vivente della fede.

Nelle lettere di Leone IX non vengono direttamente prospettate le conseguenze sul piano sacramentario delle sue enunciazioni sul primato, ma le espressioni usate per indicare la condizione degli individui e delle comunità che si staccassero, peggio si ribellassero a Roma, sono già significative:

[97] Cfr. il preambolo di *Reg.* II, 1, p. 124 (convocazione degli abbati e vescovi di Bretagna alla sinodo di quaresima del 1075): « Suscepti nos officii cura compellit omnium ecclesiarum sollicitudinem gerere et, ut fidei documenta ac sacre scripture regulas recte teneant, vigilanti circumspectione perquirere ac docere. Quoniam igitur inter vos sanctorum patrum decreta et ecclesiastice religionis statum non ea qua oportet aut observari diligentia aut studio tractari intelligimus, per eam, quam beato Petro apostolorum principi debetis, obedientiam vos invitamus et nostra apostolica auctoritate monemus, ut ad synodum ... conveniatis ... ». Vedi anche *Reg.* II, 67, p. 223; *Reg.* III, 10, p. 265 s.; e nell'ed. CASPAR, p. 699.

[98] Ho trattato di questi aspetti in « *Ecclesiae primitivae forma* » cit., pp. 479 ss., 491 ss. (ed ora in questo vol., p. 343 ss., 373 ss.).

[99] Cfr. *Reg.* II, 55a, p. 203 (VII. « Quod illi soli licet pro temporis necessitate novas leges condere ... »), e gli altri testi citati in calce dal Caspar. Vedi anche n. 82 e « *Ecclesiae primitivae forma* » cit., p. 478, n. 24 (ed in questo vol., p. 341, n. 106).

Romana ecclesia adeo non est sola vel sicut tu putas una, ut in toto orbe terrarum quaecunque natio dissentit superbe ab ea, non sit iam dicenda vel habenda ecclesia aliqua, sed omnino nulla; quin potius conciliabulum haereticorum, aut conventiculum schismaticorum, et synagoga Satanae [100].

Si può dire quanto meno che ci troviamo di fronte alle premesse delle radicali applicazioni gregoriane al contesto delle chiese occidentali. Ed è significativo appunto che la nota dominante dell'eresia sia per Gregorio VII la disobbedienza a Roma. Se di volta in volta quindi poté variamente sembrare agli studiosi che egli, nelle questioni sacramentarie, seguisse la linea umbertina o quella di Pier Damiani, in realtà i contenuti e le ragioni di fondo delle sue enunciazioni mutano profondamente rispetto ad entrambe. L'eresia viene dichiarata radicalmente estranea alla Chiesa, ma sono i criteri di determinazione di essa che cambiano rispetto ad Umberto. Soprattutto il problema della validità o meno delle ordinazioni simoniache cessa di essere autonomo problema sacramentario, per venir riassorbito, ed in fondo vanificato, nel problema gerarchico, che solo nel suo legame con Roma si trova ad essere risolto. Roma, unico autentico testimonio della fede (fede che tutta la trattatistica contemporanea considera il fondamento necessario della grazia), diventa nel pensiero di Gregorio VII l'unico vero tramite della grazia, al punto da godere di un potere che è difficile non definire di inibizione nei confronti di coloro che si ribellano ad essa. L'autorità vescovile vedeva così distrutto il principale fondamento della sua dignità e autonomia. Il faticoso equilibrio che verrà in seguito ristabilito tra una teologia del primato ed una teologia dei vescovi sarà opera dei decenni successivi alla morte di Gregorio VII; e sarà frutto, almeno in parte, di una ritrovata autonoma teologia dei sacramenti.

---

[100] *Ep.* CII, *PL*, 143, c. 776 B.

VI

IL VALORE DELL'ASSOLUZIONE DI CANOSSA *

Sul valore dell'assoluzione concessa a Canossa da Gregorio VII ad Enrico IV due tesi si contendono tuttora il campo. L'una, che ha avuto il suo più recente ed autorevole espositore nel Fliche [1], che ritiene che oltre all'assoluzione dalla scomunica Enrico IV ottenne anche *ipso facto* la reintegrazione nelle sue funzioni regali, l'altra, sostenuta particolarmente dall'Arquillière [2], che nega che reintegrazione sul trono ci sia stata: ogni decisione al riguardo sarebbe spettata alla futura assemblea che si sarebbe dovuta riunire sotto la presidenza del pontefice. L'una e l'altra di queste spiegazioni lasciano peraltro numerosi elementi di perplessità: contro la prima l'esplicita testimonianza contraria di Gregorio VII, al momento della seconda scomunica di Enrico [3]: e vedere in questo un tardo allineamento del pontefice, sprovveduto di nozioni giuridiche, alla posizione dei Sassoni [4], pare se non altro azzardato; con-

---

* Vedi ora, per un riesame attento delle fonti e della letteratura riguardanti Canossa, con conclusioni sostanzialmente analoghe a quelle di questo lavoro, K. F. MORRISON, *Canossa: A Revision*, in « Traditio », XVII (1962), pp. 121-148. Diligente ricostruzione della vicenda in L. L. GHIRARDINI, *L'imperatore a Canossa*, II ed., Parma 1965, pp. 147.

[1] A. FLICHE, *Grégoire VII, à Canossa, a-t-il réintégré Henri IV dans sa fonction royale?*, in *Studi Gregoriani*, I, Roma 1947, pp. 373-386.

[2] H.-X. ARQUILLIÈRE, *Grégoire VII, à Canossa, a-t-il réintégré Henri IV dans sa fonction royale?*, in *Studi Gregoriani*, IV, Roma 1952, pp. 1-26.

[3] *Reg.* VII, 14a, p. 484: « Qui (scil. Heinricus) confusus et humiliatus ad me in Longobardiam veniens absolutionem ab excommunicatione quesivit. Quem ego videns humiliatum multis ab eo promissionibus acceptis de suae vitae emendatione solam ei communionem reddidi, non tamen in regno, a quo eum in Romana synodo deposueram, instauravi nec fidelitatem omnium, qui sibi iuraverant vel erant iuraturi, a qua omnes absolvi in eadem synodo, ut sibi servaretur, precepi ».

[4] Così il FLICHE, *Grégoire VII* cit., p. 384 ss.

tro la seconda il fatto che per ben tre anni Gregorio VII non
sollevò parola contro la ripresa da parte di Enrico delle sue
funzioni regali, in evidente contraddizione con se stesso se
dopo Canossa si dovesse ritenere che per lui Enrico doveva
mantenersi nel rango di privato cittadino; ancora, l'uso costante di chiamarlo « rex », che non è così casuale e privo di
rilievo come vorrebbe ritenere l'Arquillière, dal momento che
contro di esso i Sassoni solleveranno ampie rimostranze[5].
Inoltre l'una e l'altra delle due tesi lasciano senza spiegazione
altri fatti: la posizione prima di tutto del pontefice di fronte
a Rodolfo, che, se si accetta la prima tesi che Enrico era stato
a Canossa reintegrato nelle sue funzioni regali, col ristabilimento quindi del vincolo di fedeltà per i suoi sudditi, non
poteva venir considerato dal pontefice che quale usurpatore;
mentre ove si accetti la seconda, mai avrebbe potuto comunque
essere posto sullo stesso piano di Enrico, tuttora deposto (che
era appunto la tesi che cercavano di avallare i Sassoni o meglio
il motivo su cui fondavano le loro rimostranze indirizzate al
pontefice — e distorcendo in parte, come vedremo, la sua
azione, o meglio fornendo di essa un'interpretazione diversa —
per il suo parlare di due re)[6].

[5] BRUNO, *Saxonicum bellum*, c. 108, ed. H. E. Lohmann, *MGH* (Deutsches
Mittelalter, 2) Leipzig 1937, p. 98 [lettera dei Sassoni a Gregorio VII della
fine di aprile 1078 circa): « Cumque de electo nobis rege (scil. Rodulfo), et
non de regibus, spes magna ad refocillandum imperium succresceret, ecce ex
insperato litterae vestrae advenientes, duos in uno regno reges pronuntiant,
duobus legationem decernunt. Quam regii nominis pluralitatem et quodammodo regni divisionem divisio quoque populi et studis partium subsecuta
sunt; quippe cum in epistolis vestris illius praevaricatoris personam semper
praeponi cernerent et ab eo sicut a potente exigi, quatenus ducatum vobis
in has partes discutiendam causam praeberet ». E questo anche se si tratta
di un uso forse meno carico di significato di quanto vorrebbero vedere alcuni
storici moderni: in un codice di S. Gallo, che contiene tra l'altro un commento alle satire di Persio, scritto a Liegi tra il 1078 ed il 1080 e in ambiente perciò filoenriciano, Rodolfo viene chiamato *rex* insieme ad Enrico
(S. Gallo 868, p. 195 e 198; ringrazio il prof. Bernhard Bischoff al quale devo
la cortese segnalazione, anche per il contenuto del codice).

[6] Cfr. BRUNO, *op. cit.*, c. 108, p. 97 ss.; c. 110, p. 99 ss.; c. 114, p. 106
ss.; c. 115, p. 108 s.

Conviene pertanto riprendere brevemente il problema per cercar di trarre qualche nuovo elemento atto a meglio chiarire la situazione. Va innanzitutto detto che con la scomunica del 1076 e la deposizione [7] del re chiaramente ci si era venuti a trovare in una posizione rivoluzionaria o quanto meno fondata su precedenti ben labili. Lo sta a dimostrare non solo la cura con cui scrittori e canonisti di parte gregoriana cercheranno subito di giustificare, e con argomentazioni, quando fondate sulla ricerca di precedenti, di non molto peso, la condanna di Enrico, ma anche la povertà di testi che il pontefice stesso poté addurre in appoggio al suo operato nelle varie lettere indirizzate in tal senso in Germania e soprattutto nella prima ad Ermanno di Metz. Né vale dire che bastavano quei testi a dare ai gregoriani la coscienza di essere nella tradizione della Chiesa: nessun dubbio che questa ci fosse, nella consapevolezza tuttavia che si trattava di un *ritorno* ad un sistema e ad una prassi dimenticati, che bisognava riportare alla luce nei testi, e nuovamente chiarire alle coscienze. Di fatto ci troviamo perciò di fronte ad una fase, per dir così, del diritto canonico in piena

---

[7] Discordi sono le interpretazioni riguardo al significato che va attribuito alla « deposizione » di Enrico IV: va essa intesa in senso stretto, quale vera privazione dell'autorità regia, o in senso più largo, di sospensione o interdizione dell'uso dell'autorità stessa? Il Tondelli, *Il valore dell'assoluzione di Enrico IV a Canossa*, in « La scuola cattolica », LXXVII (1949), p. 116 s., ha sostenuto, per me giustamente, questa seconda interpretazione, fondandosi soprattutto sulla formula di condanna « regni gubernacula (ei) contradico ». Ma una piena conferma di ciò la si ha esaminando il modo con cui Gregorio VII prospettò l'elezione di un nuovo re (*Reg.* IV, 3, p. 299): « Quodsi exigentibus multorum peccatis, quod non optamus, ex corde non fuerit ad Deum conversus, talis ad regni gubernacula Deo favente inveniatur, qui ea quae prediximus et cetera, quae videntur christianae religioni et totius imperii saluti necessaria, se certa ac indubitabili promissione observaturum promittat ». Ossia è chiaro che ad Enrico rimane aperta non solo una possibilità di personale conciliazione, ma anche di vera e propria reintegrazione nelle sue funzioni regali, per cui, nei desideri del pontefice, del tutto temporanea è da intendersi la sua condanna che va riferita perciò alla momentanea sospensione del diritto di Enrico di esercitare il suo ufficio. I termini « depositus, depositio », stante la relativa imprecisione del diritto canonico a riguardo, non andranno perciò intesi in senso proprio, ma in questa più sfumata accezione. L'impiego che qui si fa del termine « deposizione » (o « deposto ») va quindi considerato come una loro traduzione letterale.

formazione, quando nuove ricerche di scritti e nuovi avvenimenti [8] vengono chiamati a chiarire sempre meglio la portata delle singole disposizioni. Vano sarebbe perciò voler a tutti i costi conciliare affermazioni fatte in anni diversi, chiarire fatti di anni precedenti con spiegazioni formulate successivamente, quando nulla ci dice che tutte quelle spiegazioni o quelle nuove formulazioni fossero già allora nella coscienza di chi prendeva quelle disposizioni. Anzi il progressivo lento arricchimento di testi e di dati che le accompagnavano suggerisce proprio il contrario, indicandoci puntualmente lo sforzo di precisazione e di chiarificazione proprio da quelle disposizioni suscitato. È con questa consapevolezza, in questa prospettiva di sviluppo, evitando le contrapposizioni schematiche, che vanno appunto nuovamente esaminate le decisioni prese da Gregorio VII contro Enrico IV.

Due sono sostanzialmente i punti della condanna della sinodo del 1076 [9]:

1) « ... Heinrico regi ... totius regni Teutonicorum et Italie gubernacula contradico et omnes christianos a vinculo iuramenti, quod sibi fecerunt vel facient, absolvo et, ut nullus ei sicut regi serviat, interdico ».

2) « ... vinculo eum (scil. Heinricum) anathematis ... alligo ».

Formalmente distinte per essi le motivazioni. Per il primo: « Dignum est enim ut, qui studet honorem ecclesiae tuae (scil. Petri) imminuere, ipse honorem amittat, quem videtur habere » [10]. Così invece viene introdotta la scomunica: « Et quia sicut christianus contempsit oboedire nec ad Deum re-

---

[8] Sulla preponderante influenza esercitata dalle diverse situazioni di fatto nella interpretazione e utilizzazione dei testi patristici relativi ai rapporti tra regno e sacerdozio ha insistito giustamente il recente lavoro di CH. MUNIER, *Les Sources patristiques du droit de l'Eglise du VIIIe au XIIe siècle*, Strasbourg 1957, p. 67 s.

[9] *Reg.* III, 10a, p. 270 s. (= *Reg.* III, 6*, p. 252 ss.).

[10] E poche righe sopra, pronunciando contro Enrico la deposizione, così Gregorio VII lo aveva caratterizzato: « (Heinricus rex) qui contra tuam ecclesiam inaudita superbia insurrexit ».

diit, quem dimisit participando excommunicatis meaque monita, quae pro sua salute misi, te teste, spernendo seque ab
ecclesia tua temptans eam scindere separando ... ». E se nella
prima sembrano entrare soprattutto considerazioni sulle colpe
di Enrico legate alla sua funzione di re, mentre nella seconda
la sfera si fa più personale (« Et quia sicut christianus ... »,
precisazione che serve a richiamare il suo carattere di membro
della Chiesa, per meglio introdurre così una misura più tipicamente ecclesiastica), resta chiaro che non si tratta di due
piani distinti ma di due misure diverse congiuntamente pro-
clamate non tanto per i diversi tipi di colpe di cui il re si era
macchiato [e si badi che l'« honorem ecclesiae imminuere »
non è in sostanza diverso dal « mea monita spernendo » e dal
« temptans eam (scil. ecclesiam) scindere » che giustificano la
scomunica], quanto per la loro complessiva gravità che richiedeva un radicale intervento.

Se anzi si pone mente all'ordine con cui i termini della
condanna sono formulati (proibizione di esercitare le funzioni
regali, scioglimento dal vincolo di fedeltà, scomunica) che
tante perplessità ha suscitato tra gli studiosi, ovvio parendo
che la deposizione dal trono meglio andrebbe intesa come
naturale conseguenza della scomunica, e quindi da nominarsi
dopo di questa, si noterà invece che esso è tale, e con strettamente unitaria formulazione, non a caso, ma per due ben precise ragioni: in primo luogo il desiderio di colpire la persona
di Enrico in quanto essa presentava di più augusto, la sua carica regale, mettendo insieme implicitamente l'accento prima
di tutto sulle colpe che proprio attraverso a questa *dignitas*
egli aveva commesso; unica formula a riassumerle l'essersi
levato contro la chiesa di Roma [11]. In secondo luogo perché

---

[11] Se la causa prossima della condanna di Enrico può essere facilmente
individuata nella drastica presa di posizione dell'assemblea di Worms (pienamente caratterizzabile come tentativo di diminuire l'*honor* della chiesa di
Roma, arrogandosi un illecito diritto), una importante anche se esterna conferma del piano sul quale prima di tutto Gregorio VII voleva e doveva
colpire Enrico, si ricava tenendo presenti le altre precedenti ragioni del suo
conflitto con il re: soprattutto intorno al problema della investitura laica in
riferimento alla chiesa italiana, terreno decisivo di scontro per il maturarsi

la scomunica come sanzione canonica che escludeva dal corpo della Chiesa e implicava da parte di ogni cristiano il dovere di tenersi costantemente lontano da ogni rapporto con chi ne fosse colpito, viene qui soprattutto scagliata in quanto mezzo più atto a « contradicere » ad Enrico i « gubernacula » del regno, a distrarre dal servizio del re i sudditi [12]. Questa spiegazione viene qui suffragata anche dalle motivazioni, per tanti aspetti analoghe, che accompagnano i due termini della

della rottura (cfr. C. Erdmann, *Studien zur Briefliteratur Deutschlands im elften Jahrhundert* (Schriften des Reichsinstituts für ältere deutsche Geschichtskunde, I), Stuttgart 1938, p. 280 ss.). Non direi perciò con G. B. Borino (*Cencio del prefetto Stefano l'attentatore di Gregorio VII*, in *Studi Gregoriani*, IV, Roma 1952, p. 428) che nelle trattative tra Gregorio VII ed Enrico IV nel corso del 1075 la « questione di fondo, precedente preliminare e necessaria » ai problemi suscitati dal decreto contro l'investitura laica, era « l'emendazione personale del re »; essa viene tirata sì in campo dal pontefice, ma per spiegare e colpire le sue colpe sul piano della sua politica ecclesiastica, quale si manifestava soprattutto nell'atteggiamento assunto da Enrico intorno al problema di Milano, Fermo e Spoleto, per i quali appunto scoppia la crisi; e siamo in un periodo in cui ogni vera distinzione tra sfera privata e pubblica è impossibile. Né evidentemente bastava che Gregorio VII si dichiarasse disposto a temperare il decreto sulle investiture, quando erano i diritti del re sulla chiesa italiana che questi vedeva messi in discussione. Il richiamo agli « horrenda scelera » del re, l'invito a liberarsi dai consiglieri scomunicati (cfr. *Reg.* III, 10, p. 263 ss.), è non tanto un invito ad emendare un costume personale di vita, quanto una spiegazione ed un ammonimento: chiarisce alla loro origine le colpe di Enrico e di tutta la sua corte nei confronti di Roma, indica la via della riabilitazione, che veniva ad essere in realtà un mutamento di indirizzo politico. Sulla formula di condanna di Enrico e sul valore primario che ha in essa la deposizione, vedi anche il recente studio di W. von den Steinen, *Canossa, Heinrich IV. und die Kirche*, München 1957, p. 59 s. Ma è, mi pare, una forzatura il ritenere, come sembra fare lo Steinen, che la scomunica venne scagliata soprattutto perché, contrariamente alla deposizione, essa era un diritto che non poteva venir contestato al pontefice: la polemica successiva alla condanna chiarisce infatti una realtà ben più complessa.

[12] Vedi inoltre sul fatto che per Gregorio VII il potere di sospendere o deporre i principi proviene al papa direttamente dall'autorità delle chiavi e non è semplice effetto della scomunica, fatto confermato appunto dalla sentenza contro Enrico, G. Martini, *Regale sacerdotium*, in « Arch. della R. Dep. Rom. di St. patria » (*ADR*), LXI (1938), p. 130. Per gli aspetti dottrinalmente rivoluzionari di questa posizione rispetto al problema delle relazioni tra *regnum* e *sacerdotium* cfr. G. Tabacco, *La relazione fra i concetti di potere temporale e di potere spirituale nella tradizione cristiana fino al secolo XIV*, Torino 1950, p. 135 ss.

condanna e dalla stessa conclusione del discorso (« ... et sic
eum ex fiducia tua alligo, ut sciant gentes et comprobent,
quia tu es Petrus et super tuam petram filius Dei vivi aedi-
ficavit ecclesiam suam et portae inferi non prevalebunt adversus eam »), che evidentemente, pur riprendendo nel verbo
(« alligo ») la formula della scomunica, va riferito per la stessa
solennità del tono alla condanna nel suo complesso e chiaramente richiama, nel versetto evangelico delle « portae inferi
non prevalebunt », il « qui contra tuam ecclesiam inaudita
superbia insurrexit » che già aveva caratterizzato Enrico, riassumendo così in termini generali l'atteggiamento particolare
del re, prima ragione della sua condanna. Con il che mi pare
è ancora una volta messo in risalto che la disposizione principale era nel testo la sospensione del re dalle sue funzioni,
che appunto per questo veniva nominata per prima, essen-
done la scomunica solo un aggravamento (cioè qualitativa-
mente, per essere sanzione canonica, pena più grave), una
più netta e precisa determinazione. Già in un caso precedente
del resto Gregorio VII aveva concretamente accennato alla
possibilità di togliere le funzioni regali ad un monarca: precisamente riguardo a Filippo I di Francia « qui non rex sed
tyrannus dicendus est » e questo ove l'interdetto minacciato
su tutto il paese non avesse ottenuto l'effetto di ricondurre
il re sulla retta via: « Quodsi nec huiusmodi districtione voluerit resipiscere, nulli clam aut dubium esse volumus, quin
modis omnibus regnum Franciae de eius occupatione adiuvante Deo temptemus eripere » [13]. E il modo per togliere il
regno ad Enrico diventa appunto lo scioglimento ai sudditi
del vincolo di fedeltà, sancito solennemente dalla proclama-
zione della scomunica; che veniva così ad essere la chiave di
volta di tutta la condanna contro il re, ma in indissolubile

---

[13] *Reg.* II, 5, p. 132. Cfr. riguardo a questa lettera la precisa illustrazione
del passo in K. HOFMANN, *Der « Dictatus Papae » Gregors VII. Eine
rechtsgeschichtliche Erklärung*, Paderborn 1933, p. 145. Non riterrei peraltro
sicuro che nella formula usata per Filippo I già si pensasse alla deposizione,
e intenderei piuttosto in quel « modis omnibus » la generica indicazione della
possibilità del ricorso a mezzi ancor più diretti, come le armi.

legame con la deposizione dal trono. I termini della condanna di Enrico vengono così a risultare la concreta applicazione di due proposizioni del *Dictatus papae* (XII. Quod illi liceat imperatores deponere; XXVII. Quod a fidelitate iniquorum subiectos potest absolvere)[14]; ossia la scomunica risulta qui il mezzo più sicuro ed esplicito per sancire l'allontanamento del re dal governo del regno[15]. E non a caso — e direi che pro-

[14] *Reg.* II, *55a*, p. 204 e 208. Com'è noto il *Dictatus papae* risulta inserito nel Registro tra due lettere del 3 e del 4 marzo 1075. Il che d'altra parte nulla significa ancora per la sua data di composizione, dal momento che esistono forti dubbi sulla possibilità di intendere il Registro come opera originale della cancelleria — formatosi cioè, se tale, per aggiunte successive —, per cui ben si può anche supporre che senza un preciso legame cronologico il *Dictatus* sia stato inserito là dove ora si trova. Tuttavia, pur rimanendo teoricamente aperta la possibilità che esso sia stato scritto contemporaneamente o anche subito dopo alla condanna di Enrico (vedi per la prima di queste soluzioni R. MORGHEN, *Medioevo cristiano*, II ed., Bari 1958, p. 140 ss.), ben più probabile sembrerebbe l'ipotesi contraria, soprattutto se il *Dictatus* va inteso come indice di una collezione canonica sui privilegi della chiesa Romana e del suo vescovo, che del resto fin dal 1059 (o forse anche prima) Ildebrando aveva chiesto a Pier Damiani (*Actus Mediolanensis*, *Op.* 5, PL, 145, c. 89); ed è ovvio pensare che di essa Gregorio VII abbia voluto fornirsi personalmente, se non già come arcidiacono, almeno fin dagli inizi del suo pontificato; inoltre la più ricca complessità che si incontra nella formulazione della condanna di Enrico (nel *Dictatus* manca ogni accenno alla scomunica del re in senso stretto) è un indizio, mi sembra, che essa è posteriore al *Dictatus* stesso. Sul *Dictatus papae* come indice di una collezione canonica vedi G. B. BORINO, *Un'ipotesi sul* «*Dictatus papae*» *di Gregorio VII*, in *ADR*, LXVII (1944), pp. 237-252 (ma non per questo mi sembra che il *Dictatus*, come sostiene G. B. Borino, perda in un certo modo di significato e di importanza, indicando anzi uno sforzo culturale ben preciso che si traduceva in impegno politico e di riforma) e K. HOFMANN, *Der* «*Dictatus papae*» *Gregors VII. als Index einer Kanonessammlung?*, in *Studi Gregoriani*, I, Roma 1947, pp. 531-537 (cfr. anche S. KUTTNER, *Liber canonicus*. *A Note on* «*Dictatus papae*» *c. 17*, in *Studi Gregoriani*, II, Roma 1947, p. 400 s.). Ma resterebbe da esaminare più precisamente la sua tradizione manoscritta nelle raccolte canoniche di poco posteriori, che, anche se non larga (cfr. la ed. cit. del *Registro* curata dal Caspar, p. 201), testimonia tuttavia che esso venne inteso come una formulazione di principio del pontefice (nel *Liber Tarraconensis* la rubrica che precede le proposizioni del *Dictatus* è «Gregorius papa VII decreta»), quale del resto era, anche se nella forma di *capitoli* di una collezione, che doveva raccogliere appunto le principali *auctoritates* riguardanti le prerogative del vescovo di Roma.

[15] Così anche sostanzialmente K. HOFMANN, *Der* «*Dictatus papae*» cit., p. 145 s. Va aggiunto peraltro che il chiarimento dei legami giuridici tra sco-

prio per la consapevolezza di ciò Gregorio così procedette —
nei confronti del re, come rilevò giustamente il Hofmann, «politischen Erfolg hatte der Papst nur mit seinem Bannspruch»[16].

Questo mi sembra chiarisca anche perché nel periodo immediatamente successivo alla sinodo di febbraio del 1076 le
lettere di Gregorio VII insistano particolarmente ad illustrare
termini e significato della scomunica del re[17], anche se si trattava di misura che, astrattamente considerata, potrebbe essere
ritenuta meno clamorosa delle altre due che l'avevano pre-
ceduta. O meglio il fatto stesso che perplessità da un lato e
chiarimenti del pontefice dall'altro vertano soprattutto sulla
scomunica scagliata contro il re, indica chiaramente che era
essa soprattutto ad essere sentita come la chiave di volta della
condanna di Enrico, la disposizione che così formulata sanzionava la sua impossibilità ad esercitare le funzioni regali e
per i sudditi di mantenersi in rapporto con lui[18]. E le stesse
giustificazioni addotte suonano, mi sembra, come indiretta
conferma della nostra tesi. Nella lettera ai fedeli tedeschi, che
è forse la più ampia giustificazione da parte del pontefice
del suo operato di fronte al re, Gregorio VII, dopo aver fatto
la storia delle sue relazioni con Enrico IV, così conclude[19]:

munica, scioglimento dal vincolo di fedeltà e deposizione non ci è dato nel
secolo XI non solo perché «prematuro», ma soprattutto perché il legame
era prima di tutto ancora di opportunità, una via tra le altre per meglio
raggiungere lo scopo, e perciò stesso nel caso concreto tanto più stretto.
Sbaglia il TONDELLI, *Il valore dell'assoluzione di Enrico IV* cit., p. 117, quando afferma riguardo alla scomunica di Enrico che «i rapporti vietati con uno
scomunicato sono quelli di ordine sacro, non quelli civili», riferendo al secolo XI una distinzione valida solo posteriormente.

[16] K. HOFMANN, *Der «Dictatus papae»* cit., p. 146.

[17] Non mi parrebbe spiegazione sufficiente vedere in ciò un riflesso del
fatto che proprio la scomunica aveva provocato in Germania lo *choc* maggiore. Se fosse solo per questo, non sarebbe perciò mancato qualche più preciso accenno alla deposizione, che del resto non era certo meno rivoluzionaria
della prima. Ma il punto è che la scomunica era non la giustificazione della
deposizione, sì l'arma canonica sicura per garantirla.

[18] È significativo al riguardo che nel *Registro* la condanna sia indicata
come «excommunicatio Heinrici regis Teutonicorum» (loc. cit., p. 270).

[19] *Ep. coll.*, 14, ed. Jaffé, p. 539. Per la datazione della lettera al maggio-
giugno 1076 cfr. K. HEIDRICH, *Die Datierung der Briefe in Bruno's Sachsen-*

« Cum igitur iniquitatem eius ad summum prodiisse vidimus, pro his causis — videlicet primum, quod ab eorum communione, qui pro sacrilegio et reatu simoniacae haeresis excommunicati sunt, se abstinere noluit; deinde quod pro criminosis actibus vitae suae poenitentiam non dico suscipere sed nec promittere voluit, mentita ea poenitentia, quam in manus legatorum nostrorum promiserat; nec non quod corpus Christi id est unitatem sanctae ecclesiae scindere non expavit — pro his, inquam, culpis synodali iudicio eum excommunicavimus; ut, quem mites non potuimus, vel severi ad viam salutis Deo adiuvante revocare valeamus, aut, si quod absit ne districtionis quidem censuram pertimuerit, mostra saltem anima negligentiae aut timoris discrimini non succumbat ». Questo elenco di ragioni (esposte, si badi, in ordine cronologico, così come si erano venute formando, e non di importanza) per le quali giustamente Enrico fu condannato, comprende in realtà tutte le motivazioni che avevano giustificato la sua complessiva condanna nel febbraio di quell'anno. Ma la più precisa conferma della sostanziale unità della condanna (nella forma che si è detto), mi pare la si ricavi soprattutto da quella prima lettera ad Ermanno di Metz che è la giustificazione canonica per dir così di essa[20]. Rispondendo infatti ad ipotetici obbiettori che sostenessero « regem non oportet excommunicari », il papa li invita « ut eos ad sanam doctrinam revocemus ad sanctorum patrum dicta vel facta ». Cita così l'*Epistola Clementis* (ma

---

krieg, in *NA*, 30 (1905), p. 126. In questa stessa lettera, poco sopra, commentando gli « horrenda scelera » del re e raccontando come egli invano l'avesse invitato a penitenza, Gregorio VII così aveva prospettato le sanzioni in cui Enrico avrebbe meritato di incorrere (p. 538): « propter quae eum non excommunicari solum usque ad condignam satisfactionem, sed ab omni honore regni absque spe recuperationis debere destitui, divinarum et humanarum legum testatur et iubet auctoritas »; qui però era una prospettiva di minaccia che Gregorio VII aveva presentato ad Enrico, ed il pontefice la ripropone proprio per dire quanto gravi erano le sue colpe per implicare la possibilità di una tale condanna. Non è un riassunto della vera condanna formulata, che certo non implicava la deposizione « absque spe recuperationis ». Comunque anche questo passo conferma che un'unica motivazione valeva a giustificare le diverse disposizioni prese contro il re.

[20] *Reg.* IV, 2, p. 293 ss.

egli: «quid beatus Petrus in ordinatione sancti Clementis populo christiano preceperit de eo, quem scirent non habere gratiam pontificis») [21], due passi di san Paolo (2 *Cor.* X, 6 e 1 *Cor.* V, 11) che prescrivevano immediatezza di condanna verso l'inobbedienza, e separazione netta dal condannato; poi soggiunge: «Considerent, cur Zacharias papa regem Francorum deposuerit et omnes Francigenas a vinculo iuramenti, quod sibi fecerant, absolverit». Si tratta cioè della presunta deposizione da parte del pontefice dell'ultimo re Merovingio. Che essa venga qui introdotta da Gregorio VII per giustificare, insieme agli altri testi, la sua condanna di Enrico, dimostra chiaramente che per lui, in quel momento (e lo sottolineo fin d'ora), essa era strettamente unitaria, e appunto perciò il precedente storico che per Gregorio VII valeva come deposizione è messo sullo stesso piano di testi che riguardano semplicemente la scomunica. Non osta a ciò che subito dopo di Gregorio Magno si dica che «reges et duces contra sua dicta venientes non solum excommunicavit sed etiam, ut dignitate careant, iudicavit», dove la frase ha non un valore di un più e di un meno, ma tende semplicemente a richiamare la stretta analogia tra quanto disposto da Gregorio Magno e l'operato di Gregorio VII. E un'altra conferma di tutto questo l'abbiamo considerando l'insistenza del pontefice, appunto fondandosi prima di tutto sulla scomunica, nel prescrivere il totale abbandono del re da parte dei suoi sudditi [22]. Dove non è solo un richiamo alla legge canonica che conta (e si ricordi che già una volta Enrico si era trovato in stato di scomunica, e non per questo il pontefice ne aveva voluto trarre così ampie conseguenze) [23] ma anche il preciso valore che a *questa* scomunica veniva dato, in funzione per dir così di antiregno. Ma un altro

---

[21] *Reg.* IV, 2, p. 294. Vedi anche l'Anmerk. 1 dell'editore.

[22] *Reg.* IV, 1, p. 291 s.; *Reg.* IV, 2, p. 293 s.

[23] Per lo stato di scomunica in cui «iuxta canones» Enrico si trovava al momento dell'ascesa al pontificato di Gregorio VII, cfr. G. B. BORINO, *Perché Gregorio VII non annunziò la sua elezione ad Enrico IV e non ne richiese il consenso (Relazioni tra Gregorio VII ed Enrico IV dall'aprile 1073 all'aprile 1074)*, in *Studi Gregoriani*, V, Roma 1956, pp. 313-343.

motivo, che costante riappare in queste lettere di Gregorio VII, è la speranza di una pronta, sollecita riconciliazione con il re. Nessun accenno per ora alla possibilità dell'elezione di un nuovo re, anzi l'invito preciso di cercar di indurre il colpevole a penitenza [24]. Riassumendo, quindi, possiamo, per quanto riguarda la prima condanna di Enrico, concludere così:

1) deposizione e scomunica sono i due termini di un'unica condanna, dettati da un unico nucleo di motivazioni, e strettamente collegati tra loro, non per necessità logica (nel senso che l'uno implichi necessariamente l'altro e viceversa), ma sì di fatto, quando la scomunica viene ad essere la disposizione garante della deposizione stessa.

2) La preoccupazione fondamentale di Gregorio VII resta la conciliazione del re. La condanna stessa anzi è presentata come lo strumento principale a promuovere un ravvedimento di Enrico e quindi il suo perdono.

3) Nessun problema quindi per ora dell'elezione di un nuovo re, nessun accenno ad un definitivo allontanamento di Enrico dal trono.

Ma ben presto la radicale opposizione dei principi tedeschi, che tendeva ad approfittare della condanna di Enrico per sostituirlo sul trono, sfruttando così la favorevole occasione per risolvere un contrasto profondamente radicato alla situazione

---

[24] *Reg.* IV, 1, p. 290 s.: « Sed quia nostri est officii homines non vitia diligere et pravis ut resipiscant resistere et impietates non homines abhorrere, auctoritate beati Petri apostolorum principis monemus vos et ut karissimos fratres rogamus, omnimodo studete illum de manu diaboli eruere et ad veram poenitentiam provocare, ut eum possimus Deo favente ad sinum communis matris nostrae, quam conatus est scindere, fraterna ducti caritate revocare, ita tamen, ut nulla fraude possit recidiva clade christianam religionem confundere et sanctam ecclesiam pedibus suis conculcare ». E del tutto imprecisato si lascia il futuro nel caso che Enrico non voglia piegarsi a questi consigli, pur riaffermando fin d'ora il diritto del pontefice ad entrare in ogni decisione futura.

tedesca e preesistente alla rottura del re con Roma[25], pose il pontefice di fronte ad un nuovo difficile problema: il controllo di un movimento che tendeva a sfuggirgli dalle mani, senza rinunciare alla posizione conciliatoria che egli voleva assumere nei confronti del re e della chiesa tedesca. Ossia si affacciava quale nuovo protagonista nel problema del regno quello che si potrebbe chiamare il terzo attore di questa vicenda, cioè i principi e i signori tedeschi, evocati e sollecitati certo dalla condanna del febbraio, ma ora in una parte attiva e diretta, che il pontefice non in questi termini si era prospettata, e della quale invece sempre più dovrà tenere conto. Posizione tanto più difficile la sua per la manifesta volontà del re, almeno nei primi tempi, di resistere apertamente al pontefice, o quanto meno di separare lo schieramento che gli si era levato contro[26]. Il « Manifesto » del settembre 1076, prima del *conventus* di Tribur, che per la prima volta accenna alla possibilità di elezione di un altro re, rappresenta appunto lo sforzo del ponte-

---

[25] Per il primo periodo del conflitto tra la feudalità tedesca ed Enrico vedi un rapido ma preciso quadro in K. JORDAN, *Heinrich IV. im Kampf mit Sachsen*, in B. GEBHARDT, *Handbuch der deutschen Geschichte*, hrsg. von H. Grundmann, I, VIII Aufl., Stuttgart 1954, pp. 250-253. Largamente testimoniato dalle fonti il proposito dell'opposizione signorile di sostituire Enrico sul trono fin dall'estate del 1076: cfr. BRUNO, *op. cit.*, c. 87 s., p. 81 s.; LAMPERTUS HERSFELDENSIS, *Annales*, ad a. 1076, ed. O. Holder-Egger, MGH, *Script. rer. Germ. in us. schol.*, Hannoverae 1894, p. 276. E al *conventus* di Tribur (ottobre 1076), che pur nato per iniziativa dei più tenaci avversari di Enrico (cfr. LAMPERTUS, *Annales*, ad a. 1076, ed. cit., p. 273), fu solo per l'opera moderatrice dei legati del pontefice e di alcuni esponenti dell'episcopato tedesco che fu evitata l'elezione di un nuovo re, demandando ad una futura assemblea del regno presieduta dal pontefice la risoluzione della questione; su Tribur, anche per una revisione della discussione storiografica al riguardo, cfr. G. TELLENBACH, *Zwischen Worms und Canossa 1076/77*, in « Historische Zeitschrift », 162 (1940), p. 317 ss. e F. BAETHGEN, *Zur Tribur-Frage*, in DA, IV (1941), p. 397 ss., che insiste giustamente sulla volontà di pace che animava Gregorio VII.

[26] *Ep. coll.*, 15, ed. cit., p. 540 s. (ai fedeli tedeschi): « ... a fidelibus sanctae ecclesiae accepimus, quod rex summopere procuret nos ab invicem seiungere suaque fraude decipere, modo per spirituales modo per saeculares personas » (ed è significativo che questa lettera è del 29 agosto, ossia di pochi giorni precedente al cosiddetto « Manifesto »). Per le bellicose intenzioni del re fino ai giorni di Tribur, cfr. J. HALLER, *Der Weg nach Canossa*, in « Historische Zeitschrift », 160 (1939), p. 243 s.

fice di proseguire nella sua linea politica, venendo *formalmente* incontro a certe esigenze dei principi, ma nulla *sostanzialmente* mutando di essa[27]. Il Haller ritiene, in riferimento al « Manifesto », che « auch eine Neuwahl dem Papst nicht unwillkommen sein werde »[28]. Ma mi sembra che in realtà Gregorio VII abbia fatto il possibile per evitarla; solo che egli l'avesse vista con un certo favore non avrebbe esitato a sceglierla senz'altro quale soluzione che più avrebbe agevolato la sua politica ecclesiastica[29]. I suoi accenni alla possibilità di eleggere un nuovo re sono soprattutto una concessione ai principi tedeschi (e molto più naturale altrimenti sarebbe stato parlarne fin dalla promulgazione della condanna) ed insieme anche uno strumento indiretto per indurre Enrico tuttora esitante a riconciliarsi.

Si può dire in sostanza che fin d'ora inizia per il pontefice quella politica di altalena tra le due parti, che si farà sempre più difficile e che caratterizzerà i suoi rapporti con la Germania fino alla seconda scomunica di Enrico[30]. La soluzione naturale di essa sarebbe stata l'auspicata assemblea, strumento di generale riconciliazione ed insieme di affermazione piena della autorità Romana. È probabile che fin dall'inizio Enrico

---

[27] *Reg.* IV, 3, p. 297 ss. Se infatti si confronta l'impostazione politica tipicamente conciliatoria alla quale con particolarissima insistenza Gregorio VII invita i suoi fedeli di Germania (è necessario mantenere verso il re un atteggiamento di misericordia prima che di giustizia, ricordando la debolezza dell'umana condizione ma anche, titolo per lui di gloria e di nobiltà, la « pia et nobilis memoria patris eius et matris ... »), con i propositi eversivi che maturavano tra la nobiltà tedesca e che dovevano essere giunti all'orecchio di Gregorio VII, il suo richiamo all'elezione di un nuovo re, messo così alla fine della lettera (ed è, non si dimentichi, la prima volta che Gregorio VII ne parla), si chiarisce come concessione estrema alle intenzioni più radicali dei principi, condizionando peraltro ogni passo in questo senso all'approvazione della Sede apostolica e al consiglio dell'imperatrice Agnese, e solo nel caso che Enrico persistesse sulle sue posizioni.

[28] J. HALLER, *Der Weg* cit., p. 252.

[29] Cfr. anche H. SIELAFF, *Studien über Gregor's VII. Gesinnung und Verhalten gegen König Heinrich IV. in den Jahren 1073-1080*, Diss. Greifswald 1910, p. 65.

[30] Vedi a questo proposito anche il mio *Pietro Igneo. Studi sull'età gregoriana*, « Studi Storici » 40-41, Roma 1960, p. 70 ss.

abbia cercato di dissuadere il pontefice dall'intervenire all'assemblea [31], e proprio per questo, visti vani gli altri sforzi, si sia deciso a scendere in Italia ed a recarsi a Canossa.

Due lettere di Gregorio VII ed il « Iusiurandum Heinrici regis Teutonicorum » annesso alla prima di queste ci informano direttamente dei termini dell'assoluzione [32]. Nella prima di esse, inserita nel *Registro* e scritta alla fine di gennaio del 1077, chiarissimo risulta lo sviluppo dei fatti. Gregorio indirizza la lettera « omnibus archiepiscopis episcopis ducibus comitibus ceterisque principibus regni Teutonicorum christianam fidem defendentibus » (ossia non come più di consueto in questi casi a tutti i fedeli « maioribus cum minoribus », ma solo a quanti più direttamente interessa il destino del regno), per informarli « qualiter rex humiliatus ad poenitentiam absolutionis veniam impetraverit et quomodo tota causa post introitum eius in Italiam hucusque deducta sit ». Dopo aver brevemente accennato alla sua partenza per la Lombardia e al mancato arrivo della scorta che doveva accompagnarlo in Germania, così prosegue: « Interim vero regem adventare certe cognovimus. Qui etiam, priusquam intrasset Italiam, supplices ad nos legatos praemittens per omnia se satisfacturum Deo et sancto Petro ac nobis obtulit et ad emendationem vitae suae omnem sese servaturum oboedientiam repromisit, dummodo apud nos *absolutionis et apostolicae benedictionis*

---

[31] *Ep. coll.*, 17, ed. cit., p. 543 (del novembre-dicembre 1076): « Quot et quantas colluctationes cum nunciis regis habuerimus, et quibus rationibus dictis eorum obviaverimus, quidquid his litteris deesse videtur, latores earum plenius indicabunt ». Vedi anche, e per l'ambasciata di Enrico, G. MEYER VON KNONAU, *Jahrbücher des deutschen Reiches unter Heinrich IV. und Heinrich V.*, Bd. II, Leipzig 1891, p. 736 ss. e n. 195.

[32] *Reg.* IV, 12, p. 311 ss.; *Ep. coll.*, 20, ed. cit., p. 545 ss.; *Reg.* IV, 12a, p. 314 s. (*Iusiurandum Heinrici regis Teutonicorum*). Per il significato storico di Canossa, anche in rapporto con le interpretazioni storiografiche moderne, cfr. R. MORGHEN, *Gregorio VII*, Torino 1945, p. 212 ss. Non servono al nostro problema le fonti narrative che ci riferiscono l'episodio, perché troppo posteriori (scritte tutte cioè dopo l'elezione di Rodolfo o addirittura dopo la condanna del 1080) e che comunque rispecchiano interpretazioni particolari che nulla aggiungono alle lettere di Gregorio VII per capire il pensiero e la condotta del pontefice a Canossa.

gratiam impetrare mereretur ». Ma rimproverandolo aspramente il pontefice « de suis excessibus ... per omnes qui intercurrebant nuntios », Enrico, « per semetipsum nichil hostile aut temerarium ostentans », si presentò a Canossa, dove nel frattempo Gregorio VII si era ritirato. Superfluo soffermarsi sulla scena tante volte rievocata del re supplice per tre giorni fuori le mura del castello. Importa piuttosto notare i termini con cui Gregorio VII prospettò l'assoluzione: « Denique instantia compunctionis eius et tanta omnium qui ibi aderant supplicatione devicti tandem *eum relaxato anathematis vinculo in communionis gratiam et sinum sanctae matris ecclesiae recepimus, acceptis ab eo securitatibus quae inferius scriptae sunt* ». E dopo aver menzionato quanti sottoscrissero alle *securitates* stesse così prosegue: « His itaque sic peractis, ut ad pacem ecclesiae et concordiam regni, sicut diu desideravimus, omnia *plenius* Deo adiuvante coaptare possimus, ad partes vestras data primum oportunitate transire cupimus ». Ossia è chiaro che l'assoluzione di Enrico avviava la soluzione del conflitto nel regno tedesco, non lo concludeva; esso doveva venir più pienamente (plenius) risolto nella prossima assemblea. « Hoc enim dilectionem vestram indubitanter scire volumus, quoniam, sicut in descriptis securitatibus cognoscere potestis, *ita adhuc totius negotii causa suspensa est, ut et adventus noster et consiliorum vestrorum unanimitas permaxime necessaria esse videatur.* Quapropter in ea fide quam coepistis et amore iustitiae omnes permanere studete scientes nos non aliter regi obligatos esse, nisi quod puro sermone, sicut michi mos est, in his eum de nobis sperare dixerimus, in quibus *eum ad salutem et honorem suum aut cum iustitia aut cum misericordia sine nostrae et illius animae periculo adiuvare possimus* ».

Prima di chiarire più da vicino questo passo conviene esaminare il « Iusiurandum Heinrici regis Teutonicorum » che nel Registro segue subito dopo la lettera, ed al quale questa fa esplicito riferimento. Esso suona così nella sua prima parte, che è quella che più qui ci interessa: « Ego Heinricus rex de murmuratione et dissensione, quam nunc habent contra me archiepiscopi et episcopi, duces comites ceterique principes regni Teutonicorum (si noti la corrispondenza perfetta fino a qui con l'indirizzo della lettera del pontefice) et alii qui eos in eadem dissensionis causa sequuntur, infra terminum, quem dominus papa Gregorius constituerit, aut iustitiam secundum iudicium eius aut concordiam secundum consilium eius faciam, nisi certum impedimentum mihi vel sibi obstiterit; quo transacto ad peragendum idem paratus ero » (nella parte successiva si impegna a non ostacolare l'andata di Gregorio VII in Germania).

L'ordine cronologico di questi testi (« Iusiurandum » di Enrico, lettera di Gregorio VII che l'accompagna e lo spiega) non ci dà evidentemente l'ordine con cui si sono svolte le cose, quando è chiaro che fu il pontefice a proporre ad Enrico quelle condizioni che egli sottoscrisse, e alle quali precisamente si accenna nel corso della prima lettera del papa. E l'alternativa da lui proposta ad Enrico fu il « facere iustitiam » secondo il suo « iudicium », o il « facere concordiam » secondo il suo « consilium ». Questo era l'aiuto che « ad salutem et honorem suum » il pontefice era disposto a dargli. Il dilemma è preciso: il problema tedesco sarà definitivamente risolto o attraverso l'istituzione di un regolare processo, in cui giudice sarà il pontefice, ma che Enrico si assume il compito di organizzare, o attraverso un generale accordo che il pontefice suggerirà secondo il suo « consilium » (ed è questo termine ben ricco e pregnante, se può corrispondere alla « misericordia » della lettera). Processo-accordo. La prima eventualità implicava evidentemente riparazione e punizione di torti, da qualsiasi parte si trovassero [ma con ampia possibilità di risultanze, che non a caso rimangono inespresse; ed è forzatura incomprensiva di questa situazione volutamente aperta, ed errore metodologico che non tiene conto del tipo di testo che abbiamo davanti, che va visto per quello che è e non nelle possibili interpretazioni e conseguenze che se ne sarebbero potute trarre più tardi, voler vedere in quel « iustitiam facere » l'assicurazione di Enrico di essere nel caso pronto a

« renoncer définitivement à la couronne »[33]; se così fosse stato evidentemente il pontefice ne avrebbe fatto esplicita parola ai Sassoni, come di cosa che più di ogni altra poteva evitargli e malumori e sospetti e nuovi pericolosi sviluppi della situazione tedesca: parlerà invece di « eum (scil. " Heinricum ") ... aut cum iustitia aut cum misericordia ... adiuvare », che non mette certo avanti la possibilità di una nuova condanna del re — troppo sottile e modernamente ecclesiastico diverrebbe il significato di « adiuvare »]. La seconda eventualità contemplava una pace generale, fuori da ogni schema coercitivo[34]. Enrico accettò queste alternative nel suo giuramento (ed era già un rimettersi nelle mani di Gregorio VII, ma in posizione di evidente collaborazione, quando ancora rimaneva aperta la scelta delle due diverse strade possibili, che solo le circostanze avrebbero potuto indicare).

Del « Iusiurandum » la lettera di Gregorio VII rappresenta l'illustrazione ed il commento, ma, non si dimentichi, ad uso prima di tutto degli oppositori più convinti di Enrico: perciò la cura di precisare che la questione è ancora aperta, che nessun impegno particolare lega il pontefice al re, anticipando già ora quelle più ampie assicurazioni che seguiranno nella seconda lettera canossiana, scritta da Gregorio VII questa volta a tutti i fedeli tedeschi[35]. Già il ripetere che Gregorio VII fa in essa all'inizio delle ragioni che gli impedirono di raggiungere la Germania (il mancato invio della scorta promessa), per cui, proprio approfittando di questa forzata

---

[33] Così H.-X. ARQUILLIÈRE, Saint Grégoire VII. Essai sur sa conception du pouvoir pontifical, Paris 1934, p. 172.

[34] Nella condanna del 1080 Gregorio VII ripeterà la formula, ma mutandola, ossia il diretto fattore della « iustitia » o della « concordia » diviene il papa in persona (Reg. VII, 14a, p. 484): « Et haec ideo detinui, ut inter eum et episcopos vel principes ultramontanos ... iustitiam facerem vel pacem componerem ... »; si spostava così, e non direi solo su di un piano formale, il peso della frase del Iusiurandum, ma confermando, mi pare, in questo modo, indirettamente, il valore di impegno attivo che essa aveva implicato per Enrico. Per il significato della formula cfr. anche D. SCHÄFER, Consilio vel iudicio = mit minne oder mit rechte, in « Sitzungsberichte der kgl. preussischen Akademie der Wissenschaften », Berlin 1913, p. 724 ss.

[35] Ep. coll., 20, ed. cit., p. 545 ss.

interruzione nel suo viaggio, Enrico poté raggiungerlo a Canossa, è indice, mi sembra, del fatto che questa seconda lettera fu scritta soprattutto a risposta delle numerose voci di malcontento che dovevano essere pervenute fino a Gregorio VII. E perciò ancora una volta ripete che « victi eius humilitate et multimodae penitudinis exhibitione, ab anathematis vinculo absolutum, in gratiam communionis eum recepimus »; riaffermando peraltro « *de cetero nichil secum statuentes, nisi quod ad cautelam et honorem omnium vestrum fore putavimus* ». E con preciso intento direi di prospettare la difficoltà della sua situazione, ed insieme la sua ferma volontà di non giungere ad intese unilaterali con il re, soggiunge subito dopo: « Cumque Langobardorum episcopi, totius negocii summam ad communem conventum et prudentiae vestrae consultationem reservatam esse, cognoscerent, nec de suis culpis ea quam sperabant impunitate absolutionem consequi potuissent, quantam superbiam quantosque maliciae conatus contra nos adorsi sint, ad dicendum quidem triste, ad audiendum est abhominabile ». E riafferma ancora la sua volontà di recarsi comunque in Germania.

Mi sembra che da questi testi di Gregorio VII che abbiamo ampiamente citato si ricavi che, a Canossa, Enrico fu semplicemente, secondo la sua stessa richiesta (non si dimentichi che egli domandò « absolutionis et apostolicae benedictionis gratiam ») [36], assolto dalla scomunica; formale reintegra-

---

[36] *Reg.* IV, 12, p. 312. Ancora più esplicito al riguardo *Reg.* VII, 14*a*, p. 484: « Heinricus ... in Longobardiam veniens absolutionem ab excommunicatione quaesivit ». Non vi è cenno di una richiesta di Enrico di formale reintegrazione nelle sue funzioni regali e di ristabilimento del vincolo di fedeltà dei sudditi. E questo per evitare forse un pericoloso precedente col riconoscere al papa una autorità che toccava direttamente il potere regale, ma certo anche per la consapevolezza che era la scomunica la disposizione che garantiva l'efficacia della sua condanna. Ogni altra illazione sulle trattative che avrebbero avuto luogo a Canossa, tipo quelle del TONDELLI, *Il valore* cit., p. 113, è leggenda. Il fatto inoltre che Gregorio VII, nella sua lettera ai fedeli tedeschi, limiti all'assoluzione dalla scomunica la richiesta di Enrico, assoluzione che egli concesse, è un indizio di più che così veramente si svolsero le cose; se infatti maggiori fossero state le pretese del re, e Gregorio le avesse in parte rifiutate, egli, scrivendo all'opposizione tedesca, e per di più già in

zione sul trono non ci fu e per questo il pontefice poté esprimersi come si espresse nella sinodo del 1080: se essa veramente ci fosse stata, come suppone il Fliche, non avrebbe avuto senso parlare di una « causa tota suspensa », di una « totius negocii summa ad communem conventum et prudentiae vestrae consultationem reservata » [37]. Ma l'importante è stabilire quale significato e quali conseguenze portava questa assoluzione, in quale ambito si muoveva, da quali principi e giustificazioni partiva. E mi sembra che a chiarirla pienamente contino in primo luogo i termini della condanna del 1076, ed il lavorio di giustificazione e di chiarimento che la seguirono. Ma anche i fatti nuovi che si erano nel frattempo verificati: la ribellione dei principi, il profilarsi dell'elezione di un nuovo re, la pretesa cioè dell'alta nobiltà di riporre la legittimità del monarca sul *consensus* e sullo stretto controllo dei sudditi (di fatto, i grandi del regno); ed i vincoli per i

veste quasi di accusato, avrebbe ben chiaramente sottolineato questo elemento atto a più pienamente convincere i suoi alleati della sua buona fede e della sua resistenza alle richieste di Enrico; che egli del resto ha cura di sottolineare particolarmente, ma senza tuttavia — appunto perché non vi fu — poter rilevare alcun suo esplicito rifiuto alle domande del re.

[37] *Ep. coll.*, 20, ed. cit., p. 545 s. Appunto come semplice assoluzione dalla scomunica i Sassoni intesero Canossa, ma essa non fu vista quale primo passo per una pacificazione più ampia; e ignorando l'impegno all'assemblea ne distorsero in pieno il significato, volendo vedere in quell'assoluzione un atto senza rilevanza per il problema del regno, che sarebbe rimasto pienamente aperto: « Cumque illa anathematis absolutio per epistolam vestram nobis innotesceret, de sententia regni, quae in eum processit, nichil mutatum esse intelleximus, sed ne nunc quidem, si mutari possit, intelligimus. *Absolutio illa iuramentorum qualiter cassari possit nullo modo percipere valemus.* Sine sacramentorum autem observatione regiae dignitatis officium nequaquam administrari potest. Ergo cum iam ultra anni terminum sine rectore essemus, in locum, de quo praevaricatus est ille, alius principum nostrorum electione subrogatus est » (BRUNO, *op. cit.*, c. 108, p. 97). E questo con l'avocazione a sé di precisi diritti concorrenti con l'ambito concesso al papa nel decidere del destino del regno. Infatti non siamo davanti, con la lettera dei Sassoni, ad una sorta di interpretazione obiettiva di Canossa (così invece il TONDELLI, *Il valore* cit., p. 119), ma bensì ad una presa di posizione politica e polemica insieme, quasi di avvertimento al pontefice che solo entro quei limiti essi potevano essere d'accordo con lui ed accettare il suo intervento; ed è al riguardo estremamente significativo il loro rifiuto che Gregorio VII potesse reintegrare i sudditi nel giuramento di fedeltà.

quali Gregorio VII si sentiva legato all'opposizione tedesca, attraverso le trattative di Tribur ed il compromesso che ne era seguito. Ossia da un lato, assolvendo Enrico dalla scomunica, il pontefice toglieva di mezzo non solo la chiave di volta della sua condanna, ma anche la disposizione che doveva essa direttamente garantire l'allontanamento del re dal trono. Proprio per il modo con cui la scomunica era stata formulata, per le intenzioni che la sottintendevano, per l'accoglienza che aveva avuto, automaticamente, una volta tolta di mezzo, Enrico avrebbe *di fatto*, consapevole e consenziente il pontefice, ripreso le sue funzioni regali [38]. Che non ci fosse questione per Enrico di rimanere nel rango di privato cittadino, lo dimostra chiaramente già il testo del « Iusiurandum » sottoscritto a Canossa, dove è lui a proporsi l'alternativa del fare « iustitiam » o « concordiam » — e sia pure lasciando sempre al pontefice, all'interno delle due soluzioni, la posizione di supremo arbitro —, ed è lui insieme ad offrire la garanzia sua « et eorum quos constringere potero » che nessun ostacolo verrà posto ad un eventuale viaggio di Gregorio VII in Germania; dove è chiaro che questi gli riconosce il diritto di avere fedeli e di esercitare la forza, in connessione evidentemente con la ripresa delle sue funzioni regali [39]. E tutto l'atteggia-

---

[38] Di questo del resto si dimostrarono pienamente avvertiti i Sassoni, quando, pur dando di Canossa l'interpretazione restrittiva che si è vista, ne elevarono ampia protesta — in contraddizione con se stessi se si doveva vedere in essa una semplice assoluzione di carattere religioso — per non essere stati consultati e per aver così Enrico riavuto larga possibilità di loro nuocere: « Pro quo labore hunc fructum recepimus, quod ille, qui cum periculo animarum nostrarum vestigia pedum vestrorum adorare compulsus est, absque nostro consilio et sine correctione absolutus ad nocendum nobis libertatem recepit » (BRUNO, *op. cit.*, c. 109, p. 97).

[39] Altro fatto che susciterà le rimostranze dei Sassoni, vedendovi essi un riconoscimento da parte del pontefice dell'autorità di Enrico; cfr. BRUNO, *op. cit.*, c. 108, p. 98 (passo cit. a n. 5, p. 258); c. 110, p. 100 s.: « Et o utinam de sua sociorumque eius flagitiosa fallacia adhuc satis edoctus fuissetis! Nolite, carissime domine, nolite amplius ad irrisionem sancti nominis vestri huiusmodi homines mulcere et post tam frequentes repulsas turpesque deceptiones iterum atque iterum atque iterum ducatum ab eis quaerere ». Ancora una volta fuori luogo il TONDELLI, *Il valore* cit., p. 119, quando osserva, riferendosi a queste proteste, che i Sassoni « dimenticano che Enrico, anche

mento del pontefice nei confronti di Enrico, il suo ricorrere a lui per l'organizzazione dell'assemblea, confermano questa interpretazione. Senonché la vicenda non era chiusa, né Gregorio VII poteva e voleva considerarla tale: glielo avrebbe impedito l'opposizione tedesca, che affermava esplicitamente i suoi diritti, e del resto egli stesso ravvisava nella grande assemblea del regno il mezzo più atto per concludere felicemente il problema tedesco e la pace nella Chiesa, per affermare solennemente l'autorità di Roma, unica garanzia per un proseguimento a fondo della riforma ecclesiastica (e questo chiaramente dimostra che non è che a Canossa Gregorio abbia voluto risolvere il problema religioso, lasciando ancora aperto quello politico [40]: queste distinzioni non erano nell'animo suo né presentavano un senso nella sua concezione delle funzioni pontificali). Da ciò le *securitates*, le assicurazioni del pontefice ai fedeli tedeschi di voler procedere oltre solo con il loro consiglio, di non aver nulla deciso con il re che non fosse « ad cautelam et honorem omnium vestrum », che non tenesse conto cioè delle loro giuste pretese, dei loro diritti. Ma in una chiara prospettiva di riconciliazione, di piena riassunzione da parte di Enrico di tutte le sue funzioni regali [41]. È a questa prospettiva appunto che l'alta nobiltà volle

non riconoscendogli un'autorità di diritto, aveva una potenza di fatto »; Gregorio VII non era uomo, e lo aveva già più volte dimostrato, da piegarsi a considerazioni puramente di questo tipo; e il suo atteggiamento acquista perciò il valore di un riconoscimento più sostanziale delle funzioni di Enrico, che sarebbe errato misconoscere.

[40] Così H.-X. ARQUILLIÈRE, *Saint Grégoire VII* cit., p. 172: « D'autre part, il a séparé nettement, plus qu'il ne l'avait jamais fait, l'aspect religieux et l'aspect politique du problème. A Canossa, il n'a voulu résoudre, il l'a dit et répété, que la crise de conscience dans laquelle se débattait son royal pénitent ».

[41] Cfr. al riguardo anche W. VON DEN STEINEN, *Canossa, Heinrich IV. und die Kirche* cit., p. 74 s.: egli mette giustamente in rilievo che Enrico con questo giuramento accettava il papa « in Reichsfragen als souveränen Schiedsrichter ... Heinrich war König auf Bewährung ». Ma va anche rilevata questa prospettiva di definitivo accomodamento che si delinea a Canossa, che spiega la fretta dell'opposizione sassone nell'eleggere Rodolfo ed insieme la riluttanza che Gregorio dimostrerà a rompere nuovamente con Enrico pur nella mutata situazione.

sottrarsi eleggendo Rodolfo e prima del ritorno di Enrico in Germania [42]. Ed il pontefice, proprio perché con Enrico il problema non era stato chiuso, perché non completa era stata la sua riabilitazione, poté considerare Rodolfo come pretendente, rifiutarsi, come gli veniva chiesto, di scomunicarlo, prima di averne sentita la giustificazione [43], e trovare anzi in ciò una ragione di più per reclamare la riunione dell'assemblea per esercitare un supremo, duplice arbitrato. Ma questo è un capitolo di storia diverso. Resta da aggiungere che su questa strada il problema del regno, connesso con la deposizione definitiva dell'uno ed il riconoscimento dell'altro re, veniva sempre meglio acquistando da un lato una sua autonomia di configurazione giuridica (come fatto nel quale direttamente i grandi del regno dovevano mettere mano) mentre da parte del pontefice la sua soluzione diveniva conseguenza diretta delle sanzioni ecclesiastiche (scomunica) che egli sarebbe stato chiamato a dare per uno dei due pretendenti tenendo conto della loro obbedienza verso Roma, e divenendo perciò la scomunica la disposizione decisiva al riguardo, in un legame per dir così più logico e non solo pratico, come nel 1076: per

---

[42] Cfr. LAMPERTUS, *Annales*, ad. a. 1077, p. 301; e l'Annalista, *Annales,* ad a. 1077, p. 291.

[43] Cfr. BONIZONE, *Liber ad amicum*, lib. VIII, ed. cit., p. 611. Giustamente il MARTENS, *Gregor VII.*, Leipzig 1894, p. 151, osserva che anche questa testimonianza — pur rimanendo in dubbio se domanda di Enrico e risposta di Gregorio siano state date nei termini offertici da Bonizone — è un'ulteriore prova « dass Gregor bei Rudolfs Erhebung unbeteiligt gewesen. Denn wie hätte sonst der Papst den in Forchheim Erwählten zur Rechenschaft ziehen können? ». Si veda del resto l'esplicita testimonianza del pontefice stesso, *Reg.* IX, 29, p. 613: « Verum illud amodo vestrae dilectioni notificare non dedignamur Deo teste Rodulfum, qui rex ab ultramontanis ordinatus est, non nostro praecepto sive consilio regnum tunc suscepisse; insuper etiam nos in synodo decernentes firmavisse, nisi archiepiscopi et episcopi, qui illum ordinaverant, hoc factum suum recte defendere potuissent, tam ipsos a dignitatibus suis quam et praefatum Rodulfum a regno deponere ». Troppo categorica mi sembra peraltro la conclusione del Martens, nel suo del resto preciso esame della posizione di Gregorio VII di fronte all'elezione di Forchheim, che, fondandosi su queste affermazioni del pontefice e trascurando qui l'equivoca presenza di suoi legati a quell'assemblea, scrive: « Die Wahl fand also statt ohne Wissen, gegen den Wunsch, ohne alle Beteiligung oder Zustimmung des Papstes » (*Gregor VII.* cit., p. 149).

cui la deposizione poteva sì teoricamente essere precedente alla scomunica e non implicarla, ma la scomunica presupponeva consequenziariamente la decadenza dal trono. Non è a caso che nella seconda condanna di Enrico la scomunica preceda la deposizione (che si sente appunto il bisogno di ripetere), e segua il riconoscimento e la legittimazione di Rodolfo « quem Teutonici elegerunt sibi in regem » [44]. In tutto questo procedere certo avevano avuto peso notevole le prese di posizione dell'alta nobiltà riguardo al problema del regno, i fatti che le avevano punteggiate, ma anche l'ampio lavorio canonistico che si veniva promovendo in quegli anni. Di tutto ciò la seconda scomunica di Enrico rappresenta per dir così un punto di arrivo. E a voler cercare, schematizzando, di sceverare gli elementi che entrano in essa vi si può notare:

1) La inequivocabile affermazione del primato del *Sacerdotium* e in esso di Roma su qualsivoglia potestà temporale [45].

2) L'affermazione perciò del diritto e del dovere insieme del pontefice di scomunicare e deporre imperatori e re, sciogliendo dal vincolo di fedeltà i sudditi, non altrimenti che i fedeli nei confronti dei vescovi, e di « concedere » ad altri « potestatem et dignitatem regiam ».

3) Il riconoscimento dell'elettività del sovrano. Ossia una volta deposto e scomunicato il re colpevole i sudditi ne possono eleggere uno nuovo.

Su quest'ultimo punto soprattutto fece leva l'opposizione dei principi, ed è qui che forse si può anche notare un confluire di posizioni diverse. Abbiamo già osservato come dopo la scomunica del febbraio 1076 Gregorio VII si prospettò l'elezione di un nuovo re più per venire incontro e frenare la nobiltà tedesca che per suo esplicito desiderio, e chiaramente affermando il diritto della Sede apostolica di esaminare il candidato, di approvarlo, o respingerlo, entrando perciò direttamente, e con diritto di decisivo arbitrato, non di semplice

---

[44] *Reg.* VII, 14a, p. 486.
[45] *Reg.* VII, 14a, p. 487.

conferma, nella sua intronizzazione; anche l'osservanza di quel diritto di designazione, o quanto meno di partecipazione alla scelta di un nuovo sovrano, che era stato riconosciuto all'imperatrice Agnese dai grandi del regno, rimaneva sempre sottoposto a quello supremo della Sede apostolica [46]. La feudalità tedesca invece si sentì del tutto libera dopo lo scioglimento dal vincolo di fedeltà, tendendo a non riconoscere al pontefice un diritto di arbitrato in questa forma e negandogli insieme la possibilità di reintegrare i sudditi nel giuramento di fedeltà da cui erano stati sciolti [47]; al più gli riconoscevano un diritto di conferma di ciò che essi sul futuro del regno avessero deciso (il che nel caso concreto si sarebbe tramutato in decisivo appoggio politico nei loro confronti). Da questa posizione nacque Forchheim, dove la presenza dei legati papali — e forse anche una non chiara loro posizione al riguardo — venne tendenziosamente interpretata dall'alta nobiltà come una « confirmatio » da parte del pontefice di quell'ele-

[46] Per il giuramento prestato ad Agnese dai grandi del regno cfr. *Reg.* IV, 3, p. 299; cfr. W. BERGES, *Gregor VII. und das deutsche Designationsrecht*, in *Studi Gregoriani*, II, Roma 1947, p. 193 s. Vedi anche G. WAITZ, *Deutsche Verfassungsgeschichte*, Bd. VI, III Aufl., Graz 1955, p. 279 s.

[47] BRUNO, *op. cit.*, c. 108, p. 97 (il passo è cit. alla n. 37 di p. 276). Che Gregorio VII si riconoscesse il diritto anche di reintegrazione è indicato chiaramente, e sia pure in forma negativa, nella sua seconda condanna di Enrico IV: «...nec fidelitatem omnium, qui sibi iuraverant vel erant iuraturi, a qua omnes absolvi in eadem synodo, ut sibi servaretur, praecepi» (*Reg.* VII, 14a, p. 484). Per quanto riguarda il rapporto tra scioglimento dal vincolo di fedeltà, deposizione e scomunica (che pur essendo saldamente fissato da Gregorio VII non è ancora chiaramente stabilito nei suoi termini giuridici), e la letteratura gregoriana a riguardo, cfr. K. HOFMANN, *Der « Dictatus papae »* cit., p. 150 s.; egli osserva giustamente come esso fosse « eine selbständige politische Massnahme, die dann nach Aufhebung des Bannes noch weiter bestehen konnte » (p. 151). È interessante notare che la disposizione della sinodo di quaresima del 1078 che stabiliva lo scioglimento dal giuramento di fedeltà nei confronti di scomunicati (*Reg.* V, 14a, nr. 15, p. 372) solo nella collezione di Deusdedit, ossia dopo Gregorio VII, porta l'aggiunta « quousque ad satisfactionem veniant » (V. WOLF VON GLANVELL, *Die Kanonessammlung des Kardinals Deusdedit*, lib. IV, c. 185, Paderborn 1905, p. 491), dove esso viene ad assumere così quel carattere accessorio che non sempre riveste per Gregorio VII, come necessaria conseguenza della scomunica e limitato nella sua durata.

20

zione [48]. Ma essa, oltre ad ignorare i termini dell'assoluzione di Canossa e l'impegno per la progettata assemblea, scavalcava i diritti che il pontefice aveva affermato come suoi propri nell'eventuale elezione di un nuovo re, mettendolo di fronte al fatto compiuto [49], con la pretesa peraltro di ottenere il suo immediato appoggio. Il persistere di Gregorio VII nel pretendere la convocazione di un'assemblea, con un'accentuazione anzi del suo diritto di arbitrato sul problema del regno tedesco, chiarisce, come si è visto, i tre anni seguenti. Ma la scomunica del 1080 sanzionerà il fatto compiuto, limitando, nell'elezione ed incoronazione del re, l'intervento del pontefice a successiva conferma; anche se essa nella mente di Gregorio VII rappresentava l'applicazione di quel diritto di supremo arbitrato tra i due contendenti, che egli aveva chiaramente enunciato già nell'inviare le sue prime disposizioni ai legati Romani dopo l'elezione di Forchheim [50].

[48] Cfr. W. MARTENS, *Gregor VII.* cit., p. 155 ss. (ma vedi anche n. 43 a p. 279).

[49] Anche a voler ritenere che l'atteggiamento dei legati a Forchheim e soprattutto la loro presenza all'incoronazione di Rodolfo a Magonza, si sia prestata ad equivoci, apparendo una sanzione della Sede apostolica all'elezione del nuovo re, è evidente che comunque si era ben lontani nel succedersi di quei fatti da quanto Gregorio VII aveva preteso per sé nel caso che ad una nuova elezione si fosse dovuto procedere: non solo l'impegno di osservare e rispettare la disciplina ecclesiastica stabilita da Roma, che pur Rodolfo giurò (cfr. G. MEYER VON KNONAU, *Jahrbücher* cit., II, p. 366, n. 3), ma anche, perché la « apostolica auctoritas » potesse « firmare » e « corroborare » la « novam ordinationem », la tempestiva segnalazione del « negotium », della « persona » e dei « mores eius »; ed è da credere che il pontefice reclamasse un esame precedente all'intronizzazione del candidato, dal momento che richiedeva di essere consultato « de inventa persona ad regni gubernacula » non appena fosse chiara la necessità di sbarazzarsi definitivamente di Enrico (cfr. *Reg.* IV, 3, p. 299).

[50] *Reg.* IV, 23, p. 335. Per il valore che assume l'espressione « confirmare », « firmare », « corroborare » in Gregorio VII, cfr. E. SÖHNGEN, *Die Bestätigung der deutschen Königswahl durch Papst Gregor VII.*, Diss. Münster 1936, p. 33 s., che giustamente osserva « dass (Gregor VII.) seine Konsenserklärung als staatsrechtlich relevante conditio sine qua non auffasste »; ma rimane del tutto ipotetica la sua affermazione che le pretese di Gregorio VII sul regno tedesco non fossero altro che un ricalco dei diritti imperiali nell'elezione pontificia (p. 61 s.).

Ma tuttavia in questo modo i diritti della nobiltà nell'elezione del sovrano trovavano ampio spazio per esercitarsi, nell'abbandono da parte del pontefice, se non formalmente, certo di fatto, di alcune sue rivendicazioni precedenti nei confronti dell'elezione di un nuovo re. E se dopo la morte di Rodolfo ancor più recise saranno le pretese del pontefice nell'elezione di un nuovo re [51], segno che per lui nella sanzione del fatto compiuto di Forchheim non andava ravvisata alcuna rinuncia, tuttavia su di una linea più moderata, cioè di sostanziale riconoscimento dei diritti dei sudditi, si muoveranno i più tardi esegeti gregoriani del problema del regno [52]: ai sudditi il riconoscimento di una loro parte autonoma, di un loro diritto anche indipendente in certi casi dalla Sede apostolica, alla quale spetterebbe solo una sanzione suprema, l'indicazione tutta generale e generica per dir così di una linea di condotta, al più una successiva *confirmatio* tale da rendere valide le loro decisioni.

[51] Cfr. G. WAITZ, *Deutsche Verfassungsgeschichte* cit., p. 238; cfr. anche E. SÖHNGEN, *Die Bestätigung* cit., p. 35 s. Per l'elezione ad antiré di Ermanno cfr. G. MEYER VON KNONAU, *Jahrbücher* cit., III, p. 417 ss. e p. 462, n. 126.

[52] Sono note al riguardo le ardite affermazioni di MANEGOLDO DI LAUTENBACH, *Ad Gebehardum liber*, c. 30, ed. K. Francke, *MGH, Libelli de lite*, I, Hannoverae 1891, p. 365. Ma vedi nella stessa direzione, che riconosce ai sudditi « ut liberi homines » il diritto di respingere un re ingiusto « absque sedis apostolicae iudicio », anche PAOLO DI BERNRIED, *Gregorii P. P. VII Vita*, c. 97, ed I.M. Watterich (*Pontificum Romanorum ... Vitae*, t. I), Lipsiae 1862, p. 531 s.

« ECCLESIAE PRIMITIVAE FORMA »

Nella riforma gregoriana che è, nella coscienza dei suoi fautori, opera di restaurazione di un costume e di una disciplina corrispondenti alla tradizione apostolica e patristica, ritorna frequente, quasi punto di riferimento ineliminabile, il ricordo della chiesa primitiva, di quella vita aurorale di cristianesimo formatasi attorno agli apostoli, in una comunità ancora esigua, ma perfetta per la reciproca carità dei suoi membri. Nel ricorrente passo degli *Atti degli apostoli* sulla chiesa di Gerusalemme (*Act.* IV, 32-35, soprattutto, ma anche II, 44-47) viene individuato l'autentico esempio di un'esatta attuazione comunitaria dell'insegnamento di Cristo: « Multitudinis credentium erat cor unum et anima una; nec quisquam eorum, quae possidebat, aliquid suum esse dicebat, sed erant illis omnia communia ... Neque enim quisquam egens erat inter illos; quotquot enim possessores agrorum aut domorum erant vendentes adferebant pretia eorum quae vendebant et ponebant ante pedes apostolorum; dividebatur autem singulis prout cuique opus erat ».

Estremamente semplice e quasi ovvio, chiaro ed essenziale nei particolari, risulta il passo degli *Atti*, pur nella peculiarità della situazione che presenta: un quadro pacifico e concluso di perfetta comunità cristiana [1]. Ma la sua forza di

---

[1] Per il significato puntuale di questi cosiddetti « sommari » ed i diversi problemi redazionali ed esegetici ad essi connessi, cfr. tra gli altri, L. CERFAUX, *Les Actes des Apôtres*, in A. ROBERT - A. FEUILLET, *Introduction à la Bible*, t. II, Tournai 1959, p. 341 e 354 s.; E. HAENCHEN, *Die Apostelgeschichte*, « Kritisch-exegetischer Kommentar über das Neue Testament », begründet von H. A. W. Meyer, Göttingen 1956, p. 157 ss. e 191 ss.; P. BENOIT, *Remarques sur les « sommaires » de Actes 2. 42 à 5*, in *Aux sources de la tradition chrétienne. Mélanges ... M. Goguel*, Neuchâtel-Paris 1950, pp. 1-10;

evocazione spirituale ed insieme la varietà originaria dei suoi
significati esemplari sta proprio nelle diverse possibilità di
lettura che esso porta in sé, perché se da un lato era una
realtà eccezionale che veniva tramandata, per essere a Gerusalemme, e opera degli apostoli, e all'indomani dell'Ascensione
di Cristo e della Pentecoste, d'altra parte, ad essere prospettata, era pur sempre una scelta di tutti, di tutti gli appartenenti a quella comunità ecclesiale; una scelta perciò che inci-
deva su di un piano non solo individuale ma anche collettivo,
e offriva quindi una possibilità di riferimenti esemplari anche
in questo senso. Sta in ciò la prima origine dei complessi problemi di ecclesiologia e di interpretazione storica che il suo
ricordo fu capace di suscitare: quando da punto di riferimento fondamentalmente esistenziale, evocatore cioè di uno
stato di perfezione riservato alla scelta eccezionale di pochi
eletti — i pochi eletti della comunità di Gerusalemme, gli
altri pochi che ad essi nel corso dei secoli avevano aspirato
richiamarsi —, la *forma primitivae ecclesiae*, la *vita ad instar
primitivae ecclesiae* divenne una pietra di paragone su cui
misurare la realtà dottrinale e disciplinare della Chiesa, ed
insieme un mito, un'idea-forza da realizzare praticamente al
di fuori di un troppo limitato contesto istituzionale. Indissolubilmente intrecciato, quasi a fare un tutt'uno, al tema della
vita vere apostolica, esso costituisce anche, almeno ad un certo
momento della sua storia gregoriana, qualcosa di più complesso e di diverso, nella misura in cui tocca più direttamente,
già per i termini stessi con cui si presentava alla memoria
cristiana, gli aspetti strutturali della Chiesa, i modi cioè con

H. CONZELMANN, *Die Apostelgeschichte*, « Handbuch zum Neuen Testament »,
VII, Tübingen 1963, p. 31 s., 38 s. (per un rapido profilo di storia dell'esegesi degli *Atti*, del tutto insufficiente per il Medioevo, ma abbastanza preciso
per l'età contemporanea, vedi comunque W. BIEDER, *Die Apostelgeschichte in
der Historie. Ein Beitrag zur Auslegungsgeschichte des Missionsbuches der
Kirche*, « Theologische Studien » 61, Zürich 1960, pp. 63). Suggestive osservazioni sulla portata originaria di questo passo degli *Atti* e sul suo significato
nella storia della spiritualità cristiana in J. SUDBRACK, « *Die Schar der Gläubi-
gen war ein Herz und eine Seele* » (*Apg. 4, 32*), in « Geist und Leben », 38
(1965), pp. 161-168.

cui si manifesta la sua presenza nel mondo, investendo così
anche il problema della sua duplice natura di società storica
e soprannaturale, propagatrice e custode dei carismi divini e
del deposito rivelato. Ed è richiamo perciò, questo alla chiesa
primitiva, che tra XI e XII secolo si dilata a realtà via via
diverse, attuandosi con una varietà di accenti e di toni e di
implicazioni teologiche, spie anch'esse del profondo rinnovamento rappresentato nella vita, nell'organizzazione e nelle prospettive della Chiesa dal lungo e doloroso travaglio dell'età
gregoriana.

Non fu certo allora la prima volta — né l'ultima — che
il tema della chiesa primitiva costituì un punto di convergenza
ed insieme un modo di espressione per le forze di rinnovamento che premevano all'interno del corpo ecclesiastico: ma
fu certo per molti aspetti — per i confini che assunse, per
le possibilità ed alternative che mise in luce — un momento
grande e privilegiato nella storia del suo mito. Ciò che esso
allora fu chiamato ad esprimere fu non l'utopistico sogno di
pochi pensatori solitari, ma le idealità concrete, le scelte collettive e precise, che cercavano di farsi luce all'interno di
quella drammatica frattura, creatasi progressivamente nella
vita sociale, tra la sua tradizione culturale, pur sempre prevalentemente cristiana, e le sue strutture reali, esistenziali, che
troppo poco di quella tradizione riuscivano ad inglobare e far
proprio. La risposta a questo problema si racchiuse nel grande
tema del ritorno alle origini; un tema anche sociologicamente
fascinoso, perché offriva una risposta in primo luogo vitale,
perché indicava una scelta concreta: ma ricca insieme — e
consapevolmente ricca — di tutta una serie di riflessi sul
piano teologico, dogmatico e pastorale, e accompagnata, nel
suo farsi, da un ampio lavoro di approfondimento su questo
stesso piano che doveva via via precisarne e limitarne senso,
direzione, portata. In effetti, nella riforma gregoriana — ed
in genere, direi, nei periodici soprassalti di rinnovamento che
scandiscono la storia della Chiesa —, i fatti fondamentali non
si misurano sul sorgere di formulazioni anche nuove e diverse
rispetto al passato — che pur non mancano —, né si riducono

al maturarsi di tentativi, assaggi, esperimenti di vita cristiana, proiettati su realtà sociali in movimento, ma risultano piuttosto dal comporsi in equilibrio diverso, via via sempre più stabile, degli antichi dati che il deposito della memoria cristiana veniva consegnando al presente. In questa operazione chimica che sempre si rinnova con diverse graduazioni degli stessi elementi fondamentali sta forse per lo storico della Chiesa la maggior difficoltà di comprensione e di giudizio: per cogliere, nelle formule che si rincorrono sempre uguali — che già esistono, ma quando morte nella fissità del passato che le ha prodotte, e quando vive nella memoria e nella pratica del presente? —, nell'intreccio dei testi, delle prescrizioni canoniche, delle interpretazioni storiche, lo sforzo di nuove alternative che cercano di farsi luce, l'impegno di rispondere, senza tradire il proprio passato, ai nuovi bisogni ed alle nuove istanze del proprio tempo.

Il ricordo della chiesa primitiva non era mancato naturalmente nei secoli precedenti: dall'età patristica all'alto medioevo è un susseguirsi pressoché ininterrotto di evocazioni e rievocazioni della prima comunità di Gerusalemme; ancora meno intenso, meno impegnato, forse, nella misura in cui non costituisce — e se lo costituisce è solo nell'intenzione solitaria di pochi e di singoli — uno strumento per rinnovare tutta una società. Pur sempre rilevante e significativo, tuttavia, e non solo in sé — come testimonianza importante di meditazione ecclesiologica e di spiritualità —, ma anche per capire le vicende successive, che a noi qui interessano, della riforma gregoriana: perché saranno proprio quelle antiche formulazioni ad offrire almeno una parte dei materiali per quel dibattito sulla storia, i modi di essere, le prospettive della Chiesa e sulle diverse forme di vita cristiana, che animerà e turberà, traducendosi in impegnative esperienze, lo scorcio del secolo XI e buona parte del secolo successivo.

In questa prospettiva soltanto — per delineare cioè un sommario quadro dei condizionamenti mentali che la precedente esegesi di *Act.* IV, 32-35, aveva predisposto ai riformatori gregoriani — verranno richiamati qui brevemente, e senza nessuna pretesa di completezza, alcuni dei termini fondamentali con cui il tema della chiesa primitiva appare nella cultura patristica ed altomedievale: esclusivamente latini sarano i testi presi in esame: perché di testi latini soprattutto, per non dire quasi unicamente, si nutrirà la discussione sulle origini dell'età gregoriana [2].

I due punti fondamentali della riflessione sulla chiesa primitiva in età patristica — e si tratta in realtà dei due punti fondamentali del passo degli *Atti* dai quali gli altri aspetti della vita della comunità gerosolimitana discendono quasi come inevitabili corollari — sono offerti dal tema della comunanza

[2] A puro titolo esemplificativo vedi tuttavia, per la presenza di *Act.* IV, 32-35 nei padri greci e negli scritti del monachesimo orientale (con larghe risonanze nella stessa letteratura latina), L. Th. Lefort, in *RHE*, XXXIII (1937), p. 345 s. (per Pacomio); H. Bacht, *Heimweh nach der Urkirche. Zur Wesensdeutung des frühchristlichen Mönchtums*, in « Liturgie und Mönchtum. Laacher Hefte », 2 Folge, Heft VII (1950), pp. 64-78 (dello stesso autore vedi anche *Vom Gemeinsamen Leben. Die Bedeutung des pachomianischen Mönchsideal für die Geschicte des christlichen Mönchtums*, ibidem, 3 Folge, Heft XI (1952), pp. 91-110 — ma in particolare p. 102 —, e *Pakhome et ses disciples (IVe siècle)*, in *Théologie de la vie monastique* cit., p. 66 ss.); J. Gribomont, *Le monachisme au IVe siècle en Asie Mineure: de Gangres au Messalianisme*, in K. Aland - F. L. Cross, *Studia patristica*, vol. II, Berlin 1957, in particolare p. 410, n. 1; L. Orabona, *I passi neotestamentari sulla comunione dei beni nel commento dei padri della Chiesa*, in « Annali della facoltà di lettere e filosofia. Università di Napoli », VIII (1958-59), pp. 77-100 (utile per i numerosi testi citati, anche se troppo evidentemente condizionato dalla preoccupazione di scagionarli da ipotetiche accuse di comunismo); riferimenti anche in Y. M.-J. Congar, *Les biens temporels de l'Église d'après sa tradition théologique et canonique*, in *Église et pauvreté*, « Unam sanctam » 57, Paris 1965, p. 235, n. 9. Vedi inoltre D. Sanchis, *Pauvreté monastique et charité fraternelle chez Saint Augustin. Le commentaire augustinien de Actes IV, 32-35 entre 393 et 403*, in « Studia Monastica », 4 (1962), p. 31 s. (per una possibile influenza dell'esegesi di san Basilio su Agostino), e G. B. Ladner, *The Idea of Reform. Its Impact on Christian Thought and Action in the Age of the Fathers*, Cambridge Mass. 1959, p. 341 ss. (con particolare riferimento all'imitazione della chiesa primitiva nel pensiero monastico dei padri). Vuol essere un po' una rapida storia complessiva del tema fino al XIII secolo, e si presenta perciò ricco di riferimenti e di testi, M.-H. Vicaire, *L'imitation des Apôtres. Moines, chanoines et mendiants (IVe-XIIIe siècles)*, Paris 1963, pp. 90: col grave limite tuttavia di una loro giustapposizione in qualche modo meccanica, quasi che il ripetersi dei testi e delle formule implicasse sempre la stessa prospettiva, nascesse da una realtà spirituale ed umana sostanzialmente uniforme.

dei beni conseguente alla rinuncia a possedere beni propri e dal motivo del « cor unum et anima una » in cui si individua la caratteristica fondamentale dello spirito che animava i primi cristiani. Dal nostro punto di vista presentano un particolare rilievo le prospettive esegetiche che il passo riceve ad opera di sant'Agostino e nelle *Collationes* di Cassiano.

Assolutamente fondamentale è il posto che *Act*. IV, 32-35 occupa nella meditazione ecclesiologica e pastorale di sant'Agostino [3]: esempio di una perfetta *conversio* cristiana, esso si configura insieme, e per questo, come vivida rappresentazione esistenziale della realtà profonda della Chiesa quale comunità dei credenti in Cristo illuminati ed assistiti dallo Spirito Santo; l'unità spirituale che li anima ripete, nel suo mistero, l'intima, profonda unità della Trinità divina [4]. Ma quegli « insignia initia » [5] della fede cristiana non devono rappresentare tuttavia, per i termini in cui si attuano, un fatto di eccezione [6], segnando piuttosto il primo apparire storico ed insieme la prospettiva maestra lungo cui si muove tutta la

---

[3] Vedi un elenco completo dei passi agostiniani in cui figura *Act*. IV, 32-35 in M. Verheijen, *Saint Augustin*, in *Théologie de la vie monastique* cit., p. 204, n. 13 (il Verheijen esamina appunto nel suo studio, tenuto qui particolarmente presente, l'esegesi agostiniana di *Act*. IV, 32-35). Cfr. anche Ladner, *The Idea of Reform* cit., p. 282 s., e 355 ss., e Sanchis, *Pauvreté monastique* cit., pp. 7-33.

[4] Vedi *Sancti Augustini Sermones post Maurinos reperti*, ed. G. Morin, in *Miscellanea Agostiniana*, vol. I, Roma 1930, p. 477 s.: « Ecce milia sunt animarum et ecce tot milia animae; et tamen venit in eos Spiritus sanctus, per quem diffunditur caritas in cordibus nostris. Et quid dictum est de tot animabus? ' Erat illis anima una et cor unum '. Tot animae, anima una: non natura, sed gratia. Si tot animae per illam gratiam desuper venientem factae sunt anima una, miraris quia Pater et Filius et Spiritus sanctus unus est deus? ».

[5] *De Civ. Dei*, XVIII, 5, *CC*, XLVIII, p. 654.

[6] *De Civ. Dei*, V, 18, *CC*, XLVII, p. 153 s. (dopo aver parlato dello spirito di rinuncia e di povertà dei Romani, legato alla loro sete di gloria): « Nonne omnes christiani, qui excellentiore proposito (scil. illo Romanorum) divitias suas communes faciunt secundum id quod scriptum est in actibus apostolorum, ut distribuatur unicuique sicut cuique opus est, et nemo dicat aliquid proprium, sed sint illis omnia communia, intellegunt se nulla ob hoc ventilari oportere iactantia, id faciendo pro obtinenda societate angelorum, cum paene tale aliquid illi fecerint pro conservanda gloria Romanorum! ».

realtà della Chiesa: in quanto « amatores unitatis », infatti, i
cristiani non possono non essere anche « amatores eternita-
tis », perché solo al termine finale della loro storia si realizzerà
quella piena unità che ora è frutto solo di volontà, di memoria,
di desiderio [7]. Eppure quegli inizi furono anche un fatto di
eccezione: perché mirabile fu quella *conversio*, perché grande
fu l'intervento divino che fece dei crocefissori di Cristo le
pietre vive della sua chiesa [8]; e fatto di eccezione, anche, perché frutto eminente di una « vocazione », di un diretto intervento dello Spirito che scelse e chiamò i suoi eletti.

Sono questi i due poli intorno ai quali si muove costantemente l'esegesi agostiniana di *Act.* IV, 32-35, per cui di volta
in volta la comunità di Gerusalemme si pone come prospettiva
di tutti ed insieme come realizzazione di pochi: due poli solo
apparentemente contraddittori, perché trovano nella Chiesa,
come storia della salvezza, la loro ragion d'essere e giustificazione. Da un lato perciò la prima comunità cristiana rappresenta il tipo ideale della Chiesa, il punto di riferimento per
il suo itinerario storico, lo struggente e necessario richiamo
verso tutti i fedeli [9]. Dall'altro essa resta pur sempre un invito,
un punto d'arrivo, senza diventare mai una scelta esistenziale
priva di alternative, ché troppo è vivo in Agostino il senso
dell'universalità del messaggio cristiano, ed insieme della precarietà e debolezza dell'uomo, per limitarlo ed irrigidirlo ad
un aristocratico circolo di perfetti: « Neque enim illi soli, qui
ut sint perfecti, vendunt vel dimittunt omnia sua, et sequuntur
Dominum, pertinent ad regnum coelorum; sed huic militiae
christianae propter quoddam quasi commercium charitatis su-
biungitur etiam quaedam stipendiaria multitudo, cui dicetur
in fine: " Esurivi et dedisti mihi manducare " et caetera. Alio-
quin damnandi erunt illi, quorum domos tam diligenti et solli-

---

[7] Cfr. i testi cit. in M. VERHEIJEN, *op. cit.*, p. 208 s.
[8] *Enarr. in Ps.*, CI, s. I, 15, *CC*, XL, p. 1436 s. Su questo tema, tipicamente agostiniano, cfr. D. SANCHIS, *Le symbolisme communautaire du temple
chez Saint Augustin*, in « Revue d'ascétique et de mystique », XXXVII (1961),
pp. 3-30, 137-147.
[9] Cfr. ad es., *Enarr. in Ps.*, CXXXI, 5-6, *CC*, XL, p. 1913 s.

cita cura componit apostolus, monens mulieres subditas esse
viris suis, viros diligere uxores suas; filios obtemperare parentibus, parentes filios nutrire in disciplina et correptione
Domini ... Sed absit ut istos a mandatis evangelicis alienos et
a vita aeterna separandos iudicet apostolus ...»[10].

È soltanto entro questo quadro che il passo degli *Atti* diventa anche il punto di riferimento di comunità particolari,
di scelte individuali e collettive, che si pongono su di un piano
di più aderente imitazione degli apostoli, di più integrale accettazione del messaggio di Cristo. Il «clamor propheticus»
che si era levato a Gerusalemme continua a ripetersi lungo i
secoli, per muovere gli uomini ad una scelta di perfezione[11].
Opera di grazia, però, in primo luogo, che chiama ad uno stato
di vita piuttosto che ad un altro; via di salvezza più diretta
insieme, che dal distacco anche visibile dalle cose terrene trova
un più facile mezzo per unire tutti i fratelli in Dio. La primitiva comunità di Gerusalemme diventa così il modello della
vita monastica, meglio il modello di ogni comunità — sia
di chierici, o laici o donne — che voglia porsi come comunità
di fedeli di Cristo, uniti per amore di lui[12]; il «cor unum et

[10] *Contra Faustum*, V, 9, *PL*, 42, c. 226.
[11] *Enarr. in Ps.*, LXVI, 9, *CC*, XXXIX, p. 866; CXXXII, 2, *CC*, XL, p. 1927.
[12] Per l'opera monastica di Agostino cfr. A. ZUMKELLER, *Das Mönchtum des heiligen Augustinus*, Würzburg 1950, particolarmente pp. 45 e 129 s. (per l'imitazione della comunità di Gerusalemme), e LADNER, *The Idea of Reform* cit., p. 350 ss. e 378 ss. Tra gli scritti fondamentali di questa vocazione parti- colare, vedi, oltre alla testimonianza della *Vita* scritta da Possidio (cap. 5, *PL*, 32, c. 37), il *De opere monachorum*, *PL*, 40, cc. 547-582, *CSEL*, 41, pp. 529-596; i *Sermones* 355 e 356, *PL*, 39, cc. 1568-1581 [vedi al riguardo M. VERHEIJEN, *Les Sermons 355 et 356 de Saint Augustin*, in «Recherches de Science Religieuse», XLI (1953), pp. 231-240]; l'*Epistola* CCXI, *CSEL*, 57, pp. 356-371. Per il problema dell'autenticità della cosiddetta *Regula* (nelle sue due parti di *Ordo monasterii* e di *Regula ad servos Dei* propriamente detta) prevalentemente negata dalla critica tra il 1930 e il 1940 e successiva- mente autorevolmente difesa (anche se con interpretazioni assai varie riguardo ai tempi della sua stesura e alle sue relazioni con l'*Ep.* CCXI, la cui paternità agostiniana viene ora revocata), vedi ZUMKELLER, *op. cit.*, p. 215 ss.; M. VERHEIJEN, *La «regula Sancti Augustini»*, in «Vigiliae christianae», VII (1953), pp. 27-53; A. MANRIQUE, *La vida monastica en san Agustín*, Sala- manca 1959, p. 434 ss.

anima una » degli *Atti* costituisce il motto rappresentativo di questa realtà [13].

Momento culminante e privilegiato di una società in movimento lungo la strada della salvezza, la primitiva comunità di Gerusalemme si configura perciò in sant'Agostino come immagine della Chiesa, che se avrà il suo pieno compimento solo alla fine dei tempi, rivive, tenta continuamente di rivivere anche in comunità particolari. Ma proprio per questo, per questo elemento di precarietà, che richiede un impegno continuo, che resta sempre più aspirazione che realizzazione, la scelta di virtù che la chiesa di Gerusalemme propone va ben al di là dei generi di vita che ne ripetono la strada, per ampliarsi, in qualche modo, a tutta la realtà della Chiesa militante [14].

Rigidamente ed aristocraticamente monastica risulta invece l'esegesi di Cassiano. Nelle *Collationes*, in quella che è stata chiamata l'interpretazione gerosolimitana delle origini monastiche [15], egli traccia un rapido profilo della storia della perfezione cristiana: la comunità di Gerusalemme ne costituisce il punto di partenza; in essa infatti tutti i fedeli seguivano integralmente l'insegnamento di Cristo: « Talis ... erat tunc omnis ecclesia, quales nunc perpaucos in coenobiis invenire difficile est » [16]. È una considerazione che esprime un aspetto di fondo dell'atteggiamento mentale di Cassiano, tutto volto

---

[13] ZUMKELLER, *op. cit.*, p. 123, n. 4, e, per altri riferimenti bibliografici, J. LECLERCQ, *Études sur le vocabulaire monastique du Moyen Age*, in « Studia Anselmiana » 48, Romae 1961, p. 8 ss.

[14] Cfr., tra i numerosi esempi possibili, *Enarr. in Ps.*, LXXXIII, 4, *CC*, XXXIX, p. 1149: (dopo un richiamo ad *Act.* II, 44; IV, 32) « Quapropter, carissimi, quomodo quisque potest, vovete et reddite Domino Deo vestro, quod quisque potuerit; nemo retro respiciat, nemo pristinis suis delectetur, nemo avertatur ab eo quod ante est, ad id quod retro est: currat donec perveniat; non enim pedibus, sed desiderio currimus. Nullus autem in hac vita pervenisse se dicat ».

[15] Vedi A. DE VOGÜÉ, *Monachisme et Église dans la pensée de Cassien*, in *Théologie de la vie monastique* cit., p. 219 ss.

[16] *Coll.*, XVIII, 5, ed. E. Pichery, III, *SC*, 64, Paris 1959, p. 15. Per la descrizione della comunità di Gerusalemme vengono citati *Act.* IV, 32, 34-35; II, 45.

ad esaltare le proposte di perfezione presenti nel messaggio cristiano e quindi a considerare con profondo rimpianto la decadenza che lo stesso allargarsi ed espandersi ed adattarsi di quel messaggio aveva portato con sé. La sua storia delle origini monastiche esprime perciò in forme quasi tipiche — e per molti aspetti anticipa — lo spirito di aristocratica superiorità che andava gradualmente penetrando nel monachesimo: con la morte degli apostoli, infatti, e col confluire di molti nuovi convertiti ai quali per la debolezza della loro fede e per le inveterate abitudini pagane gli apostoli stessi avevano richiesto solo l'osservanza di pochi precetti essenziali [17], anche quella meravigliosa perfezione della chiesa di Gerusalemme cominciò gradualmente a contaminarsi, e l'antica austerità venne a poco a poco abbandonata dagli stessi capi della Chiesa [18]. Ciò che non era stato altro che una concessione alla debolezza dei gentili venne considerato lecito a tutti, e si pensò di poter conservare senza danno i propri beni e la propria fortuna, pur professando la fede di Cristo [19]. E fu allora che coloro che erano ancora animati dal fervore apostolico, memori di quell'antica perfezione, abbandonarono le città sottraendosi alla compagnia di quanti ritenevano lecita per sé e per la chiesa di Dio la negligenza di una vita più rilassata, e stabilitisi nelle campagne ed in luoghi appartati, cominciarono a praticare privatamente e per proprio conto « quae ab apostolis per universum corpus ecclesiae generaliter meminerant instituta » [20]. Fu così che nacquero i primi nuclei monastici.

[17] Il DE VOGÜÉ, op. cit., p. 200, n. 15 ha segnalato un analogo giudizio — che si riferisce all'opera di san Paolo e del concilio di Gerusalemme — nell'*Adversus Jovinianum* di Gerolamo (I, 34, PL, 23, c. 256 C-D): « quia rudis ex gentibus constituebatur ecclesia, leviora nuper credentibus (apostolus) dat praecepta, ne territi ferre non possent ». In entrambi i casi si tratta, com'è evidente, di una curiosa e totale distorsione di *Act*. XV, 19 ss.

[18] Per il probabile riferimento al clero dell'espressione « ecclesiae principes » cfr. DE VOGÜÉ, op. cit., p. 220, n. 16.

[19] *Coll.*, XVIII, 5, ed. cit., p. 15: « Nonnulli enim existimantes id quod videbant gentibus pro infirmitate concessum sibi etiam licitum, nihil se detrimenti perpeti crediderunt, si cum substantiis ac facultatibus suis fidem Christi confessionemque sequerentur ».

[20] *Ibidem*, p. 16.

L'originalità e la forza del racconto di Cassiano — è stato osservato [21] — sta nell'aver tradotto l'idea ormai consueta dell'imitazione apostolica da parte dei monaci in un « mito didattico », per cui strutturalmente, istituzionalmente, in una linea di precisa continuità, la vita monastica viene a prolungare attraverso i secoli la vita apostolica di Gerusalemme; ponendosi insieme, per il fatto stesso di esistere, come diretta protesta per le debolezze e le compromissioni dei nuovi convertiti e della stessa gerarchia, macchiati da una pratica troppo diretta delle cose del mondo: i monaci si sono ritirati « ab illorum contagio » afferma Cassiano, e sono parole che danno la misura della gravità di quella decadenza ed insieme della necessità e della forza di quella protesta. Ma è una protesta statica, per dir così, di chi prende atto di una situazione e si isola e si ritira perché riconosce irrimediabilmente condannata ad uno stato di vita inferiore tutta la realtà che resta al di fuori dell'eccellenza della propria scelta. È perciò parzialmente svisante un'affermazione come quella del de Vogüé, che per Cassiano « la signification ecclésiale du monachisme est donc simplement de vivre en plénitude la vie sainte, aimante et priante de l'Église » [22]: perché va aggiunto che per lui la realtà al di fuori di quella monastica è solo assai imperfettamente parte viva ed attiva della Chiesa, ed è parte, comunque, che va in certa maniera respinta ed ignorata; così come dire che « le monachisme est l'Église vivant au plus haut point sa vie de charité » [23] è esatto solo aggiungendo però che in qualche modo esso è « più Chiesa », Chiesa per eccellenza — unica realtà ad essere veramente Chiesa, si sarebbe tentati di dire — perché unica autentica prosecuzione in linea diretta della Pentecoste (e si configura così quell'ecclesiologia statica che sarà tipica anch'essa di una certa cultura monastica).

Ed è in Cassiano anche l'idea tutta aristocratica che il dilatarsi ed il diffondersi del messaggio cristiano a molti popoli

---

[21] DE VOGÜÉ, op. cit., p. 219.
[22] DE VOGÜÉ, op. cit., p. 234.
[23] DE VOGÜÉ, op. cit., p. 234.

e a nuove genti implicava necessariamente, di per sé, una compromissione, una decadenza, e l'escogitazione, perciò, di un insieme minimo di prescrizioni sufficiente per salvarsi. Quell'allargarsi e moltiplicarsi e diffondersi in uno slancio missionario di conquista, che in Agostino è ancora parte integrante e costitutiva della Chiesa (« Benedictio Dei proprie ad multiplicationem valet et ad implendam faciem terrae ») [24], diventa qui il veicolo di quell'intiepidirsi e affievolirsi della fede nel periodo subapostolico, cui si contrappone l'isolato perpetuarsi di uno stato di vita perfetto, che solo in questo radicale distacco trova la possibilità di continuare.

Sta in questa idea della decadenza l'altro irrigidimento sistematizzante operato da Cassiano rispetto ad un altro tema già presente nella pastorale del tempo: il confronto tra la scelta perfetta dei cristiani di Gerusalemme e la trascuraggine e rilassatezza del presente — un confronto ovvio in una prospettiva pedagogica, ma estraneo però a rigidi schemi di sviluppo e volto solo a stimolare con un grande esempio l'impegno personale di ciascuno [25] —, si dispone in Cassiano in

[24] *Enarr. in Ps.*, LXVI, 9, *CC*, XXXIX, p. 867: ma tutto il passo, molto bello, è orientato in questa prospettiva. Esso costituisce un commento al versetto: « Benedicat nos Deus » (*Ps.* LXVI, 8), e inizia dalla comunità di Gerusalemme (« inde enim coepit ecclesia ») perché lì si manifestò lo Spirito santo creando una nuova realtà spirituale ed umana: « Magnus ibi fructus: ' terra dedit fructum suum ', et magnum fructum, et optimum fructum. Numquid terra illa sola debuit dare fructum suum? ' Benedicat nos Deus ... '. Adhuc benedicat; benedictio enim in multiplicatione solet maxime et proprie intellegi ». Segue, partendo dalla Genesi, la dimostrazione scritturale di questa verità. Quindi la conclusione: « Ergo, fratres mei, sic abundanter in nomine Christi benedixit nos Deus, ut filiis suis impleat universam faciem terrae, adoptatis in regnum suum coheredibus Unigeniti sui. Unicum genuit, et unum esse noluit: unicum genuit, inquam, et unum eum noluit remanere. Fecit ei fratres; etsi non gignendo, tamen adoptando fecit ei coheredes. Fecit eum participem prius mortalitatis nostrae, ut crederemus nos esse posse participes divinitatis eius ».

[25] Ancora contenuto sostanzialmente in questi limiti è ad esempio il *Tractatus de psalmo CXXXII* di Gerolamo (*CC*, LXXVIII, p. 276), in cui viene espressamente citato il passo degli *Atti*: anche se la contrapposizione tra i monasteri, dove l'unità si realizza perfettamente, e le diverse comunità ecclesiali, dove invece essa è imperfetta, sembra preludere, pur se mantenuta ancora ad un livello puramente constatativo, alla costruzione di Cassiano.

una linea precisa, che ha le sue giustificazioni e le sue cause
in fatti e decisioni di chiara ed esplicita individuazione. Da
prima manifestazione della Chiesa nascente la comunità di
Gerusalemme si configura così più precisamente in « chiesa
primitiva »: come un qualcosa cioè non solo di privilegiato,
ma di avulso, in qualche modo, almeno in termini totali, dal-
l'ulteriore storia e sviluppo della Chiesa; un momento che si
stacca, ed in certa misura si contrappone, per l'altezza irripe-
tibile della perfezione raggiunta, a tutte le sue successive manifestazioni storiche.

Queste idee che implicano un distacco ed insieme un certo
tipo di contrapposizione polemica, saranno fertili di ampie risonanze nella spiritualità e nella pratica dei secoli successivi:
le loro degenerazioni e traduzioni più banali — ma non senza
agganci con la situazione storica circostante — concluderanno
con un quasi integrale trasferimento nel chiostro delle possibilità di vita cristiana. Cassiano certo non è qui, così come non
è tutto in quel groviglio più o meno esplicito di idee e di giudizi che pur si individuano chiaramente nella sua breve storia
delle origini gerosolimitane del monachesimo: ma in lui sono
pur sempre i primi segni di un irrigidirsi in stati di vita che
corrispondono ad una precisa scala di virtù di quella che in
Agostino era ancora una viva dialettica di perfezione. Si offriva così al monachesimo un titolo di nobiltà che non man-

---

Un altro esempio di quest'uso pedagogico-pastorale di *Act.* IV, 32-35 è in
un'omelia di Cromazio d'Aquileia (sec. IV ex. - V in.): vedila in J. LEMARIÉ,
Deux sermons de saint Chromace d'Aquilée sur les Actes des Apôtres, in
RB, LXXV (1965), p. 141. Questa contrapposizione con fini puramente pe-
dagogico-pastorali la si incontra comunque anche in seguito: cfr. ad es.,
CAESARIUS ARELATENSIS, *Sermones*, LXXI, 2, *CC*, CIII, p. 301: « Iudica
ergo, quicumque ille es, si fidem perdideris, apud deum valere quid possis.
Domus ergo quondam venientes ad fidem et agros venundabant, ad hoc ut
sibi in caelo nulla perituros hostilitate reponerent, et distribuenda in usus
pauperum ingentia pretia apostolis offerebant. At nunc de patrimoniolis nostris nec decimas damus; et cum vendere iubeat dominus, ut sit quid egenis
possit erogari, emimus potius et augemus ex eo quod fortasse iniuste de
alieno labore adquisivimus. Sic in nobis emarcuit vigor fidei, sic credulitatis
virtus elanguit ... ».

21

cherà di riaffiorare prepotentemente quando la sua supremazia spirituale ed esistenziale verrà messa in discussione.

Nei secoli successivi il richiamo ad *Act.* IV, 32-35 continua a serpeggiare nella letteratura agiografica, insieme agli altri versetti della vocazione apostolica, soprattutto per illustrare lo spirito di carità e di rinuncia dei santi, talvolta il successo del loro proselitismo [26]. E lo ricorda, ma in qualche modo

[26] Relativamente pochi gli esempi — ma attraverso spogli né completi né sistematici — di precisi riferimenti alla chiesa primitiva (o comunque ad *Act.* IV, 32-35) nella letteratura agiografica tra VII e X secolo; il tema, comunque, che ne propone generalmente il ricordo, è quello del « cor unum et anima una », come simbolo di una relazione spirituale di reciproca carità. Cfr. *Vita sanctae Balthildis, A,* cap. 11, in *MGH, Script. rer. Mer.,* t. II, Hannoverae 1888, p. 497 (fine del VII sec.): « Dolebat enim cum dolentibus per studium caritatis et cum gaudentibus gaudebat et pro servis, ut consolarentur, domnae abbatissae humiliter sepius suggerebat. Cuius petitioni ipsa ut mater amabiliter cuncta praestabat, quia vere erat eis more apostolico cor unum et anima una, dum se invicem tenere ac plenissime diligerent in Christo»; *Vita Gregorii abbatis Traiectensis auctore Liudgero, MGH, SS,* t. XV, p. 69 (descrive la vita di Bonifacio e dei suoi compagni dopo il loro arrivo in Turingia dove predicano e, « iuxta exemplum apostolicum», lavorano « manibus suis »): « In his ergo studiis perseverantes, secundum formam primitivae ecclesiae erat eis cor unum et anima una, et augebat Deus cotidie multiplici numero, qui salvi fierent in id ipsum»; *Vita Leutfredi abbatis Madriacensis,* cap. 10, in *MGH, Script. rer. Mer.,* t. VII, Hannoverae et Lipsiae 1919, p. 13 (la vita risale alla prima metà del IX secolo e tratta della fondazione del monastero di La Croix-Saint-Leufroy): « Siquidem ex diversis partibus ad eum confluebant qui possessiones agrorum suorum vendentes precia ante pedes eius secundum morem primitivae ecclesiae deferebant, ut distribueretur omnibus, prout cuique opus esset. Alii autem de facultatibus suis eundem locum ditare certabant, ut de reditibus rerum suarum per futura tempora servi Dei inibi habitantes necessaria acciperent»; *Vita S. Adelheidis virginis primae abbatissae Vilicensis,* c. 5, in L. D'ACHERY - J. MABILLON, *Acta sanctorum ordinis S. Benedicti,* VI, 1, p. 126 (la *Vita* risale agli inizi del sec. XI): i genitori di Adelaide « amboque incolumes et sani decreverunt propter Christum disiungi a lege coniugali: quibus tam meliori spiritus coniunctione, et aequali coepti operis colligatis cura, erat cor unum et anima una». Molto più numerose invece — ed è per molti aspetti ovvio — e nemmeno parzialmente esauribili perciò in una breve nota le citazioni dei versetti della vocazione e della perfezione apostolica (*Matth.* XVI, 24; XIX, 21; *Luc.* XIV, 33 etc.) per illustrare la *conversio* dei santi: e del resto essi si ritrovano già alla base della *conversio* di Antonio, nella *Vita* scritta da Atanasio (*PG,* 26, c. 841 C, e per la traduzione di Evagrio *PL,* 73, c. 127 B-C), che resta lungo tutto l'alto Medioevo una sorta di prototipo agiografico (vedi interessanti accenni in questo senso in J. LECLERCQ, *Saint Antoine dans la tradition*

solo come lontana premessa, la regola per chierici di Crodegango[27], mentre alcuni decenni più tardi la regola di Aquisgrana, sulla spinta di alcuni testi agostiniani, lo propone, anche se di fatto in un pallido riflesso soltanto, all'imitazione dei chierici raccolti nella vita canonica[28]. Ma contrariamente

monastique médiévale, in Antonius Magnus eremita, « Studia Anselmiana » 38, Romae 1956, p. 229 ss.): è interessante tuttavia osservare che tra gli esempi di rinuncia menzionati nel cap. 2 della Vita beati Antonii figura anche il ricordo del passo degli Atti, inteso tuttavia in una dimensione e con una portata fondamentalmente individuali (ed. cit., c. 127 B).

[27] Regula S. Chrodegangi, c. XXXI, in L. HOLSTENIUS, Codex regularum monasticarum et canonicarum, t. II, Graz 1957 (rist. del 1759), p. 106: dopo aver descritto, ricalcando Act. IV, 32-35 la vita della comunità di Gerusalemme, Crodegango aggiunge: « Sed quia nostris temporibus persuaderi non potest, saltem vel hoc consentiamus, ut ad aliquantulamcumque similitudinem conversationis eorum nostros animos contrahamus, quia nimis inertis, tepidaeque ac remissae devotionis est, ut, quod, sicut diximus, omne vulgus pro Dei nomine consensit, nos qui peculiarius canonicis ordinibus inservire debemus, quantulamcumque in partem hanc perfectionem non consentiamus. Et si omnia relinquere non possumus, sic ad usum tantum nostra teneamus, ut dimissa, volumus nolumus, fuerint; non ad haeredum nostrorum carnalium atque parentum, sed ad Ecclesiam, cui Deo auctore in commune deservimus, de cuius rebus stipendia habemus, loco haereditario relinquamus. Ut, si cum illis perfectis pro perfecta abrenuntiatione saeculique huius contemptu corona non tribuitur; vel peccatorum venia, sicut minimis, misericordia divina conceditur ». La consapevolezza di una scelta di perfezione, che allora fu di tutti, accentua, pur senza offrire spiegazioni, il quadro di una società in decadenza: ma in realtà ciò serve a Crodegango per impostare il discorso sull'unità sostanziale del patrimonio ecclesiastico (solo l'usufrutto è privato), proprio insistendo sul carattere minimo di questa rinuncia rispetto a quella, grande, che fu di tutti i cristiani delle origini. Per la regola di Crodegango vedi, anche con riferimenti ai lavori precedenti, E. MORHAIN, Origine et histoire de la « regula canonicorum » de Saint Chrodegang, in Miscellanea Pio Paschini, vol. I, Romae 1948, pp. 173-185 (a p. 173, n. 2, sono citate le edizioni più moderne).

[28] Act. IV, 32-35 viene espressamente citato nei due sermoni di sant'Agostino (355 e 356) che sono integralmente riportati ai canoni 112 e 113: Concilium Aquisgranense, A. 816, ed. A. Werminghoff, MGH, Legum Sectio III, Concilia, t. II, Hannoverae et Lipsiae 1906, pp. 385-394. Ma nei canoni che derivano effettivamente dal concilio, pur combattendo l'opinione di coloro « qui insipienter asserunt solos monachos artam sectari debere viam » (c. 114, p. 396), si afferma tuttavia esplicitamente che sono i monaci a condurre « artiorem ... vitam », perché « evangelicum praeceptum sequentes », rinunciano ai loro beni; mentre ai canonici, pur affermando che la « canonica institutio praestat caeteris institutionibus », viene concesso di « dare et accipere proprias res », limitandosi a precisare: « non tamen in cavendis vitiis et amplec-

a quanto ci si potrebbe attendere esso non sembra occupare un posto di particolare rilievo nella letteratura monastica, che pure in età patristica ne aveva fatto la propria premessa istituzionale, inaugurando così un tema che, sia pure con una certa meccanicità, continuerà a ripetersi nei suoi testi legislativi [29]. In questo contesto, anzi, l'invenzione di Cassiano non manca indubbiamente di una certa fortuna e *Act*. IV, 32-35 resta pur sempre uno dei riferimenti possibili per illustrare storia e caratteristiche del monachesimo: proprio il vecchio schema di Cassiano, ad esempio, ritorna pressoché alla lettera nel primo commento alla regola benedettina, quello di Smaragdo [30], mentre la comunità di Gerusalemme appare senz'al-

---

tendis virtutibus eorum a monachorum distare debet vita» (c. 115, p. 397). Tuttavia il legame tra la primitiva comunità di Gerusalemme e la vita canonica secondo i dettami della regola di Aquisgrana viene esplicitamente rilevato, con più o meno curiose forzature, in alcune carte di fondazione che risalgono però alla prima metà del secolo XI (cfr. CH. DEREINE, *La « Vita Apostolica » dans l'ordre canonial du IXe au XIe siècles*, in « Revue Mabillon » 51 (1961), p. 50 ss.).

[29] Vedi ad es., CAESARIUS ARELATENSIS, *Regula ad virgines*, cap. 18, *PL*, 67, c. 1110 (senza richiami espliciti ad *Act*. IV, 32-35 è invece la sua *Regula ad monachos*, anche se le prescrizioni sulla messa in comune dei beni ne ricalcano certe espressioni); *Regula Tarnatensis*, cap. 14, *PL*, 66, c. 982 D-983 A (sec. VI: è un calco quasi letterale della *Regula ad servos Dei* di Agostino); *Regula cuiusdam patris*, cap. 17, *PL*, 66, c. 991 (sec. VI). In questa prospettiva, variamente combinando testi di Gerolamo, Agostino e Cassiano, anche Isidoro continua a presentare il passo degli *Atti*: cfr. *De ecclesiasticis officiis*, lib. II, cap. 16, 2, *PL*, 83, c. 794 C; *Regula monachorum*, cap. 3, 1, *ibid.*, c. 870. Vedi, per il posto che il monachesimo occupa nell'opera di Isidoro, J. FONTAINE, *La vocation monastique selon Saint Isidore de Séville*, in *Théologie de la vie monastique* cit., p. 353 ss.

[30] SMARAGDUS ABBAS, *Commentaria in regulam sancti Benedicti*, cap. 1, *PL*, 102, c. 724 D-725 A (scritto tra l'817 e l'820). Smaragdo cita alla lettera Cassiano ponendo le origini dei cenobiti nella comunità di Gerusalemme; ma, troncando il racconto, omette la parte successiva sulla decadenza della Chiesa, che resta tuttavia implicita: vedi anche un accenno in questo senso al cap. 3, c. 745 A-B.

In parte copia, ed in parte parafrasa e rielabora liberamente Cassiano anche il *Commentarium* alla regola redatto da Ildemaro (845-850 ca.), già attribuito in una delle sue tre recensioni a Paolo Diacono (vedi per tutto questo problema W. HAFNER, *Paulus Diaconus und der ihm zugeschriebene Kommentar zur Regula S. Benedicti*, in *Commentationes in regulam S. Benedicti*, « Studia Anselmiana » 42, Romae 1957, pp. 347-358, e *Der sogenannte*

tro come anticipo alla vita monastica nell'*Occupatio* di Odone di Cluny [31]. Tuttavia non ci si può sottrarre all'impressione che esso ceda nettamente il passo ad altri temi fondamentali, che propongono la vita monastica come restaurazione dell'umanità originaria ferita dal peccato, come stato di vita che rappresenta un nuovo battesimo, una nuova redenzione, un autentico anticipo del paradiso [32]. In questo ambito è il tema dell'esilio, della fuga dal mondo, che può offrire un aggancio per ricordare la rinuncia dei primi cristiani ai propri beni, come momento particolare o esempio di quella fuga. Ma sono cenni pur sempre relativamente rari rispetto ad altri, e mar-

Basiliuskommentar zur Regula S. Benedicti, « Beiträgen zur Geschichte des alten Mönchtums » 23, München 1959, specialmente p. 96 ss.). Ma Ildemaro, contrariamente a Smaragdo, si diffonde ampiamente sul concilio apostolico di Gerusalemme e sulla decadenza del periodo subapostolico, cui si sarebbe connessa la secessione monastica (« Qui videntes hunc teporem exiebant e consortio illorum ... »); vedi il testo della recensione cassinese in *Bibliotheca Casinensis*, t. IV, Montis Casini 1888, p. 21 s. (del *Florilegium Casinense*).

Su di un piano più limitato invece, per un riferimento al passo degli *Atti* al fine di illustrare alcune caratteristiche particolari della comunità monastica, vedi, ad esempio, Colombano, *Ep.* IV, in G. S. M. Walker, *Sancti Columbani opera*, « Script. lat. Hiberniae » II, Dublin 1957, p. 26 (espone il valore essenziale dell'unanimità e della concordia in una comunità monastica ricorrendo al « cor unum et anima una » degli *Atti* — ma senza citarli esplicitamente —: la garanzia del raggiungimento di questo fine è data dall'obbedienza verso il proprio abbate); così, nel suo *Codex regularum* (*PL*, 103, c. 566 B), Benedetto di Aniane, copiando Isidoro, cita gli *Atti* a proposito delle diverse esigenze che, pur nella comunanza dei beni, sono proprie ai singoli membri della comunità monastica.

[31] Odonis abbatis Cluniacensis *Occupatio*, lib. VI, vv. 567-584, ed. A. Swoboda, Lipsiae 1900, p. 135 s. (Odone sembra riecheggiare in qualche punto *Enarr. in Ps.*, CXXXI, 5, CC, XL, p. 1914). Sulla concezione monastica di Odone cfr. anche J. Leclercq, *L'idéal monastique de saint Odon*, in *A Cluny. Congrès scientifique*, Dijon 1950, p. 226 ss. (l'esame di questo passo a p. 228) e O. Capitani, *Motivi di spiritualità cluniacense e realismo eucaristico in Odone di Cluny*, in BISIME, 71 (1959), p. 14 ss.

[32] Cfr., per un preciso esame di questi temi, J. Leclercq, *Le monachisme du haut Moyen âge (VIIIe - Xe siècle)*, e *Le monachisme clunisien*, in *Théologie de la vie monastique* cit., p. 436 ss., rispettivamente p. 447 ss.; utili riferimenti anche in *La vie parfaite. Points de vue sur l'essence de l'état religieux*, Turhont-Paris 1948 (ma si tratta in questo caso di un'esposizione condotta con fini prevalentemente teologici e pastorali), e in *L'amour des lettres et le désir de Dieu*, Paris 1957, p. 55 ss., dello stesso autore.

ginali, in qualche modo, come se si trattasse di una meccanica ripetizione di un tema del passato assai più che di un'ancor viva esperienza spirituale. Spia forse anche questa della sostanziale mancanza di una vera spinta evangelizzatrice — ed insieme, il che è fondamentalmente lo stesso, dell'assenza di un profondo problema ecclesiale — nel monachesimo continentale dell'alto medioevo: perché nonostante tutto, nonostante la via di rinuncia che proponeva, *Act.* IV, 32-35 continuava a parlare di una scelta che era di tutti, che non avanzava distinzioni né di vita né di virtù, all'interno del corpo ecclesiastico, per i diversi gradi, prerogative, funzioni [33]; e non era certo un ambiente in qualche modo sicuro di sé e del proprio merito, e che almeno da un punto di vista ecclesiologico giustificava se stesso col fatto stesso di esistere, il più disposto a cogliere tutta l'inquietudine che, nel raffronto di due situazioni, quella vita aurorale di cristianesimo poteva proporre ad un più avvertito presente [34].

---

[33] In questo senso *Act.* IV, 32-35, è ancora interpretato da JONAS D'ORLÉANS, *De institutione regia*, cap. 11, ed. in J. REVIRON, *Les idées politico-religieuses d'un évêque du IXe siècle*, Paris 1930, p. 165 ss. Giona ne traeva spunto per porre a confronto la devozione e la pietà delle origini con la decadenza nei costumi dei cristiani del suo tempo, e per invitare ad una maggiore coerenza tra la propria fede e le proprie opere. Anche qui tuttavia, come nella *Regula* di Crodegango, il confronto tra la perfezione di un tempo e la decadenza del presente resta sostanzialmente senza spiegazioni e si svolge sulla linea moraleggiante di un sermone dello Pseudo-Agostino (cfr. ed. cit., p. 166, n. 1). Ma è notevole tuttavia la polemica che ne emerge contro la tendenza a limitare agli ecclesiastici l'osservanza dei precetti cristiani, in consonanza con preoccupazioni che si ritrovano nel prologo della regola di Aquisgrana (vedi n. 28 a p. 299). Vedi al riguardo anche É. DELARUELLE, *En relisant le « De institutione regia » de Jonas d'Orléans. L'entrée en scène de l'épiscopat carolingien*, in *Mélanges ... L. Halphen*, Paris 1951, pp. 185-192 (ma soprattutto p. 189 ss.).

[34] In parte su altre motivazioni si dispongono i casi di monachesimo missionario che conosciamo tra il VII e il IX secolo: nel monachesimo irlandese è fondamentalmente il desiderio di distacco e di esilio dal mondo che costituisce la premessa della peregrinazione e della predicazione (cfr. al riguardo J. LECLERCQ, *La spiritualité du Moyen Age*, Paris 1961, p. 59 s., 78 ss.; vedi tuttavia per il tema dell'evangelizzazione, dell'« aliis prodesse », connesso a calchi del tempo apostolico, negli ambienti in qualche modo legati alla tradizione del monachesimo irlandese, *Vita Gregorii abbatis Traiectensis auctore Liudgero* cit. alla n. 26 — e su Liudgero cfr. J. LECLERCQ, *Saint*

Ma se un condizionamento mentale del genere può aver favorito una sorta di disinteresse per *Act.* IV, 32-35, per la dimensione ecclesiale che esso in qualche modo continuava pur sempre a suggerire, altre e più precise, forse, furono le ragioni che ne determinarono questo passaggio in secondo piano nella letteratura monastica: una spiegazione tra le tante possibili, e che forse è solo un'ipotesi, viene suggerita da un passo delle *Sententiae* di Isidoro, ripetuto alla lettera da Smaragdo nel suo *Diadema monachorum*[35]: Isidoro discute dei precetti propri ai monaci, riassumendo e semplificando, in chiave moralizzante, un'omelia di Gregorio Magno su *Luc.* IX, 23 ss.[36]. Ma quella che in Gregorio era un'ampia esegesi spirituale che, individuando nell'incarnazione del Cristo il fatto fondamentale della storia dell'umanità, si svolgeva in una larga contrapposizione dell'uomo vecchio all'uomo nuovo, viene ridotta in Isidoro (ed ulteriormente in Smaragdo, che intitola il suo capitolo « De vita vel conversatione monachorum ») ad un esame morale dei diversi gradi di perfezione connessi all'attuazione personale di alcuni versetti evangelici. Da questo angolo visuale la rinuncia ai propri beni appare solo un primo stadio, ancora imperfetto, di cristianesimo, perché deve essere

---

Liutger. Un témoin de l'évangelisme au VIIIe siècle, in « La vie spirituelle », 42 (1960), pp. 144-160 —; *Vita sancti Bonifatii auctore Willibaldo presbytero*, cap. 8, *MGH, SS*, t. II, p. 344 s.; *Vita Willibrordi archiepiscopi Traiectensis auctore Alcuino*, cap. 5, *MGH, Script. rer Mer.*, t. VII, p. 120); nel monachesimo franco, negli ultimi decenni dell'VIII secolo, l'impegno missionario nei territori strappati ai Sassoni e agli Avari, oltre che al persistere di tradizioni in parte non monastiche, dipende soprattutto dalla volontà politica di Carlo Magno in questo senso (cfr. J. Semmler, *Karl der Grosse und das Frankische Mönchtum*, in *Karl der Grosse. Lebenswerk und Nachleben*, hrsgb. v. W. Braunfels, t. II, *Das geistige Leben*, hrsgb. v. B. Bischoff, Düsseldorf 1965, pp. 255-289; vedi anche le osservazioni al riguardo di J. Leclercq, *Charlemagne et les moines*, in « Collectanea Cisterciensia », 27 (1965), pp. 242-245.

[35] *Sententiarum libri tres*, lib. III, cap. 18, 2, *PL*, 83, c. 693 C-694 A, rispettivamente *Diadema monachorum*, cap. 20, *PL*, 102, c. 616 s.

[36] *XL Homiliarum in evangelia libri duo*, lib. II, cap. 32, 1-2, *PL*, 76, cc. 1232-1234; questa dipendenza di Isidoro da Gregorio è stata rilevata da J. Fontaine, *La vocation monastique selon Saint Isidore de Séville* cit., p. 361 s.

seguito da una rinuncia a se stesso, alla propria volontà: « Ad perfectum non sufficit, nisi abnegatis omnibus suis, etiam seipsum abneget. Sed quid est seipsum abnegare, nisi voluptatibus propriis renuntiare? ... Nam si ita quisque renuntiet omnibus quae possidet, ut suis non renuntiet moribus, non est Christi discipulus. Qui enim renuntiat rebus suis, sua abnegat; qui vero renuntiat moribus pravis, semetipsum abnegat. Unde et Dominus: " Qui vult, inquit, post me venire, abneget semetipsum " » [37]. Nella cultura del monachesimo altomedievale questo preciso graduare e distinguere, nella rinuncia, momenti, atti e intenzioni, costituiva la premessa necessaria per introdurre quel discorso sull'obbedienza che è tema fondamentale per una comunità come quella monastica, saldamente accentrata intorno al suo abbate [38]. Ma veniva introdotta così una possibile chiave limitativa dello stesso testo degli *Atti*. E che in altre fonti più o meno contemporanee si ritrovi stabilito un preciso rapporto analogico tra i *pretia* che venivano posti ai piedi degli apostoli e le successive donazioni alle chiese [39], costituisce, mi sembra, una conferma di questa possibilità. In

---

[37] Le stesse considerazioni si trovano sviluppate in un'omelia su *Matth.* XIX, 27 (« Ecce nos relinquimus omnia etc. ») contenuta in un manoscritto cassinese della fine del X o degli inizi dell'XI secolo (vedila pubblicata in *Bibliotheca Casinensis* cit., t. III, p. 48 ss.): « Nec hoc solum ad perfectionem sufficit, quod quis divitias huius mundi derelinquat, nisi post contemptas divitias salvatorem sequatur. Idem relictis malis faciat bona. Facilius enim sacculus contempnitur quam voluntas ... ». Analoga argomentazione in un sermone attribuito a S. Macario, probabilmente della fine del sec. XI: in J. LECLERCQ, *Sermon ancien sur la persévérance des moines*, in *Analecta monastica*, IIème serie, « Studia Anselmiana » 31, Romae 1953, p. 25 s.

[38] Proprio con la preminente attenzione dedicata ai rapporti verticali esistenti tra i *fratres* ed i loro superiori, A: de Vogüé spiega l'assenza di ogni riferimento ad *Act.* IV, 32-35 nella *Regula Magistri*: per il *Magister* « le monastère est essentiellement ... une école, un lieu où des disciples reçoivent l'enseignement de maîtres qualifiés. Les relations ' horizontales ' qui unissent entre eux ces disciples sont à peine esquissées. On ne leur attribue, semble-t-il, aucun rôle appréciable dans la formation des âmes » (cfr. A. DE VOGÜÉ, *La règle du Maître*, t. I, *SC*, n. 105, Paris 1964, p. 117). Cfr. su questi aspetti della concezione e dell'organizzazione monastica, la fondamentale ricerca, sempre del DE VOGÜÉ, *La communauté et l'abbé dans la Règle de saint Benoit*, Bruges 1961, p. 169, 266 ss., e *passim*.

[39] Vedi p. 306 s. e n. 42 e 43.

un momento caratterizzato da un assoluto predominio della spiritualità e della cultura monastica, *Act.* IV, 32-35, se non veniva piegato alla linea interpretativa di Cassiano — densa tuttavia di una vivacità polemica che ne spiega l'intermittente fortuna — rappresentava, in quanto punto di riferimento ecclesiale, qualcosa di troppo generale e generico per interessare e soddisfare pienamente quella sorta di isolamento aristocratico che appare un aspetto caratteristico di quella cultura: perché, se si evitava o rifiutava il discorso sulla successiva decadenza, era evidente che già nella situazione di Gerusalemme si dovevano pensare compresenti quelle varietà di meriti e di stati di vita che si distinguevano nella Chiesa del presente.

Ed è in fondo a sancire la tranquilla perpetuità delle situazioni esistenti, a rassodarle, per dir così, ideologicamente, che interviene, intorno alla metà del secolo IX, l'esegesi dello Pseudo-Isidoro, liquidatrice, in effetti — anche se non è questo il problema che lo muove —, di ogni possibile attualità di un problema di origini. Tre sono i testi che trattano direttamente della primitiva comunità di Gerusalemme: un passo dello Pseudo-Clemente, uno dello Pseudo-Urbano, ed uno dello Pseudo-Melchiade [40].

Il passo dello Pseudo-Clemente — trasposizione, in gran parte, di un altro testo pseudo-clementino, le *Recognitiones* [41] — proclama la « vita comunis ... omnibus ... necessaria, et maxime his qui Deo inreprehensibiliter militare cupiunt et vitam apostolorum eorumque discipulorum imitari volunt ». Ma chiarendola essenzialmente come uso comune di tutte le cose che si trovano nel mondo, la presenta come un tentativo di tornare ad un originario, felice stato di natura, caratterizzato da un assoluto comunismo, e che solo il peccato aveva

[40] HINSCHIUS, *Ep. Clementis quinta*, c. LXXXII, p. 65; *Ep. Urbani prima*, c. I-VI, p. 142 ss.; *Ep. Melchiadis de primitiva ecclesia et sinodo Nicena*, c. IX-XV, p. 247 ss.
[41] HINSCHIUS, p. 65. Vedi anche, per la fortuna di questo testo in riferimento al mito di uno stato di natura egualitario, N. COHN, *I fanatici dell'Apocalisse*, trad. it. 1965, p. 236 ss.

potuto intaccare. In questo contesto viene ricordata la testimonianza degli *Atti*, che serve insieme da tramite per introdurre una menzione dell'episodio di Anania e Safira, al fine di dimostrare con quale scrupolo vadano osservati gli insegnamenti e la dottrina degli apostoli. Ma l'accentuato e singolare utopismo dei collegamenti ideologici non poteva non isolare in una sfera di estrema ed irrecuperabile lontananza, per i comuni mortali, la vicenda gerosolimitana, salvo ad offrire forse, con quel collegamento: comunità di Gerusalemme-stato di natura, una variante, o un anello di passaggio, della tipica costruzione monastica: chiostro-umanità prima del peccato.

Il testo dello Pseudo-Urbano tratta invece di un aspetto particolare della comunità gerosolimitana, e cioè delle offerte deposte ai piedi degli apostoli, stabilendo un legame diretto tra l'uso gerosolimitano e le successive donazioni alla Chiesa, nel solco di idee e affermazioni che si ritrovano nei concilii carolingi di alcuni decenni prima[42]. Dopo aver insinuato il fatto che la vita comune, se fu ed è praticata « inter bonos christianos », è tuttavia riservata in primo luogo a coloro « qui in sorte domini sunt electi, id est clericos », lo Pseudo-Urbano cita, a titolo di riprova, *Act.* IV, 32-37, senza ulteriori commenti. Ma in seguito clero e fedeli si sarebbero resi conto della maggior utilità che sarebbe venuta alla Chiesa se quelle sostanze e quei campi che venivano messi in vendita fossero stati invece donati agli episcopii, perché le loro rendite fisse avrebbero rappresentato, per i fedeli che conducevano vita comune, un vantaggio assai maggiore del semplice ricavato della loro vendita. E fu così che cominciò l'uso delle donazioni di terre e di beni alla Chiesa per somministrare il necessario a coloro che volessero condurre vita comune, ed

---

[42] HINSCHIUS, p. 144 (n. al c. IV). Vedi *Concilium Parisiense*, A. 829, lib. I, c. 15, ed A. Werminghoff, *MGH, Legum S. III, Conc. II*, p. 622; *Concilium Aquisgranense*, A. 836, lib. III, c. 21, *ibid.*, p. 765 (dopo aver citato il passo degli *Atti*): « Ecce iam habes initium et originem in Deo offerendis rebus et indubitanter crede, quod in primordio nascentis ecclesiae coepit eadem ecclesia vota fidelium suscipere. Quorum exemplo laudandi sunt votorum ac donorum suorum ultronei oblatores ». Vedi anche cap. 5, p. 760, cap. 23, p. 765 s.

in genere per sovvenire alle necessità del culto e dei poveri. Il discorso dello Pseudo-Urbano, passando anche qui attraverso l'episodio di Anania e Safira, si sposta poi a trattare del carattere sacro ed inalienabile dei beni ecclesiastici. Si tratta in un certo modo del rovescio della costruzione di Cassiano nel senso che la continuità con la chiesa primitiva viene qui stabilita tra la vendita dei propri beni, da parte dei primi cristiani e le moderne donazioni fatte alle chiese — togliendo così ogni particolare significato pauperistico e di rinuncia, o mettendolo quanto meno in secondo piano, a quell'usanza —, mentre è chiaro d'altra parte che la comunità di Gerusalemme viene immaginata come già divisa in qualche modo in gruppi distinti da un diverso genere di vita. E resta estraneo così allo Pseudo-Urbano ogni senso di decadenza e di frattura nella storia della Chiesa, mentre i termini dell'imitazione apostolica che pur la lettera, al suo inizio, afferma di proporre, si chiariscono in realtà come sostanzialmente limitati all'accrescimento, mantenimento e tutela del patrimonio ecclesiastico [43].

Il testo dello Pseudo-Melchiade ripropone questi motivi, ma inserendoli in un rapido ed organico profilo di storia della Chiesa dalla comunità di Gerusalemme all'età di Costantino. La vendita dei propri beni dipese, per lo Pseudo-Melchiade, dalla previsione del futuro destino della Chiesa: di essere dispersi gli apostoli nel mondo, tra i gentili, di dover abban-

---

[43] In questo senso si chiarisce anche l'ampia illustrazione ed il commento che lo Pseudo-Urbano dedica all'episodio di Anania e Safira (p. 144 s.): come imitano i primi cristiani coloro che offrono doni alle chiese, per sovvenire alle loro necessità, per aiutarvi coloro che conducono vita comune, per venire incontro ai bisogni dei poveri, così imitano Anania e Safira coloro che minacciano, predano, o dilapidano quei beni: anche per questa considerazione si trovano puntuali riscontri nei concilii carolingi: vedi ad es. la continuazione del canone del *Concilium Aquisgranense* (A. 836, lib. III, c. 21, p. 765) citato alla nota precedente: « Facto vero Ananiae Saphyraeque deterrendi sunt hi, qui aut suorum aut certe aliorum votorum existunt ablatores vel defraudatores ». Presuppone probabilmente questo schema di ricostruzione storica ed insieme trova in esso la sua origine quel riferimento alle pene di Anania e Safira tanto frequentemente prospettate nella *minatio* dei privilegi e degli atti di donazione a chiese e monasteri, per coloro che avessero attentato all'integrità del patrimonio ecclesiastico.

donare la Giudea: « Idcirco praedia in Iudea minime sunt adepti (scil. apostoli), sed pretia tantummodo ad fovendos egentes » [44]. Ma attraverso i turbini e le persecuzioni la Chiesa continuò a crescere, e crebbe soprattutto quando gli stessi « Romani principes » si convertirono alla fede di Cristo. Il punto culminante di questo processo è per lo Pseudo-Melchiade la conversione di Costantino, che non solo diede il permesso di costruire chiese e di ricevere in proprietà terre, ma operò egli stesso immense donazioni alla chiesa di Roma, trasferendo la sua sede altrove [45]. Ed a testimonianza del suo profondo rispetto verso la gerarchia il falsario cita, attraverso Rufino, il suo famoso discorso ai padri della sinodo nicena (« Vos a nemine diiudicare potestis, quia solius Dei iuditium reservamini » etc.). Da allora uomini religiosi non solo donarono le loro case e le loro terre a Dio ma anche se stessi, consacrandosi al suo servizio. E le potestà temporali non solo permisero questo, ma operarono e promossero esse stesse donazioni, perché ne venissero nutriti i poveri, ed ospitati i servi di Dio che pregassero « pro omnibus hominibus, pro regibus et qui in sublimitate sunt, ut quiaetem et tranquillam vitam habeant, et hoc bonum et acceptum esse coram Deo » [46]. Creando insieme così, per quanti fossero consacrati a Dio, quella situazione necessaria ad osservare il precetto dell'apostolo: « Nemo militans Deo implicat se negotiis saecularibus » (2Tim., II, 4). Tutta l'ultima parte dello Pseudo-Melchiade insiste su questo concetto, che ribadisce il valore e la funzione di un cospicuo patrimonio ecclesiastico, ed i precisi compiti che da questo punto di vista spettano alle autorità religiose e temporali.

È chiara l'assenza, in questi testi, di un autentico problema di origini: di riportarsi cioè alla chiesa primitiva come ad un

---

[44] Loc. cit., p. 247.

[45] Per la tradizione della figura e dell'opera di Costantino fino all'età carolingia (ma senza prendere in considerazione questi testi delle pseudoisidoriane), cfr. E. EWIG, Das Bild Constantins des Grossen in den ersten Jahrhunderten des abendländischen Mittelalters, in HJ, 75 (1956), pp. 1-46.

[46] Loc. cit., p. 248.

modello, di capire la sua realtà organizzativa e spirituale per trarne ispirazione per il presente. Vi domina invece, in consonanza con uno dei temi centrali della politica ecclesiastica carolingia, la preoccupazione di salvaguardare e rafforzare il patrimonio ecclesiastico, di chiarirne importanza e funzioni per un'esatta disciplina chiericale: in questo contesto prende corpo il richiamo alla chiesa primitiva come ad un'*auctoritas* di particolare rilievo per favorire il determinarsi di questa situazione, come ad un elemento essenziale di una costruzione ideologica volta a creare una sorta di cintura protettiva intorno alla società ecclesiastica del tempo (si spiega ad esempio proprio da questo punto di vista la particolare insistenza in una chiave che si potrebbe definire terroristica sull'episodio di Anania e Safira). Ma sarà con una portata essenzialmente diversa, come vedremo, che questi testi torneranno nell'età gregoriana, svolgendo una parte di primo piano nel dibattito intorno alle origini cristiane e alle linee da imprimere alla riforma.

* * *

Videntes ordinem christianae religionis multis iam labefactum temporibus et principales ac proprias lucrandarum animarum causas diu prolapsas et suadente diabolo conculcatas, concussi periculo et manifesta perditione dominici gregis, ad sanctorum patrum decreta doctrinamque recurrimus, nichil novi, nichil adinventione nostra statuentes, sed primam et unicam ecclesiasticae disciplinae regulam et tritam sanctorum viam relicto errore repetendam et sectandam esse censuimus [47].

È la lettera dell'8 dicembre 1075 con la quale Gregorio VII spiegava e giustificava ad Enrico IV, poco prima della rottura, il perché delle decisioni del concilio Lateranense del marzo precedente, il perché, soprattutto, del decreto contro l'investitura laica: la sua giustificazione appare qui tutta fondata sul tema di un integrale, preciso ritorno alle origini, attraverso la restaurazione di una autentica tradizione di ma-

---

[47] *Reg.* III, 10, ed. E. CASPAR, *MGH, Ep. sel.*, II, p. 265 s.

gistero («quod in ecclesia diu peccatis facientibus neglectum et nefanda consuetudine corruptum fuit et est, nos ad honorem Dei et salutem totius christianitatis innovare et restaurare cupimus» dirà Gregorio VII in un'altra lettera successiva di qualche anno)[48]; un ritorno che non parla certo di chiesa primitiva, che non vuol essere al vangelo soltanto, ma, in coerente continuità con esso, al genuino insegnamento dei padri e dei pontefici: un *leitmotiv* per molti aspetti della sua attività di papa[49]. Il problema, per lui, era di saltare a pié pari secoli di oscurità e di decadenza: quali, quanti, è difficile dirlo; nemmeno lui forse lo aveva chiaro. La cesura comunque tra una situazione felice e l'attuale decadenza non si poneva né nel periodo subapostolico, né nell'età costantiniana, e nemmeno immediatamente dopo: cadeva più vicino, nell'età dei Carolingi e degli Ottoni, che per Gregorio era quella della manomissione dell'autorità laica sulla ecclesiastica, della confusione degli ordini e dei costumi: i «ferrea saecula» che, forse con arco più ampio, un anonimo biografo assai più tardo di Adalberone di Würzburg indicherà come quelli della distruzione e della spogliazione delle chiese e dei conventi, momento di salto e di rottura rispetto alla felice situazione che aveva

[48] *Reg.* V, 5, p. 353.
[49] I caposaldi ai quali Gregorio VII intende risalire sono chiaramente prospettati nel concreto argomentare di molte sue lettere: cfr., ad es., *Reg.* V, 5, p. 353: «Antiqua et nota sacrae institutionis est regula non ab hominibus sed ab Iesu Christo Deo et domino nostro plenissima suae sapientiae consideratione et veritatis diffinitione sancita ipso dicente in evangelio: 'Qui intrat per ostium, pastor est ovium; qui autem non intrat per ostium, sed ascendit aliunde, fur est et latro'... Et ideo nichil novi, nichil nostris adinventionibus superinducere conamur, sed illud solummodo querimus, quod et omnium salus postulat et necessitas...». Vedi anche per il tema del «nichil novi», della semplice riproposizione da parte sua delle «regulae a sanctis patribus prefixae», *Reg.* II, 66, p. 222; II, 67, p. 223; II, 68, p. 226; IV, 6, p. 303 s.; *Ep. coll.*, 9, ed. Ph. Jaffé, *Monumenta Gregoriana*, in *Biblioth. Rer. Germ.*, II, Berolini 1865, p. 531. Per il termine «sancti patres» applicato qui specialmente ai pontefici di Roma, o comprendente quanto meno anche i pontefici di Roma, cfr. Y. M.-J. Congar, *Les Saints Pères, organes privilégiés de la Tradition*, in «Irénikon» XXXV (1962), p. 483 (ed ora in *La Tradition et les traditions. II. Essai théologique*, Paris 1963, p. 194); cfr. al riguardo anche n. 96 a p. 253 di questo libro.

preso inizio con la chiesa primitiva e che fu merito dei riformatori gregoriani aver cercato di restaurare[50].

Questo testo di Gregorio VII comunque rappresenta uno
dei tanti modi di prospettare quel problema del *ritorno* che
rappresenta un tema costante della riforma gregoriana. Nella
stessa prospettiva Lamberto di Hersfeld presenta l'impegno
per la continenza del clero, che Gregorio VII veniva tenace-
mente perseguendo attraverso contrasti e polemiche e riottose
resistenze della stessa gerarchia vescovile: come un'opera cioè
indirizzata « ut tanto tempore inolitam consuetudinem revel-
leret atque ad rudimenta nascentis aecclesiae senescentem iam
mundum reformaret »[51]. E si parla di ritorno alle origini
— ed in senso più vicino al modo stretto di Lamberto che a
quello più largo e comprensivo del passo di Gregorio VII —
per le elezioni vescovili, per la vita del clero, per il rilancio

---

[50] Cfr. *Vita Adalberonis episcopi Wirziburgensis*, MGH, SS, XII, c. 6,
p. 131 s. (il testo, che si basa però su fonti più antiche, risale alla fine del
XII o agli inizi del XIII secolo). Per i secoli di « malae consuetudines » da
saltare in Gregorio VII, vedi anche LADNER, *Two Gregorian Letters* cit.,
p. 234 s. Per alcuni riferimenti gregoriani ai tempi di Costantino e di Silvestro cfr. *Reg*. II, 45, p. 183; *Ep. coll.*, 46, p. 574: essi indicano con chiarezza che per Gregorio — e si tratta di idea assolutamente ovvia e comune — quel tempo rappresentava semplicemente nella storia della Chiesa
l'inizio di un'epoca che ancora continuava.

[51] LAMBERTO, *Annales*, A. 1074, MGH, *Scrip. rer. Germ.*, p. 199 (un
altro riferimento alla chiesa primitiva, ma con più consueta analogia, a proposito delle offerte che accompagnano il sorgere del monastero di Hersfeld,
è nel suo *Libellus de institutione Herveldensis ecclesiae*, ed. cit., p. 346
— devo la segnalazione alla dott. Zelina Zafarana). Nella stessa chiave, di
un ritorno a leggi e costumi da molto tempo dimenticati — è chiaro il riferimento, se non il calco, a precisi testi gregoriani —, anche Bertoldo presenta l'azione di Gregorio VII, introducendo un imponente e confuso elenco
di canoni di riforma, tutti da lui riferiti al concilio del 1075: « Sinodus
Romae ... a papa Gregorio summo conatu colligitur, ob sedandas quomodoli-
bet tot sine numero sanctae matris aecclesiae scandalorum praesumptuosas
immanitates, et aliquantulum, quas modernitas nostra omnino ferme dedidi-
cerat et annullaverat, rememorandas observabiles canonicasque sanctorum patrum constitutiones » (*Annales*, A. 1075, MGH, SS, V, p. 277). Per i diversi
valori semantici e le implicazioni di *modernus, modernitas* nella prima fase
della riforma (ma in Pier Damiani soprattutto), cfr. W. FREUND, *Modernus
und andere Zeitbegriffe des Mittelalters*, « Neue Münstersche Beiträge zur
Geschichtsforschung », Bd. 4, Köln-Graz 1957, pp. 58-68.

del monachesimo, per la stessa vita laicale: tante *origini* diverse, o meglio tante accentuazioni e sfumature e forzature e comprensività diverse per questo stesso concetto, tutto un variare di prospettive intimamente connesse a questo tema. Si tratta tuttavia di formule e richiami che già nella loro stessa utopica e generica approssimazione sono indice della volontà di riproporre nei suoi termini originari — sia pure in quelli creduti tali, ma senza attenuazioni e compromessi — la verità del messaggio cristiano. La denuncia di una realtà mondana in decadenza, spesso vista senz'altro come senescente, cui questa prospettiva si contrappone (qui è Lamberto, ma si potrebbe ricordare il « senex mundus » di Pier Damiani e Anselmo di Lucca e tanti altri) [52], è anche la spia, al di là delle formule stereotipe — ma il *topos*, del resto, non è mai arbitrario o casuale —, dell'affermarsi di una nuova ottica cristiana, di un diverso guardare alla realtà circostante misurandone tutta l'inadeguatezza e precarietà e insufficienza pur dopo dieci secoli di cristianesimo.

Quando Bruno di Querfurt, nella sua *Vita* di Adalberto di Praga, parla dei fedeli di quella diocesi come di un « populus ... durae cervicis », che « servus libidinum factus miscebatur cum cognatis et sine lege cum uxoribus multis », e continua su questo tono per parecchie righe, egli drizza un quadro che, se risponde ai precisi canoni di un racconto agiografico, va ben al di là di essi, perché costituisce lo sfondo preciso, concreto, puntualmente e periodicamente rievocato, senza il quale l'inquieto, intermittente peregrinare di Adalberto, le sue fughe ed i suoi ritorni, il suo impegno finale di testimonianza tra i pagani, resterebbero in realtà come gratuiti e senza giustificazione [53]. Ma è uno sfondo, questo, che

---

[52] Vedi l'*Excursus*: « *Mundus senescens* », a p. 385 ss.
[53] Cfr. *Vita S. Adalberti auctore Brunone archiepiscopo*, capp. 11 e 15, *MGH, SS*, t. IV, p. 600, 603 s. Per la missione tra i pagani che diventa successivamente *presenza*, vedi le considerazioni di Adalberto quando si vede praticamente respinto insieme ai compagni (*op. cit.*, cap. 26, p. 609): « Pressi magnis adversis, quid consilii capiemus? Quo vertamur, nescio. Habitus corporum et horror vestium, ut video, paganis animis non parum nocet; unde,

pur filtrato nella sclerotizzazione delle formule si ripropone costantemente nelle vite di santi, nelle cronache, nelle lettere, negli scritti polemici del periodo, suggerendo un'immagine dell'Europa cristiana assai più uniforme, da questo punto di vista, di quanto le diverse condizioni politiche ed economiche lascerebbero supporre. E se il costume di un cristianesimo feudalizzato e potente, autoritario e sopraffattore, profondamente integrato nella società del proprio tempo, continuava a proporre — per un popolo « durae cervicis », sanguinario e incestuoso, imbevuto di costumi pagani e sordo ad ogni ammonimento — la costrizione violenta, la pena fisica, il castigo [54], scatta purtuttavia nuovamente di fronte a questa

---

si placet, vestimenta mutemus clericalia, pendentibus capillis surgere sinamus, tonsae barbae truncas comas prodire permittamus; forsan non agniti, melius habemus salutem operari; similes eorum effecti, familiarius eo habitamus, alloquimur et convivimus; laborando quoque manibus propriis, victum quaeremus ad instar apostolorum; absconsa mente revolvimus censum psalmorum. Interea, prosperante misericordia Salvatoris, fit aliquid hac arte ac fraude, ut opinio se fallat; evangelizandi occasio certa venit. Quid? quia pius et fidelis Deus, animarum inventarum thesaurum magnum lucrabimur, aut dulcem vitam pro dulcissimo Christo fundentes, desiderata morte morimur »; dove l'*evangelizandi occasio* è qui insieme conversione di anime o martirio, e questo perché il martirio, come supremo sacrificio d'amore, non poteva mancare di frutti copiosi anche in questo campo: per passi analoghi della *Vita quinque fratrum* cfr. J. LECLERCQ, *Saint Romuald et le monachisme missionaire*, in RB, LXXII (1962), p. 316 ss. Ma per le caratteristiche comunemente assai diverse delle missioni tra i pagani e gli Slavi in particolare — dove le finalità religiose si compenetravano strettamente con quelle politiche —, anche a proposito dell'attività dello stesso Bruno e della sua famosa lettera ad Enrico II, cfr. H.-D. KAHL, *Compelle intrare. Die Wendenpolitik Bruns von Querfurt im Lichte hochmittelalterlichen Missions- und Völkerrechts*, in « Zeitschrift für Ostforschung » 4 (1955), pp. 161-193, 360-401 (ora, con un'importante appendice, in H. BEUMANN, *Heidenmission und Kreuzzugsgedanke in der deutschen Ostpolitik des Mittelalters*, Darmstadt 1963, pp. 177-274), e *Zum Geist der deutschen Slawenmission des Hochmittelalters*, in « Zeitschrift für Ostforschung », 3 (1953), pp. 1-14 (ora con aggiornamenti in BEUMANN, *op. cit.*, pp. 156-176).

[54] Cfr. ad es., Magistri ADAMI Bremensis *Gesta Hammaburgensis ecclesiae pontificum*, lib. III, cap. 56, MGH, *Script. rer. Germ.*, p. 200 ss., dove viene ampiamente descritto l'atteggiamento di Adalberto di Brema « erga suos parrochianos ». E se il cronista non manca di rilevare gli eccessi di Adalberto anche in questo senso — così come altrove duramente ne denuncia la superbia e l'ambizione, nonché una colpevole negligenza verso i propri

realtà la prospettiva di un'altra scelta, di un'altra alternativa, che ancora avverte la novità profonda dell'antico messaggio cristiano: ed è la ribellione e la denuncia, di ciò che oggi si direbbe il *cristianesimo personale* contro il *cristianesimo sociologico* [55]. Un cristianesimo questo, impreciso e superficiale [Bruno parla di una *confusa religio*, e per gli Ungari, e sia pure alludendo alla loro recente, insufficiente conversione — ma è significativa la sua coscienza del problema — di *umbra christianitatis*] [56], rilevato già da antica data — tra i

doveri di pastore (cfr. al riguardo H. BEINLICH, *Die Persönlichkeit Erzbischof Adalberts von Bremen in der Darstellung seines Biographen Adam auf Grund der Zeitanschauungen*, Diss. Greifswald 1918, p. 96 ss.) —, resta tuttavia chiaramente avvertibile su questo punto una certa concordanza di idee, una sostanziale comprensione per un'insofferenza verso pratiche e costumi che apparivano orrendi, verso una cecità e durezza di cuore e infedeltà, che sembravano invitare, in qualche modo, alla repressione e al castigo. È un capitolo ancora tutto da scrivere, nella storia della *christianitas* medievale, questo, delle concrete abitudini e pratiche pastorali, della pedagogia religiosa usata; ma non sembra troppo lontana dal vero l'ipotesi che assai spesso, lungo tutta l'età feudale, l'impostazione di fondo rispondesse alle considerazioni ed ai principi che secondo Adamo muovevano l'arcivescovo Adalberto: « ... statuit ... archiepiscopus, ut populo durae cervicis, neque parcendum esse neque credendum, ita dicens: ' In chamo et freno maxillas eorum constringe ' (*Ps.* 31, 9); rursumque: ' Visitabo in virga iniquitates eorum ' (*Ps.* 88, 33); et alia. Itaque inventa occasione, si quis eorum offendisset, eum mox in vincula conici iussit, aut spoliare omnibus bonis, asserens cum risu afflictionem corporis animae utilem, dampna bonorum hoc esse purgationem delictorum» (p. 202).

[55] Vedi al riguardo il recente saggio, discutibile peraltro sotto molti aspetti, di J. DANIÉLOU, *L'oraison problème politique*, Paris 1965, p. 20 s.

[56] *Vita Adalberti* cit., c. 11 e 16, p. 600 e 603. Innumerevoli, nelle fonti, i rilievi del genere, più o meno espliciti e diversamente motivati ed orientati (e proprio da questo punto di vista sarà necessario individuarli e distinguerli, per misurarne esattamente il significato, il peso e l'intensità): vedi, comunque, a puro titolo di esempio, THIETMARI MERSEBURGENSIS EP. *Chronicon*, lib. IV, cap. 14, *MGH, Script. rer Germ.*, p. 72 s. (ma vedi, per un racconto di conversione del tutto estraneo alla consapevolezza inquieta di Bruno, lib. II, cap. 14, p. 26, che riprende WIDUKINDUS, *Rerum gestarum Saxonicarum libri tres*, lib. III, cap. 65, *MGH, Script. rer. Germ.*, p. 80 s.); ODONIS ABB. CLUN. *De vita sancti Geraldi Auriliacensis comitis libri IV*, praefatio, *PL*, 133, c. 641 A; M. ADAMI *Gesta Hammaburg. eccl. pontif.*, cit., lib. I, c. 42, p. 44 s. (oltre al passo cit. in parte a n. 54); RODOLFO GLABRO, *Historiarum libri quinque* cit., lib. II, c. VI, 10-12, p. 37 ss., lib. IV, c. 4, p. 103, 105 s. (Rodolfo Glabro presenta in questi passi quella connessione

tanti, ne sono un segno, direi, quelle interpretazioni del concilio apostolico di Gerusalemme già ricordate — ma avvertito ormai come un impegno ed un'accusa, e che su questo piano costituisce perciò lo stimolo alterno per la fuga solitaria o per la testimonianza aperta e clamorosa della predicazione. Dietro l'inquietudine di un Romualdo, le invettive di un Pier Damiani, l'impegno dei patarini, le drammatiche scelte di Gregorio VII, la predicazione dei monaci di Vallombrosa e di Hirsau, l'inesausto peregrinare degli eremiti itineranti, stanno certo fatti e moventi precisi, finalità concrete di volta in volta diverse, ispirazioni anche divergenti e contraddittorie e talvolta addirittura polemiche tra loro: ma sta anche — e perché fatto più generale e generico non certo meno reale — questa scoperta di un mondo ancora avulso o estraneo ad una fede profonda, questo senso di impazienza per il molto che non era stato fatto, questa impressione di risveglio inquieto dopo un lungo sonno di tranquillità.

Proporre perciò a questa società « senescente », alla Chiesa implicata in essa, il ritorno alle origini, volle dire anche proporre l'immagine di un momento di giovinezza e di particolare creatività della grazia, e sottintese insieme l'impegno di cercar di riprodurre nella vita ecclesiastica le condizioni in cui quella creatività era stata possibile. L'invito alla chiesa primitiva, all'imitazione degli apostoli fu allora anche questo, frutto soprattutto anche di questo: di un nuovo modo di guardare la realtà circostante, della scoperta di una condizione umana che la pratica più o meno esterna del cristianesimo troppo poco

di causa tra corruzione popolare e corruzione del clero — per cui quella dipende principalmente da questa — che è costante soprattutto nel primo periodo della riforma, orientando così i suoi sforzi principalmente in questa direzione); cfr. anche in questo senso ATTONIS EP. VERCELLENSIS *Ep.* 9, *PL*, 134, c. 115 ss.; PETRI DAMIANI *Op.* VII, *Liber Gomorrhianus*, capp. VI e XIX, *PL*, 145, c. 166 D e 180 s.; il ritmo anonimo citato a p. 387 (dopo aver parlato della corruzione del clero a causa dell'avarizia): « Perit indisciplinata / rustica simplicitas. / ...Cuncti namque prepediti / curis saecularibus / plebem Dei castigare / miseri negligimus ». Per Gregorio VII, ma in riferimento soprattutto ai vescovi, vedi p. 224, n. 31 di questo libro; e per il tema dell'esempio di vita, come prima e più efficace forma di insegnamento, che si connette a queste esigenze, cfr. p. 137, n. 28.

aveva mutato. E se tutti i condizionamenti della tradizione premono ad isolare ad un ambito specialistico, chiericale o monastico, il richiamo a quelle origini e l'imitazione di esse, lo storico non può tuttavia non registrare lo sforzo, anche se destinato ad una progressiva sconfitta, di aprirsi con quel richiamo a nuove realtà, di reinventare, al di là degli stati di vita particolari, quelle condizioni originarie che erano state alla base della prima meravigliosa fioritura cristiana.

È evidente, in questo ambito di problemi, il rischio di forzare, ed insieme di semplificare, di generalizzare, di tradurre in termini troppo netti e schematici — e forse troppo attuali — realtà assai più complesse e lontane, confuse ed oscure. Eppure c'è una sorta di generalizzazione — lo si è già rilevato — che è obiettiva, nelle cose, per certi aspetti chiaramente voluta: l'esistenza cioè di una comunanza di temi, di testi, come un linguaggio comune [57], anche per esprimere quel confuso desiderio di riforma di cui si è parlato. Ma è evidente anche, solo che si presti la benché minima attenzione alle prospettive, alle implicazioni che certe formule in realtà comportano, la profonda diversità che può nascondersi in esse, dietro un'apparenza di analogia, di discorso comune (la contraddittoria fortuna di certi versetti evangelici è da questo punto di vista esemplare). Ma proprio cercando di andare — al di là delle formule — al contesto in cui si inseriscono, ai punti concreti che toccano, sembra di poter ravvisare emergere qua e là la coscienza più o meno esplicita di una profonda incompatibilità del cristianesimo col costume, con le strutture, con le direzioni di movimento della società secolare. Di fronte

---

[57] Sul lavoro canonistico del periodo come tramite per il formarsi di un diritto comune nella Chiesa, vedi le osservazioni — che riprendono uno spunto di S. Kuttner — di O. Capitani, *La figura del vescovo in alcune collezioni canoniche della seconda metà del secolo XI*, in *Vescovi e diocesi in Italia nel Medioevo (sec. IX-XIII)*, «Italia sacra» 5, Padova 1964, p. 165 s. e 182, e *Immunità vescovili ed ecclesiologia in età pregregoriana e gregoriana*, in «Studi Medievali», S. IIIª (1962), p. 532 s. e 540 s. E sul valore di *linguaggio comune* di certi testi canonistici vedi le puntuali osservazioni di Z. Zafarana, *Ricerche per il «Liber de unitate ecclesiae conservanda»*, di prossima pubblicazione in «Studi Medievali».

ad una Chiesa profondamente integrata si profilano gradualmente indicazioni che non sono solo di correzione, di riforma, ma più profondamente invitano ad un'altra strada, ad una linea radicalmente alternativa: ed è la riscoperta dell'intimo significato di contestazione e di protesta dell'antica scelta monastica — il valore profetico del monachesimo [58] —, ma anche la ricerca di nuove forme organizzative, di nuove esperienze e possibilità di essere.

Sarebbe vano, evidentemente, cercare in queste espressioni — chiamiamole dunque così: di contestazione, di protesta — un'interna, larga coerenza, una completezza di visione e di programma. Inizialmente anzi appaiono solo come contestazioni limitate, puntuali, su singoli fatti o aspetti del modo di essere ecclesiastico, ma tuttavia già allora così contraddittorie alle linee di sviluppo, agli indirizzi profondi della società — ed agli orientamenti, o alla pratica del mondo ecclesiastico — da acquistare un valore, e da aprire insieme una prospettiva, obiettivamente rivoluzionarii. È solo da questo punto di vista che possono essere valutate adeguatamente e comprese proteste come quelle contro la guerra normanna di Leone IX — ed in genere contro l'implicarsi di uomini di chiesa in azioni guerresche [59] —, o l'indignato e sofferto invito di un Wasone

---

[58] Questo è il significato profondo, direi, id certe affermazioni di Pier Damiani sull'inutilità, in un tempo di così profonda corruzione, di ogni opera di predicazione, sull'autentica carità verso gli altri che deve manifestarsi entro le mura del monastero, ma senza disperdersi in attività esteriori (*Op.* 12, *Apologeticum* cit., c. 283 C, 286 s.) ed insieme di tutta la sua vita di eremita e di *homme d'Église*. Ma in questo contesto, mi sembra, vanno lette anche testimonianze come quelle di Bernoldo, sulla fioritura monastica in Germania nei più duri momenti della lotta contro Enrico (*Chronicon*, A. 1083, ed. cit., p. 439).

[59] Cfr. PIER DAMIANI, *Ep.* IV, 9, *PL*, 144, c. 315 ss.; un giudizio profondamente critico — ed insieme realistico — sulla vicenda, è ancora quello di ERMANNO DI AUGSBURG, *Annales*, A. 1053, *MGH, SS*, V, p. 132. E se una traccia di alcune perplessità al riguardo sussiste ancora nel racconto di BRUNO DI SEGNI, *Libellus de symoniacis*, *MGH, Libelli*, II, p. 550, r. 7, essa è già ampiamente riscattata dalla visione che presenta i caduti di Civitate come dei martiri (p. 551); mentre è un quadro ormai pienamente positivo quello che emerge dagli accenni dell'ANONYMUS HASERENSIS, *De episcopis Eichstetensibus*, c. 37, *MGH, SS*, VII, p. 265, o in BONIZONE, *Liber ad amicum*, lib. V,

di Liegi a sospendere le esecuzioni degli eretici, così laconi-
camente e tranquillamente registrate dai cronisti contemporanei [60]. Ed è questo forse il significato profondo di quella di-
sperata, quasi insensata protesta di Pier Damiani e di tanti
— precursori in questo dei *pauperes Christi* — contro l'*avaritia* del clero, la sua sete di danaro [61]: che forse, come mi
suggerisce suggestivamente L. K. Little, era solo il segno di
un'economia in movimento ed in espansione, che coinvolgeva
e agganciava e travolgeva in qualche modo anche la società
ecclesiastica, tanto più quanto saldamente ancorata ad un esercizio e ad una pratica di governo e di potere.

La constatazione amara di un Rodolfo Glabro, pur così
distaccato, per tanti altri aspetti, dal ritmo reale della vita
del tempo, sul mutare delle situazioni e delle condizioni storiche, per cui la dilatazione e potenza e ricchezza della Chiesa,
ragione un tempo di accrescimento del bene delle anime, si
era volta in realtà, *crassante avaritia*, a loro rovina [62], è il
segno comunque che questo intimo rapporto e reciproco con-

MGH, *Libelli*, I, p. 589, per il quale anzi quegli avvenimenti rappresentano
un preciso esempio per il futuro: «hos Deus signis et miraculis sibi valde
placuisse demonstravit, magnam pro iusticia posteris dimicandi dans fiduciam,
quando hos in numero sanctorum connumerare dignatus est». Rispecchia
un contrasto legato a problemi del genere, *Reg.* VII, 23, p. 500, che narra
delle discussioni avvenute intorno ad Alessandro II sull'appoggio da dare o
meno alla conquista del trono inglese da parte di Guglielmo di Normandia.

[60] Cfr., per la posizione di Wasone, ANSELMUS, *Gesta episcoporum Leodiensium*, MGH, SS, t. VII, p. 227 s. Per un'attenta presentazione ed analisi delle diverse fonti che narrano degli eretici e della persecuzione contro
di essi, cfr. ILARINO DA MILANO, *Le eresie popolari del secolo XI nell'Europa
occidentale*, in *Studi Gregoriani*, II, pp. 43-89.

[61] Cfr., ad es., PIER DAMIANI, *Op.* 31, *Contra philargyriam et munerum
cupiditatem*, PL, 145, c. 533 D («Eat ergo avarus, parietes ecclesiae con-
struat, studio praedicationis insistat, dissidentes in pace confoederet, tituban-
tes in catholicae fidei veritate confirmet, offerendis quotidie sacrificiis sit
intentus, a negotiis saecularibus sit remotus; donec tamen in eo ardor avaritiae non extinguitur, omnis flos virtutum eius exuritur, et nullus eo crimino-
sior invenitur ...; nihil iniquius quam amare pecuniam»); *Ep.* I, 15, PL,
144, c. 234 A-B; VI, 32, *ibid.*, c. 424 s., 426 C; *Sermo* VI, *ibid.*, c. 540 A.

[62] RODULFUS GLABER, *Historiarum libri V*, ed. cit., lib. II, cap. VI, 10,
p. 37; per una considerazione analoga vedi anche lib. III, cap. VI, 19,
p. 68 s.

dizionamento tra Chiesa e società comincia in qualche modo
nuovamente ad essere avvertito, riprospetta un problema che
sta all'origine di tutta una serie di soluzioni e di scelte ma-
turate nel corso della riforma: in un arco che va dall'antica
scelta monastica, all'impegno teocratico di un Gregorio VII,
al nuovo inquieto agitarsi del laicato e dei movimenti popolari, al lento, polemico maturarsi dell'eresia evangelica e pauperistica.

In questo contesto si chiariscono, mi sembra, nella loro
forza di novità ed insieme nei loro limiti di durata, vicende
come quelle narrate da Bernoldo nel suo *Chronicon*, della
conversio di moltitudini di laici, anche di *coniugati*, di interi
villaggi, sotto il segno dell'imitazione della chiesa primitiva,
attorno a monasteri e a canoniche di chierici[63]. Certo lo
storico della società e dell'economia potrà individuare dietro
a queste folle che si raggruppano intorno ai chiostri, o al seguito di predicatori di grande fama, come pure dietro ai movimenti popolari che scuotono la vita delle risorgenti città o
dietro le migrazioni che accompagnano il nascere della crociata,
le linee precise di una società in fase di accelerato movimento
e di sviluppo, gli scompensi e le alterazioni strutturali che sra-
dicano dai quadri consueti e costituiti, le crisi e le epidemie
che ne costituiscono una premessa ineliminabile. E potrà ricordare, per analogia, quelle crisi e sconvolgimenti che tra
il IV e il V secolo precedono ed assecondano lo sviluppo monastico dall'Egitto al resto del mondo romano[64]. Ma restano
pur sempre da spiegare i termini in cui questi movimenti si
manifestano, la forza nuova e inconsueta di antiche parole
d'ordine, resta, rilevante e significativa, la nuova coscienza
ecclesiale con cui questi movimenti sembrano disporsi. E le

---

[63] BERNOLDO, *Chronicon*, A. 1091, ed. cit., p. 452 s. Per un'attenta analisi interna del passo di Bernoldo cfr. G. G. MEERSSEMAN e E. ADDA, *Péni-
tents ruraux communautaires en Italie au XIIe siècle*, in *RHE*, XLIX (1954),
p. 343 ss.

[64] Cfr. le osservazioni e la bibliografia al riguardo in G. PENCO, *La composizione sociale delle comunità monastiche nei primi secoli*, in « Studia Monastica », 4 (1962), p. 259 ss., e 270.

parole intorno alle quali essi si muovono — la parte riflessa, per dir così, delle loro motivazioni — sono, per le vicende testimoniate da Bernoldo, ricordo della chiesa primitiva, proposito di imitazione apostolica. Una chiesa primitiva certo che voleva ancora la *plebs* al servizio e sotto l'obbedienza di monaci e chierici (i *sancti* della tradizione antica) [65], ma che santificava tuttavia questa stessa *plebs* ad un pari livello, perché tutti coinvolgeva nella stessa vita e nella stessa rinuncia, senza appagarsi più di quelle forme attenuate e mediate di semplice donazione che erano state elaborate nel periodo carolingio: « ... etsi habitu nec clerici nec monachi viderentur, nequaquam tamen eis dispares in meritis fuisse creduntur. Se enim servos eorumdem pro Domino fecerunt, imitantes ipsum qui non venit ministrari sed ministrare, qui et suos sectatores ad maioritatem per servicii exhibitionem docuit pervenire » [66]. Nuovo senso ecclesiale quindi, dove la Chiesa è comunità di vita e di preghiera al di là degli uffici e delle dignità, e cristianesimo inteso in primo luogo come servizio — rinuncia perché sia servizio — agli altri; ed insieme con un bisogno che la *conversio* fosse realizzata puntualmente nei singoli, con una ricerca di coerenza di vita cristiana in se stessi e nella società, che metteva almeno indirettamente in discussione le situazioni di privilegio religioso — e le loro traduzioni ideologiche — ereditate dal passato. La vita comune — che è carità e servizio — della chiesa primitiva costituisce la contestazione puntuale di una società fondata sulla violenza e sulla forza; e nella riflessione di un teologo e di uno storico come Bernoldo essa si pone insieme sotto il segno della grazia divina che ha voluto compensare la sua Chiesa delle prove sofferte, che, nella corruzione e nel disfacimento del presente, ha voluto riproporre situazioni e condizioni proprie di una giovinezza antica: « Sic

---

[65] All'origine di questa interpretazione sembra trovarsi un passo di Agostino (*De opere monachorum*, cap. 16, *PL*, 40, c. 562 s.), che traducendo in termini di attualità l'invito di Paolo a soccorrere la comunità dei *sancti* di Gerusalemme (cfr. *Rom.* 15, 25-27), lo interpretava come un'indicazione del dovere dei fedeli di sostentare le comunità chiericali e monastiche.

[66] BERNOLDO, *Chronicon*, loc. cit.

utique Deus sanctam suam aecclesiam in periculosissimo tempore mirabiliter consolari dignatus est, ut de multorum conversione gauderet, quae de excommunicatorum aversione iam diu non cessavit dolere » [67]. La *forma primitivae ecclesiae*, la *vita ad instar primitivae ecclesiae* rappresenta perciò il rifiorire di forme di vita privilegiate e di eccezione per tempi di lotte, di prove e di dolori eccezionali: un ritorno ai tempi delle origini per riprendere quella trama dell'incontro della grazia col mondo che sembrava almeno parzialmente interrotto. E fosse tutto questo, questa coscienza dico, in questi termini, viva e presente solo nella consapevolezza del cronista — ma perché dubitare tuttavia dell'almeno parziale rispondenza della sua interpretazione ad una realtà concreta? —, essa resterebbe pur sempre testimonianza della vivacità di un mito, della linea di movimento di un pensiero religioso in fase di ricerca di nuovi equilibri e sistemazioni, che trae, dai bisogni e dalle carenze del presente, lo stimolo a proporre un rinnovamento dell'organizzazione e della vita cristiana.

C'è un curioso episodio della *Vita* di Guglielmo di Hirsau che potrebbe servire quasi da apologo di questa realtà di *choc* e di rinnovamento insieme [68]: un giorno il grande abbate cavalcava con un ampio seguito verso una cella costruita di recente sulle rive del Danubio; era già prossimo alla meta quando, ai margini di una selva, gli si parò davanti un misero tugurio. Guglielmo lasciò proseguire gli altri, e, trattenendo con sé solo un compagno, si avvicinò a quella povera casa, trovandovi una donna « valde pauperculam »: allora entrò, « et oblitus suae dignitatis, oblitus assueti rigoris, iuxta ignem sedit ipsamque sedere fecit »; apprese così la terribile povertà sua e di suo marito, lo svolgersi delle loro squallide giornate, nutrite di pane e d'acqua e senza domani. Arrivò poi anche il marito, e Guglielmo « quaerit ab eis fidemne sciant katholicam, sine qua nemo potest consequi salutem aeternam ». Ma essi confessarono candidamente di ignorare del tutto cosa fosse

---

[67] BERNOLDO, *Chronicon* cit., p. 453.
[68] *Vita Willihelmi abbatis Hirsaugiensis* c. 17, MGH, SS, XII, p. 217.

mai la fede. Pianse Guglielmo su questa loro confessione, e si dolse della loro ignoranza: « Quid mirum », aggiunse, « si ab exterioribus rebus videmini inopes, qui intus miserabile dictu a Deo qui praestat nobis omnia habunde ad fruendum estis inanes? ». Il seguito è ovvio in un racconto edificante: Guglielmo li istruì nella fede e li aiutò materialmente « ut et mentis eorum inopiam verbo sacrae eruditionis inescaret, et corporalem penuriam munifice alleviaret ». Ma non questo interessa qui: bensì la scoperta da parte sua di questa estrema povertà, e il conseguente dimenticarsi della propria dignità, del suo consueto rigore; e la rivelazione che egli ha non di una degenerazione, di una decadenza, ma di una totale assenza di cristianesimo, ed il suggestivo ed un po' misterioso accostamento tra povertà materiale e miseria religiosa [69]. Ho detto che si tratta un po' di un apologo: ma di questo apologo, tutta l'attività di Guglielmo è un ulteriore esempio: è quello *zelus animarum* che porta il suo impegno al di là dell'ambito monastico per rivolgerlo anche al clero ed ai laici; e che spiega anche l'istituzione dei *conversi* « ut ... claustralem disciplinam pro posse suo extra claustrum in corrigendis moribus imitarentur » [70]: com'è evidente, è una testimonianza esemplare che ai *conversi* viene in primo luogo richiesta: a questo mira l'*imitatio* della *claustralis disciplina*; e non è casuale, forse, che proprio in questo contesto torni un ricordo del passo degli *Atti*: « Nichil proprium possident, sed sicut in actibus aposto-

---

[69] Ma vedi per il consueto schema agiografico altomedievale del buon cristiano ricco, É. DELARUELLE, *Les ermites et la spiritualité populaire*, in *L'eremitismo in Occidente nei secoli XI e XII*, Milano 1965, p. 228 s.

[70] *Vita Willihelmi* cit., cap. 23, p. 219. Un'altra motivazione, sull'origine dei *conversi*, è offerta dal cluniacense Udalrico, nell'*epistola nuncupatoria* delle consuetudini cluniacensi che egli invia all'abbate di Hirsau: per lui infatti è la grande affluenza dei fedeli, desiderosi di farsi monaci, che costrinse Guglielmo, timoroso di vedere irrimediabilmente compromessa l'organizzazione economica del monastero, ad escogitare questa forma di vita intermedia; ed è qualcosa che Udalrico riprova, come segno di una scarsa fiducia nella provvidenza divina (*PL*, 149, c. 637 B-C). Cfr. al riguardo H. JAKOBS, *Die Hirsauer. Ihre Ausbreitung und Rechtsstellung im Zeitalter des Investiturstreites*, Graz 1961, p. 23 ss. (vedi anche p. 204 ss., e 212 ss.).

lorum legitur, omnia in medium conferuntur, et unicuique prout opus habet distribuitur »[71].

Si tratta di un impegno che fu di tanti, a livelli e con risonanze diverse, anche se non sempre seppe e potè uscire dai binari e dalle indicazioni tradizionali di principi e norme che erano in realtà consuetudine e codificazione di una società, assai più che intrinseca manifestazione del messaggio cristiano. E com'è importante e da sottolineare questo comune terreno di partenza, la comune scaturigine di certe spinte e ispirazioni, così va individuato e distinto il loro disporsi a diversi livelli, il loro configurarsi in linee di sviluppo sempre più divergenti e lontane, a seconda delle componenti, delle preoccupazioni, suggestioni e responsabilità, delle diverse prospettive teologiche, che confluiscono ad orientare il loro itinerario. Nel momento in cui questa prima, comune, indifferenziata aspirazione per un ritorno alle origini si dispone in atti ed iniziative concrete, essa entra in contatto coi tradizionali materiali del passato, coi nuovi e diversi problemi del presente, essa si incarna in precise scelte esistenziali e di politica religiosa che molteplici fattori contribuiscono a condizionare, stabilendo così una serie di equilibri e di nessi che si presentano ogni volta con profonde diversità di sfumature nei diversi ambienti. Individuare questi sviluppi, queste divergenti linee solutive di uno stesso problema, significa tracciare la storia profonda della riforma tra XI e XII secolo, significa cogliere nelle loro reali prospettive e possibilità le alternative che furono presenti alla Chiesa in quei tumultuosi decenni.

* * *

Il primo largo apparire del richiamo alla chiesa primitiva intorno alla metà del secolo XI è legato soprattutto alla riforma della vita del clero[72], e limitatamente a questa esi-

---

[71] *Vita Willihelmi* cit., cap. 23, p. 220.

[72] Per il problema della riforma del clero attraverso la vita canonica e la relativa bibliografia, cfr. CH. DEREINE, *Chanoines*, in *Dict. d'hist. et de géogr.*

genza ne vengono messe in luce le fondamentali caratteristiche. Al matrimonio ed al concubinato del clero, alla proprietà privata dei beni, al continuo implicarsi in negozi e contese secolari che tutto ciò comporta, viene contrapposta la *forma primitivae ecclesiae* quale risulta dalla testimonianza degli *Atti degli apostoli*; e si propone perciò l'eliminazione di ogni forma di proprietà individuale, tale che permetta una vita in comune di autentica scambievole carità, più consona all'ufficio di predicazione e di insegnamento cui il clero è deputato (tipica della tematica riformatrice del tempo è l'affermazione che l'esempio di vita è la prima e più efficace forma di predicazione)[73]. Ma tuttavia questo rimane ancora un ideale di perfezione, proposto alla scelta di pochi (discorso di Ildebrando al concilio di quaresima del 1059)[74], che trova profonde mitigazioni pratiche nel canone sulla vita comune formulato dai padri di quella sinodo[75]. Considerazioni di opportunità, come la coscienza della profonda contraddittorietà della situazione che si voleva sanare rispetto all'ideale proposto, trattennero probabilmente il concilio dal procedere più radicalmente su di una via di riforma. Ed anche la chiara percezione che non tutto della tradizione ecclesiastica comunemente accettata corrispondeva a quei severi dettami della vita comune *ad instar primitivae ecclesiae* enunciati da Ilde-

---

eccl., XII, Paris 1953, coll. 375-405. Vedi anche gli *Atti* della Settimana di studio tenuta al passo della Mendola nel settembre 1959 su « La vita comune del clero nei secoli XI e XII », voll. 2, Milano 1961.

[73] Vedi numerose testimonianze al riguardo nel mio lavoro *Per la storia della pataria milanese*, in BISIME, 70 (1958), p. 52, n. 2 ed ora in questo vol., p. 137, n. 28.

[74] È pubblicato da A. WERMINGHOFF, in *NA*, XXVII (1902), p. 669 ss. La polemica di Ildebrando è chiaramente contro coloro che, dopo aver fatto rinuncia ai beni propri per vivere nella vita comune, pretendono di ritornare indietro rinunciando al primo proposito; ma questa vita comune, che si richiama all'« exemplum primitivae ecclesiae », è tuttavia riconosciuta come « arctior via perfectionis », « angusta porta », scelta soltanto da chi è infiammato « igne perfectae caritatis ».

[75] Esso prescrive infatti solo la mensa e il dormitorio in comune, e la comunanza delle rendite ecclesiastiche; fu ripubblicato con una breve aggiunta nel 1063: cfr. *PL*, 143, c. 1316 (per il canone del 1059), e *PL*, 146, c. 1290; vedi anche p. 98 ss. di questo libro.

brando: la *regula* di Aquisgrana, conosciutissima a giudicare dal numero di manoscritti pervenutici [76], era un documento eloquente al riguardo [77].

Sarà su impulso delle nuove tendenze eremitiche, soprattutto per opera di Pier Damiani, che la vita comune *ad instar primitivae ecclesiae* scenderà dall'altissimo piedestallo di sommo ideale di perfezione per diventare il metro consueto di restaurazione di tutto l'ordine chiericale ed insieme un punto di riferimento per ogni profonda esperienza ecclesiale [78] (ed era il mondo eremitico, per il quale il sommo di ogni scala di perfezione individuale era costituito dalla cella solitaria, che poteva operare questa generalizzazione, e perciò ridimensionamento, della *vita communis*, non certo quello monastico-cenobitico, legato ormai da tempo al concetto di essa come perfetta ed unica incarnazione dell'ideale apostolico). Ma negli scritti di Pier Damiani dedicati alla vita comune del clero si assiste ad una precisa accentuazione del carattere pauperistico, di personale rinuncia ad ogni bene terreno, che la vita della primitiva comunità apostolica comportava. Ri-

---

[76] Per la tradizione manoscritta della *regula* di Aquisgrana, cfr. la prefazione di A. Werminghoff alla sua edizione di essa nei *MGH, Leg.*, S. III, *Conc.* II, p. 307 ss., e, ancora di lui, *Die Beschlüsse des Aachener Concils im Jahre 816*, in *NA*, XXVII (1902), p. 607 ss. Numerose del resto erano le comunità di canonici che si fondavano sull'osservanza di essa ancora in periodo pregregoriano ed anche gregoriano: cfr. CH. DEREINE, *Vie commune, règle de Saint Augustin et chanoines réguliers au XIe siècle*, in *RHE*, XLI (1946), p. 388 ss.; dello stesso autore vedi anche *La « Vita apostolica » dans l'ordre canonial du IXe au XIe siècles*, in « Revue Mabillon », 51 (1961), p. 47 ss.

[77] E come tale, appunto, bersaglio particolare dei più intransigenti riformatori, soprattutto per la concessione di beni propri ai canonici; cfr. il discorso di Ildebrando alla sinodo del 1059, ed. cit., p. 670, e, di Pier Damiani, l'*Op.* 24, *Contra clericos regulares proprietarios*, III, in *PL*, 145, c. 484 s.

[78] Per tutta la posizione di Pier Damiani e quindi anche per le osservazioni che seguono vedi la mia relazione *Pier Damiani e la vita comune del clero*, negli *Atti* della Settimana della Mendola cit., pp. 186 ss., ed ora in questo vol., pp. 93 ss. Ma cfr. anche J. LECLERCQ, *Saint Pierre Damien ermite et homme d'Église*, Roma 1960, p. 95 ss. Per il rifiorire della vita canonica nel corso del secolo XI, spesso con esplicito riferimento alla chiesa primitiva, cfr. i documenti segnalati dal DEREINE, *Vie commune* cit., p. 366 ss.

lievi questi che non rimangono tuttavia su di un piano di astratta contemplazione edificante, ma si traducono immediatamente in categorico comando a tutto il clero, legittimo successore dei discepoli di Cristo, di attuare concretamente, nelle sue consuetudini quotidiane, questo paradigmatico esempio. La prospettiva di rottura con la tradizione che veniva in questo modo aperta era molto ampia, anche se solo in parte consapevole nei primi teorizzatori di questo indirizzo di riforma. È solo diffidenza verso alcune forme tradizionali di cenobitismo, e polemica di costume, che traspare negli scritti di Pier Damiani. Anzi per lui è proprio la tradizione, cioè i dieci secoli di storia che lo dividono all'età apostolica, a costituire nuovo elemento di responsabilità per gli uomini del suo tempo, per essere ormai la Chiesa diffusa quasi dovunque. È significativo al riguardo un suo commento all'episodio di Anania e Safira, indirizzato ai monaci che aspirassero a beni propri [79]. La colpa di Anania e Safira fu di non vivere « iuxta abrenuntiatorum regulam », pur dopo averne fatto professione, e perciò meritarono di morire:

Et quidem illi, utpote rudes, et ad fidem denuo venientes, necdum fortasse ad plenum evangelica praecepta didicerant, necdum sacri novae doctrinae codices ad publicum in commune processerant; attamen qui in ipso fidei tirocinio quodammodo simpliciter peccaverunt, districto quidem sed pio iudicio, sola, ut credimus, sunt corporum morte multati. *Nos autem, qui cuncta sacri eloquii volumina novimus, qui innumerabilium sanctorum patrum vitas atque praecepta post illud aureum apostolorum saeculum existentium, prae oculis assidua discussione versamus, ante tribunal Christi quid excusationis obtendere, quod tergiversationis argumentum poterimus invenire?* ... Huc accedit quod illi, vacillante adhuc fide, in nulla videbantur ecclesiastica posse sustentatione confidere; nimirum dum in ipso christianae religionis exordio ipsae quoque ecclesiae necdum fuerant per materiale aedificium fabricatae. *Nos autem, qui ubique terrarum tam largissima ecclesiarum patrimonia cernimus, ut quotidie, dum mundus imminuta possessione contra-*

---

[79] *Op.* 12, *Apologeticum de contemptu saeculi*, III, in *PL*, 145, c. 253 s.

hitur, Ecclesia copiosissime dilatetur; si tanquam de futuris alimentis lucrum carnale reponimus, dum nobis in posterum providendo ditescimus, thesauro fidei nos vacuos esse monstramus.

Questa coscienza dei limiti di fede dei primi tempi apostolici, che furono di tanta maggior difficoltà e quindi di tanto più merito per chi rettamente li visse, nulla toglie peraltro al carattere paradigmatico di quell'esperienza, fonte essa di ogni futura elaborazione patristica, di ogni iniziativa gerarchica di riforma. Esplicito è al riguardo l'ammonimento di Pier Damiani a Gregorio VI, mentre saluta il suo avvento al pontificato [80]: « Reparetur nunc aureum apostolorum saeculum, et praesidente vestra prudentia ecclesiastica refloreat disciplina »; ma se questa fiduciosa attesa dovesse andare delusa verrà meno anche ogni speranza nella Sede apostolica [81]. Sono affermazioni significative, anche se è evidente il loro carattere esortativo, di violento richiamo alle proprie responsabilità. Nessun conflitto insanabile con la tradizione, tuttavia, ché troppo vivo è in Pier Damiani il senso della continuità della Chiesa, della presenza operante e incontenibile della grazia nel mondo [82]; e nessuna impres-

---

[80] *Epp.* I, 1, in *PL*, 144, c. 205.

[81] *Epp.* I, 1 cit. (c. 206): « Verumtamen utrum ista, quae scribimus, mundo sperare sit licitum, primo Pisaurensis Ecclesia bonae spei clarum dabit indicium. Nisi enim praedicta Ecclesia de manu illius adulteri, incestuosi, periuri, atque raptoris auferatur, omnis populorum spes, quae de reparatione mundi erecta fuerat, funditus enervatur ... Et si ille tot criminibus obvolutus ad episcopatus arcem restituitur, ab apostolica sede boni aliquid ulterius posse fieri penitus denegatur ». Cfr. anche di Pier Damiani, per il tema analogo dell'« aureum David saeculum » che ritorna, grazie all'allontanamento dalla sua sede, ad opera di Enrico III, dell'indegno arcivescovo Ravennate, l'*Epp.* VIII, 2, *PL*, 144, c. 436 B. Vedi per altri riferimenti a questo tema e per i suoi contenuti più consueti, J. SPÖRL, *Das Alte und das Neue im Mittelalter. Studien zum Problem des mittelalterlichen Fortschrittsbewusstsein*, in *HJ*, 50 (1930), p. 505 s.; cfr. anche, per i suoi aspetti più politici, E. BERNHEIM, *Mittelalterliche Zeitanschauungen in ihrem Einfluss auf Politik und Geschichtschreibung*, I, Tübingen 1918, p. 97 ss.

[82] Questa posizione è particolarmente esplicita nella discussione che Pier Damiani conduce intorno alla validità delle ordinazioni simoniache. La sua confutazione delle tesi di coloro che vogliono considerarle del tutto inefficaci si basa infatti, oltre che su argomentazioni di teologia più propriamente sa-

sione di salto o di rottura — e nessun giudizio di inevitabile decadenza, perciò — tra una situazione originaria e quelle successive: Pier Damiani accetta esplicitamente, ricalcando i noti testi dello Pseudo-Urbano e dello Pseudo-Melchiade, l'interpretazione dello Pseudo-Isidoro sull'opportunità storica di convertire l'iniziale vendita dei propri beni in donazioni alle diverse chiese (anche se, significativamente mi sembra, egli insiste sulla loro primaria destinazione a beneficio dei poveri e degli orfani) [83]; ma chiara peraltro è la sua determi-

---

cramentale (concetto del Cristo «unicus et verus consecrator») e sull'esame della tradizione ecclesiastica nei confronti degli eretici (cfr. al riguardo la mia nota *La «simoniaca haeresis» in Pier Damiani e in Umberto di Selva Candida*, in *Studi Gregoriani*, V, Roma 1956, p. 77 ss.), anche su di una precisa considerazione della necessaria continuità della Chiesa, fondata sull'impossibilità di porre limiti e condizionamenti umani all'espansione della grazia. Cfr. *Liber gratissimus*, XXX, ed. L. DE HEINEMANN, in *MGH, Libelli*, I, p. 61: la falsità dell'asserzione di coloro che oppugnano le ordinazioni fatte dai simoniaci potrebbe anche essere «tolerabile», «*si ... ordinem tantummodo presentis vitae confunderet, nisi et a preterito saeculo omnem funditus spem atque materiam christianae pietatis auferret*. Dicunt enim, quia, quae tunc videbatur aecclesia, domus erat simplex, quod credebatur altare, purus lapis erat, sacerdotes et qui in reliquis cernebantur ordinibus constituti prorsus erant laici cunctisque spiritalis sacramenti viribus alieni, quod corpus et sanguis Domini credebatur, simpliciter panis erat et vinum, terrena nimirum substantia, nulla Spiritus sancti virtute perfusa. Cuncta ergo falsa ferebantur et frivola et a christianae redemptionis penitus veritate remota. *Unde consequitur, ut patres nostri, sive haec falsa fuisse cognoverint, sive veritatem fuisse mendacium estimaverint, indifferenter omnes inevitabili necessitate perierint*». Ulteriore conseguenza di ciò sarebbe il fatto che «solus ergo Symon divinae gratiae potuit fluenta restringere et tamquam obex medius inter Deum et homines humanum genus a creatoris sui consortio separare. Absit, absit, ut falsus homo rescindat quod verus Deus et homo confoederat. Absit, ut omnes homines unus obruere, et divina beneficia perversitas valeat humana delere».

[83] Cfr. *Epp.* I, 13, *PL*, 144, c. 221 B-C; IV, 12, *ibid.*, c. 322 A-B. È molto probabile che per questi testi pseudo-isidoriani la fonte formale di Pier Damiani fosse il *Decretum* di Burcardo: cfr. J. J. RYAN, *Saint Peter Damiani and His Canonical Sources*, Toronto 1956, p. 73 e 113 s. A titolo di curiosità si può ricordare che anche Pier Damiani (*Op. 5, Actus Mediolanensis, PL*, 145, c. 94 C) prospetta l'interpretazione del concilio apostolico di Gerusalemme (*Act.* XV, 19 ss.), già rilevata in Gerolamo e Cassiano (vedi p. 294 e n. 17): ma solo per sottolineare la «discretio apostolica» — la sua capacità di disporsi secondo una misura di comprensione umana — di fronte a situazioni di particolare delicatezza e difficoltà, senza per questo inserire quelle decisioni in una linea di sviluppo storico di decadenza.

nazione di misurare legittimità e giustezza della tradizione alla luce di quella che fu vita e pratica dottrinale della primitiva comunità cristiana. La sua esigenza di adeguare le strutture e l'organizzazione ecclesiastica — la presenza della Chiesa nella storia — alla vita di grazia che essa è chiamata a vivere e a far vivere trova nella chiesa primitiva il suo termine di paragone. Così, polemizzando con i canoni della *regula* di Aquisgrana che concedevano ai chierici la proprietà privata dei beni, Pier Damiani, dopo aver citato le testimonianze dei padri, invita tuttavia a ricorrere alla fonte da cui essi trassero il loro insegnamento:

> Et quamquam nefas sit de tantorum virorum disputare sententia, non vereamur tamen eorum, hoc est magistrorum nostrorum, adire doctores, ut ab illis etiam nos mereamur instrui, a quibus et nostri sunt doctores instructi, quatenus, dum fons patuerit unde puritatis rivus oboritur, foedantis et obloquentis audaciae temeritas refellatur [84].

L'esempio della chiesa primitiva non solo è decisivo a risolvere ogni contesa, punto di partenza indiscutibile per la determinazione di un'esatta condizione dell'ordine chiericale, ma di più, esso è necessariamente presente in ogni autentica esperienza ecclesiale, misura della sua validità ed efficacia:

> Constat itaque et perspicuum est quod canonicorum regula ab apostolicae vitae norma prodierit; et dum spiritualis quisque conventus rectam sui tenet ordinis disciplinam, teneram quodammodo lactantis ecclesiae imitatur infantiam [85].

Vivere la vita della chiesa primitiva significa riproporre intatta nella sua purezza spirituale quella presenza cristiana che — per essere stata degli apostoli e attorno ad essi — fu perfetta nei suoi termini di attuazione. È il privilegio delle origini che Pier Damiani in qualche modo rivendica, ma non per isolarlo in una mitica ed irraggiungibile sfera di perfe-

---

[84] *Op.* 24 cit., IV (c. 485).
[85] Ivi.

23

zione ma per farne ritmo costante dell'itinerario storico della Chiesa:

... Sicut primitivam ecclesiam vixisse perpendimus, in quantum facultas suppetit, et ipsi vivere studeamus, quatenus eadem puritas, quae de origine fontis emanat, etiam per declivia nihilominus postrema decurrat, et qualis oriendo progreditur, talis in fine servetur [86].

Perciò i numerosi altri accenni dei suoi scritti all'esempio degli apostoli, lo sforzo di approfondimento costante della loro esperienza, si chiariscono come qualcosa di sostanzialmente diverso da una meccanica e consueta applicazione di un dato numero di *auctoritates* al proprio schema di ragionamento, per cui si partirebbe dal periodo apostolico per arrivare, attraverso i padri, alle decretali dei pontefici: perché è piuttosto il periodo apostolico, come esperienza totalmente comunitaria, a dare norma ed esattezza alle elaborazioni posteriori, che si giustificano in quanto ripetono, in qualche modo, quel lontano passato [87]. Con lo stesso metodo, come si è detto, e per le stesse ragioni, avviene il rifiuto di consuetudini invalse posteriormente. Così in una sua lettera ad Alessandro II Pier Damiani rigetta come errata la consuetudine, che egli dice essere entrata da qualche tempo presso la Sede apostolica, di proibire il ricorso di un chierico o di un laico contro il proprio vescovo, sia, come pare, sotto forma di un'accusa diretta o di fronte alla comunità, sia appellandosi « ad maio-

---

[86] *Sermo* LIII, in *PL*, 144, c. 806.

[87] Si veda anche l'introduzione dell'*Op.* 24 cit. (c. 481), indirizzato ad Alessandro II: commentando *Ps.* 68, 16 in termini tipicamente agostiniani (cfr. *Enarr. in ps.*, LXVIII, *CC*, XXXIX, p. 916 s.) Pier Damiani individua nell'eretico colui che difende il suo peccato. Dopodiché soggiunge: « Nos autem, quia magistros habemus sanctos apostolos et apostolicos viros, non debemus quod nobis videtur eligere: neque quod semel electum est obstinate et pervicaciter defensare; sed his duntaxat, quae a probatis ecclesiae doctoribus definita sunt, fidem irretractabiliter adhibere ». I termini se si vuole sono tradizionali: ma in quegli « apostolici viri », che seguono i « sancti apostoli », leggerei qualcosa di più e di diverso dei pontefici, o meglio i pontefici anche, ma in quanto imitatori e seguaci degli apostoli, inclusi per questo tra i « probati doctores ».

rem ecclesiam » [88]. I testi e le situazioni che Pier Damiani
ha presenti sono quelli prospettati e difesi nelle Decretali
Pseudo-Isidoriane, che proprio in quegli stessi anni erano stati
riproposti — col preciso fine di disporre un'efficace procedura
di privilegio alle gerarchie vescovili — dalla *Collectio* in 74
titoli [89]. Ma la contestazione, da parte sua, di quest'usanza,
pur se intessuta di testi canonistici, è prima di tutto contestazione di un costume morale: alle precise disposizioni di una
procedura egli contrappone quell'abito di libera carità che è
proprio del messaggio cristiano, affermando insieme la necessità di quella continua, reciproca, amorevole corresponsabilità nella vita della Chiesa, che è una caratteristica del suo
atteggiamento morale. E il primo esempio da lui portato, per
dimostrare l'esattezza della sua protesta, è quello di Pietro,
accusato dai circoncisi di essere entrato in casa dell'incircon-
ciso Cornelio:

Hic inquam, tot donorum coelestium incomparabili virtute
suffultus, tot miraculorum ostensione conspicuus, querelae subiecto-
rum non ex potestate resistit, sed rationem reddendo humiliter
satisfecit, causamque per ordinem veridicus relator exposuit [90].

Le conseguenze ricavate si fanno immediatamente generali, per caratterizzare esattamente, alla luce dell'esperienza

---

[88] *Epp.* I, 12, *PL*, 144, c. 214 ss. Il testo di Pier Damiani suggerisce
chiaramente l'idea che egli intenda come normale il ricorso contro il proprio
vescovo rivolto « ad maiorem ecclesiam », ossia, direi, trattandosi di suffraganei al metropolita o ad una sinodo presieduta da esso, e in ultima istanza a
Roma. Ma che non escluda il primo caso, di protesta diretta o di fronte alla
comunità, lo si potrebbe arguire dagli esempi portati, e dalla indetermina-
tezza stessa di alcune frasi. La sua preoccupazione maggiore comunque sembra non tanto costituita dagli aspetti giuridici del problema, quanto dal
costume morale che si nasconde dietro un'usanza siffatta.

[89] Vedi, per i riferimenti testuali della lettera di Pier Damiani, J. J.
RYAN, *Saint Peter Damiani* cit., p. 129 s., e per una giusta rivalutazione, diciamo così, « episcopalista », o meglio pregregoriana, della *Collectio*, anche
in riferimento a questa lettera di Pier Damiani, O. CAPITANI, *La figura del
vescovo* cit., p. 171 ss.

[90] *Epp.* I, 12 cit. (c. 216).

apostolica, il tipo di rapporti necessario in una vera comunità ecclesiale:

> Si igitur iste, cum a discipulis culparetur, auctoritatem, quam in sancta fuerat sortitus ecclesia, voluisset obtendere, respondere potuerat ut pastorem suum oves quae sibi commissae fuerant reprehendere non auderent. Sed si in querela fidelium potestatis suae titulum obiecisset, doctor profecto mansuetudinis non fuisset. Non ergo eos privilegii sui auctoritate repressit, sed humili potius satisfactione placavit ... Discat ergo, cum de suis actibus convenitur episcopus, rationem humiliter reddere, non de sui primatus eminentia superbire; nec fieri sibi credat iniuriam, cum a minori corripitur, sed consulentem potius vel medicum sui vulneris arbitretur [91].

E ancora approfondimento e precisazione del significato dell'esperienza evangelica, immediatamente operante nella pratica quotidiana di Pier Damiani, è la successiva distinzione tra la « querela compassionis » e l'« accusatio simultatis et odii »:

> Ista nimirum fit ut offensio corrigatur; illa vero, ut is qui offenderat condemnetur. Petrum plane in faciem resistens Paulus obiurgat, et coram omnibus reprehensibilem iudicat (*Gal.* II, 11). Quod ille non in accusationis tulit iniuriam, sed benigne et patienter accepit, quod non ex livore, sed ex charitate procedere perspicue recognovit [92].

Ma è ad una restaurazione morale che Pier Damiani mira innanzitutto, ed è per essa appunto che il richiamo alla *ecclesiae primitivae forma* costituisce il più valido punto di partenza. Sfuggono alla sua sistemazione dottrinale o vi appaiono solo di sfuggita (o le soluzioni date risultano ancora legate a secolari tradizioni), i grossi problemi con agganci più chiaramente politici della riforma: investitura laica, rapporti tra *regnum* e *sacerdotium*; gli stessi rapporti tra chiesa

---

[91] Ivi (c. 216 s.). Per il riecheggiamento di un passo della seconda lettera dello Ps.-Fabiano (HINSCHIUS, p. 165), cfr. J. J. RYAN, *Saint Peter Damiani* cit., p. 129.
[92] Ivi (c. 217).

di Roma e singoli vescovi e fedeli sono ancora imprecisati
rispetto alle ampie chiarificazioni contemporanee o di poco
successive, ché, pur essendo esplicito il suo riconoscimento
del primato romano, resta tuttavia largo il campo di discussione e di critica, di accusa e rimprovero per le eventuali
decisioni del pontefice (e più volte è appunto questo l'atteggiamento di Pier Damiani) [93]. E siamo ben lontani con lui
da quella rivoluzione dottrinale e pratica, che la cassazione
di tutte le ordinazioni simoniache veniva a rappresentare,
e per la quale non bastava certo un richiamo, sia pure suggestivo e sentito come concretamente operante, all'*aureum
apostolorum saeculum*, ma occorreva una salda autorità, in-
discussa e presente, che la sostenesse o meglio la imponesse
alla Chiesa [94]. Questo spiega, mi pare, almeno in parte, il
peso tutto diverso che tradizione e autorità romana acqui-
stano in Umberto di Silva Candida, rispetto alla stessa esperienza apostolica e patristica:

> Sancta Romana et apostolica ecclesia privilegio specialis aucto-
> ritatis divinitus et humanitus caput omnium aecclesiarum post Chri-
> stum Ihesum effecta (est) ... Et revera tanta reverentia apicem
> prefatae apostolicae sedis omnes suspiciunt, ut nonnullam sanctorum
> canonum disciplinam et antiquam Christianae religionis institutio-

---

[93] Cfr. *Epp.* I, 3 (c. 207 s.); I, 5 (c. 209 s.); I, 7 (c. 211 s.), etc. Fatto
caratteristico, per dar la misura dell'impostazione di Pier Damiani anche riguardo ai problemi che toccavano la Sede apostolica, che sia stato egli, suscitando la protesta violenta di Ildebrando, a sollecitare nel 1063 un nuovo
concilio che decidesse della legittimità di Alessandro II contro Cadalo (e
sarà il concilio di Mantova): per la questione cfr. A. FLICHE, *La réforme
grégorienne*, I, *La formation des idées grégoriennes*, Louvain 1924, p. 348 s.

[94] Va detto peraltro che, soprattutto per quanto riguarda i problemi
della riforma, anche Pier Damiani avverte nettamente il peso decisivo che
viene ad assumere il primato romano (cfr. ad esempio *Op.* 5 cit., c. 89 s.), e
molti dei suoi rimproveri ai pontefici, molte delle sue lettere, costituiscono
appunto un pressante invito all'azione, un violento richiamo di responsabilità.
Ma proprio nel forte senso di corresponsabilità che egli sente rispetto alla
vita stessa della Chiesa (« homme d'Église » veramente, come l'ha chiamato
Jean Leclercq), sta l'origine delle dure polemiche che egli indirizza ai pontefici, ed insieme dei limiti interni, legati cioè alla natura della Chiesa e al-
l'esempio apostolico, che egli pone alla loro azione. Vedi anche, sul primato
romano in Pier Damiani, J. LECLERCQ, *Saint Pierre Damien* cit., p. 231 s.

nem magis ab ore presessoris eius, quam a sacris paginis et paternis traditionibus expectant. Illius velle, illius nolle tantum explorant, ut ad eius arbitrium suam conversationem et ipsi remittant aut intendant [95].

Sono affermazioni di straordinario impegno, pur nel loro carattere constatativo: le prime forse, a proporre insieme con chiarezza quel problema del rapporto tra Scrittura e tradizione che costituirà, pur se con diversa consapevolezza, uno dei nodi centrali del dibattito riformatore e che rappresenta lo sfondo su cui non poteva mancare di inserirsi, con peso diverso a seconda delle varie soluzioni ad esso proposte, anche il ricordo della chiesa primitiva. Ciò che per Pier Damiani restava in qualche modo ancora al di là di ogni problema, nel senso che tutta la tradizione ecclesiastica ritrovava per lui la sua validità in un continuo sforzo di adeguarsi all'insegnamento scritturistico ed alla sua originaria esperienza di vita, diventa questione sempre più complessa e difficile di mano in mano che il lavorio di riscoperta di testi canonici e patristici e la stessa polemica che si sviluppa intorno alle diverse iniziative di riforma e al pontificato di Gregorio VII soprattutto, mettono in luce la diversità di soluzioni e di prospettive che la tradizione ecclesiastica era in grado di offrire.

Questa graduale consapevolezza di una storia non rettilinea, ma anche tortuosa e contraddittoria, ed insieme le contestazioni sempre più violente suscitate dai decreti di riforma, pongono con urgenza il problema di una regola di fede cui richiamarsi come solido terreno su cui fondare la dottrina e

---

[95] È un passo del primo dei due frammenti sulla chiesa romana, pubblicati da P. E. SCHRAMM, *Kaiser, Rom und Renovatio*, II, Leipzig 1929, p. 128, e attribuiti, con buona probabilità, ad Umberto di Silva Candida. Lo Schramm (p. 125) li riferisce al conflitto allora in corso con la chiesa greca; e certamente è proprio nel corso di quella polemica che l'autorità della chiesa di Roma venne sottolineata in modo tutto particolare [cfr. A. MICHEL, *Humbert und Kerullarios* (2 voll.), Freiburg im B., 1924 e 1930, Quellen und Forschungen der Goerresgesellschaft; per l'impegno di Umberto nella polemica cfr. anche E. PETRUCCI, *I rapporti tra le redazioni latine e greche del Costituto di Costantino*, in *BISIME*, 74 (1962), p. 145 ss. e *passim*]. Vedi inoltre RYAN, *Cardinal Humbert De s. Romana ecclesia* cit., a n. 116 di p. 53, p. 206 ss.

la disciplina della Chiesa. È su questo sfondo che, per un gruppo di riformatori, prenderà corpo, come vedremo, l'enunciazione della decisiva e primaria autorità del pontefice di Roma come assoluta ed indiscutibile norma del vivere cristiano. In Umberto di Silva Candida, tuttavia, essa rimane ancora unitariamente la Scrittura e la tradizione canonica, nella negazione espressa di ogni contraddizione, che viene superata attraverso chiavi di lettura diverse, volte a conciliare affermazioni e soluzioni che così solo in apparenza verrebbero a presentarsi come opposte [96]. Ed è questo blocco costituito una volta per tutte e in un certo modo a sé stante a rappresentare la pietra di paragone su cui misurare i diversi enunciati dottrinali e giudicare lo stesso pontefice romano, secondo il suggerimento — che limitava la sua ingiudicabilità con la clausola del « nisi deprehendatur a fide devius » — ricavato dalle decretali Pseudo-Isidoriane [97]. Per

[96] Vedi, ad es., per superare le difficoltà offerte da alcuni testi di Gregorio Magno, che sembravano riconoscere una validità alle ordinazioni simoniache, la distinzione introdotta da Umberto tra un parlare *improprie et usualiter* ed un parlare *proprie et regulariter*, l'uno e l'altro consueti fra i *sancti patres* (*Adv. Sim.*, I, 15, p. 124 ss.; vedi anche I, 18, p. 131).

[97] Per la Scrittura come *verbum Dei*, « quod stabit in aeternum » — così come l'eucaristia è il *panis Dei* (ma l'analogia che Umberto instaura è anche più precisa: « ... unus idemque dominus noster Iesus Christus et in scripturis sanctis ... verbum Dei et in sacramentis panis Dei ») — vedi *Adv. Sim.*, II, 14, p. 154. Nel suo concreto argomentare si aggiungono ad essa con alta autorità gli scritti dei padri e dei santi pontefici, che alla Scrittura chiaramente si riallacciano (ma che, in quanto nati da una fede profonda, godettero necessariamente della cooperazione dello Spirito santo: cfr., ad es., *Adv. Sim.*, I, 12, 14, 16, p. 118 s., 122 ss., 126 ss.; per questo *actualisme de Dieu* largamente presente nella tradizione patristica ed altomedievale cfr. testi e riferimenti in CONGAR, *La tradition* cit., I, p. 151 ss. (e p. 164 per alcune importanti osservazioni sul valore di « tournant décisif » della riforma gregoriana anche da questo punto di vista). Per la clausola *salva fide* cfr. RYAN, *Cardinal Humbert* cit., p. 221 ss., e n. 71 per i riferimenti alle Pseudo-Isidoriane. Il Ryan, come del resto la gran parte dei suoi predecessori, tende a negare un particolare valore ecclesiologico a questa clausola umbertina, interpretandola come un elemento marginale del frammento, che rientra nelle formule tradizionali dell'immunità papale (su questo cfr. anche J. M. MOYNIHAN, *Papal Immunity and Liability in the Writings of the Medieval Canonists*, « Analecta Gregoriana » 120, Roma 1961, p. 27 ss.). Solo W. ULLMANN, *Cardinal Humbert and the Ecclesia Romana*, in *St. Greg.*, IV, Roma 1952,

Umberto cioè esiste qualcosa di esterno alla potestà romana, che non è solo l'autorità divina, ma risulta anche umana-

p. 117 ss., ne ha sottolineato fortemente l'importanza, ma nel quadro della sua interpretazione generale del frammento visto come prima esplicita e consapevole manifestazione di una concezione curiale del primato (spettante cioè in solido alla sede Romana, organicamente articolata nelle figure del papa e del corpo cardinalizio): un preciso anticipo cioè delle posizioni che saranno dei cardinali antigregoriani alcuni decenni più tardi. Questa interpretazione tuttavia appare, se non anacronistica, quanto meno forzata, troppo precisamente e rigidamente *sistemata* nei suoi termini, e non necessaria: nel senso che anche senza ricorrere a questa eccezionale valorizzazione del collegio cardinalizio — che in Umberto del resto sarebbe ancora tutta da dimostrare —, la clausola *salva fide* trova una perfetta corrispondenza — e quindi una spiegazione — in tutta la costruzione ecclesiologica sottintesa all'*Adversus Simoniacos*, quale si manifesta nel metodo di analisi adottato da Umberto: un'ecclesiologia tutta fatta di realtà e manifestazioni obiettive e concrete, quasi corpose nei loro effetti, esattamente rispondenti al mondo del soprannaturale; sempre precisamente coglibili nel loro significato profondo di salvezza (o di perdizione, per le contraffazioni della città di Satana), grazie agli elementi di conoscenza messi a nostra disposizione dalla rivelazione divina, ed alla grazia che accompagna immancabilmente la presenza di una vera fede, e che sola è in grado di far comprendere rettamente quegli elementi. Si tratta in sostanza di una sorta di circolo vizioso (solo la vera fede fa intendere la parola di Dio, ma solo il retto intendimento della parola di Dio denuncia la vera fede) che se da una parte determina una incessante tensione a rapportare continuamente se stessi ed il proprio operare all'insegnamento scritturistico ed alla tradizione canonica, viene a costituire dall'altra un'autentica pietra di paragone per giudicare l'opera di ognuno e per conoscere la realtà spirituale (chiesa di Dio o mondo di Satana) in cui ciascuno si trova inserito. Un esempio caratteristico di questa impostazione umbertina è offerto dalla sua esegesi di *Hebr.* 3, 12-13: il passo costituisce per lui l'affermazione che nulla sfugge all'occhio di Dio, nemmeno le intenzioni più riposte, anzi sono proprio queste che costituiranno la base per il suo giudizio — ed è per questo che la benedizione dei simoniaci suona agli orecchi di Dio come terribile maledizione —. Senonché questi versetti paolini che, secondo la stessa interpretazione che ne dà Umberto, avrebbero potuto costituire un elemento contrario alla radicalità della condanna da lui formulata [infatti: « solius Dei est discernere (intentiones hominum) »], vengono invece a costituire per lui, alla luce del principio dell'obiettività di valutazione delle colpe contro la fede offerto dalla Scrittura — il rinvio in questo caso è a *Matth.*, 7, 16: « A fructibus eorum cognoscetis eos » — la riprova della dannazione dei simoniaci, condannati da Dio per quell'*intentio* che appunto li possiede — altrimenti, come più volte Umberto sottolinea, non farebbero quello che fanno, avendo contro tutti i dati scritturistici e della tradizione. E se Dio solo vede questa intenzione, noi la veniamo in un certo modo a riconoscere nel confronto tra le parole della Scrittura ed il loro agire (il rimando è ad alcuni versetti dei Salmi: cfr. *Adv. Sim.*, II, 10-11, p. 150 s.).

mente attingibile, un deposito di fede sul quale il pontefice stesso può venir misurato e valutato nella correttezza del suo procedere dottrinale e disciplinare. Il limite dell'esercizio dell'autorità del pontefice, che è suprema su tutte le manifestazioni della religione cristiana, sta proprio in questo patrimonio di fede, del quale egli stesso deve rispondere, e non di fronte a Dio soltanto. Patrimonio di fede, però, che in Umberto si allarga, rispetto a Pier Damiani, alla tradizione canonica, alla storia del procedere dottrinale della Chiesa. Va avvertito che ci troviamo di fronte non tanto ad enunciati precisi e categorici, ma ad atteggiamenti di fondo, in certo modo inespressi, ad una disponibilità o meno di mettere in discussione tradizioni e canoni dei secoli più vicini, chiaramente presente in un Pier Damiani, e certo assai meno in Umberto, che ricupera anche testi apparentemente contraddittori alle sue tesi, variando, come si è detto, il proprio metodo di lettura. Per questo, in lui, l'esperienza comunitaria della chiesa primitiva resta solo un momento indicativo dei termini di attuazione della vita cenobitica e canonicale, ma niente, almeno in apparenza, di più [98]. E la storia della Chiesa gli appare un unitario e sicuro procedere, sotto l'assistenza dello Spirito santo, perché tutto ciò che ad esso si oppone o da questa linea retta traligna, cessa per lui di essere Chiesa, di far parte della Chiesa, per trasformarsi nella sinagoga di Satana [99].

---

[98] *Adv. Sim.*, II, 7, p. 147 s. (e III, 27, p. 233): Anania e Safira figurano come prototipi di coloro che trasgrediscono il proposito della vita comune, sottraendo per sé una parte dei beni già votati a Dio (i membri della comunità di Gerusalemme vengono designati senz'altro come *cenobitae*). È interessante osservare che anche Umberto presenta rispetto ad Anania una considerazione analoga a quella di Pier Damiani (vedi p. 326), sul fatto cioè che si trattava di un « homo in conversatione illa coenobitali adhuc valde rudis et novitius » (p. 147): ma è solo, in questo caso, per sottolineare la gravità della sua colpa, tale appunto da comportare nonostante tutto una simile pena.

[99] Per lo Spirito Santo come animatore ed insieme garante della storia della Chiesa cfr. soprattutto *Adv. Sim.*, III, 27-28, p. 232 ss. (oltre alla *praefatio*, p. 102). Il tema della città, della sinagoga, del mondo di Satana, come già si è rilevato, è un altro tema costante di Umberto, in quanto essen-

Il metodo di Umberto è perciò, o meglio vuol essere, rigorosamente obiettivo, nella persuasione che la « scientia » che accompagna, per opera dello Spirito santo, la vera fede, non può offrire o sopportare alternative alla soluzione dei diversi problemi. Anzi il riscontrare la presenza di divergenze e diversità è indice sicuro, per lui, di carenze, lacune, deviazioni nella fede in chi su questa strada di contraddizione si sia avviato [100].

Ma in Umberto, nel passo *De sancta Romana ecclesia* citato sopra, sembra per certi aspetti insinuarsi anche una sottile distinzione tra la Chiesa di Roma ed il suo capo, o meglio un tipo di considerazione che inserisce organicamente il pontefice nel contesto più ampio del privilegio di primato della sede romana, per cui l'infallibilità ed intangibilità della prima non comporta necessariamente e sempre ed in tutto anche quella del secondo. E perciò la discussione a cui l'operare di questi può essere sottoposto non implica il minimo attentato alle prerogative di primato di quella. In Umberto si tratta più che altro di una sorta di implicita conseguenza di alcune

---

ziale alla sua stessa costruzione ecclesiologica: ogni contraddizione alla dottrina lasciata da Cristo ai suoi apostoli, e garantita e propagata dallo Spirito, implica necessariamente l'appartenenza a quest'altro mondo; cfr., ad es., *Adv. Sim.*, III, 26, p. 232: « Constat ergo apostolos eorumque successores ... Spiritum sanctum cognoscere, accipere, et apud eos et in eis manere. Unde, ut reliquas pestes interim praetermittamus, probent symoniani fidem se apostolicam et doctrinam sequendo vendere et emere Spiritum sanctum: et sine controversia concedatur eis accipere et habere Spiritum sanctum et cui voluerint sive gratis sive non gratis impetrare aut dare. Quod si probare non poterunt ... cognoscant se esse de mundo illo, qui non potest accipere veritatis spiritum, et resipiscentes festinent fieri de mundo illo, quem elegit Christus de mundo illorum ». Vedi comunque per questo anche p. 43 s., e 48 ss. di questo libro.

[100] Per la *scientia*, frutto ed insieme manifestazione della fede, che sola può permettere di intendere rettamente la parola di Dio (mentre all'opposto lo stravolgimento della parola di Dio è indice sicuro dell'assenza di fede e quindi dell'appartenenza al mondo di Satana), cfr. *Adv. Sim.*, I, 21, p. 135 s.; II, 13, p. 154 s. La *scientia* è cioè retto intendimento della parola di Dio, che deve trovare aperta manifestazione e corrispondenza nelle nostre azioni e nei nostri atti: ed è appunto perché i simoniaci mostrano di non intendere l'insegnamento evangelico che si deve dedurre per Umberto la loro mancanza di fede, con tutte le conseguenze teologiche connesse a questo fatto.

sue formule, comunque non facilmente valutabile nelle sue
precise motivazioni, che diverrà esplicita enunciazione solo
nel fronte dei cardinali antigregoriani, in un momento cioè
in cui il primato romano era stato affermato in termini ormai
difficilmente eliminabili dalla vita della Chiesa [101].

Si è già più volte rilevato quanto per questo trionfo del-
l'autorità romana abbiano giocato l'urgenza di realizzazioni
pratiche, che incidevano profondamente nelle strutture sociali
e politiche del tempo, suscitando discussioni e resistenze che
richiedevano un potere capace di dare soluzioni giuridico-
dottrinali irreformabili, e di offrire insieme un metro sicuro
per valutare quelle del passato. Ma questo progressivo accen-
tuarsi del rilievo di Roma nella storia della Chiesa, non poteva non portare anche, in qualche modo, ad un sempre più
forte apprezzamento qualitativo di questa storia rispetto alla
sua stessa esperienza iniziale; ed anche ad una più affinata
capacità interpretativa, che trovava una soluzione alle contraddizioni e alle difficoltà, non in un metodo di lettura
astratto e forzatore, come in Umberto di Silva Candida, ma
in un più esatto richiamo alle diverse condizioni degli uomini
lungo i secoli, alle *necessitates temporum*, al variare dei problemi e dei costumi [102]. Da una forzata affermazione di iden-
tità si passa perciò ad un franco riconoscimento di diversità e
variazioni, che non debbono però aprire la strada a revisioni
o a processi di crisi gerarchiche, perché saldamente poste sotto
il segno delle prerogative romane, garantite dall'assistenza im-
mancabile dello Spirito santo.

Ma anche qui non siamo di fronte a meditazioni solitarie
o astratte, ma al graduale farsi avanti di una consapevolezza
storica e dottrinale che si fa strada attraverso dure esperienze

---

[101] Cfr. *Epistolae Ugonis cardinalis*, IV, MGH, *Libelli*, II, p. 404; X,
ibid., p. 418 ss. (vedi anche BENONE, *Gesta Romanae ecclesiae*, II, 2, *ibid.*,
p. 475). Per un recente esame delle implicazioni ecclesiologiche connesse al
costituirsi del collegio dei cardinali v. G. ALBERIGO, *Le origini della dottrina
sullo Ius divinum del Cardinalato (1053-1087)*, in *Reformata Reformanda.
Festgabe ... H. Jedin*, I, Münster Westf. 1965, p. 39 ss.
[102] Vedi al riguardo le pagine che seguono.

di azione e di lotta. In quella lettera di Gregorio VII ad Enrico IV citata precedentemente era un ritorno alle origini *tout court* che veniva proposto [103]. Ma questo ritorno, ed il pontefice ne era cosciente, passava per atti precisi, attraverso decisioni e disposizioni concrete, che ristabilissero quell'ordine, quella disciplina, quel costume, che apparivano violati. Questo, fondamentalmente, erano per lui le origini, la *veritas* da riscoprire contro la *consuetudo*: la ricostruzione di una società gerarchicamente disposta sotto il vescovo di Roma, dove i fedeli venissero istruiti nella retta fede, i carismi divini distribuiti giustamente, i valori disposti nei loro naturali ordini di priorità. Ma tramite essenziale per arrivare a questa nuova realtà, e garante insieme di essa una volta raggiunta, era per Gregorio VII il primato del vescovo di Roma, quale lo trovava definito nella tradizione leonina delle Pseudo-Isidoriane, e ripreso nella polemica antigreca di Leone IX, e del quale le tenaci resistenze opposte alla riforma gli indicavano ogni giorno di più la necessità: era a Roma perciò che spettava scegliere le strade, proporre i mezzi per restaurare nella società del tempo l'ordine antico. Lo Spirito santo, che parlava per la sua voce, costituiva la garanzia suprema della giustezza di quest'opera, e ne dilatava insieme l'ampiezza e la portata a nuovi confini [104]. Non è contraddittorio perciò che Gregorio VII, nel momento in cui afferma il principio di una pura restaurazione, enunci anche esplicitamente il diritto del pontefice di indicare nuove vie, di proporre nuovi mezzi, di *condere novas leges*. Così, alludendo ai decreti contro il concubinato e l'incontinenza del clero, egli affermava che « precepta haec non de nostro sensu exculpimus, sed antiquorum patrum sanctiones Spiritu sancto predictante prolatas officii nostri necessitate in medium propalamus ... quamquam huic

---

[103] Vedi p. 309 e n. 47.
[104] Vedi i testi cit. a n. 118 di p. 347. Per l'identificazione: volontà di Dio, dello Spirito santo — ordini del papa; obbedienza a Dio — obbedienza al papa, cfr. *Reg.* II, 45, p. 184, rr. 9-10; III, 8, p. 259, rr. 25-26; III, 10, p. 265; III, 12, p. 273, rr. 19-20; *Ep. coll.*, 14, ed. cit., p. 537; ecc. Vedi per altri riferimenti p. 241 e n. 69 di questo libro.

sanctae Romanae ecclesiae semper licuit semperque licebit contra noviter increscentes excessus nova quoque decreta atque
remedia procurare, quae rationis et auctoritatis edita iudicio
nulli hominum sit fas ut irrita refutare »[105]. E se qui siamo
ancora sul piano di un'astratta enunciazione di principio, in
un altro fondamentale scritto suo troviamo l'esplicito riconoscimento che di questo diritto egli intende fare ampiamente
uso, introducendo nuove disposizioni nella disciplina e nella
pratica ecclesiastica (il discorso è contro l'episcopato tedesco
che non sostiene ed impone i decreti di riforma):

Cum igitur illis apostolica immo sancti Spiritus mandata spernentibus et scelera subditorum criminosa foventibus patientia divina ministeria indigne tractari populum seduci intelligimus, alio
quolibet modo contra haec vigilare nos convenit, quibus cura Dominici gregis pre cunctis incumbit. *Multo enim melius nobis videtur
iustitiam Dei vel novis reaedificare consiliis, quam animas hominum
una cum legibus deperire neglectis*[106].

[105] *Reg.* II, 67, p. 223 s.; cfr. al riguardo *Reg.* II, 55a, VII, p. 203 (e
la nota del Caspar relativa a questo testo).
[106] *Reg.* II, 45, p. 184. Ampio è il dibattito del periodo intorno alla
possibilità del pontefice di *condere novas leges*. La tendenza gregoriana è di
risolvere il problema affermando il suo diritto di farlo, pur sostenendo talvolta l'impossibilità, intrinseca alla Sede apostolica stessa, che queste *leges*
siano in contrasto con quelle promulgate precedentemente; ed è già significativo che la concordanza è pretesa con tutta la tradizione ecclesiastica, in
legame inscindibile di continuità. Cfr. PLACIDI NONANTULANI *Liber de honore ecclesiae*, LXX, edd. L. DE HEINEMANN e E. SACKUR, in *MGH, Libelli
de lite*, II, p. 597 (il titolo del capitolo è: « Romano pontifici summo studio
procurandum est, ut sanctorum instituta serventur »; va ricordato che tra le
esigenze di Placido, che scrive alla fine del 1111, figura quella di convincere
Pasquale II a cassare il privilegio sulle investiture da lui concesso ad Enrico V): « Sunt autem quidam dicentes Romano pontifici semper bene li-
cuisse novas condere leges. Quod et nos non solum non negamus, sed etiam
valde affirmamus. Sed sciendum summopere est, quia inde novas leges condere potest, unde sancti patres et praecipue apostoli vel evangelistae aliquid
nequaquam dixerunt ... Si enim quod docuerunt apostoli et prophetae de-
struere, quod absit, niteretur, non sententiam dare, sed magis errare convin-
ceretur. Sed hoc procul sit ab eis qui semper Domini aecclesiam contra
luporum insidias optime custodierunt ». Ma il problema viene ulteriormente
sfumato e approfondito, ammettendo una possibilità di mutamenti, legati al
variare dei bisogni e delle necessità dei tempi. Si veda, ad es., quel passo
di Bonizone, dello stesso tenore del precedente, che introduce tuttavia una

Non è senza significato perciò che l'accusa principale mossa al pontefice dall'assemblea di Worms sia proprio quella di aver introdotto nella Chiesa « profanae novitates »[107]. Il violento attacco all'autorità del pontefice ed in sostanza al primato romano che caratterizza il lungo conflitto con Enrico IV, rafforzò ulteriormente questa tendenza: la lunga serie di canoni « De primatu Romanae ecclesiae » che apre ormai tutte le grosse collezioni canoniche dell'epoca ne è indice preciso[108]. L'insegnamento dei pontefici è riconosciuto a pieno titolo sullo stesso piano di quello degli apostoli, la tradizione patristica, con un significativo rovesciamento di tendenza, è apprezzata proprio per la concordanza che presenta con esso.

Nos igitur, et qui nostrae partis sunt — scrive intorno al 1081 quell'acceso gregoriano che fu Gebhardt di Salisburgo — quibus etiam aecclesiae disciplina commissa est, ne rei sanguinis huius arguamur, ipsi aecclesiae in hoc satisfacimus, quia nichil docuimus vel docemus preter id quod didicimus. Si inquirimur unde vel a quibus didicerimus, certe multos et nequaquam obscuri nominis doctrinae nostrae astipulatores habemus. Apostoli nos docuerunt, apostolorum successores apostolicae sedis pontifices, preter illos, immo secundum illos aliorum patrum catholicorum copiosa multitudo, qui notae sanctitatis et auctoritatis sunt, quorum doctrina fulget aecclesia, et qui cum Deo in caelis regnant et in terris miraculis coruscant[109].

distinzione tra i « dispensatorii canones », mutabili « pro consideratione temporum », ed i « necessarii canones », che « nullo modo possunt inflecti nullave ratione immutari vel leviari »; è pubblicato da H. WEISWEILER, *Un manuscrit inconnu de Munich sur la querelle des investitures*, in *RHE*, XXXIV (1938), p. 251. Vedi per i vari polemisti del tempo H. X. ARQUILLIÈRE, *Saint Grégoire VII. Essai sur sa conception du pouvoir pontifical*, Paris 1934, pp. 310-369; sul problema cfr. anche E. VOOSEN, *Papauté et Pouvoir civil à l'époque de Grégoire VII*, Gembloux 1927, p. 127 ss., e R. SPRANDEL, *Ivo von Chartres und seine Stellung in der Kirchengeschichte*, Stuttgart 1962, p. 77 ss.
[107] Cfr. *Episcoporum epistola Gregorio VII missa*, ed. L. WEILAND, in *MGH, Const.*, I, p. 106 s.
[108] Cfr. P. FOURNIER - G. LE BRAS, *Histoire des collections canoniques en Occident*, II, Paris 1932, pp. 28, 36, 41 etc.
[109] GEBEHARDI SALISBURGENSIS *Epistola ad Herimannum Mettensem episcopum data*, VII, ed. K. FRANCKE, in *MGH, Libelli*, I, p. 266.

Durante gli ultimi decenni del secolo XI si nota così lo stabilirsi, in ambito gregoriano, di una sorta di singolare petizione di principio, che presenta alcune analogie con quell'aprioristica negazione di ogni possibile contraddittorietà all'interno del magistero ecclesiastico veramente autentico, che si è già notata in Umberto di Silva Candida: l'affermazione cioè dell'impossibilità di riconoscere come autentici e validi canoni, testi o tradizioni che siano in contrasto con l'insegnamento dei pontefici romani. Anche qui, almeno inizialmente, non è tanto con una proposizione di dottrina che abbiamo a che fare, quanto con un atteggiamento mentale, con uno schema argomentativo di ragionamento, che si insinua frequente nella discussione riformatrice: « ... nec ultimum, immo nullum inter canonica capitula habet locum, ... quod apostolicae et evangelicae adversatur doctrinae »[110] — dove l'« apostolica doctrina » è chiaramente, secondo l'uso ormai corrente, l'insegnamento papale. È un'argomentazione a priori che porta la discussione da un piano di confronti obiettivi di testi — come, nonostante tutto, ancora voleva essere in Umberto di Silva Candida — ad un altro livello di obiettività, che risulta offerta dal carattere indefettibile dell'insegnamento romano, raggiungendo così quella riposante ed operativa certezza necessaria al clima di accesi contrasti sviluppatisi intorno alla riforma.

* * *

E trapela anche in questo periodo un primo giudizio per così dire limitativo dell'esperienza apostolica delle origini, nel

---

[110] Cfr. BERNOLDO, *De incontinentia sacerdotum*, ed. F. Thaner, *MGH, Libelli*, II, p. 7; così gli scritti dei padri vengono accettati perché approvati dalla sede romana, o comunque perché concordanti con le sue disposizioni (cfr. *Apologeticus, ibid.*, p. 79; *De excommunicatis vitandis, ibid.*, p. 123); lo stesso vale per i concilii provinciali (*De excommunicatis vitandis, ibid.*, p. 135). Cfr. per questo O. GREULICH, *Die Kirchenpolitische Stellung Bernolds von Konstanz*, in *HJ*, 55 (1935), p. 3 ss., 6 s., 14 ss. Lo stesso principio si trova enunciato in testa ad alcune collezioni canoniche del periodo, come quelle del cardinale Attone e di Deusdedit (vedi i riferimenti in FOURNIER - LE BRAS, *Histoire des collections canoniques* cit., II, p. 7). Sul problema vedi anche, con ricchezza di riferimenti, S. KUTTNER, *Liber canonicus. A Note on « Dictatus papae »* c. 17, in *Studi Gregoriani*, II, Roma 1947, p. 387 ss.

senso che si individua nella tradizione un sostanziale arricchimento rispetto alla chiesa primitiva, e non soltanto un'esplicitazione, un naturale sviluppo. Indicativa è al riguardo una lettera di Gregorio VII a Wratislavo duca di Boemia[111]. Il duca aveva chiesto la facoltà di far celebrare nelle sue terre l'ufficio divino « secundum Sclavonicam linguam »; il pontefice oppone un netto rifiuto: non senza ragione infatti piacque a Dio che in alcuni luoghi la Sacra Scrittura rimanesse segreta, « ne, si ad liquidum cunctis pateret, forte vilesceret et subiaceret despectui aut prave intellecta a mediocribus in errorem induceret ». Né può servire da scusa ad una concessione di questo genere il fatto che « quidam religiosi viri » abbiano sopportato « patienter » e lasciato « incorrectum » ciò che il popolo chiedeva nella sua semplicità, « cum primitiva ecclesia multa dissimulaverit, quae a sanctis patribus postmodum firmata christianitate et religione crescente subtili examinatione correcta sunt »[112]. Nettissima è perciò la conclusione: « Unde, ne id fiat, quod a vestris inprudenter exposcitur, auctoritate beati Petri inhibemus teque ad honorem omnipotentis Dei huic vanae temeritati viribus totis resistere precipimus »[113].

Non pare che il testo possa permettere equivoci: il « dissimulare » che fu della chiesa primitiva intorno a molti problemi, consistette evidentemente nel lasciare imprecisati punti di dottrina, nel tollerare usanze e costumi colpevoli[114], cose

---

[111] Reg. VII, 11, p. 474 s.

[112] Ivi, p. 474.

[113] Ivi, p. 474 s.

[114] L'uso di « dissimulare » nel Registro di Gregorio VII comporta chiaramente, in conformità, del resto, al più comune uso contemporaneo, il significato di « non voler vedere », o « fingere di non vedere », sempre riferito ad ambito religioso-morale. Cfr. Reg. II, 5, p. 133 (ai vescovi francesi contro il modo di agire del re): « ... quod tam nobile regnum et tam infinitus populorum numerus unius perditissimi hominis culpa depereunt, tacendo dissimulare nec possumus nec debemus »; Reg. II, 18, p. 151 (sempre su Filippo di Francia): « Diu est enim, quod iniquitates suas portavimus, diu est, quod sanctae ecclesiae iniuriam parcendo adulescentiae suae dissimulavimus »; Reg. III, 8, p. 259: « ... periculosum nobis (est) ... iustitiae regulas declinare et sub silentio dissimulare ... » (a Tedaldo di Milano, che pretendeva di essere rico-

tutte che furono poi corrette dai santi padri (e si noti quel
« firmata christianitate et religione crescente » che qui sembra
corroborare ulteriormente la tradizione di un chiaro arricchimento qualitativo) [115]. Ma anche ad altre precisazioni invita

nosciuto arcivescovo al posto di Attone grazie all'aiuto di Enrico IV); *Reg.*
VII, 23, p. 500 (a Guglielmo d'Inghilterra): « ... nefanda mala, quae (sancta
mater ecclesia) a pessimis filiis suis patitur, officii mei ... necessitate compulsus, amore quoque ac timore devinctus, dissimulare non potui ... » (concetto
che corrisponde chiaramente all'altra affermazione, comunissima nelle lettere
di Gregorio VII, della necessità da parte del magistero ecclesiastico e soprattutto del pontefice, di usare il « verbum correctionis ad increpationem prave
viventium », ed insieme al continuo timore che per una « pessima taciturni-
tas » venga trascurata la salvezza di qualcuno o favorito il suo peccato: cfr.
Reg. IV, 1, p. 292; *Reg.* IV, 28, p. 344; *Reg.* V, 1, p. 348; *Reg.* VI, 7,
p. 407; *Reg.* VII, 10, p. 471, etc.); *Reg.* V, 17, p. 378: « Quia consuetudo
sanctae Romanae ecclesiae ... quaedam tolerare quaedam etiam dissimulare,
discretionis temperantiam potius quam rigorem canonum sequentes, causas
episcoporum Franciae atque Burgundiae, qui suspensi seu damnati a legato
nostro ... fuerant, non sine gravi labore discussimus » (e riconcilia perciò sei
vescovi, reintegrandoli nelle loro sedi o invitandoli a nuovo esame). Ora, se
da questo ultimo passo il « dissimulare » risulta quale consuetudine possibile
della chiesa romana, alla luce di quella « temperantia discretionis » che va-
luta le situazioni di necessità (il problema era evidentemente in questo caso
se lasciare o no sei sedi, delle principali di Francia e Borgogna, senza pastore),
è interessante osservare che esso è chiaramente sentito come più grave, implicante cioè un costo più alto, del « tolerare » che precede. Ma è atteggiamento che Gregorio VII tende a rifuggire, come forse si può ricavare proprio
dall'altissimo senso di responsabilità con cui egli avverte la sua funzione di
annunciatore e difensore della verità, inerente al suo ufficio specifico; cfr. per
le tipiche citazioni bibliche di Gregorio VII che suffragano questa posizione,
H. X. ARQUILLIÈRE, *Saint Grégoire VII* cit., p. 222 ss., ma particolarmente
p. 237 ss.

[115] Su di una linea in parte analoga, anche se con più evidente accentuazione degli elementi quantitativi (aumento di numero, aumento di chiese,
ecc.) — per cui ci si ricongiunge anche a considerazioni come quella già ricordata di Pier Damiani — si presentano affermazioni come queste, di BER-
NOLDO, *Apologeticus* cit., c. 13, p. 74 (a proposito dell'eresiarca Nicola):
« Ille enim eo quidem tempore apostolicam doctrinam male interpretatus est,
cum vix inprimis nomen christianitatis incepisset, cum evangelica et apostolica
doctrina nondum esset per totum mundum dilatata, nondum tot signis, tot
virtutibus, tot sacratissimis sanctorum martyrum triumphis approbata. Isti autem eandem doctrinam iam ubique nec rusticis ignotam iam dudum, immo
iam ab antiquo sanguine sanctorum patrum consecratam et infregabiliter
corroboratam obstinatissima temeritate nituntur depravare »; o di BONIZONE,
Liber de vita christiana, V, 77, ed. E. Perels, « Texte zur Geschichte des
römischen Rechts im Mittelalter », I, Berlin 1930, p. 203 (fino ai tempi di

questo passo di Gregorio VII: il discorso sulla chiesa primitiva viene introdotto in esplicito parallelo con l'atteggiamento
di « viri religiosi » che tollerarono quanto con troppa semplicità fu loro richiesto dal popolo; ossia il ricordo ed il ridimensionamento, diciamo così, della chiesa primitiva, interviene
di fronte alle richieste di una liturgia più aperta alla vita religiosa popolare, di fronte ai pericoli di « chiesa nazionale »
che la domanda di Wratislavo poteva comportare, nella coscienza di un primato romano e gerarchico che si fonda anche
sulla enorme dilatazione della fede, sulla potenza e sicurezza
della Chiesa stessa. E il contesto stesso del discorso (perché
altrimenti tirare in campo un tema pur sempre così scottante?)
potrebbe anche suggerire che in nome di un'esperienza delle
origini Wratislavo abbia diretto a Gregorio VII la sua richiesta. Comunque sia, il passo testimonia chiaramente con quanta
precisione venisse avvertita al più alto livello gerarchico la
possibilità di irreparabile contraddizione implicita nel desiderio di assumere l'esperienza della chiesa primitiva quale paradigma di ogni vita ecclesiale.

Questa consapevolezza comportava perciò una storicizza-
zione, e quindi una limitazione di quell'esperienza, in quanto
si riconosceva nella vita stessa della Chiesa nel corso dei secoli
non solo un obiettivo aumento delle possibilità di salvezza,
ma anche una più esatta incarnazione della grazia nel mondo,
prodottasi nella misura in cui per opera della gerarchia venivano scoperte e precisate le varie possibilità di vita cristiana,
e quindi di salvezza, aperte al popolo dei fedeli[116]. Con Gregorio VII, se la formulazione non è ancora così esplicita, l'in-

---

Leone Magno ai suddiaconi era concesso di sposarsi): « Postea vero crescente
Christiana religione non solum ministris altaris, presbiteris sive diaconibus,
verum etiam ministris vasorum, videlicet subdiaconibus, interdictum legimus
ne carnali se misceant copulationi » (cfr. anche IV, 16, p. 118, a proposito
della trasformazione della casa della beata Cecilia in chiesa, « christiana crescente religione »). Va aggiunto però che anche queste considerazioni di tipo
quantitativo sembrano adombrare qui una linea di progresso del costume, di
precisazione della dottrina, che implica di per se stessa un certo qual ridimensionamento del mito della *primitiva ecclesia*.

[116] Vedi però la n. 118 e p. 347 ss.

dirizzo è già chiaramente in questo senso. Il richiamo alla chiesa primitiva perciò lentamente si tecnicizza, limitandosi soprattutto alla vita canonica regolare; resta pur sempre ideale morale: senonché mentre per Pier Damiani si trattava di un metro operante di restaurazione di tutto l'ordine chiericale, esso tende ora ad essere nuovamente scelta preziosa di pochi. Ma c'è un'ulteriore differenza, questa direi più propriamente teologica, o meglio ecclesiologica. Statica in certo modo l'ecclesiologia di Pier Damiani, nella misura in cui l'esperienza della chiesa primitiva resta paradigmatica, comprensiva di ogni elaborazione futura, pietra di paragone per misurarne legittimità ed efficacia. Il problema dell'attuazione del messaggio cristiano investe per lui prima di tutto un piano individuale, in uno sforzo di ripetere esattamente lo spirito, il modo di vita apostolico; non coinvolge il mondo della storia nel senso che la continuità della Chiesa si fonda su di una garanzia di grazia [117], mentre la storia stessa, il vivere nel tempo della Chiesa, non è suscettibile di apportare arricchimenti qualitativi, nuove indicazioni e suggestioni ad un operare cristiano del resto ormai largamente diffuso nel mondo, ma che deve piuttosto consolidarsi e approfondirsi nella coscienza degli uomini attraverso lo sforzo di una esatta imitazione del proprio passato. Dinamica invece, ma soprattutto perché ancorata al primato romano e gerarchico, la concezione che si precisa intorno a Gregorio VII: consapevole del rinnovamento che la storia propone ed impone alla vita della Chiesa, e portata perciò a valorizzare in modo tutto particolare la tradizione [118]. La dilatazione della fede nel mondo è sentita prima

---

[117] Vedi la n. 82.

[118] È di particolare rilievo al riguardo l'applicazione anche alla chiesa primitiva, oltre che alla tradizione successiva, della distinzione tra norme legittime e norme introdotte « dispensatorie », che « ad tempus fieri necessitas impellit » (cfr. BONIZONE, *Liber de vita christiana* cit., II, 6, p. 36 s., e II, 63, p. 68 s., sul fatto che nella chiesa primitiva i sacerdoti potevano essere anche « in matrimonio continentes »: « Ergo quod necessitas reperit, cessante necessitate debet pariter cessare quod urgebat »). Nessuna rottura evidentemente nella continuità della Chiesa dalle origini in poi (cfr. *Reg.* III, 18, p. 284: « Apostolica enim sedes, cui quamvis immeriti Deo auctore preside-

di tutto come un fatto grandioso e possibile solo perché a Roma stanno forza e capacità di risolvere in termini nuovi e più ampi il problema della salvezza di tutti: ed è sentita perciò anche come conquista, in modo fortemente materiale, di nuove terre, di nuovi uomini, alla fede di Cristo[119]. Che a

mus, ipso gubernante firma permansit ab ipsis primordiis eoque tuente illibata perpetue permanebit, testante eodem Domino: ' Ego pro te rogavi, Petre, ut non deficiat fides tua, et tu aliquando conversus confirma fratres tuos ' »): ma sì un'accentuazione decisa del significato della tradizione, dell'insegnamento dei padri e dei pontefici (non è caso che in questo periodo si venga precisando la concezione del papa come « vicarius Christi », piuttosto che « vicarius Petri », che tuttavia in Gregorio VII è ancora comune: cfr. M. MACCARRONE, *Vicarius Christi. Storia del titolo papale*, Roma 1952, p. 85 ss.). La garanzia dell'esattezza del loro insegnamento è offerta dall'assistenza certa dello Spirito santo: cfr. *Reg.* IV, 6, p. 303 s.: « ... (sanctorum patrum) statuta servantes aut defendentes, si quando iudicium de negotiis ecclesiasticis fecimus vel facimus, non nova aut nostra proferimus, sed ab eis per Spiritum sanctum prolata sequimur et exercemus »; ancora e più esplicitamente *Reg.* VI, 14, p. 418 (a Guelfo di Baviera), dove è lo Spirito stesso che parla per bocca del papa: « Si diligenter secundum aequitatem pontificalis officii non secundum propriam voluntatem perpenditis, quae agimus, quae dicimus de communi negotio ..., contra nos non murmurabitis, sed per viam patrum nostrorum nos incedere Deo duce meritis beati Petri apostoli cognoscetis. *Perpendite, quid sanctus Spiritus per nos licet indignos dignatus est in sancta synodo hoc in anno Romae in quadragesima celebrata statuere*, et cognoscitis quantum valeat quantum possit auctoritas et potestas beati Petri ». Ed è proprio questa continua assistenza e presenza dello Spirito santo nell'opera dei pontefici a costituire l'elemento propulsore e la garanzia dell'accrescimento spirituale della Chiesa. Cfr. anche PLACIDO DI NONANTOLA, *Liber de honore ecclesiae* cit., cap. 53, p. 590 (spiega perché l'investitura non si trovi condannata dagli antichi padri): « Sciebant itaque sancti patres, quia, si novi aliquid emergeret, Deus, qui in cordibus electorum esset suorum, ipse consilium daret. Quod verum esse testatur concilium sanctorum patrum moderno tempore, anno videlicet ab incarnatione Domini millesimo LXXVIII ... ». Vedi inoltre le pagine che seguono su Anselmo di Havelberg. Insoddisfacenti riguardo a questo problema e con pochi riferimenti bibliografici le voci *Esprit-Saint* e *Tradition* nel *Dictionnaire de théologie catholique*, V, coll. 676-829, e XV, coll. 1252-1350 (ma in particolare col. 1305 s.).

[119] Considerazioni di notevole rilievo per il formarsi dell'ideologia della crociata ed in genere della guerra santa; cfr. particolarmente C. ERDMANN, *Die Entstehung des Kreuzzugsgedankens*, Stuttgart 1935. Di particolare interesse in genere tutto lo sviluppo dell'attività missionaria, soprattutto per opera di Gregorio VII, nei confronti dei regni di « confine »: Danimarca, Norvegia, Polonia, Boemia, Ungheria, Castiglia, Aragona. Cfr. G. GAY, *I papi del secolo XI e la cristianità* (trad. it.), Firenze 1929, p. 280 ss., e A. FRUGONI, *Papato Impero e Regni occidentali*, Firenze 1940, p. 46 ss.

questo s'accompagni anche la considerazione delle possibilità corruttrici implicite in questo fatto, rispetto alla purezza di quell'epoca senza peccato che fu della chiesa primitiva [120], è indice ulteriore del valore lontano e irrepetibile che il suo ricordo viene così ad assumere; mentre è ancora questa possibilità di colpa, connessa ad una larga conquista del mondo, ad imporre in modo tanto più decisivo un continuo riferimento all'autorità gerarchica e soprattutto romana, arbitra di ogni risanamento e correzione. In ambito che vorremmo chiamare ufficiale, nel senso che tocca la sede romana stessa, l'itinerario storico della chiesa primitiva diviene così quello della vita canonica regolare; in zone più limitate, di più o meno tradizionale cenobitismo, anche il monachesimo continua a ravvisare nell'esperienza apostolica delle origini il suo modello (ma ora sembra soprattutto un intento apologetico ed insieme lo sforzo di riscoprire e riproporre una tradizione antica, a spingere la polemica monastica su questa via). Testimone del primo indirizzo, Bonizone, tracciando nel suo *Liber de vita christiana* una rapida storia della vita canonica, la ricollega sì all'esperienza comunitaria e pauperistica della prima chiesa di Gerusalemme, giustificando però e spiegando quell'esperienza stessa — sulla scorta dello Pseudo-Melchiade — non come perfetta attuazione di un imperativo mandato di Cristo, ma alla luce di considerazioni storiche di opportunità, con l'evidente preoccupazione di evitare e prevenire ogni possibile polemica contro la situazione patrimoniale della chiesa del suo

---

[120] BONIZONE, *Liber de vita christiana* cit., V, 48, p. 193 s. (discute l'apparente discordanza tra un canone di Clemente, che non avrebbe concesso ai « lapsi » la reintegrazione nel proprio ufficio, ed uno di Callisto, che avrebbe affermato il contrario): « Beatus vero Clemens in primitiva ecclesia dans preceptum interminatus est ministris altaris, legem ponens, ne peccarent, contra claves vero regni caelorum beato Petro traditas non disputavit. *Suis enim temporibus ita raro peccabant sacerdotes, ut non opus esset de restauratione cogitare.* Temporibus vero beati Calixti papae pululante iam christiana religione ruentibus sacerdotibus antiqui hostis insidiis, dum quidam invidiose redeundi intercluderent aditum, rogatus prefatus pontifex ab episcopis Galliae, in quorum provincia haec gerebantur, eos nominavit hereticos, qui omnipotentiam verbi conabantur minuere, non tamen deliberative precepit tales debere redire ad ordines ».

tempo [121]. Perciò anche le sue affermazioni a favore di una vita canonica regolare, ossia di una vita in comune senza beni propri (« quae quanto perfectiores facit, tanto amplius diligenda est et ab omnibus expetenda ») [122], si chiariscono su di un piano di perfezione morale, di ascesi individuale, ma non implicano alcun riconoscimento che solo una radicale rinuncia e distacco dai beni del mondo possono rendere efficaci la predicazione ed il magistero ecclesiastico. Diversificandosi così nettamente da Pier Damiani, per il quale appunto lo straordinario successo della predicazione degli apostoli andava collegato al tipo di vita comunitaria e pauperistica scelto da essi [123]. È sulla linea di Bonizone, direi, molto più che su quella di Pier Damiani, Urbano II, che offre nei suoi diplomi ai canonici regolari la giustificazione ideale del loro modo di vita, limitando tuttavia ad essi la ripetizione dell'esperienza apostolica delle origini:

[121] Ivi, V, 77, p. 203 s.: « Omnibus, qui scripturas sacras legunt, credo notissimum, quod post Domini ascensionem et post adventum Spiritus sancti paracliti apostolis necdum in orbe terrarum dispersis multitudinis credentium in Iudea erat cor unum et anima una *etc*. Futuram enim ecclesiam de gentibus apostoli previdebant et se expellendos esse a Iudea sciebant et ideo in Iudea predia non sunt adepti, set tantum pecuniam ad fovendos egentes, maxime cum Dominus eis precepisset dicens: ' Ite in mundum universum, predicate evangelium omni creaturae '. Romae vero temporibus Urbani pontificis tunc primum cepit ecclesia predia possidere. Nam antea ad instar primitivae ecclesiae Romana ecclesia predia non suscipiebat, sed tantum pecuniam ad sustentandos egentes ... Postquam vero Romani imperatores christianae se submisere religioni, tunc cepit ecclesia non solum predia et villas, set etiam civitates et provincias et pene totum orbem possidere ».

[122] Ivi, p. 204.

[123] *Op*. 24 cit., VI, col. 490 (commento al passo *Act*. IV, 32-33): « Quid autem sibi vult, quod huius sacrae scriptor historiae, dum de continentia loquitur apostolicae et communis vitae, repente quasi materiam interrumpit, et ad enarrandam praedicationis constantiam tanquam mutato stylo prosilit, dicens: ' Et virtute magna reddebant apostoli testimonium resurrectionis '? Cur uni materiae aliam interpolat, qui coeptam persequi et continuare debuerat, nisi ut patenter ostendat, quia illi duntaxat idonei sunt ad praedicationis officium, qui nullum terrenae facultatis possident lucrum, et dum aliquid singulare non habent, communiter omnia possident? ». Ma vedi anche, per i limiti del pauperismo di Pier Damiani, p. 120 di questo libro.

Omnipotenti autem Domino, cuius melior est misericordia super victimas, gratias agimus, quia vos estis qui sanctorum patrum vitam probabilem renovatis, et apostolicae instituta disciplinae, in primordiis ecclesiae sanctae exorta, sed crescente ecclesia iam pene deleta, instinctu sancti Spiritus suscitatis. Duo enim ab ecclesiae sanctae primordiis vitae eius filiis sunt instituta; una, qua infirmorum debilitas retinetur, altera qua fortiorum vita beata perficitur; una remanens in Segor parvula, altera ad montis altiora conscendens: una, lacrymis et eleemosynis quotidiana peccata redimens, altera quotidiana instantia merita aeterna conquirens; alteram tenentes inferiorem, terrenis bonis utuntur; alteram sequentes superiorem, bona terrena despiciunt ac relinquunt. Haec autem quae a terrenis divino favore divertitur in duas unius pene eiusdemque propositi dividitur portiones, canonicorum scilicet atque monachorum. Harum secunda per divinam misericordiam iam frequentia facta etiam in saeculo universo elucet; prima vero decalescente fervore fidelium iam pene omnino defluxit. Hanc martyr et pontifex Urbanus instituit, hanc Augustinus suis regulis ordinavit. Hanc Hieronymus suis epistolis informavit, hanc Gregorius Augustino Anglorum archiepiscopo instituendam praecepit. Itaque non minoris aestimandum est meriti hanc vitam ecclesiae primitivae aspirante et prosequente Domini spiritu sustentare, quam florentem monachorum religionem eiusdem spiritus perseverantia custodire [124].

Ma al di fuori di questa scelta privilegiata la *forma primitivae ecclesiae* cessa in qualche modo, in ambito ufficiale, di essere un problema scottante ed attuale, quanto meno un punto di riferimento globale verso cui indirizzare e su cui misurare tutta la realtà ecclesiastica contemporanea. I testi delle Pseudo-Isidoriane sulla chiesa primitiva, largamente presenti

---

[124] URBANO II, *Epistolae et privilegia*, LVIII, in *PL*, 151, c. 338 (a Udalrico, preposito della canonica di Rottenbuch). Con buon fondamento il DEREINE, *Le problème de la vie commune chez les canonistes d'Anselme de Lucques à Gratien*, in *Studi Gregoriani*, III, Roma 1948, p. 293, ha supposto che alla base di questo testo di Urbano stia la prima parte del VII libro della *Collectio canonum* di Anselmo. Per il testo e la diffusione della bolla, che è l'originaria di tutta la serie di privilegi a favore di comunità canonicali, cfr. CH. DEREINE, *L'élaboration du statut canonique des chanoines réguliers spécialement sous Urbain II*, in *RHE*, XLVI (1951), p. 549 s. e p. 557 s., e H. GRUNDMANN, *Neue Beiträge zur Geschichte der religiösen Bewegungen im Mittelalter*, in « Archiv für Kulturgeschichte », XXXVI (1955), p. 149, n. 34.

ai teologi e ai polemisti del tempo [125], vengono a costituire
un'ottima e pressoché costante pezza di appoggio per spiegare
la situazione politico-patrimoniale della Chiesa, per ribadirne
il carattere sacro ed intangibile, ed insieme per staccare definitivamente — almeno per quanto riguarda le possibilità di una
sua ripresa globale — l'esperienza delle origini da quella del
presente. Nel concilio Lateranense del 1116 Pasquale II, con-
dannando ancora una volta il compromesso del 1111 sulle investiture, ripeterà i concetti già esposti da Bonizone, segnando
nettamente i limiti di quella storia originaria [126]:

Aecclesia primitiva martirum tempore floruit apud Deum et
non apud homines. Dein ad fidem conversi sunt reges, imperatores

[125] Un tramite essenziale è costituito dalle collezioni canoniche, che offrono una gran parte del materiale messo in uso da teologi e polemisti: vedi,
ad es., *Collectio Anselmo dedicata*, VI, 1 (Ps.-Clemente), 5 (Ps.-Urbano) — il
libro VI è dedicato ai regolari e alle vedove —; X, 1, 2, 3 (Ps.-Melchiade),
4, 5 (Ps.-Urbano) — il libro X è dedicato alle chiese, al culto, ai beni ecclesiastici e alle decime —: cfr. J.-C. Besse, *Histoire des textes du droit de
l'Église au Moyen-Age de Denis à Gratien. Collectio Anselmo dedicata. Étude
et texte*, Paris 1957, p. 44, 48, 50, e, per la sua influenza, Fournier - Le
Bras, *Histoire des collections canoniques* cit., I, p. 242 s.; Burchardi *Decre-
torum libri XX*, III, 2 (Ps.-Melchiade), 3 (Ps.-Urbano), 4, 5 (Ps.-Melchiade) —
è un libro dedicato alle chiese, al culto, alle decime, ecc. —, in *PL*, 140,
c. 673 ss.; *Collectio XII partium*, III, 1 (Ps.-Clemente), 2 (Ps.-Urbano) — il
libro III è dedicato alla vita comune —; IV, 1 (Ps.-Melchiade), 2 (Ps.-Ur-
bano) — il libro è dedicato ai beni ecclesiastici —: cfr. P. Fournier, *La
collection canonique dite Collectio XII partium. Étude sur un recueil canonique allemand du XIe siècle*, in *RHE*, XVII (1921) n. 35, e Fournier -Le
Bras, *Histoire des collections canoniques* cit., I, p. 434 ss.; Anselmi ep.
Lucensis *Collectio canonum*, V, 33 (Ps.-Urbano); VII, 4 (Ps.-Urbano) — il
VII libro si apre con tutta una serie di testi sulla pratica della *vita apostolica*
nell'ordine canonicale —; Deusdedit, *Collectio canonum*, III, 32 (Ps.-Urbano),
ed. V. Wolf von Glanvell, Paderborn 1905, p. 282; Ivonis Carnotensis *Decretum*, III, 4 (Ps.-Melchiade), 5 (Ps.-Urbano), 6, 7 (Ps.-Melchiade) — parte
dedicata ai beni ecclesiastici —, 139 (Ps.-Urbano) — parte dedicata ai chierici e alla vita comune —, in *PL*, 161, c. 200 s., 229 s.; *Panormia*, II, 2, 3
(Ps.-Melchiade) — parte dedicata ai beni ecclesiastici —, *ibid.*, c. 1083. Per
Bonizone vedi le pagine che precedono.

[126] Ekkehardo, *Chronicon*, A. 1116, ed. G. Waitz, *MGH, SS*, VI,
p. 251: il testo sembra chiaramente alludere al *De primitiva ecclesia* dello
Ps.-Melchiade. Con poche varianti, di scarso rilievo, anche Gerhoh attribuisce
a Pasquale II un discorso del generere (*Libellus de ordine donorum sancti
Spiritus*, ed. E. Sackur, *MGH, Libelli*, III, 279).

Romani et principes, qui matrem suam aecclesiam sicut boni filii honestaverunt, conferendo aecclesiae Dei predia et allodia, seculares honores et dignitates, regalia quoque iura et insignia, quemadmodum Constantinus caeterique fideles; et coepit aecclesia florere tam apud homines quam apud Deum. Habeat ergo mater et domina nostra aecclesia sibi a regibus sive principibus collata; dispenset et tribuat ea filiis suis, sicut scit et sicut vult.

Sorge tuttavia il dubbio di fronte al bisogno di Pasquale II di partire, nel suo discorso, dalla situazione della chiesa primitiva, che proprio con un richiamo a quell'esperienza fossero stati proposti, o si fossero voluti giustificare, i termini iniziali dell'accordo con Enrico V, che prevedevano la completa rinuncia, da parte ecclesiastica, di ogni tipo di *regalia*. E sarebbe stato l'ultimo tentativo di tradurre in termini operativi, di riforma totale delle strutture ecclesiastiche in senso pauperistico, il fascinoso mito della *forma primitivae ecclesiae*. Assai poco peraltro si sa delle motivazioni profonde che avevano spinto a quell'accordo, troppo i testi che lo ricordano sono condizionati dai successivi svolgimenti polemici, perché si possa andare al di là di una ipotesi. Ma è un'ipotesi tuttavia che sembra trovare una conferma dall'esame della successione e della concatenazione dei fatti. È noto che le trattative fra Pasquale II ed Enrico V avevano portato in un primo tempo ad un compromesso, proposto dal pontefice ed approvato dal re a Sutri, secondo il quale Pasquale II avrebbe restituito tutti i *regalia* concessi alla Chiesa dai diversi imperatori e re, mentre Enrico V, per parte sua, avrebbe rinunciato alle investiture. Ma il consenso di Enrico conteneva una significativa riserva: che questa « transmutatio » cioè venisse corroborata « firma et autentica ratione, consilio quoque vel concordia totius aecclesiae ac regni principum assensu »; ben sapendo, osserva Ekkehardo, che ciò non sarebbe mai avvenuto — e che così fosse lo conferma lo stesso Enrico nella lettera in cui racconta lo svolgersi delle trattative [127]. La proposta comunque era venuta

---

[127] Cfr. EKKEHARDO, *Chronicon* cit., A. 1111, p. 244; per l'affermazione di Enrico vedi ed. L. Weiland, in *MGH, Const.*, I, nr. 100, p. 150. Su tutte

da Pasquale II [128], o da gente del suo *entourage*: una proposta per molti aspetti sconcertante, che apriva, se attuata, una prospettiva autenticamente rivoluzionaria per la Chiesa del tempo. Giustamente rifiutandone una troppo improbabile ed anacronistica interpretazione in chiave tattica, P. Zerbi ha cercato, in un suo studio recente, di offrire un primo chiarimento delle ragioni profonde che avevano portato Pasquale II ad una tale posizione [129]. Ed ha tra l'altro opportunamente ricordato l'anonimo *Tractatus de investitura episcoporum*, precedente di pochi anni il compromesso di Sutri, come un testo che, sia pure in forma polemica, prospettava alcune idee care al pontefice: sui tempi felici di Silvestro e Gregorio, quando la Chiesa viveva « in paupertate mediocri et honesta », contrariamente alla « moderna novitas » di una Chiesa potente e ricca di beni terreni [130]. Ma è di particolare interesse riscontrare che il *Tractatus* presenta la situazione di povertà e di nascondimento come caratteristica del periodo delle origini (« a Petro usque ad Silvestrum », quando gli imperatori Romani erano « gentiles et christianorum persecutores »), mentre è proprio la conversione di questi, per la conseguente concessione alla Chiesa dei *regalia*, che comportò la necessità dell'investitura laica [131]: « congruum fuit et consequens, ut rex, qui est unus in populo et caput populi, investiat et intronizet episcopum et contra irruptionem hostium sciat, cui civitatem suam credat, cum ius suum in domum illorum transtulerit ».

In effetti la linea di soluzione del conflitto proposta dall'anonimo resta nebulosa nei suoi termini concreti, anche se sembra evidente — nel suo invito alla moderazione e alla misura, a riconsiderare la grande funzione di pace, di ordine, di

---

queste vicende cfr. G. MEYER VON KNONAU, *Jahrbücher des deutschen Reiches unter Heinrich IV. und Heinrich V.*, VI, Leipzig 1907, p. 139 ss.

[128] Vedi P. ZERBI, *Pasquale II e l'ideale di povertà della Chiesa*, in *Annuario dell'Università Cattolica del Sacro Cuore. Anno accademico 1964-65*, Milano 1965, p. 216, n. 25.

[129] Cit. alla n. precedente, pp. 207-229.

[130] ZERBI, *op. cit.*, p. 217 s. Per questi passi del *Tractatus* vedi ed. E. Bernheim, in *MGH, Libelli*, II, p. 500 ss.

[131] *Tractatus* cit., p. 501 s.

disciplina svolta dai re e dagli imperatori cristiani — che l'indirizzo era nel senso di un compromesso sulla linea che già negli anni precedenti — e sia pure con una leggera accentuazione dei diritti ecclesiastici — uomini come Ivo di Chartres e Ugo di Fleury erano venuti proponendo in Francia ed in Inghilterra: solo che mentre in Ugo di Fleury un ritorno all'età precostantiniana restava chiaramente improponibile — il fatto centrale che la caratterizzò furono le persecuzioni, perché pochi ed isolati erano i cristiani —, mentre la conversione di Costantino risulta iniziare un periodo di grande fioritura per la Chiesa, favorita dal decisivo appoggio dei sovrani [132], nell'anonimo del *Tractatus* il periodo delle origini si configura polemicamente come un periodo di povertà, al quale gradualmente sarebbe subentrata una situazione di ricchezza e di potenza, che a poco a poco aveva portato a quella che a suo dire era la brama di dominio dei papi del suo tempo [133]. Re-

---

[132] HUGONIS MONACHI FLORIACENSIS *Tractatus de regia potestate et sacerdotali dignitate*, lib. II, c. 2-5, ed. E. Sackur, *MGH, Libelli*, II, p. 485 ss. Sulla posizione di Ivo di Chartres e della sua scuola intorno al problema delle investiture cfr. H. HOFFMANN, *Ivo von Chartres und die Lösung des Investiturproblems*, in *DA*, XV (1959), p. 393-440 (a p. 405, n. 50, bibl.); pagine molto chiare su questo indirizzo in J.-F. LEMARIGNIER, *Histoire des Institutions françaises au Moyen Age*, III, *Institutions ecclésiastiques*, Paris 1962, p. 91 ss.

[133] *Tractatus* cit., p. 500 ss. Vedi, per uno schema storico che presenta con questo alcune analogie, nonostante l'evidente calco dallo Ps.-Melchiade (persecuzioni — conversione di Costantino — donazioni che provocano poi l'ambizione e la sete di potere degli ecclesiastici, da cui deriva la necessità dell'intervento regio), WIDONIS OSNABRUGENSIS *Excerpta ex libro de controversia inter Hildebrandum et Heinricum imperatorem*, ed. L. de Heinemann, *MGH, Libelli*, I, p. 462 s. Da parte imperiale, del resto, l'accusa di ambizione, di sete di potere nei confronti dei riformatori, e di Gregorio VII in particolare (con la progressiva precisazione: ambizione di dominio temporale), è una delle più consuete: cfr., ad es., *Episcoporum epistola Gregorio VII missa* cit., p. 107, r. 7 ss.; HEINRICI IV *Encyclica ad episcopos ...*, ed. L. Weiland, nr. 63, *MGH, Const.*, I, p. 112 s.; *Decretum synodi Brixinensis*, ibid., nr. 70, p. 119, r. 4 ss.; WENRICI SCOLASTICI TREVIRENSIS *Epistola*, c. 2, ed. K. Francke, *MGH, Libelli*, I, p. 286 s.; BENZONIS ALBENSIS *Ad Heinricum imperatorem libri VII* cit., lib. VI e VII, *passim* (cfr. al riguardo A. FLICHE, *La réforme grégorienne*, III, *L'opposition antigrégorienne*, Louvain 1937, p. 244 ss.), PETRI CRASSI *Defensio Heinrici regis*, ed. L. de Heinemann, *MGH, Libelli*, I, c. 4, p. 439; c. 7, p. 446, ecc.

stavano così almeno in astratto aperte due soluzioni per porre
fine al lacerante conflitto degli ultimi anni: un ritorno cioè
a quello stato di povertà (dai vescovi poveri, di cui si sa al
tempo di Gregorio Magno, « forsitan ... non erat regi neces-
sarium exigere hominium, sacramentum, obsides ») [134], o il
ristabilimento di quell'equilibrio che era stato del regno franco
e carolingio.

Ora, se si pone mente alle finalità antitemporalistiche che
avevano motivato il decreto sull'investitura laica, finalità che
autorevoli interpretazioni anche più recenti avevano ribadito
e che Pasquale II certamente accettava [135], è chiara la linea
che si profilava di fronte al pontefice, desideroso d'altra parte
di por fine all'annoso contrasto. Perché, vista l'impossibilità
di osservare il decreto nella sua letteralità — pena il persistere
di una rottura avvertita sempre più dolorosamente — l'unica
possibilità, se di quel decreto si voleva almeno preservare lo
spirito, era di rinunciare *tout court* a tutti i beni, privilegi e
funzioni temporali, che erano la ragione per cui i re, da parte
loro, non potevano rinunciare a quell'investitura. E non è certo
casuale, ed ha ragione lo Zerbi a sottolinearlo, che la solenne
rinuncia di Pasquale II ai *regalia* inizi ricordando tutti i guasti
che la pratica degli affari del secolo aveva arrecato alla Chiesa,
e richiami perciò i decreti dei suoi predecessori contro l'investitura laica, che a quei guasti avevano voluto porre rime-
dio [136]. Testimoniando « un legame profondo e sofferto, maturato attraverso l'esperienza di tutta la Chiesa » [137], l'atto di

[134] *Tractatus* cit., p. 502.
[135] Per questa interpretazione del decreto contro le investiture di Gregorio VII, cfr. p. 57 di questo libro. Ribadisce chiaramente questa interpretazione DEUSDEDIT, *Libellus contra invasores et symoniacos*, c. 15-16, ed.
E. Sackur, *MGH, Libelli*, II, p. 314 s. (l'insistenza è soprattutto sui danni
che il servizio a corte implica per la Chiesa, distraendo la gerarchia dai suoi
doveri pastorali, rendendola avida ed ambiziosa). Offre la stessa interpretazione del decreto Pasquale II in una lettera ad Anselmo di Canterbury del
15 aprile 1102 (*PL*, 163, c. 91 B): esso è stato promulgato per evitare che
« ad percipiendos honores ecclesiae saecularibus personis insipientes homines
placere (desiderent) ».
[136] Cfr. ed. Weiland cit., nr. 90, p. 141; ZERBI, *op. cit.*, p. 216 s.
[137] ZERBI, *op. cit.*, p. 217.

Pasquale II rettificava ed insieme ripeteva l'antico gesto di Gregorio VII. Superando tuttavia e contraddicendo un punto che era ancora essenziale nel pensiero di questi, frutto di tutta la precedente elaborazione riformatrice, e che solo la polemica antigregoriana ed il faticoso emergere di una posizione intermedia aveva cominciato a mettere in discussione: ed era il carattere sacro, inalienabile, intoccabile delle *res ecclesiae*, di tutto ciò che alla Chiesa era stato donato e concesso, entrando così a far parte integrante del *corpus Christi* [138].

Ma per Pasquale II fu, com'è noto, una bruciante sconfitta. Come Enrico V aveva previsto, se non preparato, veemente fu nella basilica Lateranense l'opposizione dei vescovi tedeschi venuti con lui, ma, a quanto sembra, anche di non pochi dei seguaci di Pasquale II [139]. Era quanto bastava al re per non mantenere fede al suo impegno: e fu per il papa la prigionia, l'esilio, le pesanti pressioni per strappargli un altro accordo; che sarà il privilegio delle investiture, concesso da Pasquale II ad Enrico, a Roma, nell'aprile, al momento di

---

[138] Per la posizione dei riformatori al riguardo vedi p. 36 ss. di questo libro. Il primo tra gli antigregoriani a prospettare chiaramente una distinzione tra i poteri spirituali dei vescovi e le loro funzioni temporali, legate alla concessione di « curtes et praedia omniaque regalia », e derivanti perciò dai re, è GUIDO DI FERRARA, *De scismate Hildebrandi*, lib. II, ed. E. Dümmler, *MGH, Libelli*, I, p. 564 s. (scritto all'indomani della morte di Gregorio VII). Ma si tratta di una distinzione che, se pur polemicamente distorta dai riformatori, è riscontrabile forse già nei « simoniaci » del primo periodo della riforma (vedi p. 37 ss. di questo libro); anche se Guido è condotto da esigenze ormai sostanzialmente diverse, che scaturiscono dal conflitto delle investiture e dalla necessità di trovare un ragionevole compromesso tra i due poteri (cfr. al riguardo A. FLICHE, *La réforme grégorienne*, III, cit., p. 272 e 292 ss.). Indubbie analogie con questo indirizzo presentano le posizioni elaborate dalla cosiddetta scuola di Chartres; vedi riferimenti a n. 132 di p. 355, e A. FLICHE, *La réforme grégorienne et la Reconquête chrétienne*, in A. FLICHE - V. MARTIN, *Histoire de l'Église*, 8, Paris 1950, p. 347 ss., R. SPRANDEL, *Ivo von Chartres* cit., p. 163 ss.

[139] Vedi l'*encyclica* di Enrico, ed. Weiland cit., nr. 100, p. 151 e il resoconto di parte papale, *ibid.*, nr. 99, p. 148. Cfr. inoltre EKKEHARDO, *Chronicon* cit., A. 1111, p. 244; PETRUS DIACONUS, *Chronica monasterii Casinensis*, IV, 38, *MGH, SS*, VII, p. 780; *Gesta archiepiscoporum Salisburgensium*, c. 9, *MGH, SS*, XI, p. 68. Cfr. anche ZERBI, *op. cit.*, p. 219 ss.

coronarlo imperatore [140]. Si scatenò così un'altra opposizione, guidata dai gregoriani intransigenti, come Bruno di Segni, Placido di Nonantola, Josserano di Lione, Goffredo di Vendôme [141]. Il concilio Lateranense del marzo 1112 — e si trattò in sostanza di un compromesso del papa, a lungo incerto sul da farsi [142], con l'ala moderata, la *nouvelle vague* gregoriana, com'è stata detta, che non aveva mancato di resistere aper-

[140] Per il testo vedi ed. Weiland cit., nr. 96, p. 144 s.; cfr. anche la *Relatio Registri Paschalis II*, ed. Weiland cit., nr. 99, p. 148 ss., e la *Relatio caesarea altera, ibid.*, nr. 101, p. 151 s. Per questi avvenimenti cfr. MEYER VON KNONAU, *Jahrbücher* cit., VI, p. 165 ss.

[141] Per le lettere scritte da Bruno di Segni in queste circostanze vedi ed. E. Sackur, *MGH, Libelli*, II, p. 563-65 (la seconda è indirizzata a Pasquale II, di rispettoso, ma fermo invito a cassare il privilegio concesso ad Enrico: altrimenti, ed è detto chiaramente, gli verrà rifiutata obbedienza, perché, così come il decreto sulle investiture rispecchia la dottrina cattolica, ciò che lo contraddice è eresia); sul suo contrasto con il papa molti particolari offre PIETRO DIACONO, *Chron. mon. Cas.* cit., c. 42, p. 782 s.; su Bruno cfr. ora R. GRÉGOIRE, *Bruno de Segni, exégète médiéval et théologien monastique*, Spoleto 1965, p. 52 ss. Di Placido di Nonantola vedi il *Liber de honore ecclesiae*, ed. L. de Heinemann, *MGH, Libelli*, II, p. 566 ss. Per l'iniziativa di Josseranno, arcivescovo di Lione, di convocare un concilio francese onde giudicare l'operato del papa, cfr. la lettera a lui scritta da Ivo di Chartres, anche a nome di altri vescovi francesi, e la sua risposta, ed. E. Sackur, *ibid.*, p. 647 ss. (in essa, in polemica con Ivo, egli sostiene il carattere ereticale dell'investitura laica, quando se ne difendesse la legittimità); per Goffredo anche a nome di altri vescovi francesi, e la sua risposta, ed. E. Sackur, *ibid.*, p. 680 ss. Cfr. su questo A. FLICHE, *La réforme grégorienne et la Reconquête chrétienne* cit., p. 364 ss. Sono evidentemente connesse a questa opposizione le voci di una prossima deposizione di Pasquale che Azzo vescovo di Acqui faceva giungere ad Enrico V (cit. in I.M. WATTERICH, *Pontificum Romanorum ... Vitae*, II, Lipsiae 1862, p. 72 s.).

[142] Ancora il 26 ottobre 1111 Pasquale II scriveva ad Enrico dell'opposizione che gli si era scatenata contro per il privilegio sull'investitura, in termini che non lasciano dubbi sul fatto che delle buone ragioni di quella opposizione egli non era ancora per nulla persuaso (*PL*, 163, c. 291 D): « Ex quo enim vobiscum illam, quam nostis, pactionem fecimus, non solum longius positi, sed ipsi etiam qui circa nos sunt, cervicem adversus nos erexerunt, et intestinis bellis viscera nostra collacerant, et multo faciem nostram rubore perfundunt. De quibus, quia iudicium consequi non possumus, de iudicio relinquimus, ne Dei ecclesiam gravius perturbemus ». Ed è perciò solo successivo il suo riconoscimento « se coactum fecisse quod fecit » (in IVONIS CARNOTENSIS *Epistolae*, 233, *PL*, 162, c. 236 A), ed il suo proposito di cassare gli atti precedentemente approvati (a Guido vescovo di Vienne, in *PL*, 163, c. 292).

tamente alle drastiche richieste di rottura degli intransigenti [143] — assistette innanzitutto alla solenne professione di fede
di Pasquale II, e condannò poi senza appello il privilegio
sulle investiture concesso ad Enrico V, ma perché vi si affermava — ed è precisazione significativa, che lasciava aperta
la porta ad ulteriori trattative — « quod electus canonice a
clero et populo a nemine consecretur, nisi prius a rege inve-
stiatur, quod est contra Spiritum sanctum et canonicam insti-
tutionem » [144].

Ma l'equilibrio era assai precario: i più intransigenti tra i
gregoriani non avevano rinunciato a reclamare una più precisa
condanna di Enrico e dell'investitura, e restava ancora almeno
teoricamente aperta, sempre proponibile perché non ancora
solennemente refutata, la linea del primo compromesso di Sutri, secondo quell'alternativa implicita nel *Tractatus* e che Gregorio di Catino non aveva mancato di adombrare ancora una
volta nella sua *Orthodoxa defensio imperialis* [145]. In effetti
già il *Liber de honore ecclesiae* di Placido di Nonantola, oltre
a ripetere vivacemente la condanna dell'investitura — nei termini tradizionali, ma con una particolare insistenza sui suoi
aspetti di manomissione e profanazione laicale del corpo ecclesiastico —, aveva confutato in termini espliciti l'idea di una

---

[143] Oltre alle lettere di Ivo citate alle note precedenti, cfr., come documenti in questo senso, HILDEBERTI CENOMANENSIS *Epistola de Paschali papa*,
ed. E. Sackur, *MGH, Libelli*, II, p. 671 s., e *Disputatio vel defensio Paschalis papae*, ed. E. Sackur, *ibid.*, p. 664 s. Ma già il fatto che questi scritti siano
successivi al concilio del marzo 1112 è indice che il compromesso era ancora
instabile, che i dissensi non erano placati. E certo si muove sotto la spinta
delle esigenze più radicali la sinodo dei vescovi della Francia meridionale,
riunita a Vienne nel settembre 1112, che dichiarò eresia l'investitura laica e
scomunicò solennemente Enrico (vedi la lettera di Guido di Vienne a Pasquale II che chiede la sua conferma a queste decisioni in WATTERICH, *op.
cit.*, II, p. 76 s.). Su questa sinodo cfr. C.-J. HEFELE - H. LECLERCQ, *Histoire
des conciles*, V, 1, Paris 1912, p. 535 ss.
[144] Vedi, per un sommario processo verbale della sinodo, ed. Weiland
cit., nr. 399, p. 571 ss.; cfr. anche EKKEHARDO, *Chronicon* cit., A. 1112,
p. 245 s. Vedi al riguardo HEFELE-LECLERCQ, *Histoire des conciles* cit.,
p. 532 ss.
[145] Ed. L. de Heinemann, *MGH, Libelli*, II, c. 7, p. 539 (probabilmente
nell'estate del 1111: cfr. *ibid.*, p. 535).

« aecclesia spiritualis » alla quale « nichil ... terrenarum rerum pertinet », ribadendo negli stessi termini di Umberto l'integrale appartenenza alla sacralità della Chiesa dei suoi possessi [146]. Per lui l'età costantiniana rappresenta la condizione ideale della Chiesa sino alla fine dei tempi, l'avverarsi, dopo le persecuzioni, della profezia di Isaia (*Is.*, LX, 15.16): « pro eo quia fuisti derelicta et odio habita, ponam te in superbiam seculorum et suges lac gentium et mamilla regum lactaberis » [147]. Ancora una volta i testi delle Pseudo-Isidoriane ritornano a legittimare una situazione irreversibile, ad obliterare ogni particolare significato di volontaria rinuncia dal periodo delle origini [148]. L'umiltà, la povertà, il distacco dai beni del mondo, i limiti di competenza al proprio impegno temporale ed alle proprie azioni, rispondono a leggi interne della Chiesa e di ogni membro della sua gerarchia, ma non si possono realizzare, per lui, con precise scelte strutturali, con limitazioni e condizionamenti obiettivi. La Chiesa deve essere ricca e potente perché questo è il segno della conversione del mondo a Cristo [149].

Senza questi presupposti, senza queste divisioni e discussioni — appena intuibili attraverso le testimonianze rimasteci — il concilio Lateranense del marzo 1116 resterebbe assolutamente incomprensibile nel suo tormentato svolgimento: ce ne ha lasciato vivacissima, ma purtroppo assai lacunosa ed incompleta relazione Ekkehardo, che, se non fu presente al concilio, ha tutta l'aria di aver avuto sotto gli occhi un processo verbale assai preciso e dettagliato [150]. Dopo aver esa-

---

[146] Ed. cit., prologus, p. 568; cap. 82, p. 605 (vedi anche cap. 43 ss., p. 587 ss.; cap. 72, p. 598 s.; cap. 86, p. 610 ss.).

[147] Ed. cit., cap. 57, p. 591 ss.

[148] Ed. cit., cap. 71, p. 598 (vedi anche cap. 58, p. 593).

[149] Ed. cit., cap. 57, p. 592 (vedi, oltre ai riferimenti precedenti, cap. 65-66, p. 595, cap. 72, p. 599).

[150] *Chronicon* cit., p. 250 ss. Resta a mio modo di vedere dubitoso che debbano riferirsi a questo concilio (come vorrebbe il MANSI, XXI, c. 152, ed altri con lui) le parole di Bruno di Segni ricordate da Gerhoh, *Epistola ad Innocentium papam*, ed. E. Sackur, *MGH, Libelli*, III, p. 217, che inserivano in una linea di fedeltà alla chiesa primitiva (« nos ... primitivae ecclesiae normam tenentes ») la condanna della simonia e del nicolaismo. Salvo che non

minato alcune questioni locali, alcuni padri sollecitarono dal concilio una discussione su quei problemi per i quali principalmente erano stati convocati. E Pasquale II pronunciò allora una dichiarazione di puntuale ed umile autocritica di tutto ciò che aveva fatto sotto le minacce di Enrico, con davanti agli occhi le violenze che questi esercitava nel territorio Romano: « quod feci, pro liberatione populi Dei feci; feci autem ut homo, quia sum pulvis et cinis. Fateor me male egisse, sed rogo vos omnes orare pro me ad Deum, ut indulgeat michi ». E fu lui stesso questa volta a pronunciare una solenne condanna del privilegio sulle investiture, che il concilio sancì con un duplice « fiat » [151]. Ma il tentativo condotto da Bruno di Segni di ottenere una condanna dell'investitura quale eresia — e le intemperanze di qualche altro dei presenti contro lo stesso Pasquale II — suscitarono la reazione di Giovanni di Gaeta, cardinale diacono di Santa Maria in Cosmedin e cancelliere della Chiesa di Roma, e di altri padri, e abilmente Pasquale II chiuse la discussione proclamando altamente l'indefettibilità nella fede della sede Romana [152]. Ma dopo un giorno di sosta la questione si ripropose in modo che parrebbe assai violento, anche se Ekkehardo manca di chiarire puntualmente i singoli anelli della discussione. Il venerdì, 10 marzo (il concilio si era aperto il 6), così il suo racconto, il pontefice volse la sua attenzione « in generalem omnium aecclesiarum causam », ma essendo scoppiata una discussione tra Conone, cardinale-vescovo di Preneste, « verbum excommunicationis exponere cupiens » — l'allusione è certamente

si voglia riferirle — ma sarebbe un'ipotesi tutta da dimostrare — ad un'ampia discussione sui problemi della riforma, e sull'imitazione della chiesa primitiva in particolare, che l'intervento di Pasquale II, già ricordato a p. 352 s., avrebbe concluso. Sulla sinodo vedi comunque HEFELE-LECLERCQ, *Histoire des conciles* cit., p. 554 ss.

[151] *Ibid.*, p. 250 s.

[152] *Ibid.* Bruno non faceva che ripetere la richiesta — ed il giudizio — che erano stati suoi e di altri già nel 1111-12 (vedi i testi cit. alla n. 141). Questo intervento di Bruno, unitamente a qualche altro frammento della discussione conciliare, è menzionato anche tra le *auctoritates* aggiunte all'*Opusculum de edificio Dei* di Gerhoh di Reichersberg da un chierico suo contemporaneo (ed. E. Sackur, *MGH, Libelli*, III, p. 190 s.).

25

alla scomunica da questi pronunciata contro Enrico, la Pasqua dell'anno prima, a Colonia —, e Giovanni di Gaeta, Pietro Leone, ed altri fedeli del re, che vi si opponevano, Pasquale II pose fine al dibattito pronunciando quel discorsetto sulla chiesa primitiva già citato; e per ribadire la cassazione del privilegio sulle investiture da lui concesso ad Enrico V, ripeté il decreto di Gregorio VII contro l'investitura laica.

È chiara, mi sembra, la sfasatura di questo racconto, e la sproporzione, per dir così, tra la risposta di Pasquale II e quanto Ekkehardo dice della precedente discussione. Ma un fatto mi pare evidente: per la prima volta Pasquale II, riesaminando la vicenda del 1111, la affronta in tutto il suo svolgimento, contestando e ritrattando non solo il privilegio del Laterano, ma anche il precedente compromesso di Sutri. Così facendo egli veniva certamente incontro a richieste che erano presenti anche tra i sostenitori di una soluzione moderata del conflitto [153]. E che le cose siano così, che questa sia la portata del discorso di Pasquale II, lo conferma del resto esplicitamente Gerhoh [154]: egli ricorda come Pasquale II fosse stato indotto a restituire ai re quelle « facultates ac dignitates » che i loro predecessori avevano donato alle chiese; ma di fronte all'opposizione di molti fedeli, « ipse postmodum semetipsum corrigens in audientia publica concilii Lateranensis ab ipso collecti locutus est in hunc modum »; e riporta, poi, in termini quasi identici, il discorso attestato da Ekkehardo [155]. Dopo lunghe esitazioni Pasquale II si era evidentemente deciso a chiudere definitivamente anche la linea solu-

---

[153] Già di per sé la linea di compromesso elaborata da Ivo e da altri era contraddittoria alla rinuncia dei *regalia* così com'era stata prospettata a Sutri. E sono significative, al riguardo della consapevolezza storica e del realismo di Ivo, affermazioni come questa a Pasquale II (sull'inopportunità di smembrare una diocesi): « ... dignitas episcopalis paupertatem his diebus honeste ferre non valet ... » (*Epistolae*, 328, PL, 162, c. 246 B). Per questa particolare attenzione di Ivo alle necessità della Chiesa come società terrena, che vive nella storia e quindi adatta ad essa la sua azione ed il suo modo di essere, cfr. SPRANDEL, *Ivo von Chartres* cit., p. 48 ss.

[154] *Libellus de ordine donorum sancti Spiritus* cit., p. 279.

[155] Sbaglia perciò il Sackur, ed. cit., p. 279, n. 2, nel riferire questo discorso al concilio Lateranense del 1112.

tiva prospettata a Sutri. Si ritorna così al punto da cui siamo
partiti: che per far questo infatti egli abbia sentito la necessità di limitare solennemente la validità esemplare di quel
lontano passato delle origini, che fu di gloria solo davanti
a Dio, ma che era ancora di estraneità al mondo della salvezza
e della grazia di tutti i potenti della terra, è un segno, direi,
che proprio pensando a quelle origini lui o chi per lui si era
indotto a proporre quel compromesso. In una prospettiva che
nel discorso del Laterano viene chiaramente rifiutata: perché
le ricchezze temporali della Chiesa non sono altro che la giusta inevitabile conseguenza della conversione dei grandi del
mondo alla fede di Cristo. Era un modo, questo, di affermare
chiaramente che ogni ritorno indietro era impossibile, che
ogni rinuncia a diritti, a beni, a potere, poteva essere frutto
solo di una unilaterale scelta ecclesiastica. E sarebbe stata pur
sempre una rinuncia necessariamente limitata, perché quei diritti, quei beni, quel potere, erano il segno tangibile della fede
dei re e dei grandi della terra; e ancora, sarebbe stata una rinuncia in qualche modo di mera opportunità, che non poteva
però rappresentare un *ritorno* ad un passato che era ormai
solo un momento di una storia valida tutta, in tutte le sue
espressioni fondamentali.

Se la crisi del 1111-12 portò di fatto ad un certo qual ridimensionamento del primato del vescovo di Roma, accanto al
quale venne decisamente rivendicata la funzione della chiesa
universale, operante in ultima istanza nel concilio, ma viva,
presente, attiva cooperatrice già prima, nell'azione congiunta
dei singoli vescovi, in tutta una rete di discussioni e trattative
ed atti di diversa portata [156], fu nondimeno fermamente riba-
dita la forza e la capacità creativa della Chiesa di riproporre,
dilatare, accrescere la vita di grazia nella storia. Il tema del
ritorno cessava così di essere un aspetto obbligato della riforma ecclesiastica, mentre il pauperismo, inteso come problema che interessava in solido tutta la vita della Chiesa,

---

[156] Vedi anche, per alcune osservazioni in questo senso, ZERBI, *op. cit.*,
p. 220 s.

segnava così una sconfitta pressoché definitiva. Nel futuro ogni riforma che avesse voluto rimanere ortodossa non poteva ormai prescindere più da questa base di partenza: il diritto cioè della Chiesa di vivere sino in fondo anche la sua esperienza di società storica, come tutte le società storiche. È caratteristico appunto come pochi decenni dopo Gerhoh di Reichersberg, pur così ricco di antichi temi di riforma, quasi pregregoriani, prenda in esame e discuta, polemizzando contro l'impegno temporalistico dell'alto clero, soprattutto i modi di essere della prima età costantiniana [157]: su di un piano strutturale, questo, ormai, è il punto di partenza, questo il termine di riferimento, non più, come metro di giudizio globale, la chiesa primitiva.

* * *

Ma mentre a livello gerarchico il richiamo alla chiesa primitiva diventa progressivamente formula tecnica, il suo mito agisce tuttavia ancora polemicamente in quelle zone di eremitismo itinerante, eversivo delle tradizioni cenobitica e canonicale proprio nella misura in cui non le identificava con quella incarnazione della *primitiva ecclesia* che pur queste pretendevano di essere; ma l'accento ormai, più che sul fatto comunitario, batte sugli elementi di assoluto pauperismo delle origini apostoliche. Esemplare al riguardo la polemica tra Ivo di Chartres e l'eremita Rainaldo, già, come pare, canonico regolare nell'abbazia di Saint-Jean-des-Vignes, che disgustato dal soggiorno cittadino si era ritirato nelle foreste di Craon, seguendo l'esempio di Roberto di Arbrissel [158]. Ivo, in una sua lettera, gli ricorda appunto come un tempo

---

[157] Cfr., ad es., *Opusculum de edificio Dei* cit., cap. 21 ss., p. 152 ss.; *Commentarius in psalmum LXIV, ibid.*, p. 447 ss. Per la figura di Costantino nell'opera di Gerhoh vedi riferimenti in P. CLASSEN, *Gerhoch von Reichersberg*, Wiesbaden 1960, p. 43 s., 130 s., 238.

[158] G. MORIN, *Rainaud l'ermite et Ives de Chartres: un épisode de la crise du cénobitisme au XIe-XII° siècle*, in RB, XL (1928), p. 113 ss.

primitivae ecclesiae formam sequi desiderans ... in ecclesia beati Iohannis Baptistae professus es sanctitatem, professus communiter vivendi societatem, et tanquam aliqua lucerna in domo Dei ad incrementum propositi tui lumen verbis minus doctis ministrare coepisti [159].

Ma poi improvvisamente, « nescio quo spiritu fascinante », egli aveva abbandonato la comunità, ritirandosi, « non sine scandalo infirmorum », a vivere in solitudine. Le argomentazioni di Ivo si svolgono poi attraverso una esplicita polemica antieremitica, ma denunciando soprattutto la sua evidente preoccupazione che da tutta questa vicenda derivasse scandalo agli « infirmi » e turbamento quindi all'ordine ecclesiastico: « quia satius est aliquando infirma tolerare quam summa cum schismate facere » [160]. Preoccupazioni ed argomentazioni del resto largamente diffuse, in una gerarchia ormai consolidata nei suoi istituti canonici e nella sua disciplina di vita, custode gelosa delle sue prerogative ecclesiastiche e timorosa perciò di iniziative che, ripetendo un'esigenza radicale di rinnovamento, investivano alcuni degli aspetti fondamentali della tradizione. « Ad paucos solitarios solummodo Ecclesiam Dei pertinere contendunt », commentava ironicamente e duramente Ivo in un'altra sua lettera, tutta rivolta contro gli eremiti itineranti, denunciando insieme il carattere eversivo e scandalistico della loro predicazione: « quasi ad ligna caedenda procedunt, indiscretis sermonibus et non sale conditis, tanquam immoderatis ictibus percutiunt conscientias infirmorum, ... ecclesiam

---

[159] Ep. 256, in PL, 162, c. 260 ss. Il tema dell'imitazione della chiesa primitiva da parte della vita canonica regolare — con esplicito riferimento alle Pseudo-Isidoriane — è frequente in Ivo (senza tuttavia nessuna pretesa di inglobare in essa tutti i chierici, nonostante egli ritenga che questa fosse la condizione delle origini), insieme alla rivendicazione, per i canonici regolari, del ministero pastorale: cfr., ad es., Ep. 69, ibid., c. 88 s.; Ep. 213, ibid., c. 216 s.

[160] Ivi, c. 262. In una linea di ancor più dura polemica contro gli eremiti itineranti si sviluppa l'Ep. 192, ibid., c. 196 ss., che Ivo scrive ad alcuni monaci per fortificarli contro le accuse che gli eremiti muovevano al monachesimo tradizionale, ma soprattutto per combattere l'evidente attrazione che essi esercitavano anche nell'ambiente monastico.

orbis terrarum parvipendentes ...» [161]. L'impressione è di trovarsi di fronte a due costumi morali, a due abiti mentali diversi, compresenti storicamente ma incomponibili fra loro [162].

[161] *Ep.* 192 cit., c. 200 C, 201 C.

[162] La tematica della polemica gerarchica contro eremiti e predicatori itineranti si fonda essenzialmente, pur nel variare del tono, su di un invito alla
moderazione («mater virtutum, discretio», scrive Marbodo, vescovo di Rennes, a Roberto di Arbrissel; cfr. la lettera pubblicata da J. VON WALTER, *Die
ersten Wanderprediger Frankreichs. Studien zur Geschichte des Mönchtums*,
I: *Robert von Arbrissel*, Leipzig 1903, p. 188), e sull'accusa di perseguire
una forma di santità astratta, poco incline a considerare il contesto sociale in
cui deve venire applicata e le condizioni culturali degli ascoltatori ai quali è
proposta; nelle sue punte più radicali diventa aperta accusa di ipocrisia [cfr.
in questo senso il *De falsis eremitis* di Pagano Bolotino, canonico di Chartres:
in J. LECLERCQ, *Le poème de Payen Bolotin contre les faux ermites*, in *RB*,
LXVIII (1958), p. 52 ss.]. Preoccupazioni pastorali certo contribuiscono a
questa polemica (cfr. le numerose osservazioni di Marbodo al riguardo, nella
lettera cit., p. 181 ss., e ancora, di lui, le lettere ad Ingelgerio, seguace di
Roberto, edite da H. BOEHMER, in *MGH*, *Libelli de lite*, III, p. 692 ss.):
ma dietro a ciò emerge chiaramente una diversa concezione della vita cristiana, dei suoi termini di attuazione; come ho detto, un diverso costume
morale. Sapiente moderazione, preoccupata delle risultanze sociali di ogni iniziativa di predicazione, negli uni; radicalismo eversivo negli altri, tesi soprattutto ad una integrale realizzazione del dettato evangelico; ed una larga, uma-
nissima apertura verso il mondo dei reietti, dei diseredati socialmente: gli
scandalizzati commenti di molti per l'atteggiamento dei predicatori itineranti
verso le prostitute ne è indice caratteristico [cfr. P. ALPHANDÉRY, *La Chrétienté et l'idée de Croisade. II: Recommencements nécessaires (XIIᵉ-XIIIᵉ
siècles)*, Paris 1959, p. 51 ss., e M. D. CHENU, *Le réveil évangélique*, in *La
théologie au douzième siècle*, Paris 1957, p. 255 s.]. Sottili ricerche di intenzioni morali nei primi: meglio mangiar bene con spirito di astinenza, che male
con spirito di gola (lettera di Ivo cit., col. 262); meglio vestir lussuosi con
umiltà, che male e stracciati con orgoglio (lettera di Marbodo cit., p. 185).
Richiamo alla sostanza dei fatti al di là della loro apparenza? Può darsi; ma
certo prima di tutto maldestra reazione di una gerarchia aristocraticamente
chiusa sulle sue posizioni, che si sentiva travolta, con le armi stesse del suo
quotidiano magistero, dalla radicalità delle applicazioni evangeliche dei *pauperes Christi*; di una gerarchia che vedeva i termini consueti del suo insegnamento, o quanto meno della sua meditazione, acquistare una forza nuova
ed esplosiva, suscettibile di travolgerla pericolosamente. «Videmus egentes
presbyteros, a suis desertos gregibus, velut indignos quibus offerant, quorum
se commendent orationibus, a quibus accipiant iniunctionem paenitentiae, quibus decimas solvant vel primitias, qui omnes tuo se queruntur praeiudicio
condemnatos. Videmus ad te turbas undique confluentes, tibi tuisque honores,
quos propriis debebant pastoribus, impendentes. Quos tamen, ut manifestum
est, non religionis amor, sed ea, quae semper vulgo familiaris est curiositas
et novorum cupiditas ducit. Neque enim apparet vita eorum emendatio. Ita

Ma non questo importa qui. Interessa invece osservare come Rainaldo, nella sua risposta, giustifichi il suo passaggio ad una vita solitaria, fuori dalle istituzioni, proprio per mantenere fede, sino in fondo, alla sua promessa di vivere *ad instar primitivae ecclesiae*:

> Sacra scriptura testante teque ipso docente didiceram primitivae ecclesiae formam nihil aliud esse quam apostolorum discipulorumque Christi vitam evangelicis praeceptionibus informatam: vitam utique illorum quibus dictum est, ' Nisi abundaverit iustitia vestra plus quam scribarum et phariseorum, non intrabitis in regnum caelorum ' (MATTH. V, 20); quibus dictum est, ' Ab eo qui aufert vestimentum nolite prohibere et tunicam ' (LUC. VI, 29); quibus prohibitum est, non solum pro ablatis non repugnare, sed etiam iudicio contendere (cfr. MATTH. V, 40); quibus dictum est, ' Perfecti estote, sicut et pater vester caelestis perfectus est ' (MATTH. V, 48); et multa alia quae doctrina continet ecclesiastica, pariter et apostolica. Hanc autem perfectionis formam te ipso testante coenobitalia claustra aut raro aut numquam includunt; quod, ut reor, contingit, quia paupertatem, quam Christus pauper praedicavit, quantum possunt excludunt. Unde et in ipsis copiose pascitur, induitur, stratis mollioribus fovetur caro superba, quae pro quantitate commissorum in saeculo arctioribus poenitentiae modis erat punienda. Si igitur, quia illa corporalis societas spiritualem perturbans aliquando relinquitur, ideo scandalus oritur, sicuti discimus testimonio scripturarum, pro nihilo est habendum [163].

---

fit, ut aliena damna tuis serviant emolumentis »: questo quadro datoci da Marbodo di Rennes (lettera cit., p. 187) è, mi sembra, particolarmente eloquente; ed indica insieme una strada per comprendere il rapido maturarsi in molte zone di situazioni di rottura tra gerarchia e *pauperes*. Sulla polemica antieremitica, più o meno a difesa del monachesimo tradizionale, cfr. ora J. BECQUET, *L'érémitisme clérical et laïc dans l'ouest de la France*, in *L'eremitismo in Occidente* cit., p. 195 ss. (e l'importante intervento di J. Leclercq nella discussione su questa relazione, *ibid.*, p. 210). Vedi anche P. ALPHANDÉRY, *Les idées morales chez les hétérodoxes latins au début du XIIIe siècle*, Paris 1903, p. 115 s. (ma per gli aspetti « morali » egli è volto a zone ormai esplicitamente eterodosse), e per i rapporti gerarchia-eretici, R. MANSELLI, *Studi sulle eresie del secolo XII*, Roma 1953, p. 107 ss.

[163] G. MORIN, *Rainaud l'ermite* cit., p. 101.

Ma la *primitiva ecclesia* non è più, qui, un fatto istituzionale, una comunità, uno stato di vita disciplinato in precise strutture; è piuttosto un costume morale, un modo di essere fedele allo spirito e alla lettera dell'insegnamento di Cristo; è già evangelismo, e non è caso che i versetti citati siano precetti del vangelo, non la descrizione comunitaria degli *Atti degli apostoli*. Scelte scritturali che implicano già un tendenziale rifiuto della pretesa di poter irrigidire perennemente in uno o più istituti la *forma primitivae ecclesiae*. Anzi è proprio la condanna del monachesimo contemporaneo a portare alla liberazione della *vita vere apostolica* da istituti particolari. Riprendendo l'argomentazione sulla decadenza monastica nel suo trattatello *De vita monachorum*, Rainaldo accetta di riportare le origini della vita cenobitica all'esperienza apostolica della chiesa primitiva: ma mentre un tempo era desiderio di povertà e di fuga dal mondo a condurre gli uomini al monastero,

nunc vero ... ecce multi de ignobilium stirpe progeniti, relicta ne dicam mundana felicitate, sed potius privata taediosaque paupertate, ad conviventes ecclesiarum conventus simulato religionis proposito confugiunt, statimque, exclusa rei familiaris inopia, per communia elemosinarum patrimonia molliter incipiunt vivere, lautioribusque cibis et indumentis, quibus ante caruerant, ardenter inhiare [164].

Su questi motivi maturano largamente nella cristianità occidentale le molte iniziative tendenti a ripetere la *vita apostolica* fuori dagli ambiti del cenobitismo e delle comunità canonicali, in una libera e autentica, perché completa, imitazione della vita di Cristo e dei suoi primi seguaci. Di queste iniziative troppo nota è la storia, fatta di esiti diversissimi tra loro,

---

[164] Ivi, p. 105. Vedi al riguardo anche É. DELARUELLE, *Les ermites et la spiritualité popularie* cit., p. 229 s. Questa irrisione della ricchezza comunitaria del monachesimo la si ritroverà anche esplicita in zona ereticale; cfr. il passo degli eretici di Colonia al riguardo, cit. in R. MANSELLI, *Studi sulle eresie del secolo XII* cit., p. 92 e n. 2.

per ripeterla qui [165]: basti sottolinearne il comune atteggiamento mentale rispetto al problema della perfezione cristiana,
la comune e significativa traduzione della *forma primitivae
ecclesiae* in *vita vere apostolica*. Non è solo la formula che
muta, quando muta; ma anche nel persistere qua e là della
prima, diversa è la realtà che sottintende, diverso il significato
che acquista questo richiamarsi al lontano passato delle origini: esso non evoca più lo stato di vita perfetto che si vuole
ancora riprodurre istituzionalmente, ma piuttosto lo spirito
di un insegnamento che va realizzato in se stessi, e che è fatto
di povertà e di predicazione; è il « si vis perfectus esse vade,
vende quae habes et da pauperibus, ... et veni, sequere me »
(*Matth.* XIX, 21), è il « misit binos ante faciem suam in omnem civitatem et locum ... et dicebat illis: "Messis quidem
multa, operarii autem pauci ... Nolite portare sacculum, neque
peram, neque calceamenta " » (*Luc.* X, 1-4), molto più ormai
che il passo degli *Atti degli apostoli* sulla comunità di Gerusalemme. Il vangelo nella sua semplicità e totalità, fuori da
ogni problema di disciplinamento in regole e organizzazioni
precise, costituisce esso ormai l'unica vera regola che va seguita fedelmente: « Quaerentibus cuius professionis vel cuius
regulae, cuiusve ordinis vos esse, dicatis: Christianae religionis primae ac principalis regulae, Evangelii scilicet, quod omnium regularum fons est atque principium »; questo è l'insegnamento che Stefano di Muret avrebbe lasciato [166] ai suoi

---

[165] Cfr. soprattutto H. GRUNDMANN, *Religiöse Bewegungen im Mittelalter*, Berlin 1935, pp. 13-69 (ed anche *Neue Beiträge* cit., p. 148 ss.), ed il
fondamentale saggio di M. D. CHENU, *Moines, clercs, laïcs au carrefour de la
vie évangélique (XIIe siècle)*, in *RHE*, XLIX (1954), pp. 59-89 (ripubblicato
in *La théologie au douzième siècle* cit., pp. 225-251; dello stesso autore, nello
stesso volume, vedi anche *Le réveil évangélique* cit.). Cfr. inoltre, J. BECQUET,
L'érémitisme clerical et laïc cit., p. 182 ss. Per la bibliografia più recente vedi
L. SOMMARIVA, *Studi recenti sulle eresie medievali (1939-1952)*, in « Riv.
stor. ital.», LXIV (1952), p. 237 ss., e J. RUSSEL, *Interpretations of the
Origins of Medieval Heresy*, in «Mediaeval Studies», XXV (1963), p. 26 ss.
[166] *De unitate diversarum regularum*, in E. MARTÈNE, *De antiquis Ecclesiae ritibus*, IV, Anversa 1783, col. 877 (e *PL*, 204, c. 1135). Si tratta in
realtà di uno dei prologhi della regola di Grandmont, messo dal redattore
sotto il nome di Stefano, e scritto probabilmente, come mi comunica gentil-

pochi compagni, primo nucleo di quello che in seguito diverrà l'ordine di Grandmont. E in questo senso si muovono le numerose schiere dei *pauperes Christi* (già la scelta di questo appellativo ha un preciso valore programmatico), che si raccolgono intorno ai predicatori itineranti, seguaci della *vita apostolica* non perché disciplinati in un preciso stato di vita, ma perché poveri e animati da quello stesso slancio missionario di conversione che già era stato degli apostoli [167]. A

mente Dom J. Becquet, tra il 1140-1150 ca. Cfr. per tutto questo J. BECQUET, *La règle de Grandmont*, in «Bulletin de la Société archéol. et hist. du Limousin», LXXXVII (1958), p. 11 s., e ora *Étienne de Muret*, in *DS*, IV, 2, Paris 1961, c. 1504 ss.

[167] È interessante notare come, proprio in corrispondenza a queste esigenze missionarie di conversione, muti anche il consueto schema agiografico dei meriti e delle virtù: il punto su cui si insiste è quest'opera di evangelizzazione, miracolo, insieme all'imitazione di Cristo, più grande e più importante di ogni altro. Cfr. BALDRICI DOLENSIS *Vita B. Roberti de Arbrissello*, IV, in *PL*, 162, c. 1055: «Per quem enim diebus nostris copiosiora Deus operatus est miracula? Nonne Robertus evidenter illius imitator claruit, qui dixit: ' Spiritus Domini super me, evangelizare pauperibus misit me '? (LUC. IV, 18). Iste revera pauperibus evangelizavit, pauperes vocavit, pauperes collegit; ... affluentia siquidem gratiarum Dei omnes allicit, neminem repellit, quia ' vult omnes homines salvos fieri ' (I *Tim.* II, 4). Exprimat quis quid senserit, ego audenter dico Robertum in miraculis copiosum, super daemones imperiosum, super terrenos principes gloriosum. Quis enim nostri temporis tot languidos curavit, tot leprosos mundavit, tot mortuos suscitavit? *Qui de terra est, de terra loquitur, et miracula in corporibus admiratur; qui autem spiritualis est, languidos et leprosos, mortuos quoque convaluisse testatur, quando quilibet* (per *quibuslibet?*) *animabus languidis et leprosis suscitandis consulit et medetur*». Ivi, c. 1056: «Et haec sunt, si nescis, praeter quae fecit B. Robertus miracula, Deum diligere, Deo servire, domini Roberti voluntatibus Deum tam efficaciter respondere et omnia, quibus indigebant sui satellites, per manum eius praebere». GAUFRIDI GROSSI *Vita Beati Bernardi*, Prologo, in *PL*, 172, c. 1372: «Sanius itaque decernitur quod, multis qui signa fecerunt in die iudicii reprobatis, illi soli qui opera iustitiae sectati sunt ad salutem colligentur. Non igitur patrem nostrum Bernardum patratione miraculorum (quamvis illa penitus non deerunt) commendamus, sed quia mitis et humilis corde Christum imitatus fuerit demonstramus». Lo STESSO, cap. 6, c. 1397: «Gallicanas hi regiones nudis pedibus peragrabant: in villis castellis atque urbibus verbum Dei praedicabant ... Et quamvis mortuorum cadaverum resuscitatores non essent, quod maius est faciebant, id est animas in peccatis mortuas vivificabant et vivificatas Deo verae vitae coniungebant». Per questo tema, essenziale, della salvezza — propria ed altrui —, cfr. É. DELARUELLE, *Les ermites et la spiritualité populaire* cit., p. 219 ss. («... l'obsession du salut ... »).

questo livello la tradizione come problema di sviluppo e di adattamento del messaggio evangelico sembra veramente non esistere. Esistono indicazioni sul modo di vivere il vangelo, valide in quanto sono esse stesse vita di vangelo; è ancora Stefano di Muret ad affermare:

> Si ab aliis regula fieret, dici posset: quot prophete, tot regule; quot Apostoli, tot regule; quot doctores, tot regule... Attamen in communi regula, id est in Evangelio, invenitur dictum a Domino: ' Quicquid tibi non vis fieri, alii ne feceris, et quecumque vultis ut faciant vobis homines, et vos facite illis similiter '. Dum autem dicit aliquis quod a sancto Benedicto facta est regula, similiter dici potest de beato Paulo Apostolo et de Ioanne Evangelista qui de Domino amplius et perfectius loquuti sunt. In regula Dei, a quocumque tenetur, cum uxore potest salvari et absque uxore, quod nequit fieri in regula sancti Benedicti. Est nempe perfectionis, sed alia est maioris perfectionis, videlicet regula sancti Basilii. Attamen totum sumitur de communi Regula, id est de Evangelio [168].

È chiaro che su questo piano la chiesa primitiva, in quanto esempio di comunità cristiana, poteva esistere come problema storico solo nella misura in cui polemicamente serviva ad un rifiuto della Chiesa presente, o almeno di alcuni suoi aspetti fondamentali; e sarà questa la strada battuta dai movimenti ereticali [169]. Nel momento in cui la scelta pauperistica passava

[168] È un testo pubblicato in Appendice da J. BECQUET, *Les premiers écrivains de l'Ordre de Grandmont*, in *Revue Mabillon*, XLIII (1953), p. 135.

[169] È discorso implicito in tutte le affermazioni degli eretici, che rivendicano per sé soli il titolo di *Christi sectatores*, di seguaci della *vita apostolica*, che accusano la gerarchia di aver abbandonato, per dedicarsi a cure e ad interessi temporali, l'insegnamento di Cristo. Oltre agli studi già citati cfr. anche A. DONDAINE, *Aux origines du valdéisme. Une profession de foi de Valdès*, in « Arch. Fratr. Praed. », XVI (1946), soprattutto p. 214 ss., e A. FRUGONI, *Arnaldo da Brescia nelle fonti del secolo XII*, Roma 1954, pp. 60, 87 s., 185 ss. Per l'esempio della chiesa primitiva usato polemicamente contro Roma anche in zona politica vedi alcuni casi citati in M. D. CHENU, *Le réveil évangélique* cit., p. 268 s. Una eco di questo dilemma si ritrova chiaramente in Ottone di Frisinga, pur così lontano, nella sua teologia imperiale, da questa tematica, là dove pone a confronto l'antica situazione di povertà ed umiltà della Chiesa, con la potenza temporale succeduta a Costantino; ma solo in un atto di fede nella provvidenza e nella chiesa di Roma

da un piano individuale ad uno collettivo, che andava in qualche modo istituzionalizzato perché divenisse proprio di tutta la comunità dei credenti, la rottura con la gerarchia ecclesiastica — per quella che era la sua tradizione al riguardo [170], per quelle che erano le sue decisioni ed elaborazioni più recenti — diveniva assolutamente inevitabile. Ma in una situazione ancora imprecisata per dir così, semplicemente evangelica, di scelta e testimonianza personale, come è assente un problema di rapporti tra chiesa primitiva e tradizione, così manca un problema di gerarchia e laicato, di autorità e libertà [171]; è ancora e solo presenza del vangelo, assunzione

egli trova la sua soluzione al problema (*Chronica*, IV, Prologo, ed. A. HOF-MEISTER, in *MGH, SS. rer. germ. in usum schol.*, 1912, p. 182 s.): « Denique credendum non est Christum ecclesiam suam, sponsam suam, corpus suum, cui in arram spiritum suum dedisse creditur, spiritu erroris decipi permisisse, cui, ut dixi, spiritum veritatis contulerat ... *Ego enim, ut de meo sensu loquar, utrum Deo magis placeat haec ecclesiae suae quae nunc cernitur exaltatio quam prior humiliatio, prorsus ignorare me profiteor. Videtur quidem status ille fuisse melior, iste felicior. Assentio tamen sanctae Romanae ecclesiae, quam supra firmam petram aedificatam non dubito, credendaque quae credit, licite possidenda quae possidet credo*». Soluzione « romana » comune dal resto a molti, anche ardenti, riformatori del tempo (vedi ad es. per Gerhoh di Reichersberg, pur così diverso e diversamente impegnato da Ottone, A. FRUGONI, *Arnaldo da Brescia* cit., p. 148 ss.).

[170] Va segnalato che su questo problema della povertà come caratteristica necessaria della *vita apostolica* (ed insieme di tutta la Chiesa), già la tradizione eresiologica antica, giunta al medioevo latino attraverso Agostino ed Isidoro, offriva utili indicazioni per una presa di posizione di condanna: schematizzata in un assoluto pauperismo e nel rifiuto di coloro « qui aliquid hoc mundo utuntur », l'eresia degli *apostolici* del IV secolo infatti (ridotta ad una nozione del tutto atemporale di errore, com'è tipico dei cataloghi di eresie) poteva divenire il punto di riferimento dottrinale per permettere al pensiero teologico del XII secolo di colpire i movimenti evangelici più radicali, offrendo insieme un facile metro di verifica e di individuazione dell'eresia (ricalcando Agostino ed Isidoro l'eresia degli *apostolici* si trova menzionata oltre che da Rabano Mauro, in quel catalogo di eresie inserito nel suo *De clericorum institutione*, anche in un *Libellus de haeresibus* della fine del secolo XI e da Onorio di Autun: cfr. per questo L. SPÄTLING, *De Apostolicis, Pseudo-Apostolicis, Apostolinis*, München 1947, p. 4 ss.).

[171] La polemica contro il clero è ancora perché traligna dalla tradizione evangelica, non perché sia sentito arrogarsi un'indebita autorità (ancora su questa posizione troviamo Valdesio ai suoi inizi, soprattutto nella polemica anticatara: cfr. A. DONDAINE, *Aux origines du valdèisme* cit., p. 234 s.). E semplicemente distinta negli uffici è la vita condotta dai chierici e laici al

integrale di esso nel proprio vivere quotidiano. Tutto il resto
sta ancora al di là, tessuto di cultura tradizionale in cui i
pauperes Christi potranno entrare, influenzandola e condizio-
nandola certo, ma venendo a loro volta disciplinati in nuove
strutture, implicati in un modo di essere nuovo, ed estraneo,
almeno in parte, al loro primitivo evangelismo. È questo un
itinerario comune a molti, frutto di sapiente opera di assimilazione e di adattamento del corpo ecclesiastico, che accetta
nuove istituzioni, nuovi ordini; di altri invece si precisano
più o meno rapidamente le caratteristiche eterodosse (ma il
quando e il come è problema non sempre solubile), nella palese ricerca in ambito extraecclesiastico di una *vita vere apostolica*, di cui la Chiesa, nella sua temporalità, nella sua chiu-
sura gerarchica, appare ormai quale estrema negatrice. È la
storia segreta dei movimenti ereticali; e forse, dietro quel-
l'insistente presentarsi dei suoi protagonisti quali apostoli, seguaci soltanto del Cristo, fuori da ogni esigenza di chiesa,
si nasconde anche la coscienza di non poter più essere « chiesa », dell'impossibilità cioè di riprodurre in strutture comunitarie organizzate l'autentico insegnamento cristiano; che si
traduce invece in un'assunzione personale di responsabilità, in
uno sforzo di ricalcare individualmente il modello apostolico.
Il *vitam apostolicam sequi* è il polemico ritorno, nel rifiuto
delle forme degenerate della tradizione che ingloba ormai tutta
la Chiesa, alla primitiva esperienza cristiana.

* * *

Eppure di tutti questi movimenti votati a così diverso
destino, non piccola certamente fu l'influenza, imposta dall'inquietudine stessa del loro problema, anche in campo teologico
e più propriamente ecclesiologico: tra ambienti di gerarchia

---

seguito dei predicatori itineranti, anche nel primo periodo di un loro disciplinamento istituzionale: cfr. le testimonianze raccolte da J. BECQUET, *La
règle de Grandmont* cit., p. 23 e n. 51; cfr. anche, dello stesso, *L'érémitisme
clérical et laïc* cit., p. 189 s., e É. DELARUELLE, *Les ermites et la spiritualité
populaire* cit., p. 231.

ufficiale certo, ancorati all'autorità romana e ben lontani dal
tentare un incontro in termini di chiesa primitiva o di evangelismo, ma aperti tuttavia ad una coscienza di arricchimento
e di rinnovamento continuo delle forme di vita cristiana, orientati a rompere nettamente con i tradizionali schemi monastici
degli stati di perfezione per sostituirvi una concezione assai
più individuale del merito e della grazia. Anselmo di Havelberg ne è il teorizzatore forse più consapevole [172]. Nel primo
libro dei suoi *Dialogi*, dedicato ad Eugenio III [173], proprio
per chiarire la multiformità degli stati, delle *conversaciones*
presenti nella Chiesa, egli traccia un rapido quadro della sua
storia, legandola alla graduale manifestazione della Trinità;
dall'Antico Testamento che manifestò il Padre, e ancora solo
oscuramente il Figlio, al Nuovo Testamento che fu la rivelazione del Figlio, mentre ancora oscura rimaneva la presenza
dello Spirito santo, alla manifestazione di esso avvenuta solo
dopo l'ascesa al cielo di Cristo [174]:

[172] Vedi su Anselmo di Havelberg, F. PETIT, *La spiritualité des Pré-
montrés aux XIIe et XIIIe siècles*, Paris 1947, pp. 56-64; M. VAN LEE, *Les
idées d'Anselme de Havelberg sur le développement des dogmes*, in « Analecta
Praemonstr. », XIV (1938), pp. 5-35 (importante anche per la concezione della
storia della Chiesa e della operante presenza in essa dello Spirito santo);
G. SCHREIBER, *Studien über Anselm von Havelberg zur Geistesgeschichte des
Hochmittelalters*, in « Analecta Praemonstratensia », XVIII (1942), pp. 5-90;
K. FINA, *Anselm von Havelberg. Untersuchungen zur Kirchen- und Geistes-
geschichte des 12. Jahrhunderts*, ibid., XXXII (1956), pp. 69-101; 193-227;
XXXIII (1957), pp. 5-39; 268-301; XXXIV (1958), pp. 13-41 (quest'ultimo
sulla teologia della storia di Anselmo). Buone osservazioni in G. SEVERINO,
Anselmo di Havelberg nella polemica fra canonici e monaci, Roma 1965 (tesi
dattiloscritta): ringrazio l'autrice per avermene permessa la consultazione.
Vedi anche M. D. CHENU, *La théologie au douzième siècle* cit., p. 70 s.

[173] ANSELMI HAVELBERGENSIS *Dialogi*, in *PL*, 188, c. 1139 ss. (e con
significative affermazioni che bisogna tener presenti per non falsare il significato della sua interpretazione della storia della Chiesa: cfr. c. 1141: « Feci
itaque quod iussit apostolica auctoritas, cui semper obtemperandum est, non
tantum devota humilitate, verum etiam aeternae salutis necessitate »; c. 1142:
« Sane quicunque haec legerit, sciat me ea scripsisse non tam ut quemquam
docerem, aut quid ego didicerim ut ostentarem, quam ut apostolicae beatitudinis sancto mandato obedirem, cui non obedire maius peccatum esse arbitror,
quam tametsi minus utilia seu minus probabilia obedienter scribere »).

[174] *Dialogi* cit., VI, c. 1147 ss.

Ita quippe fides sanctae Trinitatis secundum virtutem credentium paulatim mensurata, et quasi particulariter distributa, et in
integrum crescens, tandem perfecta est [175].

Essa è il fondamento stabile e perenne di una Chiesa che
sempre si rinnova, rivelando la sua realtà religiosa in nuove
forme ed istituti:

Coepit etiam iam tunc praedicari integra fides sanctae Trinitatis,
cum testimonio Veteris et Novi Testamenti, quae prius quasi sub
umbra et quasi gradatim insinuata, revelabatur. Surgunt sacramenta
nova, ritus novi, mandata nova, institutiones novae. Scribuntur
epistolae apostolicae et canonicae. Lex christiana doctrinis et scriptis
instauratur, fides quae vocatur catholica in universo mundo annun-
tiatur; et sancta Ecclesia pertransiens per diversos status sibi invicem paulatim succedentes, usque in hodiernum diem, sicut iuventus
aquilae renovatur et semper renovabitur (cfr. *Ps.* 102, 5), salvo
semper sanctae Trinitatis fidei fundamento, praeter quod nemo
aliud deinceps ponere potest, quamvis in superaedificatione diversa
plerumque diversarum religionum structura crescat in templum
sanctum Domino [176].

Ma duplice si rivela questa ragione di mutamento e continuo arricchimento: opera dello Spirito santo da un lato,
datore di grazie e doni nuovi e diversi che s'incarnano in
nuove forme di vita [177], imposizione della natura e della sto-

---

[175] Ivi, c. 1148.

[176] Ivi, c. 1149. Sull'uso di *Ps.* 102, 5 (un tipico versetto di rinnovamento) nella tradizione ecclesiastica, indicazioni in LADNER, *The Idea of Reform* cit., p. 45, 314 s., e *passim*.

[177] Ivi, II, c. 1144: « Et est unum corpus ecclesiae, quod Spiritu sancto
vivificatur, regitur et gubernatur, cui Spiritus sanctus est unitus, multiplex,
subtilis, mobilis, disertus, incoinquinatus, certus, suavis, amans bonum, acutus,
qui nichil vetat benefacere, humanus, benignus, stabilis, securus, omnem ha-
bens virtutem, omnia prospiciens et qui capiat omnes spiritus intelligibilis,
mundus, in quo videlicet Spiritu sancto, iuxta apostolum, ' divisiones gratiarum sunt, idem autem Spiritus ' (I *Cor.* VII, 4). Et ' unicuique datur mani-
festatio Spiritus ad utilitatem; alii quidem datur per Spiritum sermo sapientiae; alii sermo scientiae secundum eundem Spiritum; alteri fides in eodem
Spiritu, alii gratia sanitatum in uno Spiritu; alii operatio virtutum, alii pro-
phetia, alii discretio spirituum, alii genera linguarum, alii interpretatio ser-

ria dall'altro, che s'insinuano, con le loro caratteristiche proprie e mutevoli, buone o malvagie (e sarà allora azione dell'« antiquus hostis »), nella vita stessa della Chiesa, e sulle quali a sua volta agisce, vivificandole o reagendo ad esse, lo Spirito. Duplicità di ragioni di varietà e mutamento che si manifestano fin dagli inizi della Chiesa di Cristo [178], e che persistono e persisteranno nella vicenda della Chiesa sino al giorno del giudizio finale. Sono i sette sigilli visti da Giovanni nell'Apocalisse a caratterizzarne l'evoluzione [179]. Ognuno di essi esprime una situazione, un nuovo modo di essere del vivere cristiano; ed anche un pericolo, una tentazione, ai quali l'infinita inventività dello Spirito reagisce in forme sempre diverse. In questa prospettiva la chiesa primitiva resta un momento significativo ed importante, sentimentalmente forse quello più caro, ma sostanzialmente sullo stesso piano degli altri. È il momento della nascita, della conquista dei primi

monum. Haec autem omnia operatur unus atque idem Spiritus, dividens singulis prout vult ' (ivi, 7-11). Ecce apparet manifeste unum corpus ecclesiae uno Spiritu sancto vivificari, qui et unicus est in se, et multiplex in multifaria donorum suorum distributione. Verum hoc corpus ecclesiae Spiritu sancto vivificatum et per diversa membra diversis temporibus et aetatibus discretum et distinctum, a primo Abel iusto incoepit, et in novissimo electo consummabitur, semper unum una fide, sed multiformiter distinctum multiplici vivendi varietate ».

[178] Ivi, VI, c. 1148 s.: « Fuit nempe una facies christianae religionis in primitiva ecclesia (che in questo caso è la chiesa formatasi ancora presente Cristo), quando Iesus regressus a Iordane, et ductus a Spiritu in desertum, et post tentationes relictus a tentatore, pertransiens Iudaeam et Galilaeam duodecim apostolos elegit ... Sed post Christi passionem, resurrectionem et ascensionem, et post datum Spiritum sanctum, multi videntes signa et prodigia quae fiebant per manus apostolorum, collegerunt se in eorum societatem, et factum est sicut Lucas scribit ... Et collecta est nova fidelium ecclesia per gratiam sancti Spiritus, renovata primum ex Iudaeis, deinde ex gentibus, deposito paulatim ritu tam Iudaeorum, quam gentium, servatis tamen quibusdam differentiis naturalibus et legalibus, quae tam ex lege naturae, quam ex lege scripta abstracta et excerpta, christianae fidei nec erant nec sunt contraria, sed omnibus devote et fideliter servantibus constat esse salubria ».

[179] Ivi, VII, c. 1149: « Nimirum septem sigilla, quae vidit Ioannes, sicut ipse in sua narrat Apocalypsi (V, 1), septem sunt status ecclesiae sibi succedentes ab adventu Christi, usquedum in novissimo omnia consummabuntur, et Deus erit omnia in omnibus ».

fedeli, dei grandi prodigi e miracoli. Lo simboleggia il cavallo bianco dell'Apocalisse (*Ap.* VI, 2):

> Equus albus primus est status ecclesiae, candore miraculorum nitidus et pulcherrimus, quem omnes in illa novitate mirabantur et magnificabant. Qui autem sedebat super eum habens arcum, Christus est gubernans ecclesiam, in arcu apostolicae doctrinae superbos humilians et prosternens ... Ecce in isto primo statu nascentis ecclesiae magis ac magis augebatur credentium in Domino multitudo virorum ac mulierum; et quotidie clarescebat ecclesia Dei virtute miraculorum et numero credentium (*Act.* V, 14) [180].

Ad esso via via si succedono gli altri periodi: quello delle persecuzioni e dei martiri, che si chiude con il trionfo sulle potenze temporali (l'« equus rufus ») [181]; della corroborazione della fede attraverso l'opera dei concili, contro le insidie ereticali (l'« equus niger ») [182], dei nuovi ordini, delle « novae religiones » che crescono nel corpo ecclesiastico, a reazione dell'opera degli ipocriti, dei falsi fratelli, « qui Christum ore publico confitentur, factis autem negant » (l'« equus pallidus ») [183]. È questo lo stato in cui la Chiesa ancora si trova e si troverà finché non giungano le nuove persecuzioni, l'Anticristo e, successivamente, il suo definitivo trionfo [184]. Che in questo quadro di nuovi ordini la vita canonica del clero, instaurata da sant'Agostino, e riscoperta ai tempi di Urbano II, soprattutto per opera di Norberto, sia presentata quale « vita apostolica », « imitatio apostolicae vitae » [185], non meraviglia soprattutto se si tiene conto del valore consueto, quasi tecnico, che questi riferimenti rispetto alla riforma canonicale avevano assunto in ambito gerarchico. *Vita apostolica* tuttavia che per Anselmo era anche, per essere tale, predica-

---

[180] Ivi.
[181] Ivi, VIII, c. 1149 s. (= *Ap.* VI, 4).
[182] Ivi, IX, c. 1150 ss. (= *Ap.* VI, 5).
[183] Ivi, X, c. 1152 ss. (= *Ap.* VI, 8).
[184] Ivi, XI-XIII, c. 1157 ss. (= *Ap.* VI, 9-VIII, 1).
[185] Ivi, X, c. 1154 s.

26

zione, slancio missionario di conversione degli altri [186]. Ma è
assente in questa prospettiva ogni problema di uno stato di
perfezione prestabilito [187]. E il rinnovamento della Chiesa è
chiaramente presentato anche come arricchimento e approfondimento della conoscenza di Dio:

> Et fit mira Dei dispensatione, quod a generatione in generatio-
> nem succrescente semper nova religione, renovatur ut aquilae iu-
> ventus ecclesiae (cfr. *Ps.* 102, 5), quo et sublimius in contempla-
> tione volare queat, et subtilius irreverberatis oculis radios veri
> solis contueri valeat [188].

Posizioni queste che costituiscono un'ulteriore precisazione
ed approfondimento di quell'indirizzo teologico di particolare
valorizzazione della tradizione che si è cercato di individuare
in Gregorio VII e nella sua cerchia.

---

[186] Cfr. anche ANSELMI HAVELBERGENSIS *Epistola apologetica pro ordine
canonicorum regularium*, in *PL*, 188, c. 1136 s. (in un confronto tra Paolo
apostolo e Paolo monaco ed eremita, l'eccellenza del primo risulta proprio
dalla sua opera missionaria).

[187] O meglio, esso è presente solo per rifiutare i termini dell'impostazione
monastica: cfr. M. D. CHENU, *Moines, clercs, laïcs* cit., p. 71 ss. Cfr. anche
di Anselmo la cit. *Epistola apologetica*, c. 1121: « Verumtamen absit ut per-
fectio monachorum quidquam minuat perfectioni et sanctitati clericorum, neque enim assentior verbis tuis, frater dulcissime, quae ad haec collegisti et
congessisti, ut probares vitam monachorum tanquam digniorem praeferendam
esse excellentiae clericorum. Sed antequam tuae huic opinioni respondeam,
pauca duntaxat volo praemittere, in quibus iudicium meum clarius tibi possit
illucescere. Ego nec monachum, quia monachus est, bonum dico; sed quia
bonus est, bonum praedico. Ego nec clericum, quia clericus est, bonum dico;
sed quia bonus est bonum dico et bonum diligo. Ego nec laicum, quia laicus
est, aut bonum aut malum iudico; sed quia bonus aut malus est, aut tanquam bonum probo, aut tanquam malum improbo, ' non enim personarum
acceptor est Deus, sed in omni gente qui timet Deum et operatur iustitiam
acceptus est illi ' (*Act.* X, 34-35), qui etiam, ut ait apostolus, ' vult omnes
homines salvos fieri ' (*I Tim.* II, 4) ».

[188] *Dialogi* cit., X, c. 1157. Vedi anche cap. XIII, c. 1160: « Itaque
nemo miretur neque causetur ecclesiam Dei ab invariabili Deo variis legibus
et observationibus ante legem et sub lege, et sub gratia distinctam, quia opor-
tebat ut secundum processum temporum crescerent signa spiritualium gratiarum, quae magis ac magis ipsam veritatem declararent, ut sic cum affectu salutis incrementum acciperet de tempore in tempus cognitio veritatis ». Cfr.
anche al riguardo M. VAN LEE, *op. cit.*, p. 17 ss.

Ma anche un'altra suggestione, di urgente attualità, è presente in Anselmo di Havelberg: le nuove ricche forme di vita cristiana, tutte giustificate, trascinano tuttavia con sé anche falsi fratelli, oggetto di scandalo per molti; rilievo questo evidentemente legato alla pensosa considerazione del vario e diverso destino di tanti dei seguaci della *vita apostolica*, avviati sulla strada della condanna e dell'eresia. Ma la risposta di Anselmo, prima che escatologica, o minacciosa di anatemi e condanne, è ancora in riferimento alla natura della Chiesa, al suo modo di essere nella storia: società, in questo, materiale, fatalmente mescolata di buoni e malvagi. Solo alla fine dei tempi tutti i giusti potranno finalmente trovarsi insieme, al seguito dell'Agnello, entrando nell'eterna pace: e sarà il « silentium divinae contemplationis, annus iubilaeus instaurabitur, octava infinitae beatitudinis celebrabitur »[189]. Ma sono affermazioni fatte di pietà che constata l'ineluttabilità di un destino, ben più che di drammatica attesa condizionatrice del vivere presente, e per questo, dicevo, scarsamente escatologiche:

Proinde putasne fieri posse, ut in tanta turba bonorum nullum inveniatur scandalum in falsis fratribus? Utinam ita esset, utinam vere ita esset! Sed ego timeo, nequaquam securus sum. Cum enim audio Dominum dicentem in Evangelio: ' Nonne ego vos elegi duodecim, et unus ex vobis diabolus est? ' (IOAN. VI, 71). Cum, inquam, hoc audio valde pertimesco; attendens si in apostolorum collegio, qui pauci erant, et quos ipse Dominus elegerat, non defuit diabolus, quomodo putandum est in tanta bonorum turba deesse falsos fratres, qui sunt membra diaboli. Nam et pseudoprophetae fuere et pseudoapostoli fuere. Ne igitur miremur si nobiscum et inter nos sunt falsi fratres; sed eos in charitate toleremus, et ut, deposita simulatione, veri fiant, orantes expectemus. Simul in una sagena sumus: sed reducti ad littus, non simul in vasis sanctorum colligemur. Simul in uno agro crescimus, sed tempore messis non simul in uno horreo colligemur. Ipsi enim nobiscum, et nos cum ipsis, licet diversis viis, diversa intentione simul curremus, donec finiatur iste quartus status ecclesiae, et sancti

---

[189] Ivi, XIII, c. 1159.

sequantur Agnum quocunque ierit; illi vero portantes nomen pallidi et mortis, in inferno sepeliantur [190].

Ma è forse proprio questo recupero consapevole in campo ecclesiologico anche di coloro che nelle nuove forme di vita cristiana sono tuttavia oggetto di contraddizione e di scandalo, a dare ancora una volta la misura della vitalità di quell'esperienza vissuta di vangelo, che s'incide così nella stessa meditazione teologica, arricchendola di nuove aperture e possibilità.

* * *

Arroccato sulle sue posizioni resta il monachesimo, spettatore di una storia e di una spiritualità che non lo ha più come unico o principale protagonista [191]. Di fronte al sorgere di così svariate tendenze, tutte impegnate nella *vita apostolica*, e quindi polemiche rispetto alla scala di perfezione graduata dalla cultura monastica, il cenobitismo cerca di rinverdire il suo diritto di primogenitura, presentandosi come l'unico in grado di poter esattamente ripetere il lontano modello della primitiva comunità cristiana. Il suo discorso si precisa quanto più decisamente polemico si fa quello degli altri, e si accentua nel suo seno un patriottismo monastico — pur frammentato e diviso, e non di rado discorde, tra le diverse osservanze —, oggetto di nuovi attacchi, di nuove critiche [192]. Ma il modello di perfezione cenobitica, che pur abbraccia ancora una realtà umana di alta spiritualità e cultura, non corrisponde più alle esigenze di una società in completo e radicale rinnovamento

---

[190] Ivi, X, c. 1157.

[191] Cfr. M. D. CHENU, *Moines, clercs, laïcs* cit., p. 60 ss.

[192] Per la storia e la spiritualità monastica in questo periodo fondamentali sono le ricerche di J. LECLERCQ, raccolte negli *Analecta Monastica* pubblicati negli « Studia Anselmiana » (sono usciti 6 voll.). Vedi anche dello stesso autore, per la concezione della *vita apostolica* nel monachesimo, *La vie parfaite. Point de vue sur l'essence de l'état religieux* cit., p. 82 ss., e H. DE LUBAC, *Exégèse médiévale. Les quatre sens de l'Écriture*, II, Lyon-Fourvière 1959, p. 571 ss.

su tutti i campi; o meglio è modello che, per quanto di aristocratico aveva maturato nel corso della sua storia, non soddisfa più le esigenze di una nuova spiritualità che nelle sue espressioni migliori vuol essere di profonda incarnazione del cristianesimo nella società, di conversione degli altri, di presenza, di assunzione diretta di responsabilità [193]. E anche nello stesso monachesimo non mancano voci che avvertono sempre più chiaramente il carattere tutto particolare, improponibile a molti, della sua esperienza, destinata perciò ad una sorta di isolamento, che mirano a riscoprirne però e ad esaltarne la funzione profetica nell'economia della *historia salutis*. In questa prospettiva la chiesa primitiva diventa la lontana, felice situazione di un mondo nascente; il ricorso « ad felicissima illa et aurea evangelica simplicitatis tempora prima » rappresenta la riscoperta dell'insegnamento di Cristo nella sua incarnazione autentica, lontano da quella « scientia » dei santi dottori che è pur sempre « tantis ... questionum perplexitatibus involuta, tantis disputationum enigmatibus obscurata, ut vix a paucissimis hominibus puritas eius queat apprehendi »[194]. La contemplazione della chiesa primitiva è perciò motivo di edificazione personale, la cercata riconferma della validità della propria esperienza monastica; l'imitazione di quegli « homines celestes an angelos terrestres » delle origini, costituisce il pegno più certo che l'attesa struggente della patria celeste sarà soddisfatta [195]. Preambolo di paradiso la chiesa primitiva, tale è anche, nella ripetizione del suo spirito comunitario di reciproca carità, il monastero.

---

[193] Su questa « crisi del monachesimo » cfr. J. LECLERCQ, *La crise du monachisme aux XIe et XIIe siècles*, in *BISIME*, 70 (1958), pp. 19-41; vedi altri riferimenti a p. 121, n. 76, e p. 162 ss. di questo libro.

[194] GUILLAUME DE SAINT-THIERRY, *Deux traités sur la foi. Le miroir de la foi. L'enigme de la foi*, ed. M. M. DAVY, Paris 1959, p. 112 (il passo citato qui è tratto dall'*Enigma fidei*, del 1138 ca.). Stretto collegamento tra comunità apostolica e vita monastica anche nel *Liber de natura et dignitate amoris* (1122 ca.), c. 9, PL, 184, c. 395 s. (cit. in VICAIRE, *L'imitation des apôtres* cit., p. 15 s.).

[195] Cfr. *Un traité de la vie solitaire. Epistola ad fratres de Monte Dei*, de GUILLAUME DE SAINT THIERRY, ed M. M. DAVY, Paris 1940, cap. LXVII, p. 115 ss. Cfr. anche J. LECLERCQ, *La vie parfaite* cit., p. 20 ss.

Questa interpretazione contemplativa delle origini trova il suo corrispondente nella ricostruzione che la cultura monastica offre della storia della Chiesa e della perfezione cristiana. Sono ancora e sempre gli antichi termini di Cassiano: ed è con essi che si apre, quasi a riassumere esemplarmente i dibattiti di tutto un secolo, l'*Exordium magnum ordinis Cisterciensis*. La chiesa primitiva è qui ancora quella del noto passo degli *Atti degli apostoli*: da essa prese vita e istituzione il monachesimo [196]. Infatti, quando l'insegnamento di Cristo cominciò a diffondersi per tutto il mondo, fu necessario poter condurre ad esso anche i « pusillanimes et ad perfectionis celsitudinem minus idoneos ... quatenus omnipotentis Dei misericordia non solum homines, sed et ipsa quoque iumenta, id est terrenae substantiae pulvere se ex infirmitate feodantes, dignantissime salvaret » [197]. E fu allora che quella « nobilis respublica » istituita da Cristo e corroborata dallo Spirito santo, « in qua cum nullus quidquam possideret, nemo tamen egens erat inter illos », cominciò a distrarsi dietro i beni privati, « coeperuntque christiani substantiis licenter uti, sic tamen, ut terrena coelestibus non praeponerent, sed temporalia bene dispensando, facilius ad coelestia pervenirent » [198]. Ma nonostante la Chiesa « imperfectorum multitudini conde-

---

[196] Cfr. cap. II, in *PL*, 185, 997 s.: « Quod a primitiva ecclesia communis vitae traditio coeperit, et quod hinc monasticae religionis institutio principium sumpserit ». È interessante osservare che, se è il passo degli *Atti degli apostoli* sulla comunità di Gerusalemme ad offrire le caratteristiche della chiesa primitiva, il cronista poi soggiunge immediatamente, quasi a liberare quel tipo ideale di vita comunitaria da ogni limitazione locale: « Nec solum Ierosolymis haec schola primitivae ecclesiae coelestibus instituebatur disciplinis verum etiam Antiochiae sub magistris Paulo et Barnaba gloriosissime floruit ». La stessa considerazione, e svolta con assai maggiore ampiezza, per dimostrare che tutta la Chiesa era originariamente organizzata come la prima comunità gerosolimitana, si trova già nel *De vita vere apostolica*, lib. IV, cap. 2-6, *PL*, 170, c. 643 ss., che cita largamente tanto il Cassiano delle *Institutiones* che, successivamente (cap. 7-9, c. 646 s.), quello delle *Collationes* (per i diversi autori cui il *De vita vere apostolica* è stato attribuito, cfr. GRUNDMANN, *Neue Beiträge* cit., p. 150, n. 35a). Per altri esempi di questo schema storico vedi anche VICAIRE, *L'imitation des apôtres* cit., p. 21 s.

[197] Ivi, c. 998.

[198] Ivi.

scendens, remissioris vitae laxaverit habenas », rimase a per-
petuare il ricordo della perfezione delle origini l'esempio di
uomini che « ferventissimo divini amoris igne flagrantes, remissioris quoque vitae blandimenta respuentes, communis
vitae rectitudinem, quae sola perfectae poenitentiae, quam
Dominus Iesus praedicavit, stabile fundamentum est, indefesso
pietatis studio tenuerunt, et posteris suis tenendam multipli-
cibus sanctae conversationis regulis et exemplis tradiderunt »:
essi sono i grandi legislatori monastici[199]. La storia del monachesimo è perciò la storia della perfezione cristiana, che si
tramanda dai primi monaci eremiti fino ai tempi presenti di
Cluny e di Cîteaux[200]. Si risolve così in questa prospettiva
ogni dramma di evangelismo, si ricompone in serenità contemplativa ogni problema di chiesa primitiva e tradizione, di
gerarchia e laicato. Ma è soluzione effimera, di pochi, che
sfugge alla mutata, dolorosa realtà del presente.

[199] Ivi, III, c. 998.
[200] Cfr. capp. III-XIII, c. 998-1010.

EXCURSUS: « MUNDUS SENESCENS »

L'origine del tema è classica, frutto di una periodizzazione storiografica che pone in rapporto analogico le diverse età del mondo
(o della storia di Roma in particolare) con quelle dell'uomo [vedi,
ad es., C. PASCAL, *Lucrezio e Cipriano*, in « Rivista di filologia e
d'istruzione classica », XXXI (1903), pp. 555-557; C. TIBILETTI,
Il problema di Floro, in « Convivium », N.S., XXVII (1959),
pp. 334-342; per le sue connessioni con le tradizioni millenaristi-
che, di origine orientale, ma poi fatte proprie anche dai chiliasti
cristiani, cfr. F. CUMONT, *La fin du monde selon les mages occi-
dentaux*, in « Revue de l'histoire des religions », CIII (1931),
p. 68 ss. — per Lattanzio in particolare e il VII libro delle *Institutiones* —; G. B. LADNER, *The Idea of Reform* cit., p. 27 ss. e
passim. Cfr. anche A. J. TOYNBEE, *A Study of History*, vol. IV,
Oxford 1939, p. 7 ss.]. Esso è ampiamente ripreso — con una
portata escatologica ed insieme in funzione chiaramente apologetica — nella letteratura patristica (cfr. A. LUNEAU, *L'histoire du salut chez les Pères de l'Église. La doctrine des âges du monde*,
« Théologie historique » 2, Paris 1964, p. 227 s., 255 s., 316 s.,
e *passim*), e trova una sistemazione, su questo piano in qualche
modo definitiva, con sant'Agostino, per il quale lo svolgimento
della storia umana viene a trovarsi in armonia con i sei giorni della
creazione e le sei età dell'uomo [riferimenti ai passi agostiniani che
trattano l'argomento in J. DE GHELLINK, *Iuventus, gravitas, senectus*, in *Studia Mediaevalia in honorem R. J. Martin*, Brugis Flan-
drorum 1948, p. 42 s., e 48 ss. per i collegamenti con la simbologia
dei numeri; H. DE LUBAC, *Catholicisme. Les aspects sociaux du
dogme*, V^e éd., Paris 1952, p. 117 ss., e 226 ss.; G. B. LADNER,
The Idea of Reform cit., p. 232 ss. Per questo, e altri schemi di
periodizzazione storica medievale cfr. anche J. SPÖRL, *Grundformen
hochmittelalterlicher Geschichtsanschauung. Studien zum Weltbild
der Geschichtsschreiber des 12. Jahrhunderts*, München 1935, p.
120 s.; R. MANSELLI, *La « Lectura super Apocalipsim » di Pietro
di Giovanni Olivi. Ricerche sull'escatologismo medievale*, « Studi

Storici » 19-21, Roma 1955, p. 4 ss. (soprattutto per i riecheggiamenti escatologici di questi schemi); R. SCHMIDT, *Aetates mundi. Die Weltalter als Gliederungsprinzip der Geschichte*, in « Zeitschrift für Kirchengeschichte », LXVII (1955-56), pp. 288-317].
Ma contemporaneamente il tema si complica e si arricchisce, in Agostino soprattutto, di nuove implicazioni, che superano largamente il piano di semplice sistemazione storiografica — rompendo insieme quanto di condizionamento cosmico essa poteva comportare —, nel senso che alla *senectus mundi* si contrappone l'*homo novus* frutto della redenzione di Cristo: la vecchiezza del mondo, spiritualizzandosi fortemente, si colora così di un senso più preciso di disfacimento, di colpa, di peccato — la vecchiezza che implica quell'*error vetustatis* che la resurrezione di Cristo dovrà cancellare [cfr. l'*oratio* della messa del giovedì santo e dell'ufficio del venerdì santo; è un tema ampiamente presente nell'innologia medievale: cfr., ad es., per il sec. XI, HERMANNUS CONTRACTUS, *In Pascha Domini*, *AH*, 50, p. 312: « Christus pascha est homini / dum vetus transit, / novus surgit »; OTHLO MON. EMMERAMENSIS, *Oratio ad Deum*, *ibid.*, p. 321: « (Christi) in adventu mundum totum reparasti »; *Versus in Resurrectione Domini*, *ibid.*, p. 326, che descrive una vera e propria rinascita della natura e del mondo, implicitamente contrapposta ad un'antica *aegritudo*] —, aprendosi però insieme ad una possibilità di rinnovamento e di riscatto: cfr. ad es. AUGUSTINI *Sermo* 81, c. 8, *PL*, 38, c. 504 s.: « Ergo senuit homo, querelis plenus est: senuit mundus, pressuris plenus est ... Noli adhaerere velle seni mundo, et nolle iuvenescere in Christo, qui tibi dicit: Perit mundus, senescit mundus, deficit mundus, laborat anhelitu senectutis. Noli timere, renovabitur iuventus tua sicut aquilae »; *Sermo* 80, c. 8, *ibid.*, c. 498: « Mala tempora, laboriosa tempora, hoc dicunt homines. Bene vivamus, et bona sunt tempora. Nos sumus tempora: quales sumus, talia sunt tempora »; vedi anche *De genesi contra Manichaeos*, lib. I, cap. 23, *PL*, 34, c. 191 s., e lo splendido passo di *Enarr. in Ps.*, XXXVIII, 9, *CC*, 38, p. 410 s. (cfr. al riguardo anche DE LUBAC, *Catholicisme* cit., p. 228, n. 3). Questa maggior complessità di implicazioni e di significati, che tendono a scolorire il valore di puntualizzazione storiografica della *senectus mundi*, si ripropone anche in epoche successive, con particolare evidenza, direi, in età gregoriana (v., per numerosi riferimenti alla presenza del tema in testi medievali, J. SPÖRL, *Das Alte und das Neue im Mittelalter* cit., p. 316 ss. e

517 s.). È affrettato perciò, ed elusivo il Curtius, *La littérature europénne et le Moyen Age latin*, trad. franc., Paris 1956, p. 33, quando, a proposito del frequente riapparire di questo tema negli autori medievali, osserva che « il ne faut pas en conclure que l'époque avait le sentiment d'être ' vieille '; ce n'est qu'une allusion à une phrase de saint Augustin, qui met en parallèle la dernière phase (la phase romaine) de l'histoire, avec la vieillesse ». Se infatti i riferimenti al *mundus senescens* di un Sidonio Apollinare (*Ep.* VIII, 6, *MGH, AA*, VIII, p. 130) o dell'anonimo autore del prologo al libro IV dello Pseudo-Fredegario (*MGH, Script. rer. Mer.*, II, p. 123) non sembrano effettivamente andare al di là di una semplice allusione al parallelo tra l'ultima fase della storia del mondo e la vecchiezza, non altrettanto si può dire di testi come quello di Pier Damiani o di Anselmo di Lucca che ripropongono questo tema [Petri Damiani *Op.* 12, *Apologeticum de contemptu saeculi*, cap. 33, *PL*, 145, c. 289 B-C (dove viene anche sviluppato il tema analogo dell'*aegritudo mundi*, non solo spirituale, ma anche fisica — conseguente al fatto di essere nell'*occasus saeculi*: cfr., per alcuni esempi patristici, che Pier Damiani potrebbe rieccheggiare, C. Cyprianus, *Ad Demetrianum*, c. 3, *CSEL*, III, I, p. 352 s.; Ambrosius, *Expositio evangeli Lucae* X, 10, *CSEL*, XXXII, 4, p. 458 s.); Anselmus Lucensis ep., *Sermo de caritate*, ed. in E. Pàsztor, *Motivi dell'ecclesiologia di Anselmo di Lucca. In margine a un sermone inedito*, in BISIME, 77 (1965), p. 99: « Quantoquippe mundi huius finis appropinquat, tanto hostis callidi versutia adversum nos temptamenta graviora multiplicat, et quasi in senio, cumulatis iniquitatibus velut quibusdam anime languoribus, sincere dilectionis ardor extinguitur »: dove lo stesso esplicito accenno escatologico alla fine del mondo che si avvicina non fa altro che sottolineare la corruzione e la decadenza del presente]. Né certo nella chiave proposta dal Curtius può essere letto quel ritmo anonimo della metà del secolo XI edito dal Sudendorf, *Registrum oder merkwürdige Urkunden für die deutsche Geschichte*, II, Berlin 1851, p. 3, dove nettissimo è il collegamento tra la vecchiezza del mondo ed il disfacimento morale e fisico dell'umanità: « Ad occasum cuncta ruunt / ... Cuncta proh dolor ad suum properant interitum. / Totus iam mundus senescens / malos edit homines, / et in bonis imbecilles, / et aetate fragiles. / Et a prisca rerum forma / discolorant omnia ». Certo in un testo come quello famoso di Rodolfo Glabro (*Hist. libri V*, lib. III, cap. IV, 13, ed. cit.,

p. 62; v. anche lib. III, cap. VI, 19, p. 68) il colore ed il gusto retorico sembrano nettamente prevalere nella contrapposizione vecchiezza-gioventù (« Erat enim instar ac si mundus ipse, excutiendo semet, reiecta vetustate, passim candidam ecclesiarum vestem indueret »). Ed è ancora soprattutto allusione all'antica periodizzazione storiografica il *senex mundus* che compare nel cap. I della *Vita S. Arialdi* di Andrea di Strumi (*MGH, SS*, XXX, p. 1050), non senza forse una più precisa vibrazione escatologica che dovrà accentuare l'orrore del presente ed insieme la gloria dei nuovi martiri. Ma più comunemente la formula appare esprimere sinteticamente un giudizio negativo sul proprio tempo, al quale tuttavia viene offerta una possibilità di riscatto proprio riaprendosi alla novità e alla giovinezza del messaggio cristiano. Anzi, quanto più vecchia, ossia corrotta, appare la società [per *senescere, mundus senescens* in questo senso cfr. anche ODONIS ABB. CLUN. *Collationum libri tres*, lib. I, *PL*, 133 c. 519 B: « Sic enim non sentimus quomodo crescit corpus, vel qualiter eiusdem corporis species in senectutem commutatur. Sic et mens nostra nobis nescientibus a statu rectitudinis frequenter incurvatur, et a forma religionis, dum nescit, senescit ... »; BENZONIS ALB. EP. *Ad Heinricum imperatorem libri VII*, lib. VI, *MGH, SS*, t. XI, p. 659: « Silicernius est mundus, finem clamat seculi: / ante tempus senectutis homines sunt vetuli, / longe fiunt a virtute sed in malis seduli. / ... Ab inferno prodierunt noviter heretici »] tanto più urgente risulta riproporle la novità, che è giovinezza, della vita di grazia (l'accoppiamento, anch'esso agostiniano, è: *senectus-vetustas*, contrapposto a *iuventus-novitas*). Caratteristico è al riguardo l'atteggiamento dei cronisti della crociata: vedi, ad es., EKKEHARDI ABB. URAUGIENSIS *Hierosolymita*, cap. I (prologus), in *RHC, HO*, t. V, Paris 1895, p. 11: egli afferma di accingersi al racconto spinto anche dalle critiche suscitate dalla crociata: « Impellit etiam in id ipsum me quorumdam imprudentium, immo impudentium, necessaria nimis redargutio, qui *vetusto semper errore contenti, novitatem hanc iam senescenti et prope intereunti mundo pernecessariam* ore temerario praesumunt reprehendere, ipsi Epicureo more voluptatum magis latam quam artam divinae servitutis viam amplectentes, appetitum mundi prudentiam, contemptum eius stultitiam, hoc est carcerem patriam, tenebras lucem, malum bonum, mortem vitam, proh pudor, corde caecissimo prave discernentes » (cfr. anche cap. VII, p. 17, e GUIBERTUS ABB. S. MARIAE DE NOVIGENTO, *Historia quae dicitur Gesta Dei per Francos*, in *RHC, HO,* t. IV, lib. I, c. I, p. 123).

Sembra legittimo concludere perciò che il tema del *mundus senescens* — al di là della semplice allusione ad una periodizzazione storiografica, complicata da tradizionali e in apparenza alquanto esteriori risonanze escatologiche — denuncia chiaramente, almeno in certi casi, un problema autentico di rinnovamento personale o di rinascita pastorale, esprimendo, attraverso l'antico schema agostiniano, un giudizio negativo sulla vita del proprio tempo ed insieme l'esigenza profonda di una nuova incarnazione sociale del cristianesimo.

INDICE DEI NOMI E DELLE COSE NOTEVOLI

I nomi, quando è possibile, vengono dati nella loro forma italiana. Tra le fonti, vengono ricordate qui solo quelle anonime, o per le quali non si trovano nell'indice altri facili riferimenti per reperirle [questo indice è stato riveduto da Elisabetta Bacciga].

402   INDICE DEI NOMI E DELLE COSE NOTEVOLI

INDICE DELLE CITAZIONI BIBLICHE

Tutti i riferimenti sono dati secondo la Vulgata.

Stampato per la
Herder Editrice e Libreria - Roma Piazza Montecitorio 120
dallo Stabilimento Tipografico « Pliniana » - Selci Umbro - Perugia
nell'aprile 1999

ITALIA SACRA

STUDI E DOCUMENTI DI STORIA ECCLESIASTICA

1. PIO PASCHINI, *Venezia e l'Inquisizione romana da Giulio III a Paolo IV.* 1959, pp. VIII-152.

2. *Problemi di vita religiosa in Italia nel Cinquecento.* Atti del Convegno di storia della Chiesa in Italia (Bologna, 2-6 sett. 1958). 1960, pp. VIII-406.

3-4. *Chiesa e Stato nell'Ottocento.* Miscellanea in onore di Pietro Pirri, a cura di R. AUBERT, A. M. GHISALBERTI, E. PASSERIN D'ENTRÈVES. 1962, pp. XX-718, ritr.

5. *Vescovi e diocesi in Italia nel Medioevo (sec. IX-XIII).* Atti del II Convegno di storia della Chiesa in Italia (Roma, 5-9 sett. 1961). 1964, pp. IX-451, 2 tav. (esaurito)

6. GILLES GÉRARD MEERSSEMAN, EDVIGE ADDA, *Manuale di computo con ritmo mnemotecnico dell'arcidiacono Pacifico di Verona († 844).* 1966, pp. XII-194, 16 tav.

7-8. MICHELE MACCARRONE, *Il Concilio Vaticano I e il « Giornale » di Mons. Arrigoni.* 1966, pp. XII-509, 4 tav.; pp. 190, 1 tav.

9-10. LUIGI PESCE, *Ludovico Barbo vescovo di Treviso (1437-1443).* 1969, pp. XXIX-440, 8 tav.; pp. 183.

11-12. *Spiritualità e azione del laicato cattolico italiano.* 1969, pp. VIII-863 compl., 9 tav.

13. ANGELO GAMBASIN, *Gerarchia e laicato in Italia nel secondo Ottocento.* 1969, pp. VIII-331. (esaurito).

14. MARIA MARIOTTI, *Forme di collaborazione tra vescovi e laici in Calabria negli ultimi cento anni.* 1969, pp. VIII-354. (esaurito)

15-16. *Miscellanea Gilles Gérard Meersseman.* 1970, pp. XXIX-907, compl., 15 tav., ritr.

17. MICHELE MACCARRONE, *Studi su Innocenzo III*. 1972, pp. X-453, 1 tav.

18-19. AGOSTINO PARAVICINI BAGLIANI, *Cardinali di curia e 'familiae' cardinalizie dal 1227 al 1254*. 1972, pp. LXXXIX-610 compl.

20-22. *La Chiesa greca in Italia dall'VIII al XVI secolo*. Atti del Convegno storico interecclesiale (Bari, 30 apr.-4 magg. 1969). 1973, pp. XXXI-1482 compl., 32 tav.

23. ANDREA CASTAGNETTI, *La pieve rurale nell'Italia padana. Territorio, organizzazione patrimoniale e vicende della pieve veronese di San Pietro di « Tillida » dall'alto medioevo al secolo XIII*. 1976, pp. VIII-204. (esaurito)

24-26. GILLES GÉRARD MEERSSEMAN, *Ordo fraternitatis. Confraternite e pietà dei laici nel medioevo*, in collaborazione con GIAN PIERO PACINI. 1977, pp. XXIII-1401 compl. (esaurito)

27. ANGELO TURCHINI, *Clero e fedeli a Rimini in età post-tridentina*. 1978, pp. XIV-209, 4 tav.

28. PIETRO ZERBI, *Tra Milano e Cluny. Momenti di vita e cultura ecclesiastica nel secolo XII*. 1978. II ed. ampliata di quattro saggi, 1991, pp. XIV-484, 4 tav.

29. ACHILLE ERBA, *La chiesa sabauda tra Cinque e Seicento. Ortodossia tridentina, gallicanesimo savoiardo e assolutismo ducale (1580-1630)*. 1979, pp. XXIII-535.

30-31. *Chiesa e società dal secolo IV ai nostri giorni*. Studi storici in onore del P. Ilarino da Milano a cura dell'Istituto di storia della Facoltà di Magistero dell'Università di Perugia. 1979, pp. XXX-774 compl., ritr., 13 tav., 1 carta geogr. allegata.

32. MARIO FANTI, *La Fabbrica di S. Petronio in Bologna dal XIV al XX secolo. Storia di una istituzione*. 1980, pp. XIV-279, ill.

33. *Cattolicesimo e lumi nel Settecento italiano*, a cura di MARIO ROSA. 1981, pp. XVII-308.

34. GIOVANNI VITOLO, *Istituzioni ecclesiastiche e vita religiosa nel Mezzogiorno medievale. Il codice della confraternita di S. Maria di Montefusco (sec. XII)*. 1982, pp. XVI-208, 2 tav.

35-36. *Pievi e parrocchie in Italia nel basso medioevo (sec. XIII-XV)*. Atti del VI Convegno di storia della Chiesa in Italia (Firenze, 21-25 sett. 1981). 1984, pp. XV-1323 compl.

37-39. LUIGI PESCE, *La Chiesa di Treviso nel primo Quattrocento*. 1987, pp. XV-645, 5 tav.; pp. 671, 6 tav.; pp. 132.

40. DUANE J. OSHEIM, *A Tuscan Monastery and its Social World: San Michele of Guamo (1156-1348)*. 1989, pp. VIII-224.

41-42. ACHILLE ERBA, *« Proletariato di Chiesa » per la cristianità. La FACI tra curia romana e fascismo dalle origini alla Conciliazione*. 1990, pp. XI-337; pp. 779.

43-44. *Vescovi e diocesi in Italia dal XIV alla metà del XVI secolo*. Atti del VII Convegno di storia della Chiesa in Italia (Brescia, 21-25 sett. 1987), a cura di GIUSEPPINA DE SANDRE GASPARINI, ANTONIO RIGON, FRANCESCO G. B. TROLESE, GIAN MARIA VARANINI. 1990, pp. XIV-1264 compl.

45. ANNA BENVENUTI PAPI, *« In castro poenitentiae ». Santità e società femminile nell'Italia medievale*. 1990, pp. XXIX-713.

46. ALDO A. SETTIA, *Chiese, strade e fortezze nell'Italia medievale*. 1991, pp. X-427.

47-48. MICHELE MACCARRONE, *Romana Ecclesia - Cathedra Petri*, a cura di PIERO ZERBI, RAFFAELLO VOLPINI, ALESSANDRO GALUZZI. 1991, pp. LXXVI-1419 compl.

49. PIETRO CAIAZZA, *Tra stato e papato. Concilî provinciali post-tridentini (1564-1648)*. 1992, pp. XXIX-332.

50. ACHILLE OLIVIERI, *Riforma ed eresia a Vicenza nel Cinquecento*. 1992, pp. X-495.

51. *Lanfranco di Pavia e l'Europa del secolo XI nel IX centenario della morte (1089-1989)*. Atti del Convegno internazionale di studi (Pavia, Almo Collegio Borromeo, 21-24 sett. 1989), a cura di GIULIO D'ONOFRIO. 1993, pp. XIII-773.

52. BRUNO PELLEGRINO, *Istituzioni ecclesiastiche nel Mezzogiorno moderno*. 1993, pp. XIII-404.

53. *La parrocchia nel medio evo. Economia, scambi, solidarietà,* a cura di A. PARAVICINI BAGLIANI e V. PASCHE. 1995, pp. XXVII-325.

54. A. STELLA, *Dall'anabattismo veneto al " Sozialevangelismus " dei Fratelli Hutteriti e all'illuminismo religioso sociniano.* 1996, pp. VIII-217.

55. F. DAL PINO, *Spazi e figure lungo la storia dei Servi di Santa Maria (sec. XIII-XX).* 1997, pp. XXX-760.

56. A. TILATTI, *Istituzioni e culto dei santi a Padova tra i secoli VI e XII.* 1997, pp. XXII-424.

57. M. LUPI, *Il clero a Perugia durante l'episcopato di Gioacchino Pecci (1846-1878). Tra Stato Pontificio e Stato Unitario.* 1998, pp. XX-582.

58-59. GIOVANNI VIAN, *La riforma della Chiesa per la restaurazione cristiana della società.* Le visite apostoliche delle diocesi e dei seminari d'Italia promosse durante il pontificato di Pio X (1903-1914). 1998, pp. LXVI-1013.

60. GIOVANNI MICCOLI, *Chiesa gregoriana. Ricerche sulla Riforma del secolo XI,* Nuova edizione a cura di Andrea Tilatti. 1999, pp. XXIV-406.

HERDER EDITRICE E LIBRERIA
00186 ROMA, Piazza Montecitorio 120